O PAPA BOM

Renzo Allegri

O PAPA BOM

Testemunhos de quem viu, ouviu e viveu perto de João XXIII

Paulinas

Dados Internacionais de Catalogação na Publicação (CIP)
(Câmara Brasileira do Livro, SP, Brasil)

Allegri, Renzo
   O Papa bom : testemunhos de quem viu, ouviu e viveu perto de João
XXIII / Renzo Allegri ; [tradução Jaime A. Clasen, Cacilda R. Ferrante
e Paulo F. Valério]. -- São Paulo : Paulinas, 2014. -- (Coleção memória)

   Título original: La storia di Papa Giovanni : raccontata da chi gli è
stato vicino.
   ISBN 978-85-356-3742-7

   1. João XXIII, Papa, 1881-1963   2. Papas - Biografia   I. Título.
II. Série.

14-02498   CDD-262.13092

Índice para catálogo sistemático:
1. Papas : Biografia   262.13092

1ª edição 2014

Título original da obra: *La storia di Papa Giovanni raccontata da chi gli è stato vicino*
© 2014 ÀNCORA S.r.l.

Direção-geral:	*Bernadete Boff*
Editora responsável:	*Andréia Schweitzer*
Tradução:	*Jaime A. Clasen*
	Cacilda R. Ferrante
	Paulo Valério
Copidesque:	*Tiago José Risi Leme*
Coordenação de revisão:	*Marina Mendonça*
Revisão:	*Ruth Mitzuie Kluska*
Gerente de produção	*Felício Calegaro Neto*
Capa e diagramação	*Manuel Rebelato Miramontes*

Nenhuma parte desta obra poderá ser reproduzida ou transmitida por qualquer forma e/ou quaisquer meios (eletrônico ou mecânico, incluindo fotocópia e gravação) ou arquivada em qualquer sistema ou banco de dados sem permissão escrita da Editora. Direitos reservados.

Paulinas
Rua Dona Inácia Uchoa, 62
04110-020 – São Paulo – SP (Brasil)
Tel.: (11) 2125-3549 – Fax: (11) 2125-3548
http://www.paulinas.org.br – editora@paulinas.com.br
Telemarketing e SAC: 0800-7010081
© Pia Sociedade Filhas de São Paulo – São Paulo, 2014

Sumário

Introdução 7

O pequeno Angelino 25

Polenta, feijão e tamancos de madeira 33

Latim debaixo de tapas 45

O Diário da alma 59

"Ali eu via os amigos de Cristo" 71

"Serei um bom pároco?" 81

Na escola do Bispo de Ferro 91

Uma terrível suspeita 101

As feridas da Grande Guerra 113

A "Casa do Estudante" 127

"Diado", o bom padre 143

Traído pelo rei 167

Sob o jugo de Atatürk 181

Oitocentos quilômetros para uma missa 201

A "lista" de Roncalli 213

Diplomacia revolucionária 229

"Um pároco à grande" 255

"Meu nome será João" 283

"Somos do mesmo partido" 299

"Esta noite tive uma ideia" 315

O "santinho" do Papa 327

Entre Khrushchev e Kennedy 341

Por trás dos bastidores 355

"Minhas malas estão prontas" 373

Papa João XXIII e o "caso Padre Pio" 391

Graças e milagres 415

Cronologia biográfica 427

Introdução

O Papa João XXIII, no mundo secular Angelo Roncalli, que nasceu em Sotto il Monte, na província de Bérgamo, em 25 de novembro de 1881, morreu na Cidade do Vaticano, em 3 de junho de 1963, e atualmente faz parte do álbum dos santos da Igreja Católica. Assim quis e decretou o atual pontífice, o Papa Francisco.

João XXIII ficou à frente da Igreja somente durante cinco anos, de 1958 a 1963. Mas foram anos históricos, que levaram a Igreja a uma reviravolta drástica. Por isso Roncalli foi definido pelos estudiosos como o "Papa da grande mudança", e também o "Papa revolucionário", principalmente com referência ao Concílio Vaticano II – etapa fundamental para a história dos crentes –, por ele idealizado, desejado e organizado contra a opinião de todos.

Um personagem, pois, de grande importância, de grande valor, que, com sua personalidade, seus atos, seu pensamento, seus documentos, suas intervenções no âmbito social e político, deixou uma marca profunda nas comunidades cristã e laica.

Portanto, um pontífice histórico. Digno de um adjetivo que outrora se usava para figuras deste nível: *Magnum*. Mas para a gente simples, para o povo de Deus, ele era apenas o "Papa bom", o "Papa santo". E 51 anos depois de sua morte, esse sentimento unânime do povo de Deus se tornou realidade: João XXIII foi elevado, como

7

se diz tradicionalmente, "à glória dos altares". A Igreja afirma que ele está no paraíso, na luz plena de Deus, membro da "Igreja triunfante", com a tarefa de ser agora o advogado, o protetor e o defensor do povo da "Igreja militante".

Meio século de espera para chegar a esse objetivo pode parecer um tempo longo. Certamente, há exemplos na história de grandes santos do passado que esperaram a canonização também por muito mais tempo. Porém, para a nossa época moderna, em que tudo é muitíssimo veloz, cinquenta anos parecem uma eternidade. Principalmente quando se considera a fama de santidade que João XXIII tinha em vida e logo depois de sua morte no mundo inteiro.

Uma fama de santidade unânime, difundida não só entre os católicos, mas também no âmbito mais vasto de todos os cristãos e até mesmo entre os indiferentes, os agnósticos, os ateus.

Fama de santidade compartilhada com paixão também nos ambientes eclesiásticos, a ponto de, logo depois de sua morte, algumas personalidades importantes da hierarquia terem advogado uma proclamação imediata de santidade, por aclamação, como acontecia nos primeiros séculos do cristianismo. *Vox Populi vox Dei*.

Essa proposta não era fruto somente de entusiasmo, de afeto emocional, que tinha dominado a opinião pública logo após a morte de João XXIII, mas provinha de célebres teólogos e padres conciliares, que a concretizaram em propostas precisas. Em 1964, um ano depois do falecimento do Papa Roncalli, o bispo polonês Bogdan Bejze, falando em nome de um grupo de seus confrades bispos, propôs, no salão nobre, durante uma sessão do Concílio Vaticano II, a canonização por aclamação de João XXIII. O bispo brasileiro Helder Camara, durante uma coletiva de imprensa, augurou que, "como resposta à atenção do mundo", no último dia do Concílio se procedesse à proclamação solene de sua santidade. E também o bispo italiano Luigi Bettazzi, em 5 de novembro de

1964, defendeu no Concílio a proposta da canonização imediata feita pela assembleia conciliar. O teólogo Yves Congar, presente no Concílio, registrou em seu diário conciliar que o cardeal belga Léon-Joseph Suenens queria concluir a intervenção no *De Ecclesia* pedindo a canonização por aclamação do Papa Roncalli. "Objetivo esse", escreveu Congar, "a ser atingido imediatamente".

Paulo VI, a quem competia a decisão final, levou em consideração os vários pedidos e, em 1965, decidiu iniciar concomitantemente as causas de beatificação dos Papas Roncalli e Pacelli, estabelecendo, porém, que se seguisse o processo canônico normal.

"Vão se passar décadas antes de se chegar a uma conclusão", comentaram amargurados os defensores da canonização imediata. E estavam certos. Quando se decide seguir as vias normais, é preciso respeitar as normas que, por sua natureza, são meticulosas, demoradas, burocráticas e inflexíveis. Foi necessário ouvir testemunhos em todos os lugares em que Roncalli tinha vivido e atuado, reunir tudo que tinha escrito e examinar meticulosamente montanhas de dossiês, documentos; portanto, dedicar muito tempo para avaliar e julgar.

No primeiro período, 1970-1980, o entusiasmo popular pela santidade de João XXIII sempre esteve elevado. A esperança de uma conclusão rápida do processo de beatificação existia. Principalmente nos ambientes laicos. Quase todos os dias se podiam ler nos jornais notícias que diziam respeito a sua vida ou curas a ele atribuídas. Alguns semanários laicos tinham instituído colunas fixas para responder às perguntas dos numerosíssimos devotos. Até foram criadas publicações específicas. Entre elas, um semanário que tinha como título *Amigos do Papa João*, que ainda existe e ao redor do qual se constituiu também uma associação.

E depois, inevitavelmente, veio a rotina. Os eventos, as novidades, as mudanças, o tempo desgastaram aquele entusiasmo unânime que, por sua natureza, não foi transmitido integralmente, com toda a sua força revolucionária, para a geração seguinte. Pouco a pouco, tudo voltou à normalidade. As pessoas continuaram a amar, a rezar para João XXIII, mas, na prática, de maneira privada, em confiante espera que se completasse o curso burocrático.

A grandeza da figura de João XXIII continuou a crescer entre os estudiosos. Examinando sua vida, suas atividades, seus documentos, constatavam com cada vez maior evidência quão profunda e tangível tinha sido a presença de Deus nele. Homem de Deus, homem da Providência, homem guiado por Deus e que tinha se deixado guiar por Deus.

Na direção da Igreja, Roncalli tinha tomado o lugar de Pio XII, o qual permanecera no trono de Pedro durante dezenove anos, um dos períodos mais dolorosos da história do mundo. Fora eleito em 1939, isto é, às vésperas da Segunda Guerra Mundial, quando o nazismo de Hitler se alastrava na Europa e que, durante o conflito bélico, foi marcado por delitos atrozes de massa, com perseguições raciais, campos de extermínio, limpeza étnica, perseguições ideológicas.

Naquela confusão de sangue, Pio XII tinha se saído bem, com inspirado equilíbrio, defendendo incansavelmente os princípios fundamentais, salvando a vida de centenas de milhares de pessoas, mas evitando condenações diretas e explícitas do nazismo, que teriam tido como consequência o massacre dos católicos, porque Hitler era um louco, um desequilibrado. Alguns historiadores continuam a acusar Papa Pacelli com relação a sua escolha, mas são teses preconceituosas. Hoje, quase todos os historiadores admitem

Introdução

que a decisão de Pio XII foi a única possível a fim de poder salvar outros milhões de pessoas.

Depois da guerra, Papa Pacelli continuou a dirigir a Igreja por mais treze anos. E o fez com um estilo inconfundível e uma doutrina firme e precisa, transportando a cristandade para longe das feridas mortais deixadas pelo conflito bélico e pelos ódios inevitáveis que se tinham criado entre os povos.

Naqueles treze anos, porém, o mundo tinha sofrido uma mudança drástica. As novas gerações se sentiam distantes de seus pais. Não só porque o progresso científico e econômico estava literalmente revolucionando suas vidas cotidianas, mas também porque a mudança tinha consequências gravíssimas e inevitáveis nos hábitos, na mentalidade, na ética da vida diária. Na prática, nas relações com a religião. O progresso que estava dando uma cara nova ao mundo, ou melhor, àquela parte do mundo que era indicada com o termo de "industrializado", estava ao mesmo tempo corroendo os ensinamentos fundamentais da religião cristã. Na Igreja se observava a cisão entre os eclesiásticos e o povo, e se percebia uma necessidade urgente de medidas para remediar a situação.

Por isso, depois da morte de Pio XII, os cardeais chamados para eleger um novo Papa ficaram indecisos. O colégio cardinalício que formava o conclave era também, de um ponto de vista humano, inadequado. Em vez dos setenta cardeais previstos nos regulamentos então vigentes, havia somente 51, e vinte deles tinham oitenta ou mais anos de idade. Portanto, um colégio velho, aferrado àquele mundo que estava desaparecendo e pouco à vontade com aquele que estava se firmando. Os cardeais entendiam que era preciso eleger um homem do futuro, mas estavam convencidos de que esse homem não se encontrava entre eles. Assim, decidiram eleger um Papa de transição. Um Papa que, por motivo de idade, teria permanecido no trono de Pedro por um curto período e providenciado, durante aquele período, um colégio de cardeais com um número normal de setenta elementos, inserindo personalidades eclesiásticas novas e versadas nos problemas suscitados pela mudança em curso.

O conclave foi iniciado em 25 de outubro de 1958 e concluído na noite de 28. Os cardeais votaram onze vezes. Concordaram com o nome de Angelo Roncalli, um eclesiástico que sempre viveu longe de Roma, distante, portanto, dos inevitáveis jogos de "influências" e "interesses". Alguém que, tendo já 77 anos de idade, não duraria muito, e assim, no meio-tempo, a Igreja poderia ter uma ideia precisa do caminho a ser tomado.

Roncalli, então, devia ser um Papa de transição. No entanto, aconteceu exatamente o contrário. Ele ocupou o trono de Pedro somente por cinco anos, mas trouxe para a Igreja um vendaval revolucionário, que ainda sopra forte.

Foi um Papa importantíssimo, com uma atividade incrível. Era um personagem novo. Totalmente ignorante com respeito aos costumes da Cúria romana, porque sempre vivera longe dali, mas a Providência o tinha orientado para experiências que lhe seriam preciosas.

Filho de camponeses paupérrimos, conseguiu estudar no seminário graças à ajuda econômica de um tio. Quando jovem sacerdote tinha sido secretário do bispo de Bérgamo, Giacomo Radini Tedeschi; lecionou no seminário; foi capelão militar; e, no fim da Primeira Guerra Mundial, foi encarregado de organizar, em toda a Itália, a Obra da Propagação da Fé.

De 1925 a 1945, ano em que foi consagrado bispo, tinha vivido no Oriente, representando a Igreja Católica primeiramente na Bulgária e depois na Grécia; conheceu os problemas dos católicos que naqueles países eram uma minoria, aprendendo a "dialogar"

―――――― Introdução ――――――

com a Igreja Ortodoxa e criando relações que depois se revelaram muito úteis.

De 1945 a 1953, foi núncio apostólico na França, onde havia problemas gravíssimos, decorrentes do envolvimento de vários bispos em questões políticas durante o conflito bélico. Os novos governantes queriam a cabeça daqueles bispos e se delineava um escândalo de alcance incalculável. Naquele momento, ninguém aceitava o encargo de Núncio na França. Pio XII mandou Roncalli, que, como era seu costume, obedeceu. E, em pouco tempo, com sua bondade, cordialidade, inteligência e habilidade diplomática, conseguiu resolver os problemas e conquistar a estima do Governo, dos políticos franceses de todas as correntes, dos intelectuais, do povo.

Depois foi nomeado patriarca de Veneza e, finalmente, pôde ter a satisfação de ser o "pastor", o "pároco" de uma grande diocese, como ele dizia. Chegando enfim ao trono de Pedro, utilizou a experiência adquirida nos vários cargos anteriores, que lhe foi muitíssimo valiosa. Era o Papa certo no momento certo.

Como bispo, cardeal, patriarca, a característica específica de sua pastoral sempre foi o diálogo. E o foi também quando Papa. Passou para a história como o "Papa do diálogo". Dialogar era para ele um comportamento instintivo, congenial. Dialogava com amor, com respeito, com estima do interlocutor.

João XXIII acreditava realmente nas palavras da prece ensinada por Jesus, o "Pai-Nosso". Se Deus é "nosso Pai", significa que nós somos todos irmãos, filhos do mesmo Pai. E uma família funciona quando todos estão de acordo, se querem bem e se comunicam fraternalmente entre si.

Quando estava na Bulgária, Roncalli foi acusado perante a cúria de Roma por participar às vezes de cerimônias religiosas nas igrejas dos ortodoxos. Na época, era proibido. Mas ele achava que essas normas disciplinares não eram evangélicas. Os ortodoxos eram irmãos e sempre os considerou assim. Além disso, nutria admiração por eles. E foi ele, depois, como Pontífice, que iniciou um diálogo com a Igreja Ortodoxa, diálogo que continuou, continua e certamente levará a uma reconciliação total.

Como Cardeal e Papa, foi acusado de ter iniciado o diálogo com os socialistas, com os comunistas, de ter favorecido o governo de centro-esquerda na Itália. Acusações improcedentes. Roncalli nunca se interessou por política, mas viveu tendo como inspiração para seu comportamento o próprio Evangelho. O mundo que surgiu das ruínas da Segunda Guerra Mundial, impregnado pelo progresso científico cada vez mais forte e árido, que se encaminhava para a globalização, tinha necessidade de "diálogo". E João XXIII dialogou com todos, porque todos são "filhos do mesmo Pai".

O Concílio Vaticano II, que ele quis a qualquer custo, foi um "Concílio dialogante", uma grande tentativa por parte da Igreja de entender o mundo, e de indicar ao mundo os caminhos seguros para a Verdade absoluta.

Papa Pio XII passou para a história com o título de "Pastor Angelicus". Papa João XXIII é lembrado como o "Papa bom" – título que lhe foi dado pelo povo e que reflete sua santidade. Uma santidade "cotidiana", simples, feita de bondade, no sentido de que não foi caracterizada por carismas, eventos clamorosos, visões, êxtases, milagres e fenômenos evidentes. Esses fatos estão presentes na vida de grandes santos como, por exemplo, Padre Pio. Em João XXIII, não se encontram carismas surpreendentes, mas bondade, uma grande bondade, constante, luminosa, generosa. Quando estava na Bulgária, escreveu em seu *Diário* que queria ser bom,

Introdução

"como uma fonte onde todos pudessem matar a sede". E aquela bondade nascia de um abandono total e sereno nas mãos de Deus.

Em março de 1959, Indro Montanelli, o famoso jornalista italiano, entrevistou João XXIII. Foi o primeiro jornalista a entrevistar um Papa. Ele escreveu que tinha pensado que se encontraria com um Papa do Renascimento, um Papa autoritário, pomposo, e, no entanto, encontrou um "grande Papa pastor". Escreveu depois: "Amei muito aquele Papa e ele me fez sentir ainda mais o que me falta, faltando-me a fé".

A chegada de João Paulo II, um tornado de energia e coisas novas, levou as massas a outros entusiasmos. A onda de simpatia com relação a Roncalli foi se desvanecendo. Mas o próprio Papa Wojtyla sempre teve diante de si o exemplo e os ensinamentos de João XXIII, que ele tinha "esculpido" com uma belíssima definição: "O Papa dos braços sempre abertos para abraçar o mundo". Com o próprio caráter, personalidade, um estilo todo seu, inconfundível, mas com o mesmo espírito e os mesmos objetivos a serem atingidos, o Papa Wojtyla continuou a caminhar, até mesmo a correr no caminho revolucionário que João XXIII tinha iniciado.

E foi ele a acelerar a beatificação. Quis que fosse uma etapa importante no decorrer do "Grande Jubileu de 2000", que tinha proclamado. Em 3 de setembro daquele ano, ele o proclamou bem-aventurado.

Pensava-se que a canonização de João XXIII viesse logo. Muitos falavam em 2008, no 50º aniversário da eleição do pontífice. Todos os seus inumeráveis devotos esperavam por isso. E também o esperava o postulador da causa na época, o Padre Luca De Rosa. Verdadeiro napolitano, cordial, otimista, o Padre De Rosa era o postulador geral para as causas dos santos da Ordem dos Frades Menores, à qual pertencia, e era muito ativo. Em 2008, tinha levado uma dezena de causas a uma conclusão feliz; porém, não tinha sido capaz de fazer progredir a de João XXIII. "É a causa que sigo com maior paixão", me disse amargurado. "Não existem obstáculos concretos, mas, não sei por que, não anda".

E foi o Papa Francisco que tratou de fazê-la se mexer. Um Papa "vindo do fim do mundo", como ele mesmo se definiu. Quem o conhece bem afirma que sempre foi um grande defensor da santidade de João XXIII. Na Argentina, como bispo e cardeal, tinha Roncalli como seu modelo de espiritualidade a ser imitado. E desde que apareceu na sacada de São Pedro, logo depois de sua eleição, para o primeiro encontro com o povo, todos tiveram a impressão de ver João XXIII nele. Os gestos, as palavras, o sorriso, a cordialidade, a simpatia eram os mesmos do "Papa bom". Os comentaristas dos vários jornais italianos e estrangeiros logo evidenciaram esse carisma especial de espontaneidade, de extraordinária capacidade de conquistar as pessoas, idêntico àquele do Papa Roncalli.

O Cardeal Angelo Bagnasco afirmou: "O Papa Francisco tem o estilo, a simplicidade, a bondade, a bonomia, mas também a capacidade de governo do Papa João XXIII".

O Arcebispo Loris Capovilla, o histórico secretário pessoal de João XXIII, disse: "Francisco me faz lembrar o 'meu' Papa João". E não foi por acaso que o próprio Papa Francisco o nomeou Cardeal em janeiro de 2014.

O Cardeal Robert Sarah, arcebispo emérito da arquidiocese de Conakry, na Guiné, e prefeito do Pontifício Conselho "Cor Unum", disse: "O Papa Francisco é uma figura boa como o Papa Angelo Giuseppe Roncalli".

Referindo-se ao célebre "discurso da lua" de João XXIII, na noite de abertura do Concílio Vaticano II (11 de outubro de 1962), um jornal italiano o intitulou: "A carícia de Francisco". Dois jornais

─────── Introdução ───────

espanhóis usaram o mesmo título ao apresentar o novo pontífice: "Francisco, o novo João XXIII"; "Francisco, outro João XXIII".

E foi possível entender, em 3 de junho de 2013, quão grande eram o conhecimento e a admiração do Papa Francisco por João XXIII. Francisco era Papa havia pouco mais de dois meses. Recebeu em Roma uma grande peregrinação de 3 mil bergamascos que foram prestar homenagem a João XXIII no 50º aniversário de sua morte. Antes do encontro com os bergamascos na Basílica de São Pedro, o Papa Bergoglio se recolheu longamente rezando, ajoelhado aos pés do sepulcro que contém os restos mortais do Papa Roncalli. No fim da missa celebrada em São Pedro pelo bispo de Bérgamo, Dom Francesco Beschi, o Papa Francisco saudou afetuosamente os fiéis e, em seu longo discurso, relembrou a vida e as experiências de Roncalli.

Começou lembrando-se da morte, como a tinha seguido da Argentina:

> Há exatamente cinquenta anos, a esta mesma hora, o Bem-aventurado João XXIII deixava este mundo. Quem, como eu, tem certa idade, mantém uma viva lembrança da comoção que se difundiu por todos os lugares naqueles dias: a Praça de São Pedro tinha se tornado um santuário a céu aberto, acolhendo dia e noite os fiéis de todas as idades e condições sociais, ansiosos e rezando pela saúde do Papa. O mundo inteiro tinha reconhecido em João XXIII um pastor e um pai. Pastor porque pai. O que o tinha tornado assim? Como tinha conseguido chegar ao coração de pessoas tão diferentes, até mesmo de muitos não cristãos? Para responder a essa pergunta, podemos evocar seu lema episcopal, *Obedientia et pax*: obediência e paz. "Essas palavras" – anotava monsenhor Roncalli na véspera de sua

17

consagração episcopal – "são um pouco a minha história e a minha vida".

O Papa Francisco assim se alongou, comentando o lema que Roncalli tinha escolhido em 1925:

> Obediência e paz. Gostaria de começar pela paz, porque este é o aspecto mais evidente, aquele que as pessoas perceberam em João XXIII: Angelo Roncalli era um homem capaz de transmitir paz, uma paz natural, serena, cordial; uma paz que, com a sua eleição ao pontificado, se manifestou ao mundo inteiro e recebeu o nome de bondade.

Uma bondade, ressaltou o Papa Francisco, que é elemento essencial para o sacerdote. E quis evidenciar esse aspecto citando Santo Inácio de Loyola, o fundador dos jesuítas, a ordem religiosa à qual pertence:

> É tão belo encontrar um sacerdote, um padre bom, com bondade. E isso me faz pensar em algo que Santo Inácio de Loyola – mas não estou fazendo propaganda! – dizia aos jesuítas quando falava das qualidades que um superior deve ter. E dizia: deve ter isto, aquilo, mais isto, mais aquilo... uma longa lista de qualidades. Mas, no fim, dizia isto: "E se não tiver essas virtudes, que pelo menos tenha muita bondade". É essencial. É um pai. Um padre bondoso. Foi essa, sem dúvida, uma característica distintiva de sua [de Roncalli] personalidade, que lhe permitiu construir em todos os lugares sólidas amizades, e que distinguiu de forma particular seu ministério de representante do Papa, executado durante quase três décadas, frequentemente em contato com ambientes e mundos muito distantes daquele universo católico no qual tinha nascido e se formado.

Introdução

A "bondade" foi o elemento distintivo da vida de João XXIII, o "Papa bom", mas também o segredo de sua ação pastoral e diplomática. Disse ainda o Papa Bergoglio:

> Exatamente naqueles ambientes [nos quais foi chamado a atuar] ele demonstrou ser um eficiente articulador de relações e um capacitado promotor de unidade dentro e fora da comunidade eclesial, aberto ao diálogo com os cristãos de outras Igrejas, com expoentes do mundo judaico e muçulmano, e com muitos outros homens de boa vontade. Na verdade, João XXIII transmitia paz porque tinha um espírito profundamente reconciliador: ele tinha se deixado pacificar pelo Espírito Santo. E esse espírito reconciliador foi fruto de um longo e difícil trabalho sobre si mesmo, trabalho do qual permaneceram abundantes traços no *Diário da alma*. Ali podemos ver o seminarista, o sacerdote, o Bispo Roncalli lidando com o caminho da purificação gradual do coração. Nós o vemos, dia a dia, atento para reconhecer e mortificar os desejos que provêm do próprio egoísmo, para discernir as inspirações do Senhor, deixando-se guiar pelos sábios diretores espirituais, e se inspirando em mestres como São Francisco de Sales e São Carlos Borromeu. Ao ler esses documentos, na verdade estamos assistindo a um espírito se formando sob a ação do Espírito Santo, que atua em sua Igreja, nas almas: foi ele exatamente que, com essas boas propensões, lhe pacificou o espírito.

Mas a paz, aquela paz que João XXIII tinha no coração e transmitia ao mundo, era resultado de obediência. Obediência à Igreja, aos superiores, mas, sobretudo, às inspirações interiores, à voz de Deus. O Papa Bergoglio, de fato, relembrou:

> Se a paz foi a característica exterior, a obediência constituiu para Roncalli a disposição interior: a obediência, na verdade, foi o instrumento para alcançar a paz. Antes de tudo, ela

teve um sentido muito simples e concreto: desenvolver na Igreja o serviço que os superiores lhe pediam, sem buscar nada para si mesmo, sem se eximir de nada do que lhe tinha sido pedido, mesmo quando isso significou deixar a própria pátria, enfrentar mundos desconhecidos para ele, permanecer longos anos em lugares onde a presença de católicos era pouquíssima. Deixar-se conduzir como um menino construiu o seu percurso sacerdotal que bem conhecem, de secretário de Dom Radini Tedeschi e, ao mesmo tempo, professor e diretor espiritual no seminário diocesano, a representante pontifício na Bulgária, Turquia e Grécia, França, a patriarca da Igreja de Veneza e, enfim, bispo de Roma. Através dessa obediência, o sacerdote e Bispo Roncalli vivenciou também uma fidelidade mais profunda, que podemos definir, como ele teria dito, como a entrega à Divina Providência. Ele constantemente reconheceu, na fé, que, através daquele percurso de vida aparentemente guiado por outros, não conduzido pelos próprios gostos ou com base numa sensibilidade espiritual própria, Deus estava desenhando seu projeto. Era um homem de autoridade, era um condutor. Mas um condutor conduzido pelo Espírito Santo, pela obediência.

Aos 50 anos de sua morte, a orientação versada e paterna de João XXIII, o seu amor pela tradição da Igreja e a consciência de sua constante necessidade de atualização, o pensamento profético da convocação do Concílio Vaticano II e a oferenda da própria vida para seu sucesso permanecem como marcos na história da Igreja do século XX, e como um farol luminoso no caminho que nos espera.

Desse longo discurso que naquela noite o Papa Francisco dedicou a João XXIII, podemos entender como ele conhecia o "Papa bom", quão grande eram sua estima e devoção. E era, por isso, inevitável que se interessasse pela causa de sua beatificação. Que a tirasse daquele impasse a que tinha chegado. Ele o fez com uma intervenção decisiva e peremptória, um mês depois de seu discurso, no início de julho.

A causa da beatificação de João XXIII estava parada porque os responsáveis pelo processo canônico não conseguiam encontrar o "segundo milagre" exigido pelas normas. O primeiro, que tinha servido para a beatificação, tinha sido encontrado, e era um milagre grandioso, reconhecido pela ciência médica. Mas o processo jurídico para se chegar à canonização exige um segundo milagre, que tenha acontecido depois da beatificação. O Padre Luca De Rosa, postulador da causa de beatificação de João XXIII, quando o encontrei em 2008, disse que de milagres tinha achado vários.

– Existem muitíssimos – contou. – Aqui, na postulação, chegam continuamente sinais de curas grandiosas. Em Sotto il Monte, na casa onde nasceu Roncalli, há uma sala com a parede atapetada com centenas de laços cor-de-rosa e azuis: são ex-votos deixados por pais que agradecem ao Papa por terem alcançado a graça de terem tido um filho. E se trata de casos de mães estéreis ou de partos que a ciência médica declarou impossíveis. Mas a comissão médica do processo é igualmente detalhista. Encontra sutilezas em tudo: diagnósticos da doença pouco precisos, pouco seguros, curas com documentação médica escassa, pouco clara; em resumo, sempre algum pequeno detalhe que bloqueia o processo.

E não se encontrava o milagre exigido pelas normas, totalmente preciso, brilhante, transparente, sem nenhuma sombra de dúvida.

"Não importa", decidiu o Papa Bergoglio. "A fama de santidade de João XXIII é evidente em todo o mundo, me baseio na faculdade reservada aos pontífices de dispensar o processo de se encontrar o segundo milagre, e que se proceda à canonização".

21

Decisão breve, que logo causou muita celeuma. Mas não era uma novidade absoluta. O próprio João XXIII tinha feito algo semelhante em 1960, canonizando um santo que lhe era querido, Gregorio Barbarigo, que fora bispo em sua Bérgamo no fim de 1600. Decisão que desbloqueou imediata e definitivamente a causa.

Este livro não é uma biografia tradicional de João XXIII. Nem é um estudo sobre sua santidade. Biografias e ensaios sobre o Papa Roncalli há muitos e de extrema confiabilidade, começando pelas lembranças de seu fidelíssimo secretário Loris Capovilla e prosseguindo com as memórias de vários colaboradores e a monumental biografia crítica de Marco Roncalli, sobrinho-neto de João XXIII.

Este livro se constitui de testemunhos, relatos e fatos recolhidos por mim no decorrer de meio século de jornalismo. Relatos ouvidos diretamente de pessoas que conheceram o Papa Roncalli. Nada foi construído teoricamente com base em documentos oficiais já publicados, em lembranças referidas por terceiros. Tudo foi colhido ao vivo, com testemunhas diretas, que viram, sentiram, viveram o que contaram.

Meu primeiro artigo sobre o tema foi em 1967, quatro anos após a morte de João XXIII. Foi Enzo Biagi, que na época era diretor-geral dos periódicos Rizzoli, quem me pediu uma série de artigos sobre João XXIII e me sugeriu a chave de tudo: relatos ao vivo de pessoas que tinham sido testemunhas oculares.

A primeira etapa foi em Sotto il Monte, a terra natal de Roncalli. Pude recolher testemunhos de pessoas que o tinham conhecido bem, em especial os parentes do Papa, os irmãos ainda vivos, principalmente Zaverio, que se tornou meu ponto de referência, e outras pessoas que o visitavam quando o Cardeal passava as férias na terra natal.

Depois fui recolher os testemunhos de quem tinha vivido a seu lado na Bulgária, na Turquia, na Grécia. Países em que, na época, o catolicismo era pouco representativo e onde Roncalli viveu com simplicidade, em solidão, quase esquecido por Roma. Mas foi um período extremamente interessante para a formação espiritual daquele homem que, mais tarde, tendo chegado ao topo da hierarquia eclesiástica, teria feito uma revolução incomparável no seio da Igreja em sua história.

Para os anos passados na Bulgária, me foi muito valioso o professor Estêvão Karadgiov, um intelectual búlgaro que Angelo Roncalli tinha ajudado economicamente para que pudesse estudar na Itália, e que depois se tornou seu secretário e amigo. Karadgiov foi testemunha de extraordinários episódios relativos às relações de Roncalli com os responsáveis pela Igreja Ortodoxa naquele país, com a coroa, com a população, principalmente com os pobres, que ajudava com comovente generosidade, sem jamais levar em conta a que religião pertenciam.

Em 1935, Roncalli foi nomeado delegado apostólico para a Turquia e Grécia, e se transferiu para Istambul, onde teve como colaborador e amigo o Padre Giorgio Montico, um franciscano conventual. É um período muito importante na vida de Roncalli, que inclui os anos da Segunda Guerra Mundial. E o Padre Montico foi testemunha de feitos extraordinários, heroicos, muitas vezes secretos, de Roncalli para salvar milhares de pessoas: judeus, católicos, ortodoxos, ateus. Uma fonte de minúcias relativas à vida diária, real, de um grande santo inserido nas dificuldades da vida como uma pessoa qualquer. Informações que não são encontradas nas biografias oficiais porque, daqueles anos, nas condições em que Roncalli era obrigado a viver e se arranjar, não existe nenhuma documentação. Especialmente tudo o que fez durante a guerra. Ações dignas de um Agente 007, para salvar as pessoas da morte.

Graças a uma série particular de circunstâncias, pude recolher também as memórias de Guido Gusso, o fiel criado particular que viveu dez anos com Roncalli: cinco em Veneza, quando era patriarca naquela cidade, e cinco em Roma, durante o pontificado. Guido Gusso, juntamente com seu irmão Paolo, foi a testemunha por excelência da "vida privada" de João XXIII. O pontífice o tratava como a um sobrinho, alguém da família, e assim teve a sorte de estar presente em acontecimentos extraordinários.

O autor

O pequeno Angelino

Eram 10h15 de 25 de novembro de 1881, uma sexta-feira, quando Angelo Roncalli, o futuro Papa João XXIII, emitiu seu primeiro vagido no planeta.

– É um menino – anunciou a parteira da porta do quarto de dormir do casal Giovanni Battista e Marianna Roncalli.

Marianna estava na cama. O rosto coberto de suor; estava exaurida pelas dores do parto, mas sorria. Battista estava no andar de baixo, na grande cozinha, diante da lareira acesa, junto com os outros parentes, entre os quais seu pai Angelo, seu tio Zaverio, as três filhas pequenas, Maria Caterina, Teresa, Ancilla, e alguns sobrinhos, filhos de seu primo Luigi Roncalli, que moravam na mesma casa.

Fazia frio. Era um dia de clima rigoroso e, em Sotto il Monte, um modesto centro agrícola a aproximadamente quinze quilômetros de Bérgamo, o inverno era sempre úmido e pungente.

A casa dos Roncalli era uma construção velha e maciça, com paredes de 1,20m de espessura, propriedade dos Condes Morlani; ficava no número 42 da rua Brusicco, perto da que era na época a Igreja Paroquial Santa Maria Assunta, construída em torno de 1450.

Os habitantes de Sotto il Monte chamavam a casa em que moravam os Roncalli de "palácio", devido a suas dimensões. Não tinha, porém, nada de valioso que justificasse pensar nesse termo pomposo. Tinha um aspecto característico, com uma espécie de claustro rústico na frente. No andar superior, alguns quartos que davam para uma sacada; no térreo, a cozinha e um porão. Todo o resto servia como estábulo e galinheiro. Os Roncalli alugavam aquela moradia com uma gleba de terra na qual trabalhavam como meeiros.

Ouvindo a voz da parteira e o choro do menino, Giovanni Battista se levantou e seu semblante se iluminou. Mas ficara em silêncio. Era um tipo tímido, extremamente reservado, principalmente com relação aos próprios sentimentos.

Em 1881, Giovanni Battista Roncalli tinha 27 anos de idade, tendo nascido em 1854. A mesma idade de sua mulher, Marianna Mazzola, ela também de Sotto il Monte. Tinham crescido juntos e se casaram em 23 de janeiro de 1877, quando tinham 23 anos. Escolheram aquele dia porque lembrava as núpcias de São José com Nossa Senhora. Depois da cerimônia na igreja, partiram em viagem de núpcias para Bérgamo: ida e volta a pé.

– Finalmente um menino – disse o avô Angelo, olhando satisfeito para o filho Giovanni Battista. Este olhou para as três meninas a seu redor e passou a mão sobre os cabelos de Ancilla, mas não disse nada. Era um homem robusto, de cabelos pretos cortados à escovinha e o bigode bem aparado. Sua cútis era escura, a pele áspera de quem vive habitualmente ao ar livre. Embora não demonstrasse abertamente, estava feliz por finalmente ter um filho homem. O sustento da família era baseado quase que exclusivamente nos produtos da terra, que requeriam trabalho duro e braços fortes. Um filho homem, depois de três meninas, era uma bênção.

– Venha Giovanni, suba, venha ver seu filho – disse a parteira de novo à porta do quarto.

O pequeno Angelino

As três meninas se precipitaram para as escadas, impacientes para ver o irmãozinho.

– Devagar, devagar – disse Battista com um fiapo de voz. Tirou o chapéu que trazia na cabeça e dirigiu-se também para as escadas. Atrás, tímidos e desajeitados, os outros meninos, filhos de seu primo Luigi.

Na cozinha, ficaram Angelo, o avô, e Zaverio, seu irmão.

Zaverio se mantinha de lado. Quando a parteira anunciou o nascimento de um menino, fizera o sinal da cruz. Quem o conhecia bem sabia que, durante aquela espera, ele tinha continuado a rezar.

Nascido em 1821, já tinha 60 anos quando Angelo Roncalli nasceu. Vivia com a numerosa família dos dois sobrinhos, Giovanni Battista e Luigi. Zaverio era um homem instruído para aqueles tempos. De fato, não só sabia ler e escrever, mas também tinha uma discreta cultura e possuía diversos livros. Sua profissão era feitor. Cuidava dos interesses do Conde Morlani, com relação a diversas meações, inclusive as de seus dois sobrinhos.

Não tinha se casado e, por isso, todos o chamavam de "Barba", que em dialeto bergamasco significa "solteiro".

Era um homem de muita fé e, para ele, os valores fundamentais da vida eram os religiosos. Assim, ia todas as manhãs à missa e, durante o dia, rezava frequentemente. Nos momentos livres do trabalho, se dedicava à leitura da Bíblia e, à noite, reunia a numerosa família e a "guiava" no rosário. Porém, não era carola. Sua religiosidade era rígida, severa e sua conduta, rigorosamente coerente com os princípios em que acreditava. O objetivo principal de sua vida era "servir a Deus". Por isso, era um feitor minucioso, justo, atento, bom. E todos, patrões e meeiros, o respeitavam e estimavam. Era muito amigo do pároco, Padre Francesco Rebuzzini, e colaborava em todas as manifestações religiosas da paróquia. Fazia parte da Ação Católica e, em 1888, foi o único paroquiano de Sotto il Monte que foi a Roma para o 50º aniversário da ordenação sacerdotal do Papa Leão XIII. Foi a primeira grande peregrinação católica que levou a Roma uma imensa multidão. As ferrovias funcionavam havia pouco tempo em todo o país, um meio revolucionário de transporte de massa que permitiu a muitas pessoas, provenientes de todos os lugares, chegar facilmente e com poucos gastos à capital.

Na família numerosa de Giovanni Battista e de Luigi Roncalli, o tio Zaverio era, pois, uma espécie de "chefe espiritual". Cuidava da formação moral dos sobrinhos e sobrinhos-netos e o fazia principalmente através do exemplo. Todos nutriam por ele uma autêntica veneração.

Barba Zaverio acreditava que o maior dom que Deus podia dar a uma família era um filho com vocação para o sacerdócio. Rezava para obter esse dom e seguia o crescimento dos sobrinhos--netos com atenção, para descobrir eventuais sinais de um chamado divino. Mas até aquele momento, não tinha tido sorte. Com o nascimento do novo sobrinho-neto, começou a pensar que o Senhor finalmente tinha atendido suas preces.

– É necessário providenciar o Batismo – disse ao sobrinho Battista, que estava subindo as escadas para ir ter com a mulher. – Eu me encarrego de falar com o pároco – acrescentou. Pegou o chapéu de feltro que tinha pendurado numa banqueta, agilmente vestiu o capote e saiu.

Voltou depois de meia hora e disse que Padre Rebuzzini celebraria o Batismo à tarde, em torno das dezesseis horas.

O fato de que o Batismo fosse feito no mesmo dia do nascimento não era algo extraordinário na diocese de Bérgamo. Ao contrário, respeitava uma tradição bastante difundida. Dos treze meninos nascidos na família de Giovanni Battista Roncalli, dez foram batizados no mesmo dia do nascimento e os outros três no dia seguinte, mas só porque tinham vindo ao mundo durante a noite.

Lá pelas dezesseis horas, Zaverio envolveu o recém-nascido num xale de lã e, acompanhado pelo pai do menino, se dirigiu para a igreja paroquial. Fazia muito frio. Já estava se formando uma forte cerração, mas por sorte a igreja não ficava longe da casa dos Roncalli. Barba Zaverio chegou abraçando com força a criança. Todavia, o pároco não estava. Zaverio mandou alguém procurá-lo e, enquanto isso, ajoelhou-se diante do altar de Nossa Senhora e começou a rezar o rosário. Rezava pelo sobrinho-neto, oferecia aquela nova vida para a Mãe de Jesus e dos homens.

Passou mais de uma hora até que o pároco chegasse. O ritual foi celebrado na presença de apenas quatro pessoas, e Barba Zaverio foi o padrinho. Foi dado ao menino o nome de Angelo Giuseppe. O pequenino demonstrou ter uma constituição forte. De fato, aquela primeira saída de casa, a poucas horas do nascimento, com o frio, a umidade da cerração daquela tarde de fim de novembro, não lhe causou sequer um pequeno resfriado.

Naquela noite, Zaverio foi à taverna beber para comemorar com os amigos e disse:

– Devemos festejar. Marianna teve mais um filho, um menino desta vez. Agora somos 32 em nossa família.

No dia seguinte, o menino foi registrado no cartório de registro civil, mas o funcionário inverteu os nomes. Em vez de Angelo Giuseppe Roncalli, escreveu Giuseppe Angelo Roncalli. Zaverio percebeu e, quatro dias depois, fez com que repetissem o ato, com a transcrição do nome na ordem certa.

É difícil saber com exatidão quantas pessoas compunham a família patriarcal dos Roncalli naqueles anos. As várias fontes concordam que eram em torno de trinta. Com o nascimento de Angelino, Giovanni Battista tinha quatro filhos e depois viriam outros nove. Seu primo Luigi tinha dez filhos. E, além disso, havia os avós, algumas tias, outros parentes.

De qualquer maneira, sabe-se que os Roncalli no "palácio" formavam um autêntico exército. Numerosos, mas pobres. Sua moradia era adaptada de qualquer jeito. Os quartos de dormir, no primeiro andar, eram constituídos por cubículos nos quais as crianças se ajeitavam desordenadamente. Logo que nasciam, iam dormir com os pais no grande leito matrimonial. Depois do desmame, ocupavam caminhas em locais improvisados, nos patamares e corredores. Deitavam-se sobre sacas cheias de palha de milho, colocadas em cima de tábuas, no chão. O travesseiro era uma almofada de lã e, como cobertores, eram usados tecidos de qualquer tipo.

Angelino também passou o primeiro ano de vida dormindo com os pais no grande leito. Mas, quando tinha um ano e meio, teve de se mudar, porque estava chegando outro irmãozinho. Teria de ir dormir no corredor, onde já estavam os leitos de suas três irmãs, mas Barba Zaverio interveio. Decidiu que Angelino dormiria com ele, em sua própria cama. Um privilégio extraordinário, que confirma a disposição do velho tio de cuidar de maneira especial daquele menino.

Todas as noites, Zaverio pegava a criança nos braços e a levava para seu quarto. Antes de dormir, rezavam juntos. Às vezes lhe contava episódios tirados da Bíblia ou de biografias de santos. De manhã, às cinco horas, o acordava, o pegava nos braços e o levava consigo para a missa.

Os Roncalli eram muito conhecidos no vilarejo. Segundo os historiadores, o nome Roncalli se origina da palavra *ronchi*, termo usado para indicar os terraplanos cultivados com videiras.

Parece que a família teria migrado de Valle Imagna, na região da Lombardia, no século XVI. O primeiro Roncalli a chegar a Sotto il Monte não era pobre. Chamava-se Martino, apelidado "Maitino", e construíra uma bela casa para si. Em seguida, sua família se dispersou em várias ramificações e a bela casa chamada "Ca' Maitino" passou para novos donos. Os Roncalli, então, se tornaram meeiros, isto é, camponeses que trabalhavam na terra de terceiros.

Em Sotto il Monte, os proprietários de terras residentes eram quatro ou cinco. Quase todos os demais habitantes, cerca de 1.200, dependiam deles e trabalhavam como arrendatários, meeiros ou assalariados agrícolas. Os Roncalli trabalhavam como meeiros em seis hectares de terras de propriedade dos Condes Morlani, um dos quais, Giovanni, era bispo em Bérgamo. Cuidavam de vacas, galinhas, bichos-da-seda.

A situação dos meeiros era, porém, precária. Metade da colheita ia para os proprietários e a outra metade devia bastar para viver. Os Roncalli usufruíam ao máximo seus seis hectares de terras. As vacas proporcionavam leite e bezerros; os vinhedos produziam um vinho ácido e repolho crespo era cultivado para os animais. Mas eram os bichos-da-seda que representavam sua fonte de sustento mais importante.

As mulheres se ocupavam dos bichos-da-seda, da horta, do chiqueiro, do galinheiro e da cozinha. Os homens trabalhavam no campo.

Quando Papa, lembrando-se da pobreza de sua família, João XXIII disse: "Um sistema para se permanecer sempre pobre era aquele de ser meeiro". Escreveu em seu *Diário da alma*: "Éramos pobres, mas contentes com nossa posição e confiantes na ajuda da Providência".

Todavia, não obstante a pobreza, a porta da casa estava sempre aberta para os necessitados. "Quando um mendigo chegava à porta da cozinha", contava João XXIII, "onde uns vinte meninos davam conta do caldeirão da sopa, sempre havia lugar para mais um. Minha mãe se apressava a fazer o hóspede sentar-se junto conosco. 'É o Senhor que se senta à nossa mesa', nos dizia. E me lembro de que repetia muitas vezes: 'Quem dá aos pobres empresta a Deus'".

"Oh! Que mãe", escreverá em seu *Diário*. "Oh! Que consciência simples e pura, a qual se conservou assim até bem tarde na vida, no amor e veneração de seus dez filhos e de toda a paróquia".

João XXIII jamais se esqueceu de seu tio-avô Barba Zaverio. Em seu próprio *Diário* delineou um retrato dele que é um elogio extraordinário:

> Um homem caridoso, muito devoto e esclarecido, um autodidata nas coisas de Deus e da religião. Ele deu ao afilhado, sem a pretensão de fazê-lo padre, o que de mais edificante e eficiente pudesse obter, do encaminhamento à preparação, não de um simples sacerdote, mas de um bispo e de um Papa tal como a Providência teria depois querido e constituído.
> Com respeito à sua cultura religiosa, basta dizer que lhe era familiar a leitura das meditações de Padre Luigi Da Ponte. Seguia o *Boletim Salesiano* e os jornais católicos de Bérgamo...
> Foi ele, o próprio Zaverio, que, quando o menino deixou de precisar da mãe, o tomou sob sua responsabilidade e lhe infundiu com palavras e exemplo as atrações de sua alma religiosa.

Polenta, feijão
e tamancos de madeira

Não existem livros que contem como era na realidade a vida em Sotto il Monte naqueles anos finais de 1800. O vilarejo era um núcleo insignificante, sem história, até mesmo sem um nome específico. Era indicado com uma frase que especificava sua posição: um lugar encostado aos pés de um morro.

As informações mais seguras são as fornecidas pelas pessoas que viveram naquele período. Mas hoje todas já se foram.

Todavia, tive a sorte de conhecer algumas no fim dos anos de 1960, quando comecei a me interessar por Angelo Roncalli. Eu era o enviado especial de um grande semanário, e fui a Sotto il Monte para escrever uma série de artigos sobre João XXIII e sua família. Assim, conheci os velhos colegas de escola de Angelo Roncalli, os companheiros de brincadeiras, os primos e também alguns de seus irmãos. Em particular Zaverio, que era apenas dezoito meses mais novo que Angelo e, por isso, se recordava muito bem dos anos da infância passados juntos.

Tinha recebido aquele nome em homenagem ao tio Barba Zaverio, que, como já vimos, era o chefe carismático da família. Giovanni Battista Roncalli tinha chamado o primeiro filho homem de Angelo em homenagem ao próprio pai, como queria a tradição. E com o segundo filho, quis homenagear o tio, demonstrando assim todo o respeito e afeto que tinha por ele. Foi com Zaverio Roncalli, irmão de João XXIII, que formei um estreito relacionamento de confiança.

Como todos os componentes de sua família, ele era desconfiado e reservado. Zaverio não gostava da presença de jornalistas, que, naqueles anos, devido à grande popularidade alcançada por João XXIII depois da morte, estavam constantemente presentes em Sotto il Monte, em busca de notícias. Porém, compreendia que os jornalistas também tinham de fazer seu trabalho, e era paciente, compreensivo e até generoso com as informações.

Queixava-se quando lia nos jornais declarações que jamais tinha feito ou que tinham sido distorcidas, mas acabava sempre por aceitar igualmente o diálogo e o colóquio, demonstrando ser um "homem distinto".

O meu primeiro encontro com ele foi difícil, exatamente devido à instintiva desconfiança que Zaverio cultivava com relação à imprensa.

– Vocês, jornalistas, escrevem o que bem entendem – disse respondendo a uma pergunta que lhe havia feito sobre seu irmão. Ele estava sentado numa rocha, perto do "palácio", a antiga casa onde sua família morava, no século XIX, e onde ele tinha nascido.

– Prometo que vou repetir com precisão as suas declarações – respondi.

– São todos iguais – disse entre os dentes, fitando-me nos olhos com frieza.

Via-se que era um bom homem, íntegro, mas não gostava de zombarias. Continuei fitando-o firme. Pareceu-me ver no fundo de seus olhos claros um pouco de tristeza, como se dissesse: "Mas por que está caçoando de mim? Talvez porque eu seja um camponês?".

Ao escrever os meus primeiros artigos daquela pesquisa, procurei ser detalhista. Obriguei-me a reproduzir escrupulosamente as palavras de Zaverio e das outras pessoas de quem tinha me aproximado em Sotto il Monte, respeitando inclusive o modo de contar de cada um que, no fundo, era bastante evocativo. Zaverio apreciou meu zelo. Não disse nada, mas eu percebi, quando voltei depois de terem sido publicados alguns artigos. Passou a me tratar de outra maneira. Tornamo-nos amigos. Desde então, todas as vezes que ia a Sotto il Monte, ele me recebia sorridente e me entretinha conversando confiantemente.

Geralmente eu me encontrava com ele no campo. Raramente em sua casa, porque os outros componentes da família não eram tão pacientes com os jornalistas.

Vindo de automóvel de Milão, eu parava na pracinha da Igreja de Santa Maria, a antiga igreja paroquial, que fica perto da "Colombera", a casa onde Zaverio morava.

Defronte à igrejinha, há uma taverna administrada por um amigo de Zaverio. Eu o procurava para saber onde estava o irmão de João XXIII. "Trabalhando", era quase sempre a resposta, e, então, eu ia a pé até o sítio, perto do santuário das Caneve, localidade na colina, fora do vilarejo. Zaverio estava ali com a pá, sempre ocupado. Nos meses de inverno, porém, eu o encontrava com a espingarda a tiracolo, porque era um caçador apaixonado.

Ele me reconhecia, sorria e começávamos a bater papo. Eu ficava com ele no campo por horas a fio. Depois voltávamos para o vilarejo e, muitas vezes, parávamos na taverna para beber um copo de vinho.

De sua infância, e da infância do irmão Angelo, Zaverio Roncalli se lembrava principalmente da fome.

– Éramos muito pobres – me contava. – Comiam-se polenta e feijão. Nada de pão; carne, duas ou três vezes por ano, na Páscoa, Natal e, talvez, na festa do santuário. Minha mãe fazia uma polenta de manhã e outra ao meio-dia: duas polentas grandes, porque éramos em mais de trinta na família. E se comia polenta com feijão, polenta com couve, polenta com *cassola*. Graças a Deus, nunca faltava polenta.

Zaverio gostava muito da *cassola*, um prato lombardo muito forte, à base de carne de porco e repolho crespo. Também gostava muito da *polenta e osei*, isto é, com carne de caça. No entanto, me disse que, quando menino, esse era na prática um "prato inacessível para ele".

– Eu e meus irmãos íamos caçar com redes – me contava –, mas deviam depois vender os pássaros para comprar o pão e a farinha para a polenta. Eu, para dizer a verdade, quando pegava um pássaro de que gostava, o escondia. Mas, depois, descobriam e eu tinha que vendê-lo. Eram tempos muito duros.

– Angelino também comia como vocês?

– Claro, e por que não? Quem era ele, afinal? Talvez, às vezes, quando tinha que estudar, mamãe lhe desse um ovo. Mas muito raramente, porque era preciso vender também os ovos.

– Seu irmão tinha bom apetite?

– Não, comia até pouco. Sempre foi de comer pouco. Quando era Papa, escreveram que era bom de garfo, talvez porque o vissem gordinho. Mas é uma invencionice. Sempre foi muito parcimonioso em tudo. E como nos censurava quando ficava sabendo que bebíamos um pouco de vinho a mais. Fazia-nos um verdadeiro sermão. Mesmo quando Papa, nos recomendava que ficássemos atentos ao que bebíamos. Não que houvesse entre nós alguém que enchesse a cara, não, de jeito nenhum. Mas ele repetia aquelas recomendações, dizendo que não se deve nunca beber.

A rua que desce do santuário das Caneve ao centro do vilarejo era asfaltada e se caminhava bem. Zaverio a fitava sorrindo.

– Quando éramos pequenos – me dizia –, não existiam estas belas ruas. Nem mesmo sapatos, na época. Os primeiros sapatos de verdade que calcei foi quando fiz o serviço militar. Mas como andávamos a pé quando meninos, mesmo sem sapatos!

– Vocês caminhavam descalços?

– Descalços, ou com tamancos de madeira. Os tamancos eram o calçado normal para nós, meninos pobres. Cansavam os pés, davam calos e eram duros, mas protegiam dos espinhos, dos cacos de vidro, das pedrinhas. Eu tinha descoberto um jeito para não cansar os pés com os tamancos. Eu amarrava velhos chapéus de feltro aos pés e com eles podia correr pelos campos. Mas era difícil encontrar chapéus velhos que não servissem mais. Até meu irmão Angelo andava descalço ou com os tamancos. Com mais ou menos nove anos, depois de ter frequentado as três séries do primário em Sotto il Monte, começou a ir para as aulas de latim com o pároco de Carvico, uma vila a dois quilômetros daqui. Ia todos os dias a pé. Com os tamancos ou descalço. Depois passou para o colégio em Celana, e não havia estradas para lá. Dava-se a volta nos campos, ali, debaixo do bosque, até o monte de San Giovanni e, depois, algumas trilhas que subiam para Canto, que fica a setecentos metros de altura. Aí se descia para Ca' de Rizzi, perto de Pontida, depois Cisano, Caprino Bergamasco e Celana. São mais de três horas de estrada. Angelo ia e, frequentemente, voltava no mesmo dia.

– Vocês às vezes brigavam, quando eram crianças?

– Não, não, jamais. Na família, quando Angelino também estava em casa, éramos 26 meninos: treze irmãos, mais treze primos, que moravam conosco. Comíamos juntos, trabalhávamos juntos, dormíamos juntos. Não me lembro de nada entre nós que não fossem risadas. Às vezes, quando Angelo estava estudando e era preciso fazer um trabalho, e mandavam a nós e nunca a ele, alguém explodia, mas depois acabávamos sempre fazendo de boa vontade.

– Angelino não trabalhava como vocês?

– Ele tinha seus livros e, quando podia, sempre fugia. Era preciso procurá-lo até para que viesse comer. Quando havia muito que fazer, ele então também vinha para o campo. Mas não gostava de trabalhar.

– Mas estudar também é cansativo.

– Ah! Claro! Mas não faz mal ao corpo!

– Se você tivesse estudado, Zaverio, agora seria Papa?

– Não teria sido nem um presbítero: sou muito ignorante.

Não se sabe ao certo em que local eram ministradas as aulas naquela época em Sotto il Monte. Parece que Angelo Roncalli frequentou a primeira série da escola elementar num estábulo, no bairro Ca' Maitino, e as duas seguintes num prédio novo que depois se tornaria o da prefeitura.

Não se sabe nem o nome do primeiro professor de Angelo Roncalli. O professor da escola primária é muito importante para a formação intelectual de uma criança. É capaz de deixar "marcas" capazes de "condicionar" o futuro homem. Em diversas biografias de João XXIII está escrito que o primeiro professor de Angelo Roncalli foi um certo Donizetti, mas parece que ele teria ido lecionar em Sotto il Monte alguns anos depois de 1887, ano em que Angelino começou a ir para a escola.

Segundo alguns idosos, que viviam em Sotto il Monte no início dos anos de 1860, o primeiro professor de Angelo Roncalli foi alguém que viera de Pavia. Um personagem estranho, cego de

Polenta, feijão e tamancos de madeira

um olho, e que por isso era chamado no vilarejo de "Orbi". Parece que o povo não gostava muito dele, que mantinha um relacionamento com a dona da pensão onde ficava alojado e que não nutria princípios católicos. Por isso tinha pouca simpatia por Angelino Roncalli, que, todas as manhãs, antes de ir para a escola, passava pela igreja para ajudar na missa.

De qualquer maneira, sabe-se com certeza que as aulas eram dadas numa só sala, sem distinções de classe. E Zaverio, sendo apenas dezoito meses mais jovem que o irmão Angelo, ia para a escola com ele.

Contou-me que os professores gostavam muito de Angelino, porque era sempre o melhor da classe. Nunca levou para casa uma nota baixa.

Angelino frequentava a escola com paixão. Quando tinha muito trabalho em casa, Zaverio, mesmo sendo mais novo, preferia ficar trabalhando para permitir que o irmão Angelo não perdesse a aula. E, quando chovia, porque tinham apenas um guarda-chuva em casa que servia para todos, Zaverio acompanhava Angelino até a escola e voltava para devolvê-lo. Angelo nunca queria faltar à escola.

Seus colegas na escola não tinham muito entusiasmo nem pela escola, nem por ele, aluno diligente demais. Achavam que era diferente deles, mas ele nunca reagia às suas provocações e jamais brigava com ninguém. Quando explodia algum entrevero, fugia e, na pior das hipóteses, preferia aguentá-las em silêncio.

A senhora Lucia Agazzi tinha muita coisa para contar sobre Angelino Roncalli. Quando a conheci, no fim dos anos de 1960, era dona de um loja de utilidades domésticas na rua Brusicco, na esquina da rua que leva para a "Colombera", a casa dos Roncalli.

39

Seu pai, Battista, morto em 1963, com 84 anos, foi colega de estudos de Angelino. Era dois anos mais velho e, em 1887, frequentava já a 3ª série da escola elementar. Por isso o professor o tinha encarregado de ser o companheiro-guia do menino Angelino, que estava ingressando no mundo da escola. E porque Battista era filho de alguém bem de vida do lugar, Angelino tinha orgulho dele.

– Papai sempre nos contava – me disse a senhora Lucia –, que Angelin, como ele o chamava, era o melhor de todos na escola. Certo dia um inspetor veio visitar a escola. Entrou na classe e começou a interrogar os alunos. As respostas certas eram as de Angelin. Entre outras coisas, o inspetor se divertiu propondo aos alunos a tradicional pegadinha: "Digam-me, meninos, o que pesa mais: um quilo de ferro ou um quilo de palha?". Todos responderam em coro: "Um quilo de ferro". Angelin, ao contrário, negou com a cabeça. O inspetor viu e perguntou: "Você não concorda?". "Não, porque os dois quilos são iguais!", disse o menino sorrindo. O inspetor talvez tenha elogiado demais a resposta inteligente de Angelino, repreendendo os outros. Assim, depois da aula, os colegas surraram o "mocinho-sabe-tudo" e, desde aquele dia, o submeteram a esse tratamento muitas vezes, principalmente quando ele acertava tudo nas lições e voltava para casa, enquanto os demais tinham que permanecer lá de castigo. Eram travessuras, é claro, mas Angelino, que se lembrava bem dos episódios de sua infância, nunca mencionou isso.

A senhora Lucia Agazzi me contou ainda:

– Certa vez, quando Angelino era Cardeal e já famoso no mundo inteiro, passou diante da porta de nossa loja com alguns bispos. Meu pai estava ali e ele, quando o viu, se apressou para cumprimentá-lo. Em seguida chamou os bispos e o apresentou a eles: "Este é Battistel, meu primeiro colega de escola, quando frequentávamos a escola de Sotto il Monte". Sempre se lembrou de meu pai e vinha visitá-lo. Quero contar-lhe outro fato importante. Em 1962, meu pai ficou doente. Estava velho e paralisado, não se movia mais, a ponto de ser preciso vesti-lo e dar-lhe de comer na boca, porque não conseguia nem ficar sentado. Além disso, tinha perdido a memória e devaneava. Eu estava desesperada e não sabia como ia continuar vivendo. Nesse meio-tempo, os Roncalli estavam para ir a Roma, porque o Papa, que se chamava Angelo Giuseppe, festejaria seu onomástico no dia de São José. Então, peguei um lenço de seda e pedi a um deles que o fizesse benzer pelo Papa. Quando se encontraram com João XXIII, este, como de costume, começou a perguntar sobre os amigos do vilarejo. "Como está Battistel?", perguntou. "Está doente", respondeu um neto. "Doente?" "Sim, não está nada bem; está paralisado na cama, coitadinho. A filha me deu este lenço para o senhor benzer". O Papa olhou ao redor, depois disse: "Não tenho nada aqui para lhe mandar; dê-me o lenço que vou dar-lhe uma bênção especial". Eram nove horas da manhã. Você não vai acreditar: meu pai, naquele exato momento adormeceu tranquilo, sem dores, algo que não acontecia há anos. Ao meio-dia, fomos chamá-lo para lhe dar de comer. Ele acordou, se levantou, se trocou, sentou-se e comeu sem a ajuda de ninguém. Estávamos em março e até novembro meu pai passou bem! Em novembro, voltou para a cama e uns dez dias depois morreu, mas sem perder a consciência e sem sofrer.

Angelo Roncalli permaneceu sempre muito ligado aos anos de sua infância. Quando Papa, certo dia disse: "A graça do Senhor me ajuda a nunca me esquecer do meu vilarejo e dos campos onde minha família trabalhava com simplicidade e confiança, considerando o sol como o esplendor de Deus".

Ele se lembrava dos conterrâneos: "Lembro-me de todos os meus concidadãos de Sotto il Monte, de cada um deles".

Aquele vilarejo bergamasco estava profundamente arraigado em seu coração. Ele escreveu no *Diário*:

> Não sei explicar a mim mesmo o apego que cada vez mais se acentua no meu espírito por esse cantinho do mundo em que eu nasci, de onde fiquei ausente quase toda a minha vida e onde gostaria de acabar em paz os meus dias. Percorrendo o mundo, acho tudo mais indistinto do que as suaves colinas bergamascas, tão belas, especialmente as que coroam a cidade. Mas, de verdade, dizendo com o bom Torquato, "não posso rever a parte mais querida e mais agradável de meu vilarejo natal". O meu Sotto il Monte! Dois ou três punhados de casas, mal ajambradas, de cuja existência poucos sabem.

Todavia, não gostava que, relembrando sua origem humilde e pobre, se falasse dele como um Papa de segunda categoria.

Como todos os camponeses autênticos, possuía uma grande dignidade pessoal.

– Certo dia, eu e meus irmãos fomos ao Vaticano – me contou Zaverio Roncalli –, e Angelino começou a falar disso e daquilo, naturalmente em bergamasco, porque conosco falava sempre em nossa língua. A certa altura disse: "Meus queridos irmãos, talvez tenham ouvido falar que me chamam de o Papa simples, o Papa camponês, o Papa que não sabe línguas: lembrem-se, porém, que se alguém é um *alloc*, um babaca, não o chamam a Roma para ser Papa. Entenderam?".

– Ele queria dizer – me explicou Zaverio – que, se o tinham chamado para aquele cargo, era porque sabia das coisas. Depois nos disse que logo iria nomear sete novos cardeais. E eu, brincando, falei: "Não adianta me falar de cardeais: você não me vai nomear...". Então Angelino começou a rir e disse: "Não, Zaverio, não posso nomeá-lo cardeal. Mas quero lhe dizer que existe um que você conhece: o arcebispo de Milão". "Dizem que é muito inteligente", comentei. E ele me respondeu: "Sim, é verdade. Mas o Senhor distribuiu um pouco de inteligência para todos. Portanto, nós também a temos".

A primeira lembrança nítida que Angelo Roncalli tinha de sua infância era a do furto dos figos secos e de uma mentira. Era um episódio que o tinha marcado de modo especial e que muitas vezes mencionava. Testifica-o seu secretário pessoal, Dom Loris Capovilla.

Devido à pobreza que reinava na casa dos Roncalli, certas noites os meninos e jovens iam para a cama com o estômago roncando de fome.

"Numa noite de inverno", contou João XXIII a seu fiel secretário, "como de costume, estávamos reunidos na cozinha, que era quente, para rezar o rosário puxado por Barba Zaverio. O jantar tinha sido um pouco fraco e eu não conseguia participar da prece com atenção. De repente me lembrei de que a mamãe tinha debaixo da cama, no quarto, um cestinho de figos secos que distribuía com parcimônia nas ocasiões importantes. Eu tinha uns seis ou sete anos, era muito tímido, mas a fome me encheu de coragem. Saí sorrateiramente da cozinha, subi na ponta dos pés as escadas de madeira que levavam para o quarto; me enfiei como um gato debaixo da cama, agarrei um punhado de figos e devorei-os aflito. Depois, como se não tivesse acontecido nada, voltei para a cozinha, onde o rosário continuava. Terminada a prece, mamãe me perguntou: 'Angelino, onde você foi? Não foi talvez roubar os figos?'. 'Não, mamãe', respondi, 'não roubei os figos'. Eu achava que as velhas escadas de madeira não tivessem rangido. Ao contrário, tinham rangido, e muito! Mamãe tinha conseguido seguir, com aqueles rangidos, todas as fases da minha traquinice. O calor da cozinha e o remorso pelo furto e pela mentira me tinham emocionado. Tive uma ânsia de vômito e saí para me aliviar. Quando voltei, mamãe me limpou a boca com um pouco de água e, depois, me disse: 'Angelino, fico triste por você ter roubado os figos, mas eu entendo: você estava com fome. Não entendo, porém, por que me contou uma mentira. Espero que nunca mais diga outra, por toda a sua vida'. Enquanto isso, Barba Zaverio resmungava: 'Que juventude, que meninos! São gulosos, impertinentes, mentirosos e ladrões. Aonde vamos parar?'. Eu me sentia coberto de vergonha. Decidi que ia me confessar na manhã seguinte e tentei dar ao meu pecado a maior gravidade possível. Então, eu confessaria primeiro a mentira, depois o furto, depois a desobediência, e a preguiça por não ter rezado o rosário inteiro. 'Barba', disse ao tio Zaverio, 'me leva à missa com você amanhã de manhã? Quero me confessar com o Padre Francisco'. 'Claro que o levo, e espero que se confesse direito'. No *Angelus*, isto é, às 5 da manhã, eu já estava na igreja, aflito para confessar o meu pecado. Padre Francisco foi muito compreensivo e ele também me disse que o furto dos figos, se tinha fome, não era grande coisa, mas que não deveria jamais contar mentiras pelo resto da minha vida."

— O Papa João XXIII levou ao pé da letra a recomendação de seu pároco – testemunha Dom Loris Capovilla. – Ele me confessou que nunca mais disse nenhuma mentira consciente. Mas restou-lhe, também, uma insuperável aversão por figos. Eu mesmo, nos anos em Veneza e em Roma, tive a prova disso: nunca o vi experimentar um figo que fosse.

Latim debaixo de tapas

"Confesso que sempre pensei, desde a infância, em me tornar sacerdote", escreveu João XXIII em seu *Diário da alma*:

> Nunca houve, nos anos de preparação, a mínima dúvida sobre isso, nem mesmo uma pequena discussão. Comecei a ouvir o chamado sobrenatural ainda menino, quando frequentemente observava da janela de casa o pároco do vilarejo com o semblante sempre afável, sereno, cheio de bondade. Conhecia sua dedicação ao ministério sagrado e especialmente sua grande caridade... Devo a primeira manifestação da devoção ao fato de contemplar o que fazia o primeiro sacerdote que vi e que tinha me batizado.

É uma confissão importante, que faz compreender como nasceu a vocação para o sacerdócio de Angelo Roncalli. Ele foi atraído pelo exemplo do próprio pároco. Por seu modo de agir, humilde e bom. Da janela de casa, que dava para a pracinha da igreja, o menino "espiava" o pároco. Observava seus gestos, o semblante, ouvia suas palavras e refletia.

Esse pároco era o Padre Francesco Rebuzzini. Nascido em 1825, tinha, quando Angelino o "observava", pouco mais de 60 anos. Era pároco de Sotto il Monte desde 1872. Tinha celebrado o casamento de Giovanni Battista e Marianna Roncalli, tinha batizado Angelino, estava lhe ensinando o catecismo e a oficiar a missa.

45

Não era um sacerdote particularmente importante. Um pároco do interior, como tantos outros, simples e modesto, mas daqueles que cumpriam a própria missão com verdadeiro espírito, e até o menino Angelino tinha percebido isso.

De acordo com os planos da família, Angelino deveria crescer como os outros filhos e se tornar um bom camponês. Barba Zaverio, ao contrário, esperava que naquele menino brotasse a vocação para o sacerdócio e rezava para isso, sem jamais exercer a mínima pressão sobre o sobrinho. Portanto, a ideia de ser padre pouco a pouco abriu caminho no coração de Angelino Roncalli, estimulada pelo comportamento exemplar do pároco.

Sempre, mesmo quando pontífice, ele se lembrava de seu pároco. Atribuía a ele o nascimento de sua vocação. Dizia que o Padre Rebuzzini tinha sido para ele um verdadeiro pai. Recordava com tristeza seu falecimento, devido a um infarto, em 1898, quando Padre Francesco tinha apenas 73 anos.

Foi ele mesmo, então um jovem seminarista, quem socorreu o moribundo. Foi em setembro. Angelo Roncalli tinha terminado as férias em família e, naquele mesmo dia, devia voltar para o seminário em Bérgamo. De manhã cedo, foi à igreja para assistir à missa e saudar o pároco. Mas, logo que transpôs a porta da igreja, percebeu que Padre Rebuzzini estava caído no chão, no meio dos bancos e já inconsciente.

"Vê-lo ali", escreveu no *Diário*, "no chão, naquele estado, com a boca aberta e avermelhada de sangue, com os olhos fechados, me parecia um Jesus morto, tirado da cruz... Minha dor era grande, a maior de todas que já tinha sentido."

Durante dias, continuou a anotar nas páginas de seu *Diário* as reflexões relativas àquela morte repentina e à figura exemplar do pároco. Mesmo quando Papa, se lembrava frequentemente dele. Em setembro de 1959, falando para um grupo de sacerdotes bergamascos, disse: "Permitam-me que lhes lembre que sou filho espiritual autêntico e benemérito – por Batismo e por educação para o sacerdócio – do Padre Francesco Rebuzzini, pároco de Sotto il Monte, uma figura modesta, mas com um perfil de piedade, sabedoria e bondade incomparáveis".

Angelo Roncalli reconhecia que a própria vocação para o sacerdócio também tinha sido fruto dos cuidados da mãe e do tio-avô Zaverio. Todos tinham percebido isso em casa. Viam que havia certa preferência por Angelino, mas compreendiam a razão e ninguém reclamava.

– Se voltar mentalmente aos tempos em que éramos meninos, aqui em Sotto il Monte, consigo ver como Angelino era então – me contava Zaverio Roncalli, irmão de João XXIII, nas conversas que mantínhamos nos últimos anos de sua vida, quando ia me encontrar com ele em Sotto il Monte. – Angelino era um menininho tranquilo, modesto, normal em tudo e para tudo, que se distinguia apenas por uma coisa: o firme desejo de ser padre. Tinha somente seis anos e já oficiava a missa como coroinha. Era fácil encontrá-lo, em qualquer momento do dia, rezando absorto. Nosso tio-avô Barba Zaverio cuidava muito bem dele. Estava convencido de que Angelino iria se tornar sacerdote e tinha começado a levá-lo à missa todas as manhãs, desde os dois ou três anos de idade. Acordava-o e o carregava nos braços, porque de tão novinho não conseguia manter os olhos abertos. Saíam de casa em torno das cinco horas. Chegando à igreja, Barba colocava meu irmão num banco e juntos assistiam à missa. Depois o levava de volta para casa, sempre o carregando nos braços.

Barba Zaverio agia desse modo em perfeito acordo com o pároco, Padre Francesco, e a mãe de Angelino. Observando o comportamento do menino, os três estavam convencidos de que o Senhor tinha planos para ele. Por isso tentavam prepará-lo para que acontecesse de forma digna.

Quando Angelino começou a ir para a escola, estimulavam-no a estudar. Arranjavam-lhe livros para ler. Davam um jeito para que não perdesse muito tempo trabalhando no campo.

O único da família que não compartilhava desses planos sobre Angelino era seu pai, Giovanni Battista. Homem atento à realidade, preocupado com o futuro da numerosa prole, não gostava de construir castelos no ar. Suportava de má vontade, e o dava a entender claramente, que Angelino fosse tratado com certo resguardo e que lhe permitissem passar longas horas no quarto de Zaverio lendo, enquanto os outros filhos tinham de ir para as plantações. Mas, porque o menino frequentava a escola com ótimo aproveitamento, fechava um olho e fingia não ver a astúcia com que a mãe, a tia Angelina e Barba Zaverio o ajudavam, para que pudesse ficar em casa estudando.

Um primo do futuro Papa, Beniamino Roncalli, filho de Angelina, me contou que Angelo nunca se esqueceu dessas ajudas clandestinas recebidas também de sua mãe:

– Quando bispo, durante o verão, Angelo voltava muitas vezes para Sotto il Monte a fim de passar um período de férias. E todos os anos ia buscar minha mãe, que na época morava em Carvico, para hospedá-la em sua casa por quatro dias. Quando fui me encontrar com ele em Castelgandolfo, algum tempo depois de sua eleição para pontífice, não falava de outra coisa que não fosse minha mãe. Ele me disse: "Beniamino, mães como a minha e a sua não existem iguais no mundo! A minha incumbida da cozinha, a sua cuidava dos animais, mas quando terminavam, corriam as duas para ajudar os outros na roça. E iam principalmente para que eu pudesse ficar em casa estudando".

No verão de 1888, Angelino, que tinha quase sete anos, foi levado pelo pai em duas peregrinações a dois santuários de Nossa Senhora. Giovanni Battista, homem silencioso e reservado, era muito religioso e sentia uma profunda devoção por Nossa Senhora. Durante o verão, nunca deixava de realizar peregrinações aos santuários mais conhecidos da região. E naquele ano decidiu levar também Angelino, que já estava se tornando um homenzinho. Fazia um ano que ia à escola e tinha começado, sob a orientação do pároco, a preparação para a primeira Comunhão e Crisma.

Em julho de 1888, Giovanni Battista levou o filho a Somasca, onde fica o santuário de Nossa Senhora fundado no século XVI pelo nobre veneziano São Jerônimo Emiliano. Somasca fica a catorze quilômetros de Sotto il Monte e Giovanni Battista Roncalli, com o pequeno Angelino, fez, em sinal de penitência e devoção, o trajeto a pé.

Depois de quase um mês, em 28 de agosto, Giovanni Battista levou o filho para outro santuário célebre, o de Nossa Senhora do Bosque, que ficava a cinco quilômetros de Sotto il Monte, do outro lado do rio Adda, na diocese milanesa. O santuário era muito conhecido e frequentado. Angelino ficou impressionado com as pessoas humildes que viu. Muitas eram doentes. Sentia que o lugar parecia envolvido numa atmosfera mística, que se irradiava da fé e devoção unânime de todas aquelas pessoas. Muitos anos mais tarde, em 26 de agosto de 1960, escreveu numa carta ao Cardeal Montini, de Milão:

> Todos os santuários de Maria me são muito queridos. Visitei muitos, o de Lourdes, ao menos umas dez vezes, e outros inumeráveis no Oriente e no Ocidente. Lembro-me, com especial afeto, do santuário de Nossa Senhora do Bosque, porque foi a alegria de minha infância, a preservação e o encorajamento de minha vocação sacerdotal.

Ele voltou muitas vezes àquele santuário. E, lembrando-se dele, na carta ao Cardeal Montini, escreveu:

> Que espetáculo, o mais celestial da terra: a figura de Nossa Mãe serena e majestosa na plataforma proeminente no ápice da santa escadaria, tendo ao fundo o rio gorgolejando entre as duas margens da Brianza e do Bergamasco, diante do belo panorama ornado pelos declives abertos e tranquilos de Villa d'Adda e, à noitinha, as últimas ramificações de Val San Martino de Caprino a Celana, e mais além Calolzio, depois Somasca, erigidos nos contrafortes do Resegone magnífico e dominante.

Uma descrição digna do famoso escritor Manzoni, mas que fornece um dado importante para conhecer a alma de Roncalli. Demonstra que ele incorporava toda a paisagem em sua devoção religiosa. Tudo concorria para fazer parte de sua prece: o lugar sagrado, as pessoas, a natureza ao redor. Fé e sentimentos se uniam às imagens da criação, formando uma só realidade, que não era abstrata, imaginária, mas concreta. Ele via o mundo físico que o circundava jamais separado daquele invisível, sobrenatural, povoado por entidades da fé. Eram duas faces de uma mesma maravilhosa realidade.

Em 1890, Angelino tinha terminado as três séries da escola primária que constituíam o curso básico de instrução naquele tempo. Era preciso decidir seu futuro. Já que as notas e observações do professor tinham sido ótimas, o pároco e Barba Zaverio, convencidos da vocação sacerdotal de Angelino, sustentavam que o menino devia seguir adiante nos estudos e preparar-se para entrar no seminário. Mas Giovanni Battista não queria nem saber disso. E, sendo o chefe da família, sua vontade era decisiva. Aquele bom homem, que se matava de trabalhar do nascer ao pôr do sol para alimentar a família numerosa, entendia muito bem que nunca teria a possibilidade de manter um filho estudando. Por isso não queria nem pensar no assunto.

Mas o tio Zaverio e o pároco tinham preparado um programa que não custaria um tostão, ao menos naquele momento. Explicaram a Giovanni Battista que, por um ano, Angelino poderia ir à escola de um padre do vilarejo próximo de Carvico sem ter que pagar. Já tinham combinado tudo entre eles. Mais tarde, de acordo com os resultados, seriam tomadas outras decisões. E Battista se deixou convencer.

Angelo começou assim a estudar com o Padre Pietro Bolis, pároco de Carvico, um vilarejo que ficava a dois quilômetros de Sotto il Monte. Padre Pietro era um sacerdote de aparência severa, que impressionava e intimidava, com enormes mãos. Ensinava latim à maneira antiga: um tapa por erro. Angelo Roncalli jamais se esqueceu daqueles bofetões. Certo dia, quando voltou como bispo para a terra natal, foi fazer uma visita à paróquia de Carvico. Parando na sala onde Padre Bolis lhe tinha ensinado latim, disse: "Nesta mesa comecei a declinar *rosa-rosae*. O professor, Padre Bolis, depois de poucas lições, me mandou traduzir o primeiro livro do *De bello gallico*: eu tinha que traduzir e achar o sujeito de cada verbo, e se errava, recebia um pescoção. Certo dia, até me fez ficar ajoelhado fora da casa, na entrada deste pequeno pórtico".

O ano de teste com Padre Bolis passou rápido. Angelino estudou com total empenho. No fim, o juízo do pároco de Carvico foi tão positivo que Barba Zaverio e Padre Francesco cantaram vitória e conseguiram fazer que Giovanni Battista concordasse com o ingresso de Angelino no Colégio de Celana.

O "Celana" era um colégio de prestígio, fundado por São Carlos Borromeu. Originariamente era um verdadeiro seminário, depois tinha sido transformado num colégio para a formação cultural e espiritual dos filhos da burguesia, e também servia para a descoberta de eventuais vocações para o sacerdócio. Há tempos tinha sido reconhecido como do mesmo nível da escola estatal. Era difícil entrar no "Celana". Somente os jovens mais dotados conseguiam.

Angelino Roncalli teve uma apresentação excepcional. Padre Bolis, depois de um ano de ensino duro, tinha se entusiasmado com aquele menino. Ele era amigo do reitor do Colégio de Celana, Dom Francesco Benedetti, e lhe enviou um magnífico relatório apresentando Angelo Roncalli como um autêntico gênio, propondo sua inscrição no 3º ano do ginásio. Angelino ainda não tinha completado dez anos. Geralmente, naquela idade, os meninos iniciavam a 5ª série da escola elementar. Todavia, o jovem Roncalli tinha sido julgado amadurecido para 3ª série ginasial. Padre Bolis gozava de grande estima e sua proposta, embora fora de todos os padrões, foi aceita.

Mas a família Roncalli era pobre e não podia manter um filho naquele colégio de ricos. Dessa forma, Angelino foi inscrito como "externo", para poder pagar as mensalidades mais baixas. Entrava de manhã, assistia às aulas, e depois tinha de voltar para casa.

Certamente não para Sotto il Monte. O colégio ficava distante vários quilômetros, na época não havia estradas diretas. Era preciso atravessar o monte Canto, com setecentos metros de altura, um percurso que levava no mínimo três horas para ir e outras tantas para voltar. Um menininho de dez anos não conseguiria andar seis horas por dia para ir à escola. A mãe de Angelino lembrou-se de que tinha uma parente distante em Ca' de Rizzi, a quatro quilômetros do colégio, e conseguiu que o filho pudesse ficar ali para dormir durante os dias de aula. Iria para casa somente nos dias em que não houvesse aulas.

Entrando naquele colégio, Angelino acreditou ter superado finalmente todos os obstáculos: aquela era uma escola normal e agora poderia demonstrar seu verdadeiro valor. Também o tio Zaverio, Padre Francesco, a mãe, a tia Angelina e Padre Bolis estavam felizes: finalmente tinham atingido seu objetivo.

Mas a vida que o menino estava começando era tremendamente difícil. Embora fosse dormir na casa de parentes em Ca' de Rizzi, tinha que percorrer oito quilômetros todos os dias, quatro para chegar a Celana e quatro para voltar. No colégio, os externos, por serem pobres e pagarem uma mensalidade muito baixa, eram tratados mal. Ao meio-dia, os internos almoçavam num belo refeitório. Os externos, porém, tinham de se contentar em comer um pouco de pão trazido de casa, ficando no pátio, quente no verão e frio no inverno. Se chovesse, podiam se abrigar debaixo de um galpão. Naquele ambiente, formado, sobretudo, por "filhinhos de papai", Angelino, um pobre camponesinho, não se sentia à vontade. Começou a ir mal na escola. E logo ficou evidente que tinha sido um grave erro inscrevê-lo na 3a série ginasial. Era o mais jovem da classe, constituída por rapazes que tinham 14, 15 ou até 17 anos de idade. Entre eles se sentia perdido, confuso. Não conseguia se concentrar nos estudos. No fim do primeiro bimestre, seu boletim estava crivado de notas baixas: tinha tirado cinco em italiano escrito e oral; quatro em geografia e história; três em aritmética; sete em religião. O segundo e o terceiro bimestres foram mais ou menos iguais ao primeiro.

Nesse meio-tempo, ocorreu um fato desagradável, que estragou definitivamente a permanência em Celana. Era severamente proibido aos alunos internos trazer coisas de fora; mas esses muitas vezes recorriam a subterfúgios para obtê-las. Alguém pediu a Angelino que lhe trouxesse umas maçãs e Angelino, não sabendo da regra disciplinar, comprou as maçãs, convencido de fazer uma gentileza. As maçãs foram descobertas antes que fossem entregues a quem as tinha pedido, e Angelino acabou diante de uma comissão disciplinar. Ele confessou abertamente ter comprado as maçãs, mas não quis revelar o nome do colega que as tinha pedido. Foi ameaçado. O diretor lhe disse que, se não revelasse o nome, seria expulso, mas Angelino se recusou a ser um delator.

Então, o diretor, que queria descobrir o culpado a qualquer custo, escreveu uma carta para um certo Padre Carlo Marinelli, parente do menino Angelo, na qual explicava a grave infração cometida e prenunciava a punição que lhe seria aplicada se não revelasse o nome daquele que tinha infringido o regulamento. Chamou Angelino, leu-lhe a carta e a entregou para que ele a levasse ao Padre Marinelli. Angelino, indignado porque não se julgava culpado e achava injustas aquelas pressões para fazê-lo trair um colega, em vez de entregar a carta, a rasgou. E isso, que se somava à infração cometida e às notas baixas tiradas até aquele momento nas várias matérias, decretou o fim de sua experiência em Celana. O menino foi expulso antes de terminar o ano escolar.

Angelino voltou a Sotto il Monte triste e muito envergonhado. Parecia-lhe que todos os conterrâneos o consideravam um moleque irresponsável. No seio da família também se sentia isolado, abandonado, julgado. Barba Zaverio não falava com ele. A mãe às vezes chorava em silêncio. Mas era principalmente o olhar sofrido de seu pai que lhe cortava o coração. Aquele homem tinha lhe demonstrado confiança e ele o havia traído.

Voltou a trabalhar na roça. Os meses seguintes foram os piores de sua vida.

Naquele período triste, uma prima, Camilla Roncalli, que era catorze meses mais nova e morava na mesma casa, se aproximou bastante dele. Eu a conheci no fim dos anos de 1960, quando ia encontrar Zaverio, o irmão de João XXIII. Ela tinha 85 anos na ocasião, mas ainda era lépida, com a mente muito lúcida. Falava espontaneamente dos anos da adolescência. Lembrava-se de episódios divertidos e os contava com sutileza.

Naquela época se tornou confidente do priminho e o ajudou no que podia.

– Quando Angelino foi expulso de Celana – me contava a velha Camilla –, estava desesperado, chorava sem parar. Teve que voltar a trabalhar no campo conosco, mas ele não gostava. Eu tentava consolá-lo e fazê-lo brincar. Era muito vivaz e, às vezes, brincava com gosto. Ele furtava meus tamancos e os escondia no campo, obrigando-me a procurá-los. Na primavera íamos "colher" as folhas das amoreiras para os bichos-da-seda, ele me derrubava dentro dos sacos que serviam para as folhas e me fechava dentro deles, enquanto eu gritava assustada. Quando fui vê-lo em Roma, ele me disse: "Você se lembra, Camilla, quando eu enfiava você dentro dos sacos?". Porém, se pensava nos livros, se punha a chorar e eu não conseguia consolá-lo. Então, eu o ajudava a encontrar um esconderijo seguro onde se entocava para ler seus livros escondido de seu pai.

Durante as minhas visitas a Sotto il Monte para encontrar Zaverio Roncalli, conheci também o senhor Leone Buonalumi, que tinha um sítio vizinho ao dos Roncalli.

– Meu pai – me contava –, tinha sido colega de escola de Angelino. Davam-se bem, também porque nossas terras eram vizinhas. Sempre me disse que Angelino nunca foi para o campo de bom grado porque não era um trabalho para ele. Quando voltou de Celana, começou a trabalhar com os outros irmãos e primos. Meu pai via os Roncalli passarem por aqui quando iam para a roça e se lembrava bem de ter visto também Angelino com o cesto cheio de esterco nos ombros. Ele se lembrava bem, porque o menino sempre chorava. Mas, depois de um tempo, não o viu mais.

Não era o trabalho no campo, muito menos o cansaço físico, que assustava Angelino. Era um menino saudável e robusto, pronto a se sacrificar tanto e até mais do que seus irmãos e primos. Mas sabia que aquele trabalho significava para ele um adeus definitivo aos livros e a seu desejo de se tornar sacerdote. E com isso não conseguia se conformar.

Seu pai, no entanto, estava convencido de que Angelino não tinha vontade de trabalhar e estava decidido a mudar isso.

– Um dia – me contou a prima Camilla –, o pai o mandou pegar uma pá e ir com ele para o vinhedo. Angelino se recusou. "Por que não quer trabalhar?", perguntou seu pai. "Quero estudar e ser padre!", respondeu Angelino. "Desista dessa ideia", disse seu pai. "Não ficaram com você em Celana e não lhe resta outra coisa a não ser trabalhar comigo, como os seus outros irmãos." O pai pegou a pá e a deu a Angelino. O menino apoiou a pá virada junto da cabeça. Já que a pá tem a forma triangular, posta assim perto da cabeça, parecia uma mitra de bispo. Ele se voltou para o pai e disse: "A pá, vou usá-la assim!". O pai, abanando a cabeça, respondeu: "Que eu possa viver muito para ver o que vai acabar fazendo de sua vida!".

Mas as desavenças entre pai e filho não acabavam sempre assim com tanta facilidade. A prima Camilla lembrava-se de um dia em que Angelino tinha desaparecido e o pai o procurava, porque havia muito trabalho a ser feito. Encontrou-o escondido debaixo de uma videira totalmente absorto na leitura. Então, perdeu a paciência e deu-lhe uma surra para valer. Gritava: *"Te se u' lasarù e te ghe mia oia de laurà"* [Você é um preguiçoso e não tem vontade de trabalhar].

Ao me contar esse episódio, Camilla Roncalli tinha nas mãos um livro de preces, daqueles escritos com letras grandes. Tirou do livro uma imagem em cores do sorridente João XXIII e, mostrando-a, me disse, com um tom ainda ressentido:

– *Arda te, sel ga la facia da lasarù!* [Olhe aqui se tem cara de preguiçoso!]

– Senhora Camilla, se lembra de alguma travessura de Angelino quando era menino? – perguntei-lhe.

– Lembro – respondeu – que uma vez, quando ainda ia à escola em Celana, veio para casa com uma abóbora que tinha pegado no campo. O tio Zaverio o repreendeu severamente. Ele lhe disse: "Lembre-se de que somos pobres, mas não quero coisas dos outros; amanhã você vai levá-la de volta". No dia seguinte, Angelino devolveu a abóbora ao patrão no campo e lhe contou o acontecido. O homem sorriu divertido e, quando teve ocasião de vir ao vilarejo com a carreta, trouxe-lhe de presente cinco abóboras bem grandes.

Durante um ano inteiro, Angelino trabalhou no campo, mas continuou a estudar escondido.

– Toda manhã, era o primeiro a se levantar – dizia a prima Camilla –; logo que ouvia soar a Ave-Maria, ia para a igreja assistir à missa.

Passado um ano, estava mais do que nunca decidido a entrar no seminário. Não sabia como ia fazer, mas queria ser padre.

A mãe, que havia seguido em silêncio e com ansiedade aquele ano difícil do filho, tinha se convencido de que Angelino só seria feliz se fosse sacerdote. Por isso, decidiu ajudá-lo a qualquer custo. Pensou em pedir ajuda aos numerosos parentes para juntar o dinheiro necessário e pagar a mensalidade do seminário. Foi "mendigar", passando de uma família a outra dos Roncalli e dos Mazzola, mas com um resultado humilhante. Conseguiu recolher somente duas liras – nada comparado com o que era necessário. Voltando para casa, se debulhou em lágrimas.

Mas não desanimou. Quis tentar de novo. Procurou o Padre Giovanni Morlani, sacerdote em Bérgamo, que pertencia à família dos Condes Morlani, proprietários das terras em que os Roncalli eram meeiros. Padre Giovanni era rico e era sacerdote. Poderia entender. Contou-lhe a história do filho e Padre Giovanni concordou em ajudá-la. "Durante os primeiros anos, vou pagar a mensalidade do seminário", disse. "O importante é que haja vocação."

E assim, em outubro de 1892, Angelino entrava no seminário menor de Bérgamo; foi matriculado de novo na 3ª série ginasial e iniciou a vida religiosa tão sonhada e que o tinha feito sofrer tanto.

O Diário da alma

O ar estava fresco. Durante a noite, tinha chovido e um ventinho gelado tinha mandado embora as nuvens. O céu, então, antes do amanhecer, estava cheio de estrelas.

A égua baia batia os cascos no pátio, enquanto Giovanni Battista a prendia às barras da velha carroça. Barba Zaverio tinha ido à igreja com Angelino, para uma última prece de agradecimento. Aquele dia na metade de outubro de 1892 marcava para o menino o adeus ao vilarejo natal para entrar no seminário de Bérgamo.

Angelino ainda não completara onze anos. Era um menininho, mas as experiências vividas o tinham feito amadurecer. A vida em família na pobreza e no trabalho duríssimo, o afeto de tantos irmãos, os ensinamentos do severo tio Zaverio, a escola desumana de Padre Pietro Bolis e a absurda aventura no Colégio de Celana, que culminara com a humilhante expulsão, tinham modelado seu espírito, deixando marcas profundas. Agora estava para iniciar uma nova fase de sua vida: a preparação para o sacerdócio no seminário diocesano. Uma preparação que devia ser constituída de estudos específicos e meticulosos, mas que aconteceria num ambiente adequado ao objetivo e, portanto, seria metódica, precisa e sem imprevistos.

Marianna Roncalli saiu da cozinha trazendo uma pequena caixa de madeira, uma espécie de bauzinho um pouco rudimentar, no qual tinha arrumado cuidadosamente o enxoval de Angelino.

Atrás dela, as filhas mais velhas e os outros filhos menores a seguiam com curiosidade. Sabiam que Angelino estava partindo e estavam todos um pouco tristes, mas orgulhosos porque o irmãozinho ia para a cidade.

– Estão prontos? – perguntou com voz gentil e calorosa Padre Francesco Rebuzzini, o pároco, surgindo sob o pórtico e aproximando-se da carroça no meio do pátio.

– Sim, estamos prontos – respondeu Giovanni Battista Roncalli, indo a seu encontro e beijando-lhe a mão em sinal de respeito.

Atrás do reverendo, tinham chegado também Barba Zaverio e Angelino. O menino estava silencioso e embaraçado.

– Parece-me que estão todos – disse ainda Padre Rebuzzini, olhando a seu redor. – É melhor irmos, então: a estrada é longa.

– Vamos, despeça-se de seus irmãos – disse Marianna a Angelino.

– Tchau – murmurou o menino, olhando o grupo numeroso de meninos que estava a sua frente.

– Tchau – responderam as irmãs mais velhas, enquanto os mais novos o fitavam mudos como peixes. Nenhum abraço. Não era costume na casa dos Roncalli, ainda que cada um deles tivesse o coração explodindo de afeto.

Marianna, Barba Zaverio, Padre Rebuzzini e Angelino se acomodaram na carroça, enquanto Giovanni Battista ocupou a boleia, tendo nas mãos as rédeas da égua.

Era a primeira vez que Angelino enfrentava uma viagem tão longa. Era a primeira vez que ia para uma cidade grande. Quando já era Papa, ainda se lembrava da impressão grandiosa que lhe causou ver na claridade diáfana da manhã, entre o verde das colinas, a parte antiga de Bérgamo, a cidade alta, e o espanto, quase medo, quando se viu passando ao lado dos edifícios, para ele altíssimos, inconcebíveis, da cidade baixa.

O seminário ficava no alto na cidade alta. A carroça percorreu várias ruas estreitas, ultrapassou pracinhas graciosas, alegradas pelo barulho da água nas fontezinhas, flanqueou os muros antigos onde de vez em quando se via a efígie de um leão de São Marcos, erguido sobre as patas traseiras, para lembrar a dominação veneziana, e parou diante da entrada de uma velha e austera construção.

– Chegamos – disse Padre Rebuzzini, descendo primeiro da carroça. Foi ele quem bateu no portão e falou com o porteiro.

Pouco tempo depois, o grupo foi recebido pelo vice-reitor, um sacerdote muito gentil e cordial, que quis acompanhar pessoalmente Angelino e seus pais numa visita ao seminário. Mostrou-lhes o grande jardim, o refeitório, a capela, o dormitório coletivo, as salas de aula. E os fez perceber que, das janelas que davam para a cidade baixa e do pátio, se gozava de uma vista magnífica. Viam-se as construções novas, as ruas arborizadas, a estação ferroviária e, mais longe, as tecelagens.

Terminada a excursão turística, chegou-se ao momento das despedidas, que também foram secas e rápidas, no estilo dos Roncalli. Somente a mãe Marianna abraçou com força o menino e verteu algumas lágrimas, logo contidas com um lencinho de linho branco.

Angelino foi matriculado de novo na 3ª série ginasial. Embora tivesse perdido um ano com a desventura de Celana, ainda era o mais jovem da classe.

A nova vida se mostrou bastante difícil. Angelino era como um cachorrinho nascido e criado numa floresta, que tinha sido comprado por um morador da cidade. Tudo era novo, estranho, às vezes infundado. Mas ele possuía uma inteligência vivaz, ágil e, sobretudo, uma grande capacidade de adaptação. Crescer numa família em que havia mais de vinte crianças pequenas tinha sido um treinamento valioso.

As maiores dificuldades surgiram na escola. Angelino logo percebeu que sua preparação não era sólida. Tinha estudado com vários professores, mas todos "amadores". Tinha aprendido, mas não com aquele método rigoroso, indispensável para constituir as bases de um grande edifício cultural. Seu instinto de camponês o avisou desse perigoso defeito e ele, sozinho, se apressou a corrigi-lo.

Estudou, como ele próprio revelou quando se tornou Papa, com "constância e tenacidade incomuns". E já no terceiro trimestre tirava sete em matemática, a matéria mais difícil para ele. Dois anos depois, na 5ª série ginasial, já estava entre os primeiros da classe.

Na época, no seminário de Bérgamo, se um aluno obtinha notas muito altas durante o ano, havia o costume de ficar isento de prestar os exames finais. E, segundo o testemunho dos sacerdotes que foram companheiros de seminário de Angelino, ele teve que prestar os exames poucas vezes, porque era sempre o melhor.

– Ia para casa só nas férias – me contou Zaverio –, mas eu o via com frequência, porque ia periodicamente a Bérgamo, a pé, para levar-lhe a troca de roupa limpa. Não podia conversar com ele por muito tempo, mas me bastava vê-lo. Ele estava bem. Crescia, estava se tornando um jovenzinho, sério e bem saudável. Não me lembro de tê-lo visto doente nenhuma vez.

De outubro de 1892 a julho de 1893, Angelino frequentou o seminário menor. Depois foi para casa de férias e, na volta, em setembro de 1893, foi aceito no seminário maior, onde estudou até junho de 1901.

Os meses de verão, passava-os sempre com a família. Fazia o trajeto a pé, de Bérgamo a Sotto il Monte.

– Passava os dias a ler e a escrever – me contou seu irmão Zaverio. – Todos os dias dava um passeio, à noite descia para ficar conosco e as horas se passavam como sempre foi costume no campo, entre a gente simples, jogando cartas ou tômbola. Meu irmão fazia grandes sacrifícios para estudar, porque nossa família era modesta e não podia ajudá-lo muito, mas nunca se queixou.

Foi-lhe muito chegado e o apoiou o Padre Giovanni Morlani, que, além de pagar-lhe as mensalidades, muitas vezes também lhe dava os livros de que precisava.

Nesse meio-tempo, a família, em novembro de 1893, tinha deixado a velha casa chamada de "palácio", mudando-se para uma casa mais confortável, ali perto, chamada a "Colombera", que tinha quatro hectares de terras, sempre de propriedade dos Condes Morlani, onde os Roncalli trabalhavam como meeiros. Assim, Angelino, quando voltava nas férias para casa, usufruía de uma acomodação mais digna.

Ele via como era dura a vida de seus familiares e queria sempre ajudar, principalmente na época da colheita. Seu pai tentava impedi-lo. Agora Giovanni Battista tinha orgulho dele e queria que o filho pensasse só em estudar. Mas Angelino insistia e se misturava com os outros na roça, dividindo com eles o trabalho físico sob o sol de verão.

No verão de 1895, ele voltou para casa com a vestimenta talar. Em 24 de junho, numa cerimônia evocativa na catedral, lhe foi concedido o hábito característico do eclesiástico e, depois disso, não pôde mais ser útil na roça. Aquele traje o "segregava" dos outros. Dava-lhe uma dignidade especial. Os próprios irmãos começaram, nas conversas, a se dirigir a ele com o tratamento de "senhor", como faziam com as pessoas idosas e as importantes.

No fim das férias daquele ano, em setembro, obteve permissão para ir a Milão assistir ao III Congresso Eucarístico. Aquela foi a sua primeira viagem fora dos confins bergamascos, e o fez com aquela intensa participação interior que lhe era habitual. Cada imagem entrava em seus olhos e em seu coração, e era elaborada com os parâmetros que estavam na base de suas convicções. Não se fechava em si mesmo, eliminando o mundo exterior, mas incorporava o mundo no próprio coração, sentindo-se indissoluvelmente ligado a ele.

Quando Papa, contando aquela viagem a Milão, observava: "Encontrava-me na entrada de Milão, perto de uma empresa. Os operários saíam em massa da fábrica, voltando, no fim do dia, para as próprias famílias. Falavam pouco. Demorei-me a observá-los. Fiquei impressionado pela elasticidade de seu caminhar, a alegria cintilante do olhar, no qual eu via a ternura ansiosa de reencontrar a mulher, os filhos e a paz da intimidade do lar, depois de um dia honesto de trabalho, aceito e cumprido em vista dos benefícios materiais que resultam para as pessoas queridas. Eu sentia e saboreava a minha vocação para ser sacerdote, para uma vida que seria de trabalho e, quando fosse necessário, sacrifício por eles, e todos juntos caminhando para a prosperidade da vida humana e segurança dos bens eternos".

Angelino tinha um caráter metódico e constante. Não era apto para improvisações, para surpresas. Gostava de organizar tudo, prever cada coisa, programar as próprias ações.

Ele percebeu que o "exame de consciência", um exercício espiritual diário que todos os seminaristas deviam fazer durante as preces da noite, era importantíssimo para fazer um balanço da própria conduta. Servia para verificar se havia cometido atos dos quais devia se arrepender, mas também para ver se tinha mantido os propósitos dos dias anteriores. Era um filtro, uma investigação, um confronto valiosíssimo. Por isso decidiu intensificar aquele exercício e, mais ainda, se propôs a fazê-lo por escrito, como um diário, de forma que se tornasse mais concreto e eficaz.

No verão de 1896, comprou um caderninho e começou a fazer breves anotações sobre os próprios atos, os próprios sentimentos, os objetivos. Foi o primeiro de uma série. Roncalli continuou sempre a escrever naqueles cadernos que, depois de sua morte, foram publicados com o título de *Diário da alma* e se tornaram um best-seller internacional.

No início do primeiro caderninho diário, Angelino indicou as coisas que deveria fazer todos os dias, todas as semanas, todos os meses.

As primeiras reflexões de exame da própria conduta, ele começou a fazer durante as férias que passava com a família.

> Não vou me deixar dominar pela melancolia, pensando na situação atual de minha família; quando me vier tal pensamento, rezarei para que o bom Jesus a socorra, lhe conceda resignação, perdoe aqueles que lhe fazem mal, a fim de que nada aconteça que possa ofender a Deus. [...]
> Eu me analiso para fazer o bem, para amar sinceramente também aqueles que, me parece, não gostem tanto de mim e talvez me vejam como um mau caráter [...] Ninguém vê os meus sofrimentos, somente Jesus os conhece [...]
> Hoje faltei com um meu dever principal: isto é, de fazer com que meus irmãozinhos rezassem. [...]

Hoje foi tudo pelos ares: meditação, lição espiritual, visita, tudo: Maria vai me perdoar, porque não fiz nada a não ser participar, eu também, da querida festa de Nossa Senhora da Assunção, que se comemora com pompa aqui neste meu pobre vilarejo [...]

Fico tempo demais, depois do jantar, batendo papo com minha família na cozinha; ainda mais que se fala sempre de aborrecimentos [...] Ó Maria, conceda aos meus a verdadeira caridade, para que perdoem do fundo do coração e suportem suas cruzes com resignação. [...]

Meu irmãozinho Giovanni me fez temer por sua saúde, e por isso eu rezo e rezo: e espero que o Senhor me queira atender. Ó Maria, cure o meu pequeno Giovanni! [...]

Para perturbar a minha calma, nesta noite ocorreu um incidente, em si mesmo nada de grave, que, no entanto, me deixou uma impressão dolorosa e profunda. Minha mãe, sentindo-se um pouco mortificada por causa de algumas palavras minhas (as quais, para dizer a verdade, poderiam ter sido proferidas com maior doçura), palavras que reprimiam uma curiosidade sua, se ofendeu muito e me disse palavras que jamais teria esperado ouvir de minha mãe, por quem, depois das coisas celestes, nutro o maior amor de que é capaz o meu coração. Ouvi-la dizer que sou sempre mal-educado com ela, sem modos, sem boas maneiras... foi um espinho que me encheu de amargura, feriu-me no âmago do coração. Poderia deixar de chorar? Ó minha mãe, se pudesse saber o quanto a amo e o quanto quero vê-la contente, não, você não conseguiria refrear tanta alegria. E você, meu Jesus, aceite este verdadeiro sacrifício que faço e que coloco no seu coração, e me dê cada vez mais suavidade e doçura, embora conservando a necessária seriedade, e dê a minha boa e pobre mãe maior firmeza moral. Ó Nossa Senhora das Dores, ajude-nos sempre.

Quando Papa, depois de ter relido algumas dessas páginas, ele comentou: "Ainda era um menino inocente, um pouco tímido. Queria amar a Deus a qualquer custo, e não pensava em nada a não ser me tornar um padre, a serviço das almas simples, necessitadas de cuidados pacientes e zelosos [...] Lutava contra o amor próprio, me aborrecia com as distrações durante as preces e me impunha sacrifícios pesados para melhorar a mim mesmo. Levava tudo muito a sério e os meus exames de consciência eram minuciosos e severos".

O menino crescia. Mas não era o roliço seminarista, sereno e tranquilo, que em geral as biografias inspiradas por bom-mocismo retratam.

Embora vivendo no seminário, Roncalli não era alienado da vida de sua época. Aqueles anos de formação espiritual e intelectual pareciam pobres de eventos. Mas somente a um olhar superficial. Com a sua inteligência vivaz e aguda, e sua atenta sensibilidade, Roncalli participava intensamente da vida de seu tempo e assimilava avidamente tudo que de interessante acontecia a seu redor.

Bérgamo era, então, um centro de extraordinária agitação intelectual e social, com orientação católica. Na cidade, tinha se difundido a "solidariedade católica", um movimento ideológico de origem alemã, hostil a qualquer ideia de revolução violenta, que incitava os católicos a se empenharem na justiça social pela liberdade. Guiados pelo bispo, Dom Gaetano Camillo Guindani, sacerdotes e leigos lutavam lado a lado por esses ideais. Em toda a diocese, tinham surgido "caixas rurais" para pequenos e médios empréstimos, "cooperativas de consumo" para conter os preços dos produtos de primeira necessidade, cooperativas para habitações populares. Lutava-se pelos direitos dos operários e camponeses, para que houvesse organizações sindicais. Foram criados refeitórios

67

públicos e delineados programas de seguridade para doenças e velhice. Em 1895, na província de Bérgamo, existiam quase cem sociedades, entre cooperativas e instituições de crédito, com mais de 42 mil sócios.

Roncalli, no seminário, sentia o eco daquelas lutas sociais, porque seus professores eram os protagonistas do movimento ideológico que nutria a agitação. Escutava os discursos, participava, se entusiasmava, assimilava, elaborava em sua mente os problemas que eram fundamentais para o povo pobre.

O Cardeal Paolo Giobbe, que tinha conhecido Roncalli antes que ele se tornasse sacerdote, relembrando os anos da juventude, disse:

– Angelino era o aliado do operário mal pago, dos mendigos, dos moleques esfomeados. Em resumo, de uma multidão que desertava da igreja porque não se sentia à vontade. "Para o inferno a benevolência", costumava dizer. "Somente o amor conta". Certo dia me disse: "E se Jesus viesse ao nosso encontro, sob a aparência de um pobre homem desprezado, já que, com exceção do pecado, ele toma para si todas as nossas desgraças?". Quando começava a falar de caridade, o seu discurso improvisamente se elevava e emocionava a todos. Falava de Deus, do além, com uma tranquilidade que não encontrava explicação a não ser no sobrenatural. Nunca teve um gesto, nem uma palavra, não digo de rebelião, nem sequer de intolerância.

Os superiores estavam contentes com ele. Em 1898, o professor de Letras, Padre Giovanni Floridi, que se tornara vice-reitor, quis que ele fosse monitor das aulas de retórica, com vários alunos mais velhos do que ele. Porque nutria uma grande paixão pela música, também se tornou professor de canto gregoriano. Em 3 de julho de 1898, recebeu as primeiras ordens menores: o ostiariato e o leitorado. Em 28 de agosto, para o encerramento da comemoração do 16º centenário da morte de Santo Alexandre, padroeiro de Bérgamo, foi assistente na missa celebrada pelo Cardeal Patriarca de Veneza, Giuseppe Sarto, futuro Papa Pio X. Em 25 de junho de 1899, foi ordenado Exorcista e Acólito. Todas essas experiências, Roncalli as vivia intensamente, com grande participação.

No fim do ano escolar de 1899-1900, obteve uma brilhante consagração nos estudos, e seus superiores o premiaram com uma viagem de peregrinação a Roma para o Ano Santo. Era uma excursão. Na volta, estavam previstas paradas em Assis e em Loreto. Mas, em Roma, os organizadores mudaram o programa. Todos os peregrinos concordaram em cancelar as visitas aos santuários de Assis e Loreto e ir, em vez disso, fazer um belo passeio em Nápoles. O jovem Roncalli se separou e foi sozinho rezar no túmulo de São Francisco e na casa que, segundo a tradição, seria a mesma na qual, em Nazaré, vivera Nossa Senhora com São José e Jesus, e que depois foi levada a Loreto pelos anjos.

Em 25 de novembro daquele ano, Angelo Roncalli completou 19 anos. Frequentava o 3º ano de Teologia. Com 20 anos, finalizaria o curso e poderia ser ordenado sacerdote. Mas era jovem demais. O Código de Direito Canônico previa que a ordenação sacerdotal não poderia ocorrer, como norma, antes de 24 anos de idade.

O bispo de Bérgamo convocou os conselheiros para examinarem o caso. Roncalli tinha se mostrado um estudante excepcional. Era certamente o melhor. Inteligente, mas também equilibrado, que transmitia confiança aos superiores.

– Podemos mandá-lo a Roma, para se diplomar numa universidade do Vaticano – disse o bispo. – Acho que seria um bom investimento para nós.

A diocese de Bérgamo tinha um colégio "seu" na cidade eterna. Fora fundado em 1640 pelo cônego Flaminio Cerasola para permitir que os jovens clérigos bergamascos se aperfeiçoassem nos estudos. Uma espécie de bolsa de estudos reservada para indivíduos especialmente dotados. No fim do século XVIII, o colégio foi unificado ao Seminário romano de Santo Apolinário e, depois, pouco a pouco, o costume foi interrompido. Mas, com o início do século XX, a "Pia Fundação Flaminio Cerasola", administrada pela confraria dos bergamascos em Roma, decidiu retomar o antigo costume.

O bispo de Bérgamo devia escolher três estudantes para mandar a Roma. Numa reunião com seus colaboradores, começou a examinar os boletins escolares daqueles que se sobressaíam e parou no de Roncalli. Percebeu que o jovem de Sotto il Monte era o melhor clérigo do seminário. Seu boletim era uma constelação de notas dez e Roncalli foi, assim, o primeiro a ser escolhido.

"Ali eu via os amigos de Cristo"

Angelo Roncalli passou o Natal de 1900 em Sotto il Monte. Naquele ano, havia muita agitação no vilarejo, não só pela comemoração religiosa, mas também porque se festejava a partida de Angelino para Roma.

O pároco, no domingo anterior ao Natal, deu a notícia na igreja. Durante a missa, explicou aos fiéis que a escolha do bispo era uma grande honra para Angelino, para os Roncalli e para Sotto il Monte.

– É mandado para estudar em Roma somente quem é, de verdade, o melhor de todos – disse o pároco. – Não só por causa da inteligência, mas também pela boa índole, pela conduta na vida. Em geral, aqueles que estudam em Roma, depois se tornam professores no seminário e até bispos.

O termo "bispos", pronunciado com ênfase pelo pároco, tinha provocado uma enxurrada de emoções naqueles camponeses. Sentiam-se orgulhosos e, terminada a missa, foram dar os parabéns a Marianna, Giovanni Battista e Barba Zaverio. E se apressavam principalmente a beijar a mão de Angelino.

O jovem Roncalli partiu da estação de Milão em 3 de janeiro de 1901 à tarde, junto com outros dois companheiros de estudos escolhidos pelo bispo: Achille Ballini e Guglielmo Carozzi.

71

Chegaram à estação Termini de Roma na manhã de 4 de janeiro, às 6h40, depois de quinze horas de viagem.

Há dois meses, Roncalli tinha completado dezenove anos. Por isso, ainda era considerado jovem e foi matriculado novamente no 2º ano de Teologia, embora já o tivesse frequentado em Bérgamo.

O regulamento do Seminário romano de Santo Apolinário estabelecia que os estudantes não poderiam sair sozinhos pela cidade, mas sempre em duplas, e era costume que os pares fossem formados tirando a sorte. No início do ano escolar, através do tradicional costume de escrever os nomes em papeizinhos e colocá-los num chapéu, cada um escolhia o próprio companheiro de passeio, que se tornava também o companheiro de carteira na escola, na capela, e o vizinho no refeitório. O acaso quis que Roncalli formasse par com Ernesto Buonaiuti, um estudante romano, que tinha a mesma idade de Angelino, mas já era conhecido por sua inteligência brilhante.

De janeiro a junho de 1901, Roncalli e Buonaiuti viveram um ao lado do outro, inseparáveis como dois irmãos siameses. Buonaiuti, já erudito e consciente do próprio valor, tinha sede de conhecimentos e passava todo o tempo livre a ler. Tinha uma mente impetuosa, aberta para novas teorias, fascinado pelos estudos de vanguarda, mas também um espírito inspirado, sonhador, místico, ardente. Lia opúsculos ligados ao Modernismo, o movimento teológico visto com suspeita pelas autoridades eclesiásticas, que alguns anos mais tarde seria definitiva e inexoravelmente condenado por Pio X com a Encíclica *Pascendi*.

Esses opúsculos eram proibidos no seminário, porém entravam clandestinamente e Buonaiuti os lia escondido. Tentava fazer com que Roncalli também os lesse, mas isso contrariava disciplinado sentido de dever do colega. No entanto, também Angelino tinha as suas próprias ideias de vanguarda. Vinha da diocese de Bérgamo, então considerada de "esquerda", onde as iniciativas sociais a favor dos operários e dos camponeses eram as mais extremistas da época e se chocavam de modo notável com a tradicional mentalidade conservadora da Cúria romana. Provavelmente ele também compartilhava de determinadas ideias contidas nos opúsculos modernistas, mas também sabia que eram proibidos e por isso não os lia.

Anos mais tarde, Buonaiuti se tornou um dos expoentes mais notáveis do Modernismo italiano, contrariando as autoridades eclesiásticas que, em 1921, o excomungaram, repetindo a excomunhão em 1924 e 1926. Os católicos o isolaram, passando a ignorá-lo completamente. Ele teve uma vida difícil, dolorosa e morreu em 1946 sem se reconciliar com a Igreja, mas sempre se proclamando um filho fiel. Foi certamente uma das figuras mais extraordinárias entre os intelectuais católicos do século XX, hoje amplamente revalorizada. Angelo Roncalli sempre se lembrou dele com afeto; embora julgasse errados os seus ensinamentos e o método de pesquisa filosófica e histórica adotado, e condenasse sua teimosia por perseverar naquele caminho mesmo depois da excomunhão; porém, jamais renegou sua amizade. Quando Papa, confessou que "aprendeu muito com Padre Ernesto". Mas também afirmava que "nunca discutiu com ele questões teológicas, bíblicas ou históricas, e que jamais leu nenhum de seus trabalhos que circulavam clandestinamente".

Em Roma, Angelo Roncalli era muito influenciado pela fascinação que transpirava dos palácios, dos monumentos, dos achados arqueológicos carregados de história. Escrevia:

> O Senhor me cumulou de benefícios, até me mandou aqui para Roma, sob os olhos de seu vigário, o Papa, na Cidade Santa, junto dos túmulos de tantos mártires ilustres, de

tantos sacerdotes santíssimos. É uma grande sorte para mim e sempre deverei agradecer o bom Deus. Não quero ser padre por causa dos elogios, para ganhar dinheiro, para ter conforto, honras, prazeres. Pobre de mim! Mas, realmente, só para fazer de algum modo o bem aos pobres.

Ele aproveitava os passeios para visitar as igrejas antigas, as obras-primas da arte sacra. Já que seu companheiro Ernesto Buonaiuti compartilhava com ele um desejo inexaurível de conhecimentos, suas metas sempre tinham conteúdo cultural.

Em 31 de janeiro, quando estava em Roma havia apenas 25 dias, Roncalli achou um jeito de ir a um importante concerto, o programa de Natal de Lorenzo Perosi, que se executava na Basílica dos Doze Santos Apóstolos. E em 16 de fevereiro, foi visitar as catacumbas de São Calisto. Considerava Roma a cidade dos Papas, mas principalmente a cidade dos primeiros mártires cristãos. Quando pensava neles, sentia admiração, mas também afeto e ternura, como se fossem seus irmãos, sua família. Sentia uma forte conexão espiritual, mística, que o ligava àquelas pessoas mortas por não traírem a fé.

Por isso a sua visita às catacumbas de São Calisto foi inesquecível. Escreveu em seu *Diário*:

> Talvez eu nunca tenha experimentado antes, desde que estou em Roma, um consolo mais doce do que aquele que provei nesta manhã nas catacumbas de São Calisto. A santa missa, a santíssima comunhão naqueles meandros escondidos, santificados por tantos mártires ilustres, por tantos confessores imperturbáveis da fé, quanto bem me fizeram! Lá embaixo, naquelas grutas apertadas e escuras, diante daqueles afrescos do meu Jesus redentor, espectadores de tantos suspiros, de tantas lágrimas, de tanta coragem cristã, ao apertar-me ao peito o Pão dos fortes, me senti comover,

"Ali eu via os amigos de Cristo"

me enterneci, chorei de todo o coração. Era uma visão do paraíso que me arrebatava.

Ali eu via os amigos de Cristo rezarem ao meu redor, haurirem da boca do supremo pastor as palavras de vida eterna, ouvia as suas vozes suplicantes, os seus cantos de amor e de esperança, as suas saudações dolorosas. Pensei nos muitos pontífices que ali revigoraram os fiéis à perseverança, indicando-lhes o céu, em tantos sacerdotes, em tantos homens e mulheres, em tantos jovenzinhos que se consolavam uns aos outros, se inflamavam na ardente chama do amor santo de Jesus, para depois enfrentarem impassíveis os suplícios, as torturas, a morte.

Ó Tarcísio, herói com pouca idade! Ó Cecília, prodígio de força moral, eleita flor da castidade! Como foram lembrados! Por que eu não sou como vocês foram? E, no entanto, sinto um desejo sincero, ardentíssimo; eu sonho, eu anseio pelo dia em que me será concedido dar ao meu doce amante o testemunho da minha fé, do meu afeto.

Talvez seja muita presunção a minha? Pode ser, mas ao menos eu desejo ardentemente que não o seja. Que possam os seus exemplos e a sua intercessão me estimular para a total renegação de mim mesmo, para vencer o meu amor próprio, para obter depois a vitória sobre os inimigos de Cristo e, com essa vitória, a salvação de tantas almas distantes do aprisco e do coração do Supremo Pastor, Jesus bendito.

Ele completou vinte anos e chegou a hora de prestar o serviço militar. Na consulta médica de triagem, foi declarado apto. "Examinaram-me, me olharam, me consideraram apto", dizia o Papa.

A duração do serviço militar era de três anos, mas se fosse voluntário, e recolhesse 1.200 liras aos cofres do Estado, aqueles três anos poderiam se transformar em apenas um. Roncalli era pobre. Não podia dispor daquela quantia, mas sabia que o bispo certamente o ajudaria. Na verdade foi assim. A cúria de Bérgamo se esforçou para depositar aquela quantia e, dessa forma, Roncalli apresentou o pedido para ingressar no exército como voluntário, antes do recrutamento oficial.

Ele iniciou o serviço militar em 30 de novembro de 1901, no 73º batalhão de infantaria da brigada da Lombardia, com o número de matrícula 1.133.142. Foi designado para o quartel Umberto I de Bérgamo.

Dessa maneira podia ir de vez em quando ao seminário para encontrar os colegas, os superiores e dar umas escapadelas a Sotto il Monte, para ver a família. Era uma forma branda de enfrentar o difícil período, difícil principalmente para um jovem clérigo. Apesar das vantagens das quais podia usufruir, Angelo Roncalli se lembrará do ano de serviço militar como um pesadelo. Quando falava oficialmente, tentava pôr em evidência principalmente o lado positivo, sendo uma pessoa reservada ao manifestar o próprio estado de ânimo. Numa carta a Dom Vincenzo Bugarini, reitor do Seminário romano, escrita quando estava no exército, afirmava:

> É uma vida de enormes sacrifícios, um verdadeiro purgatório, a minha. Todavia, sinto que o Senhor, com sua santa Providência, está perto de mim, além de qualquer expectativa. Às vezes, fico admirado comigo mesmo, com o desenvolvimento ameno deste dificilíssimo e apavorante problema. E não sei explicar a mim mesmo, a não ser pensando em tantas pessoas boas e queridas que, como me prometeram, certamente rezam por mim. À amadíssima Nossa Senhora da Confiança, cuja bela imagem conservo sempre no peito.

Mais tarde, quando bispo, ao escrever a um jovem amigo que tinha partido para o serviço militar, dizia em tom pacato:

> Dou-lhe os parabéns por terminar os seus estudos com um belo diploma de engenheiro, e também pelo serviço militar

"Ali eu via os amigos de Cristo"

que está cumprindo. Eu também o fiz, há vinte anos. Eu tinha muito medo e, no entanto, me fez muito bem. Acostuma-nos a não desprezar nada, nem as pequenas coisas, a ter disciplina de corpo e espírito, a tentar os primeiros testes no domínio de si mesmo, e também proporcionar ocasiões de verdadeiro apostolado.

Mas quando se confessava no próprio *Diário*, que achava que ninguém leria, era bem diferente:

> De 1902 deverei sempre me lembrar: o ano da minha vida militar, ano de batalhas. Poderia perder a vocação como tantos outros pobres infelizes, mas não a perdi; poderia perder a santa pureza, a graça de Deus, e Deus não o permitiu. Atravessei o lodo e impedi que me enxovalhasse; ainda estou vivo, saudável, robusto como antes, melhor do que antes [...] Jesus, eu lhe agradeço, eu o amo. [...] Oh! Como o mundo é ruim! Quanta porcaria, que sordidez. Em meu ano de serviço militar, toquei-o bem com as mãos. Oh, como o exército é uma fonte da qual flui a devassidão que inunda a cidade. Quem se salva desse dilúvio de lama se Deus não o ajudar? [...] Eu não acreditava que um homem racional pudesse rebaixar-se tanto; todavia, é verdade e hoje, com a minha pouca experiência, parece-me poder dizer que mais da metade dos homens, durante algum tempo de suas vidas, se tornam animais vergonhosos [...] E os sacerdotes? Meu Deus, estremeço ao pensar como não são poucos, também entre eles, os que deturpam o seu caráter sagrado [...] Hoje nada mais me espanta. Certas histórias não mais me impressionam, está tudo explicado.

E, numa prece a Jesus, diz ainda sobre o serviço militar, que na época também era obrigatório para os sacerdotes e religiosos: "É uma imposição injusta e bárbara aos seus ministros". E define aquele período como "escravidão babilônica".

O serviço militar tinha-lhe pesado. Ficou profundamente marcado, mas, graças a seu caráter pacato, conseguiu se adaptar e obter a apreciação dos companheiros de armas e dos superiores: "Só recebi sinais de reverência e de afeto dos companheiros de armas", escreveu. "Eram na maioria de Bérgamo e de Brescia. Competiam entre si para prestarem-me pequenos serviços que, no mínimo, me causavam muitos aborrecimentos".

Das observações de seus superiores, vê-se que o soldado Roncalli era um sujeito cordial, disciplinado e muito competente nos exercícios de tiro. Em 31 de maio de 1902, foi promovido a cabo e, em 30 de novembro, antes de dar baixa, sargento. Ele se vangloriava de jamais ter escrito o nome de nenhum dos soldados na sua agenda de punições; mas parece que não pretendia demasiada disciplina deles. Certo dia, quando estava em Presolana para o acampamento de verão, foi parado e detido exatamente porque seus soldados tinham se demonstrado indisciplinados.

Voltando para Roma, nos primeiros dias de dezembro de 1902, retomou os estudos de Teologia. A pausa forçada nos estudos só tinha aguçado seu desejo de conhecimentos. "Sinto uma ânsia de querer saber tudo", escreveu. "Conhecer todos os autores importantes, estar a par de tudo no movimento científico, em seus múltiplos desenvolvimentos."

O reitor do seminário deu-lhe a tarefa de ser o monitor dos estudantes mais jovens. Devia, pois, cuidar deles e orientá-los com a experiência adquirida e com a sabedoria que tinha demonstrado. Em 11 de abril de 1903, foi ordenado subdiácono na Basílica de São João de Latrão, pelo Cardeal Respighi, vigário de Sua Santidade. Já em dezembro, sempre na mesma basílica e pelo mesmo cardeal, foi ordenado diácono.

Estava atento a tudo que acontecia a seu redor. Seguindo o próprio instinto, "participava" pessoalmente dos eventos, queria estar presente. Em 29 de abril de 1903, assistiu à passagem pelas ruas de Roma de Eduardo VII, rei da Inglaterra e imperador das Índias; em 2 de maio, estava presente na passagem do imperador da Alemanha, Guilherme II, que se dirigia ao Vaticano. Em 4 de agosto, estava na Praça de São Pedro e assistiu à fumaça branca do conclave que anunciava a eleição do pontífice Pio X.

O ano do sacerdócio foi 1904. Roncalli, completados os estudos teológicos em Roma, seria ordenado sacerdote e voltaria para Bérgamo a fim de retomar a vida em sua diocese.

Preparou-se para o doutorado em Teologia e teve como assessor o professor Padre Eugenio Pacelli, o futuro Pio XII. Pacelli era cinco anos mais velho; logo, eram quase coetâneos, e aquele encontro marcou o início de uma amizade.

Em 13 de julho de 1904, Angelo Roncalli obteve a láurea e, um mês depois, em 10 de agosto, foi ordenado sacerdote.

"Serei um bom pároco?"

Angelo Roncalli alcançara seu objetivo. Tinha começado a pensar no sacerdócio quando era menino e agora estava às vésperas da ordenação sagrada. Em quase vinte anos, tinha atingido aquele ideal contemplado quando observava da janela de casa em Sotto il Monte o comportamento do pároco, Padre Francesco Rebuzzini, "de semblante sempre afável, sereno, rico de bondade". Tinha enfrentado dificuldades de todo gênero nesse longo caminho de preparação, mas havia superado tudo.

Sabe-se lá quais eram as emoções e os sentimentos de Angelo Roncalli naqueles dias de vigília? Conhecendo sua sensibilidade acentuada e a grande tensão interior, surge um forte sentimento de curiosidade. E sabendo que o *Diário* de Roncalli foi publicado, corre-se a buscar nas páginas as anotações, reflexões, propósitos, sentimentos daqueles dias. Mas, nada. No livro não se acha nada.

É estranho. Ele, tão meticuloso e diligente, não escreveu nada sobre aquele evento tão importante em sua vida. As anotações do *Diário* param exatamente na véspera da ordenação sacerdotal.

De 1º a 9 de agosto de 1904, Roncalli se encontrava no convento dos Padres Passionistas para fazer os exercícios espirituais de preparação para o grande dia. Estava em companhia de outros seminaristas que seriam ordenados sacerdotes com ele, e toda noite anotava em seu diário algumas reflexões, como de costume.

Numa das primeiras noites que passou naquele convento, Roncalli se perguntou:

O que será que vai acontecer comigo no futuro? Serei um bom teólogo, um jurista insigne, um pároco do interior ou um simples e pobre padre? O que me importa tudo isso? Devo ser nada disso e também mais do que tudo isso, segundo os desígnios divinos. O meu Deus é tudo. Assim, os meus ideais de ambição, de causar boa impressão no mundo, o bom Deus se incumbe de desvanecer.

É curioso notar que, no manuscrito original, a pergunta "serei um bom teólogo, um jurista, um pároco, um simples padre?" não parava por aí. Roncalli tinha continuado a escrever: "serei um bispo, um cardeal, um diplomata, um Papa?", mas, depois, provavelmente achando que pensar em cargos tão importantes fosse absurdo para ele, filho de pobres camponeses, tinha riscado aquelas palavras que, no entanto, à luz da história, se mostraram pensamentos proféticos.

Nos dias seguintes, ficou muito impressionado pela figura do criado que todas as manhãs vinha arrumar seu quarto. Chamava-se Irmão Tommaso della Passione. Era brasileiro, mas tinha vivido muito tempo na Espanha. Um religioso passionista laico, isto é, não era sacerdote, só fazia os serviços mais humildes. Uma espécie de "servo" daquela instituição, cuja presença em geral não era notada por ninguém. Chegava ao quarto quando o ocupante estava fora, fazia a arrumação e ia embora. Mas Angelo Roncalli, muito atento aos "outros", exatamente porque considerava todos do ponto de vista da própria fé, isto é, como filhos de Deus, seus irmãos em Cristo, mesmo os seres mais simples, notou aquele irmão laico, admirou sua humildade e dele absorveu ideias para reflexões muito vivas.

"O laico que limpa meu quarto, me serve à mesa, o bom Irmão Tommaso, me faz meditar muito", escreveu no *Diário*.

"Serei um bom pároco?"

É mais um adulto do que um jovem, de modos gentilíssimos, é alto, envolvido naquele hábito negro bem comprido, ao qual se refere sempre como "santo". Está sempre alegre, só fala de Deus e do amor divino; jamais encara qualquer um nos olhos: na igreja, diante do Santíssimo Sacramento, fica prostrado por terra, imóvel como uma estátua. Veio da Espanha para Roma a fim de se tornar passionista e vive satisfeito, servindo a todos, simples como um ser sem ideais atraentes, sem miragens brilhantes, pobre frei laico por toda a vida. Oh! Diante da virtude do Frei Tommaso, eu, na verdade, não sou nada, eu deveria beijar a bainha de sua vestimenta e me pôr a ouvi-lo como mestre! E, no entanto, eu sou quase um sacerdote, coberto de tantas graças! Onde está o meu espírito de penitência, de humildade; a minha modéstia, o meu espírito de oração, a minha verdadeira sabedoria? Ah! Frei Tommaso, Frei Tommaso, quantas coisas me ensina! Quantos pobres fradezinhos laicos, quantos religiosos desconhecidos resplenderão em glória um dia no Reino de Deus! E por que eu não chegaria a outro tanto? Ó Jesus, incute em mim o espírito de penitência, de sacrifício, de mortificação.

Mas, depois dessas anotações, o *Diário* de Roncalli cai no silêncio. Do que aconteceu nos dias seguintes, isto é, a ordenação sacerdotal, a primeira missa, nenhuma só palavra. Provavelmente o envolvimento fosse tão forte e pleno no que estava acontecendo em sua vida que não quis perder nada, nem anotando em seu caderno privado o que se passava em seu coração. O que aconteceu entre ele e o seu Deus, entre ele e aquele mundo invisível, constituído pelos seres angélicos, os santos, Nossa Senhora, seus amigos mortos, um mundo feito "daqueles que estão do outro lado", como dizia, e que era tão concreto em sua vida quotidiana, não foi revelado.

Somente oito anos depois, em 1912, Angelo Roncalli reviu, através das lembranças, aqueles dias então já tão distantes. E

83

também não sabemos por que o fez. Talvez levado pelo impulso de uma inspiração. Resta o fato, para nós importante, de que ele, com o passar do tempo, nos deu a possibilidade de ao menos "intuir" o estado de espírito com que vivenciou os momentos mais importantes de sua vida de sacerdote.

"À distância de oito anos da minha ordenação sacerdotal", escreveu Angelo Roncalli em 1912, quando estava em Bérgamo, "aquelas santas impressões ainda estão fixadas em minha mente; e queira o Senhor que eu jamais me esqueça delas".

Uma das últimas noites daquela sua estada no convento dos Passionistas, ele se demorou a olhar a paisagem que via de seu quarto. Era uma noite de agosto, quente, mas aliviada por uma brisa agradável, como acontece muitas vezes em Roma. As pessoas ficavam até tarde nas ruas, passeando ou paradas em rodinhas, sentadas diante dos antigos monumentos batendo papo. Roncalli viu, sentiu, imaginou, se projetou naquele ambiente e refletiu.

Da minha janela eu contemplava o Coliseu, o Latrão, a via Appia. Do jardim se vislumbrava o Palatino, o Celio com todos os monumentos cristãos que o rodeiam: São Gregório etc. Ao lado do local em que eu estava havia a Basílica de São João e São Paulo, aonde eu descia todas as noites para a novena de Nossa Senhora da Assunção. Sob a basílica, naquele Clivus Scauri, a casa dos mártires; perto do meu quarto, o cômodo onde morreu São Paulo da Cruz. Era ali que nos exercitávamos à tarde nas provas da Santa Missa. Em resumo, tudo me falava ali de santidade, de generosidade, de sacrifício. Ó Senhor, como lhe agradeço por ter me mandado àquele santo lugar para a minha imediata preparação ao sacerdócio.

No dia seguinte, foi em peregrinação àqueles lugares para preencher o espírito com o significado que deles emanava. Roncalli desejava viver a história cristã do passado e ser impregnado por ela.

Na véspera daquele bendito dia da minha ordenação, o bom Padre Luigi del Rosario, que nos assessorava, e que me havia dado muitas provas de benevolência, concordou em satisfazer um desejo meu e me acompanhou na visita a alguns locais mais venerandos. Portanto, fui com ele a São João de Latrão, para rezar naquela basílica, renovando o meu ato de fé; depois subi a Escadaria Santa e de lá passei para São Paulo fora dos Muros. O que eu disse ao Senhor naquela noite no túmulo do apóstolo dos povos? *Secretum meum mihi [Permanece um segredo que mantenho comigo mesmo] (Is 24,16-17).*

O que significa esse segredo? O que terá dito o jovem Roncalli ao Senhor? Não se sabe nada, mesmo porque, na reconstituição daquela visita ao túmulo de São Paulo, feita por ele oito anos mais tarde, mal acenou ao conteúdo do "segredo", das promessas feitas a Deus na véspera de sua ordenação sacerdotal.

Mas, finalmente chegou o decisivo dia 10 de agosto de 1904. A cerimônia fora marcada em Santa Maria no Monte Santo, na Praça del Popolo. Cada candidato devia ter a seu lado um assessor que, em geral, era um sacerdote amigo, de quem gostava particularmente. O assessor escolhido por Padre Angelo Roncalli era Padre Ernesto Buonaiuti, que fora ordenado sacerdote em dezembro do ano anterior.

Todavia, ninguém de sua família tinha podido ir a Roma. A viagem era demasiadamente cara e os Roncalli eram pobres, não tinham dinheiro para pagar aquela despesa. "Surgiu o amanhecer daquele bendito dia de São Lourenço", escreveu Angelo Roncalli em seu *Diário* em 1912.

> Meu vice-reitor Spolverini foi me buscar no convento. Atravessei a cidade em silêncio. Na Igreja de Santa Maria no Monte Santo, na Praça del Popolo, se realizou a cerimônia inesquecível. Ainda tenho na mente todas as circunstâncias do evento. Foi oficiante Sua Excelência Dom Ceppetelli, vice-diretor; cuidavam do altar alguns alunos do Colégio Capranica. Quando ergui os olhos, terminado tudo, pronunciado o juramento eterno de fidelidade ao meu superior "prelado ordinário", vi a bendita imagem de Nossa Senhora que, confesso, não tinha visto antes, quase a me sorrir do altar, infundindo-me com o seu olhar um sentido de doce tranquilidade espiritual, de generosidade, de segurança, como se me dissesse que estava contente, e que assim me protegeria para sempre, resumidamente me comunicou ao espírito uma onda de dulcíssima paz que jamais esquecerei.

Quando escreveu isso, Angelo Roncalli tinha 31 anos. Já era sacerdote há oito, tinha feito o serviço militar por um ano e, como cabo e sargento, fora responsável por seus soldados, tinha vivido cinco anos em Roma, em contato com os eclesiásticos de todos os níveis, e também com personalidades de notável inteligência, era professor no seminário e secretário de um bispo batalhador. Ou seja, era um homem ainda jovem, mas com grande experiência, capaz de avaliar com precisão a realidade da vida. Pois bem, é muito interessante ouvir como julgava, como avaliava, como imaginava a realidade religiosa. Como se vê claramente das anotações, a sua fé era inabalável, mas muito concreta. Uma fé tradicional, inseparável da realidade há muito exposta pelo Cristianismo e que se sintetizava numa visão simples deste mundo, ligado a um além-túmulo que é concreto e real como aquele que está diante de nossos olhos.

"Serei um bom pároco?"

Os antigos cristãos martirizados em Roma, os primeiros seguidores de Cristo, os santos não eram para ele lendas, mitos. Eram seres vivos com os quais compartilhava o próprio tempo diário. Nossa Senhora era uma mãe verdadeira, presente na sua ordenação sacerdotal, no lugar de Marianna, que, devido a sua pobreza, não pudera fazer a viagem para Roma. Angelo tinha imaginado Nossa Senhora sorridente, exatamente como teria feito a mulher de Sotto il Monte.

É recomendável ter presente esse modo de pensar e de agir, porque é típico da personalidade e da espiritualidade de João XXIII. Ele sempre se comportou assim. Quando jovem e como bispo no Oriente, como núncio em Paris, como Papa em Roma. Terminada a cerimônia da consagração sacerdotal, ele voltou para o Seminário romano.

O bom vice-reitor me levou de volta ao seminário, onde não havia ninguém, estando todos no interior, em Roccantica. Meu primeiro dever foi escrever logo uma carta a meu bispo, Dom Guindani. Dizia-lhe com poucas palavras o que disse ao Senhor aos pés de Dom Ceppetelli: repetia o meu *promitto oboedientiam et reverentiam*. Como fico contente ao lembrar e renovar aquela promessa depois de oito anos! Depois, escrevi a meus pais, contando-lhes, e a toda a família, a alegria do meu coração, pedindo-lhes que agradecessem comigo ao Senhor e que rezassem para que eu me mantivesse fiel. Durante a tarde, fiquei sozinho, só com meu Deus que tanto me tinha arrebatado, só com os meus pensamentos, com os meus propósitos, com as minhas doçuras sacerdotais. Saí. Sozinho com meu Senhor, como se Roma estivesse deserta, visitei as igrejas de maior devoção, os altares dos santos que me eram mais familiares, as imagens de Nossa Senhora. Foram visitas breves. Parecia-me ter uma palavra para dizer a todos naquela noite e que cada um daqueles santos tivesse algo para me dizer. E, na verdade, foi assim.

Eis outro exemplo maravilhoso da mentalidade religiosa de João XXIII. Sozinho, sai pela cidade, tão enlevado com Deus que não vê ninguém, que não é distraído por nada; vai visitar as igrejas, as mesmas igrejas que lembram os mártires, os santos, o mundo do além-túmulo e, assim, repleto dessa realidade, sente que tem palavras para dizer a todos, porque os santos, os mártires que vai visitar nas igrejas continuam a falar com ele.

Então, vi São Felipe, Santo Inácio, São João Batista de Rossi, São Luís, São João Berchmans, Santa Catarina de Siena, São Camilo de Lellis e muitos outros. Ó benditos santos, que na época deram testemunho ao Senhor de meus bons desejos; peçam-lhe agora perdão por minhas fraquezas e ajudem-me a ter sempre acesa no meu coração a chama daquele dia inesquecível.

Foi assim que se concluiu aquele dia especial na vida de Angelo Roncalli. Mas, no dia seguinte, eis que acontecem outros encontros importantes, decisivos. Outros sinais proféticos, misteriosas indicações de eventos futuros, distantes, inimagináveis, mas que de qualquer maneira estão presentes.

No dia seguinte, eis de novo o querido vice-reitor, que me leva a São Pedro para celebrar a primeira missa. Quantas coisas me disse aquela praça quando a atravessei! Tinha passado por ela muitas vezes comovido, mas naquela manhã [...] e dentro do templo majestoso, entre as memórias veneráveis da história da Igreja! [...] Desci para a cripta, perto do túmulo do Apóstolo. Ali estava um círculo de amigos convidados pelo vice-reitor. Lembro-me de Dom Giuseppe Palica, meu professor de moral, depois Padre Enrico Benedetti, Padre Pietro Moriconi, Padre Giuseppe Baldi,

"Serei um bom pároco?"

Padre Enrico Fazi, e outros. Celebrei a missa votiva "de São Pedro e São Paulo".

Ah! A alegria daquela missa! Recordo-me de que, dentre os sentimentos que transbordavam de meu coração, ela dominava todos os outros, era um grande amor pela Igreja, pela causa de Cristo, pelo Papa, por uma dedicação total do meu ser a serviço de Jesus e da Igreja, de um propósito, de um juramento sagrado de fidelidade à Cátedra de São Pedro, de um trabalho incessante pelas almas. Mas esse juramento, que recebia sua própria consagração do local onde eu estava, do ato que eu executava, das circunstâncias que o acompanhavam, ainda o tenho tão vivo e palpitante no coração que não vale a pena tentar descrevê-lo. Como disse ao Senhor no túmulo de São Pedro: "*Domine, tu omnia nosti, tu scis quia amo te*" (Jo 21,17). Saí dali como um sonhador distante da realidade. Os pontífices de mármore e de bronze dispostos ao longo da basílica pareciam me olhar de seus túmulos com um significado novo naquele dia, como a me infundir coragem e grande confiança.

Conhecendo os fatos que vieram a acontecer em seguida na vida de Roncalli, fica-se espantado ao ler essas páginas escritas por ele em 1912. Parece um *script* de uma vida que depois se tornou realidade. "Quantas coisas me disse aquela praça quando a atravessei [...] Tantas vezes tinha passado por ali sempre emocionado, mas naquela manhã [...]." E durante a missa no túmulo de São Pedro, tantos sentimentos, mas um dominava todos: "Um grande amor pela Igreja, pela causa de Cristo, pelo Papa, uma dedicação total do meu ser a serviço de Jesus e da Igreja, de um propósito, de um juramento sagrado de fidelidade à Cátedra de São Pedro".

Não são os sentimentos de um jovem padre destinado a voltar para Bérgamo com a perspectiva de se tornar um bom pároco, mas parecem os propósitos de quem é chamado a governar os destinos da Igreja universal, como na verdade acabou acontecendo.

Continua a escrever Roncalli em seu *Diário*:

Lá pelo meio-dia esperava-me outra alegria: a audiência com o Papa Pio X. Meu vice-reitor a obteve para mim – como sou grato por tudo que fez por mim naqueles benditos dias! – e me acompanhou. Quando o Papa se aproximou de mim e o vice-reitor me apresentou, ele sorriu e se inclinou para me ouvir. Eu lhe falava de joelhos: disse-lhe que estava feliz de me submeter a seus pés com os sentimentos que pela manhã tinha depositado na primeira missa, no túmulo de São Pedro, e os expus brevemente, da melhor forma que pude. O Papa, então, permanecendo sempre inclinado e pondo-me a mão na cabeça, quase falando em meus ouvidos, me disse: "Ótimo, ótimo, meu filho... É assim que gosto, e eu rezarei ao Senhor para que abençoe especialmente esses seus bons propósitos, e que seja de verdade um sacerdote segundo o seu coração. Abençoo, pois, todas as suas outras intenções e todas as pessoas que nestes dias se alegrarão por você". Ele me abençoou e me estendeu a mão, para que eu a beijasse. Em seguida, foi em frente, falou com outros, creio que com um polonês; mas, de repente, quase seguindo o curso de seus pensamentos, voltou a mim, me perguntou quando voltaria para casa e, tendo-lhe dito "para o dia de Nossa Senhora da Assunção": "Oh! Talvez uma grande festa", continuou, "lá embaixo naquele seu vilarejo [anteriormente tinha me perguntado qual era] e que belos sinos bergamascos a soar nesse dia". E prosseguiu em seu trajeto sorrindo.

Na escola do Bispo de Ferro

Na noite de 11 de agosto de 1904, Padre Angelo Roncalli foi cumprimentar seus colegas do Seminário romano que estavam na residência de verão de Roccantica. Ficou ali por uma noite. De manhã, celebrou a sua segunda missa entre eles, depois se despediu, porque não os veria mais. Tinha terminado seus estudos e estava voltando definitivamente para Bérgamo, onde deveria desenvolver seu apostolado.

Na tarde daquele mesmo dia, partiu de trem para Milão. Fez uma parada em Florença, onde, na manhã de 13 de agosto, celebrou a missa para Nossa Senhora da Assunção. Dormiu na principal cidade lombarda e, na manhã de 14 de agosto, celebrou a missa na Catedral, no altar de São Carlos Borromeu. No dia 15, dia de Nossa Senhora da Assunção, retornou solenemente a Sotto il Monte, onde oficiou a missa solene na Igreja de Nossa Senhora de Assunção de Brusicco, a sua paróquia, a igreja onde fora batizado.

A comemoração de Nossa Senhora da Assunção em Sotto il Monte sempre fora uma solenidade grandiosa. Era a festa da padroeira da paróquia, mas também da padroeira do vilarejo, da qual participavam os habitantes dos povoados vizinhos. Era uma festa religiosa e também mundana, festa do trabalho, ocasião de descanso depois da colheita de verão, à espera daquela do outono.

Mas naquele ano a festa assumia contornos inéditos, motivações extraordinárias. Há anos não se festejava um sacerdote novo: portanto, o vilarejo inteiro estava alegre e orgulhoso. A igreja naquele dia estava abarrotada. Todos iam parabenizar Giovanni Battista Roncalli, pai do novo sacerdote, e sua mãe Marianna, o velho Barba Zaverio. Padre Angelo fez o seu primeiro discurso. Estava com muito medo, mas tudo correu bem.

Ficou um bom tempo em Sotto il Monte, ajudando o pároco, Padre Luigi Battaglia, que havia substituído Padre Francesco Rebuzzini. De vez em quando, ia a Bérgamo para conversar com o bispo no seminário.

Seus superiores estavam muito satisfeitos com seu comportamento em Roma. Tinham-no enviado para lá a fim de que se diplomasse, e Roncalli não os decepcionara. Ao contrário, atingiu a meta em tempo recorde. Agora era preciso decidir o que faria na diocese.

Era demasiado inteligente e preparado para ser "desperdiçado" numa paróquia. O bispo pensava em usá-lo no seminário como professor de Teologia. Mas ainda era muito jovem. No fim, decidiu reenviá-lo a Roma para obter um segundo diploma, desta vez em Direito Canônico.

Roncalli não gostava muito daquela matéria. Achava-a muito árida e em pouca sintonia com seu modo de conceber a vida, que era flexível, mais baseado em conteúdos do que em normas, parágrafos de lei, mas, como sempre, aceitou as disposições dos superiores e voltou para Roma a fim de ficar pronto a recomeçar os estudos no início do novo ano acadêmico.

Agora era um sacerdote e não se sentia sereno pensando só em estudar. Queria ser útil aos fiéis. Por isso começou a fazer um pouco de apostolado. Quis também tentar fazer alguns sermões. Gostaria de se tornar um pregador. Naquele tempo, em que não havia televisão, o rádio não funcionava, os oradores eram pessoas

"Serei um bom pároco?"

muito estimadas e alguns famosíssimos. Quando faziam suas homilias, atraíam grandes multidões. Padre Angelo Roncalli achava que aquele tipo de apostolado podia lhe ser conveniente. Era um bom conversador, tinha facilidade com as palavras, ótima cultura; poderia sair-se bem naquele encargo. Mas tinha medo do púlpito. Ficar lá em cima, com todo mundo olhando para ele, o fazia sentir-se intimidado e desorientado.

Havia manifestado essas suas dúvidas ao próprio diretor espiritual, que o encorajava a tentar. Certo dia o fez pronunciar um pequeno discurso para os jovens estudantes do seminário e tudo correu bem. Para a festa de Nossa Senhora Imaculada, 8 de dezembro, o diretor espiritual conseguiu que ele fizesse uma verdadeira homilia comemorativa da solenidade numa igreja romana. Era uma grande estreia e tudo deu errado. "Um verdadeiro desastre", contava Roncalli quando Papa.

> Naturalmente eu tinha escrito tudo, mas não me serviu de nada. Fiquei perturbado pelo ambiente que, para mim, um camponês, pareceu aristocrático demais. Faltou-me presença de espírito, o ardor do coração. Até a memória me traiu. Confundi o Novo com o Velho Testamento; Santo Afonso com São Bernardo; o meio com o princípio e este, com o fim: em resumo, um desastre. Quando terminei e me retirei daquele altar, eu era um náufrago atirado à margem sem saber onde estava.

Um fracasso que muito entristeceu Roncalli e o deixou perplexo quanto a seu futuro. Mas, naqueles dias, morreu o bispo de Bérgamo. Em seu lugar, foi nomeado um prelado que estava em Roma, o qual quis Padre Angelo como seu secretário.

Portanto, adeus aos estudos jurídicos, adeus Roma: o destino decidira que deveria voltar a Bérgamo.

O novo bispo era Dom Giacomo Radini, uma das figuras mais importantes do clero lombardo no início do século. Provinha de família nobre. Cabia-lhe o título de conde. Nascido em Piacenza, em 1857, completou os estudos clássicos com os Irmãos das Escolas Cristãs, o Colégio Paganini de Gênova e o Colégio Santo Alexandre de Bérgamo. E estudou Teologia em Roma e Gênova. Foi ordenado sacerdote em 1879 e, em 1890, com 32 anos, foi chamado a Roma pelo Papa Leão XIII e encaminhado para o serviço diplomático.

Sua carreira na cidade eterna foi fulminante. Em 1896, foi nomeado núncio na Bélgica, mas recusou-se para poder continuar a trabalhar na Obra dos Congressos (delicada organização católica de fundo político), na Ação Católica Feminina e na Obra das Peregrinações.

Mas, em 1904, houve controvérsias no interior da Obra dos Congressos, tanto que o Papa Pio X interveio, dissolvendo-a. Parecia que Dom Radini Tedeschi tinha caído em desgraça. Provavelmente fosse assim: tinha caído em desgraça perante a poderosa Cúria romana, mas não diante do Papa, que o conhecia bem. De fato, depois de poucos meses, morto Dom Guidani, Pio X quis que Giacomo Radini Tedeschi assumisse a direção da diocese de Bérgamo.

Roncalli encontrou o seu novo bispo pela primeira vez em 17 de setembro de 1899, em Ghiaie de Bonate Sopra, com Padre Alessandro Locatelli, sacerdote originário de Sotto il Monte. Pôde revê-lo no início de dezembro de 1904, quando voltou a Roma para estudar Direito Canônico. Dom Radini Tedeschi organizara um Congresso Mariano Internacional para celebrar o 50º aniversário da proclamação do dogma da Imaculada Conceição de Nossa Senhora, e Roncalli tinha participado.

"Serei um bom pároco?"

Como Radini Tedeschi era lombardo e também tinha estudado em Bérgamo, no Colégio Santo Alexandre, em Roma seguia com curiosidade instintiva tudo que dizia respeito ao norte da Itália. Tinha ouvido falar muitas vezes do jovem Roncalli, ouvido elogios a seus méritos e inteligência e, nos breves encontros com ele, ficara muito bem impressionado. Assim, quando foi nomeado bispo, convocou Roncalli e lhe disse:

– Já estudou bastante em Roma, preciso de sua ajuda em Bérgamo.

Radini Tedeschi era o seu novo "prelado ordinário", a quem, quando se tornou sacerdote, tinha prometido obediência, e respondeu:

– Vou de bom grado com Sua Excelência.

Chegaram juntos a Bérgamo em 9 de abril de 1905. Autoritário, culto, inteligente, autêntico homem de Deus e servidor fiel da Igreja, Radini Tedeschi era o mais indicado para governar a diocese de Bérgamo, que, naqueles anos, vivia uma intensa época de movimentos sociais, tanto que tinha sido definida como a "capital das instituições sociais".

A seu lado, Angelo Roncalli viveu experiências extraordinárias. Mais tarde, passou a chamá-lo de "a estrela polar do meu sacerdócio".

– Aqui não se deve dormir, há muito para se fazer – repetia o bispo.

Subordinado a ele, Padre Angelo Roncalli, que era por natureza tranquilo, calmo, e parecia nunca ter pressa, se tornou um ciclone de atividades. Continuou a fazer tudo com a mais absoluta serenidade, sem jamais se agitar, mas encarregando-se de mil coisas. Era secretário do bispo, professor no seminário, assessor da juventude na Ação Católica. Iniciou uma poderosa pesquisa histórica sobre a visita apostólica que São Carlos Borromeu tinha feito a Bérgamo em 1575, fundou e se tornou diretor da revista *La vita diocesana*, colaborava no jornal *L'Eco di Bergamo*, viajava, vivia seguidamente novas experiências.

Em 1905, a diocese de Bérgamo abrangia 430 mil habitantes, 352 paróquias, 512 igrejas, 2 mil sacerdotes e quatrocentos seminaristas.

Já em dezembro daquele ano, o novo bispo começou as visitas pastorais em toda a diocese e Angelo Roncalli era seu secretário covisitador. Um trabalho duro, massacrante, percorrendo os pequenos e pobres presbitérios espalhados pelos vales bergamascos. Roncalli, filho de camponeses, conhecia bem os problemas e também a miséria dos trabalhadores rurais. Mas, no curso daquelas visitas, que duraram quatro anos, aprendeu a conhecer também outros problemas, especialmente aqueles da classe operária. Descobriu que certas indústrias, que estavam se estabelecendo na região bergamasca, empregavam os jovens, as mulheres e mesmo crianças, fazendo-os trabalhar até catorze horas diárias por um pedaço de pão duro.

Eram anos de lutas em Bérgamo. O bispo adotava posições que não agradavam muito aos católicos tradicionalistas, e muito menos à Cúria romana. Surgiam novos problemas sociais e Radini Tedeschi demonstrava olhar para o futuro, defendendo as pessoas com o Evangelho nas mãos, levando em conta que todos são filhos de Deus e que ninguém tem o direito de explorar o irmão.

No outono de 1909, explodiu a famosa greve na grande algodoaria de Ranica: 830 operários cruzaram os braços. Houve manifestações de rua. Uma jovem de 22 anos foi presa e condenada por resistir à polícia. A imprensa se colocou a favor dos patrões. O bispo, do lado dos operários, assumiu sua defesa do púlpito na catedral.

Naqueles dias, o bispo, acompanhado de seu secretário, visitava as famílias dos grevistas para confortá-los e levar-lhes o necessário para ajudá-los a resistir. O jornal da cúria, *L'Eco di Bergamo*, iniciou uma campanha para ajudar os operários sem salário. O bispo foi um dos primeiros a contribuir, doando seu óbolo pessoal de duzentas liras. A notícia causou celeuma e escândalo. Foram enviados relatórios a Roma contra o bispo, que foi severamente advertido pelo secretário de Estado, o Cardeal Merry Del Val.

O único que defendeu Radini Tedeschi foi Roncalli. Sabia que estava se indispondo com a Cúria romana, mas não recuou. Ele escreveu: "Tomar a defesa dos operários grevistas foi, para Dom Radini, um elevado dever como cristão e como defensor da justiça, da caridade e da paz social".

Pouco depois, Dom Radini Tedeschi formalizou o próprio pensamento com respeito à greve:

> Não gostamos absolutamente de qualquer greve, ao contrário, fazemos votos de que essa de Ranica, que deu tão certo, seja a última, porque a greve é a guerra, e a guerra é sempre terrível e danosa de qualquer maneira. Mas quando não existe outro meio para reconduzir à paz, e tenha havido claramente violação da justiça ou de algum dos direitos sagrados da consciência cristã, no mínimo reivindicamos o nosso direito de falar a verdade a todos, de chamar a guerra de justa e santa, de legitimar a greve, e de ajudar quem luta para recompor a ordem social da qual se aproveitam juntos o capital e o trabalho, os ricos e os pobres, os patrões e os trabalhadores.

Pensamento esse não compartilhado com a Cúria romana, que prescreveu uma investigação secreta sobre o trabalho do bispo em Bérgamo, do seu secretário e também do Cardeal Ferrari, arcebispo de Milão, acusado de ser amigo de Radini Tedeschi. O Papa Pio X não era afeito a esses métodos autoritários. Numa carta pessoal a Radini Tedeschi, declarou "não poder, com relação aos fatos em Ranica, censurar o que ele prudentemente tinha decidido fazer com pleno conhecimento do lugar, das pessoas, das circunstâncias".

Em Bérgamo, Padre Angelo Roncalli, como já dissemos, além de secretário do bispo, era professor no seminário. Ensinava história eclesiástica, apologética, teologia fundamental e patrologia.

Entre seus alunos, estava Giuseppe Battaglia, o qual mais tarde se tornou bispo de Faenza. Ele lembrava, a respeito de seu professor:

— Padre Angelo Roncalli se apresentava pontualmente para sua hora de aula, bem arrumado, sem rebuscamentos, uma pessoa de fino trato, sempre sorridente e afável, que estimulava os alunos. Em suas aulas, não se contentava com os textos, mas sem pedantismo os enriquecia com citações. Sua fala calorosa e fácil nos entusiasmava. Dentre as várias horas de aula, a sua era uma das mais desejadas; e, quando nos interrogava, não exigia o texto ao pé da letra. Era contra o conteudismo. Queria que expuséssemos o tema tratado livremente, com nossas próprias palavras e precisão.

Padre Roncalli acreditava na escola. Dizia que é dever do professor tornar a aula não só formadora, mas também interessante. Nem sempre conseguia, nem mesmo ele. Certa vez, um aluno adormeceu enquanto Roncalli falava. O colega de carteira tentou acordá-lo com umas cotoveladas. Padre Roncalli viu a cena e disse: "Não o perturbe. Compete a mim mantê-lo acordado".

Também era muito preciso com os registros de classe e seguia com atenção cada aluno. Dom Battaglia lembrava que, quando foi encontrá-lo em Veneza (nos últimos anos em que Roncalli era

"Serei um bom pároco?"

patriarca daquela cidade), seu ex-professor tirou de uma gaveta os registros das aulas de cinquenta anos antes e começou a falar-lhe daquele período como se tivesse passado um mês ou um ano, e não meio século.

Mais tarde, Dom Battaglia também se tornou professor no seminário de Bérgamo. E no refeitório lhe foi designado um lugar ao lado de Roncalli, o qual, como bom bergamasco, gostava muito de castanhas assadas.

Monsenhor Battaglia contava:

– Não era exigente quanto à comida, mas quando chegava a fruta, especialmente as castanhas assadas, de que gostava muito, dizia brincando: "Abençoados os últimos se os primeiros forem discretos". E nunca eu o ouvi se queixar, nem ao menos uma vez, das refeições, mesmo quando, chegando um pouco atrasado, podiam estar frias e haver pouca comida.

Angelo Roncalli ia frequentemente de Bérgamo a Sotto il Monte para ver a família.

– Todos o chamavam de Padre Angelo – lembrava seu irmão Zaverio. – Ele estava sempre pronto para correr e oficiar um missa a mais, se fosse necessário, ou participar de eventos em que se precisasse de mais um sacerdote. Passava o Natal em família, com nossos pais. O panetone era sempre Angelo quem o trazia.

Uma terrível suspeita

Com o passar dos anos, Angelo Roncalli tinha se tornado pessoa importante na diocese de Bérgamo. Sua personalidade se manifestava cada vez mais. O bispo o estimava pela prudência, diligência e capacidade que mostrava em seu trabalho. Os jovens seminaristas ficavam empolgados com ele e com seu modo de ensinar. Muitos sacerdotes, inclusive idosos, iam conversar com ele para lhe pedir conselhos. Era, em poucas palavras, um ponto de referência. Mas isso tudo suscitava inveja e ciúmes.

Tinha sido principalmente seu comportamento de absoluta fidelidade ao bispo durante os 55 dias de greve na algodoaria de Ranica a provocar perplexidade e boatos. "É um jovem padre com ideias socialistas", diziam alguns, e começaram a enviar cartas a Roma.

Eram os anos do Modernismo, aquela corrente intelectual que, no interior de muitas religiões, não só no campo católico, tinha em mira adequar a doutrina à cultura moderna, através de auxílios e reflexões propostas pela crítica filológica dos textos e das descobertas científicas. Uma atitude intelectual que, como sempre, foi sujeita a exageros e radicalizações. E foi isso que alarmou as autoridades eclesiásticas.

101

O clero idoso estava vigorosamente aferrado às tradições. Os jovens, ao contrário, debatiam-se sonhando com uma modernização da teologia, da exegese e das próprias estruturas eclesiásticas. Surgiram fortes contraposições, seguidas por pesadas intervenções papais.

Em 17 de abril de 1907, Pio X desferiu o primeiro ataque ao "neorreformismo religioso" que estava se espalhando. Num discurso, afirmou que

> [...] os rebeldes estão por toda parte na Igreja, professam e difundem, com sofismas, erros monstruosos sobre a evolução do dogma, sobre a necessidade de se retornar a um Evangelho puro, despido das explicações teológicas e das definições conciliares, sobre a emancipação com respeito à Igreja, sobre a necessidade de se adaptar aos próprios tempos.

Três meses depois, em 3 de julho de 1907, o Papa emitiu o Decreto *Lamentabili*, onde apontava 65 erros, todos mais ou menos ligados às novas teorias. E, em 8 de setembro de 1907, promulgou a Encíclica *Pascendi*, que é a condenação explícita e indiscutível do Modernismo. Escreveu o Papa:

> Todo modernista sustenta e quase condensa em si mesmo múltiplos personagens: isto é, aqueles do filósofo, do crente, do teólogo, do historiador, do crítico, do apologista, do reformador... Qualquer um que tenha sido contaminado pelo Modernismo, sem exceção de qualquer tipo, fique longe da tarefa de governar e também de ensinar: se já ocupando essa função, que seja removido. O mesmo se faça com qualquer um que, em segredo ou abertamente, favoreça o Modernismo, seja louvando os modernistas, seja atenuando sua culpa, seja criticando a Escolástica, os Padres, o Magistério eclesiástico... E finalmente com aqueles que, do

mesmo modo, não se preocupam com os estudos sagrados ou pareçam preferir os profanos àqueles.

Em novembro de 1907, outro golpe: foi proclamado que todos que se tivessem oposto à *Pascendi* seriam excomungados.

Aproveitaram-se da onda intervencionista do Papa os fanáticos. Iniciou-se um período de autêntica caça às bruxas. As palavras da *Pascendi* constituíam uma armadilha na qual podia se ver preso qualquer intelectual, em qualquer ambiente em que atuasse.

A Cúria romana começou a perseguir todos aqueles que apresentavam até mínima simpatia pelo Modernismo. Exatamente como aconteceu na época da Inquisição.

Um dos inspiradores da caça às bruxas foi o Prelado Umberto Benigni, que Padre Angelo conhecia muito bem. Tinha sido seu professor de história da Igreja. Roncalli se lembrava de como, certo dia, na aula, respondendo a algumas observações feitas por Ernesto Buonaiuti, o professor disse: "Meu caro amigo, acredita mesmo que os homens sejam capazes de fazer algum bem no mundo? A história é uma contínua e desesperada ânsia de vômito, e para essa humanidade só é necessária a Inquisição".

Uma avaliação que vertia um negro pessimismo, desprovido de qualquer vislumbre de esperança cristã.

Monsenhor Benigni foi depois chamado pelo Cardeal Merry Del Val para a Secretaria de Estado. E desse cargo de prestígio se tornou um perseguidor impiedoso dos simpatizantes do Modernismo. Foi dele a ideia e a fundação da *Sodalitium*, uma sociedade semissecreta, cujos membros tinham como tarefa descobrir nos teólogos, nos bispos e nos padres mais iminentes os germes da heresia modernista. Era-lhes lícito recorrer a qualquer meio para tal fim. Um deles até conseguiu ingressar numa loja maçônica, na esperança de encontrar padres modernistas.

As acusações às vezes eram "inventadas" por eclesiásticos sem escrúpulos que queriam se vingar de algum confrade que lhes fazia sombra ou era um obstáculo no caminho de sua carreira. Mas, em Roma, não cuidavam do sutil e qualquer acusação era de imediato aceita. Houve muitíssimas vítimas inocentes que a história mais tarde reabilitou, como, por exemplo, o Padre Giovanni Semeria, barnabita, Padre Luigi Orione, que já é santo, o Cardeal Andrea Carlo Ferrari, arcebispo de Milão, beatificado por João Paulo II em 1987. Foram vítimas famosas do Modernismo também o escritor Antonio Fogazzaro, cujos livros foram incluídos no *Index*, o historiador francês Louis Duchesne, considerado hoje um dos maiores e mais sérios em seu campo, e Padre Ernesto Buonaiuti, colega de Roncalli no seminário de Roma, que se tornou o expoente número um do Modernismo italiano e foi inexoravelmente excomungado.

Angelo Roncalli também acabou sendo pressionado. É um episódio quase desconhecido da sua vida, mas que foi muitíssimo doloroso para ele.

Quando foi publicada a Encíclica *Pascendi*, Roncalli tinha 26 anos de idade. Vivia em Bérgamo, onde era um dos jovens emergentes. Secretário do bispo Radini Tedeschi, professor no seminário e animador de inumeráveis atividades.

Como todos os jovens, estava aberto a novas ideias, mas com a sua prudência natural e instintiva sabedoria que tinha herdado da própria família camponesa. No seminário, era professor de história da Igreja e, portanto, era lógico que consultasse as publicações de Duchesne, que, embora consideradas de vanguarda, eram objetivamente as mais documentadas. Além disso, aqueles livros tinham sido traduzidos para o italiano por Padre Tucci, seu colega de estudos no Seminário romano. Porém, como ele revelou, ao saber que aqueles livros eram julgados negativamente, embora não compartilhando essa opinião, se absteve de consultá-los.

Essa sua prudência e sensibilidade para com os desejos dos superiores não foi absolutamente apreciada. Ele tinha estudado em Roma, fora amigo de Buonaiuti e de Tucci: na opinião deles, só podia ser um modernista.

Em Bérgamo, também atuava um zeloso delator, Padre Giovanni Mazzoleni, cônego da Catedral. Estava dominado pelo furor de querer salvar a Igreja do bando dos jovens iconoclastas modernistas. Enviava regularmente cartas ao Cardeal Gaetano De Lai, seu amigo, prefeito da Congregação Consistorial, informando-lhe sobre os vários suspeitos de Modernismo que via. Relatava tudo, até os discursos que os professores faziam fora das aulas escolares.

Bérgamo, como já dissemos, sob a orientação do Bispo Radini Tedeschi, era então uma forja de iniciativas sociais de inspiração católica. Mas essas iniciativas também eram julgadas com odor de Modernismo. O bispo era identificado com o apelido de "bispo vermelho". Em Roma, onde tinha trabalhado por diversos anos, deixara muitos inimigos, e a estes não parecia verdade que poderiam encontrar desculpas para se vingarem com relação a antigos dissabores. Examinando as listas que chegavam de seus delatores correspondentes, procuravam um ponto de apoio para bombardear o bispo. O Modernismo era um pretexto.

Em junho de 1908, houve uma primeira intervenção. Chegou de Roma uma ordem para uma "visita apostólica" no seminário, e houve a primeira vítima ilustre: Padre Giuseppe Moioli, ótimo professor de exegese do Novo Testamento, que foi imediatamente removido do cargo.

Alguns meses mais tarde, a "visita apostólica" foi estendida a toda a diocese. Em outubro, Roncalli acompanhou a Roma o próprio bispo, que, junto com uma delegação da cidade, ia parabenizar o Papa, que comemorava cinquenta anos de ordenação sacerdotal. E, naquela ocasião, Roncalli foi testemunha de um fato que o feriu tanto que, já Papa, ainda se lembrava com certa crítica com relação a Pio X, que ele sempre tinha estimado muito. A delegação bergamasca tinha levado 25.100 liras em moedas de ouro de presente ao Papa. Uma cifra bastante considerável para aqueles tempos. Mas Pio X estava tão concentrado em suas preocupações com o Modernismo que, no discurso aos bergamascos, continuou a falar dos perigos ideológicos, e se esqueceu de agradecer o presente. Escreveu Roncalli quando Papa, recordando aquele episódio:

> Pio X falou com tal ênfase de sua preocupação devido à turbulência da época, das ciladas armadas pelo diabo para a boa-fé dos católicos, que se esqueceu até de agradecer a oferenda!... Certamente santo, Pio X, mas não perfeitíssimo ao se deixar dominar pelas preocupações e se mostrar angustiado.

No ano seguinte, em Bérgamo, aconteceu a famosa greve na algodoaria de Ranica, a tomada de posição do bispo em favor dos grevistas, as discussões sobre suas "ideias vermelhas", e o Modernismo se tornou bastante útil para a Cúria romana buscar destruir aquele prelado "perigoso". Atirava-se para todos os lados, mas o objetivo verdadeiro era o bispo de Bérgamo e o seu amigo, o Cardeal Ferrari.

A situação se tornou difícil. Em 1911, foi comunicado a Roma que o reitor do seminário de Bérgamo e os professores Roncalli e Biolghini utilizavam a obra *História da Igreja antiga* de Duchesne. Foi executada uma busca nas livrarias de Bérgamo e se descobriu que 26 sacerdotes tinham feito reserva do novo volume da obra do historiador francês que estava para ser publicada em língua italiana. Pio X escreveu numa carta ao arcebispo de Florença: "Em nenhuma outra diocese os livros de Duchesne são tão amplamente difundidos e estimados como naquela de Bérgamo".

Em 1º de junho de 1914, Roncalli estava em Roma, com o reitor e o ecônomo do seminário, para discutir questões econômicas com o Cardeal De Lai.

No fim do colóquio, depois dos cumprimentos finais de praxe, o Cardeal De Lai chamou de lado Padre Angelo Roncalli e lhe disse baixinho com um tom paternal: "Professor, por favor, seja prudente no ensino das Escrituras".

Roncalli quase desmaiou. Aquela frase, e principalmente o modo como lhe fora dita, era uma lâmina que feria seu coração. Ele nunca tinha ensinado as Sagradas Escrituras, era professor de história da Igreja, de apologética, de patrística, mas não tinha importância. As palavras do cardeal eram um aviso. Significavam que o cardeal tinha sobre a mesa um dossiê relativo a Roncalli e o estava examinando.

Voltando para o hotel, Roncalli continuou pensando naquela frase. Sentia que estava para lhe acontecer algo de ruim. E se revoltava, porque tinha consciência de ser inocente. Sempre tinha feito de tudo para manter-se fora daquelas encrencas ideológicas e, no entanto, alguém queria pô-lo em maus lençóis.

Sua fidelidade para com a Igreja estava documentada também por declarações escritas. Já em 1911, na revista *La vita diocesana*, fundada e dirigida por ele, expressara seu próprio pensamento com respeito ao livro *História da Igreja antiga*, de Duchesne, que naquele período estava suscitando tanto escândalo e polêmica. Disse que não desejava entrar no mérito das discussões. Que, se o tivesse feito, teria preferido embeber a pena no tinteiro de São Francisco de Sales, e não no de São Jerônimo. Ressaltava que o livro tinha sido lançado com um *imprimatur* concedido por Roma e que, portanto, a crítica daqueles que o queriam colocado no *Index* contestava aquela autorização. Enfim, referindo-se à última intervenção da Santa Sé contra o livro, concluía escrevendo: "Agora a Santa Sé intervém na questão; e nós intervimos com ela, nem mais nem menos, com a mais cordial submissão, com sinceridade bergamasca, sem a menor reserva".

Palavras claríssimas, publicadas já em 1911. Mas agora tinham chegado as acusações. Roncalli estava cético e seu medo é compreensível.

Devia se defender. Antes de deixar Roma, escreveu uma longa carta ao Cardeal De Lai, que levou pessoalmente ao escritório dele. Depois de ter explicado a Sua Eminência De Lai que nunca tinha ensinado as Sagradas Escrituras, afirmava sua própria fidelidade "às orientações da Igreja e do Papa, sempre e em todos os sentidos". E o fazia com tal apreensão que o cardeal, dez dias depois, em 12 de junho, quis responder-lhe com uma carta pessoal que começava assim:

> Sinto muito que a recomendação que fiz o tenha perturbando tanto. Não se tratava de uma censura, mas de um aviso salutar [...] Segundo as informações que se tem aqui, eu sabia que tinha sido um leitor atencioso de Duchesne, e de outros autores igualmente desenfreados, e que em algumas ocasiões tinha-se demonstrado inclinado àquela corrente de ideias amplas que tendem a esvaziar o valor das tradições e da autoridade do passado, corrente perigosa, que leva a consequências fatais, ao menos para aqueles que não sabem navegar contracorrente ou sustentar-se no turbilhão desses remoinhos [...] Com as bênçãos do Senhor.

Portanto, as acusações existiam e eram precisas, detalhadas. Roncalli sabia muitíssimo bem que, caindo na armadilha do Modernismo, se estava para sempre acabado. Por isso teve medo. Muito medo. Sentia-se um servo fiel da Igreja e tinha consciência de ter refreado as próprias ideias para obedecer às disposições dos superiores. Por isso, aquela suspeita lhe causava tremenda dor. A carta esclarecedora do Cardeal De Lai o consolava um pouco. Mas sua própria origem camponesa lhe sugeria que se colocasse a salvo de outras possíveis surpresas desagradáveis. Assim decidiu escrever uma longa carta, que acabou sendo uma autodefesa formal e meticulosa da suspeita de Modernismo, uma autêntica declaração comprobatória.

Logo pôs mãos à obra. Escreveu muitos rascunhos ruins, com numerosas correções, devido à ansiedade e ao sofrimento que dominava seu espírito. São minutas que conservou e que nos fazem entender quanta importância jurídica deu àquela sua declaração. Enfim, em 27 de junho, enviou sua própria autodefesa. O primeiro encontro com o Cardeal De Lai tinha sido em 1º de junho. No dia 2, Roncalli enviara sua primeira carta. O cardeal havia respondido no dia 12. E ele, no dia 27, expedia a declaração comprobatória. Tudo num período de um mês. Um brevíssimo tempo para um tipo reflexivo e ponderado como Roncalli, que sempre gostava de deixar as questões se sedimentarem. Além disso, na declaração comprobatória, Roncalli, contrariamente a seu costume, exprimiu juízos negativos com respeito a estudiosos (como Duchesne) que, em seu íntimo, talvez até estimasse, e avaliações pouco caridosas com relação a um colega de estudos em Roma, Nicola Turchi. E esses mínimos detalhes, todavia importantíssimos para os escrúpulos de consciência que Roncalli sempre demonstrara, são ulteriores sinais do medo que dominava seu espírito naqueles dias.

Eminência, a carta pessoal de 12 de junho do corrente que Vossa Eminência, com caráter paternal de bondade, se dignou me enviar me serviu de muito consolo. Agradeço-lhe de coração e a conservarei com profunda gratidão. Acolho com veneração todos os bons pensamentos e as sábias reflexões contidos nessa preciosa página: estarão sempre diante de mim como uma admoestação oportuna e eficaz. Quanto às informações contidas no informe relativas a minha pessoa, respeito a boa-fé e as intenções sinceras de quem as transmitiu. Mas não posso crer que provenham de alguém que me conheça. Seja quem for o informante, para que Vossa Eminência tenha uma prova da confiabilidade dessas referências nos relatórios sobre minha humilde pessoa, lhe bastam estas minhas breves e simples informações, que estou disposto a confirmar *cum juramento*:

1) Eu não li mais do que quinze ou vinte páginas – e estas, folheando aqui e ali – do primeiro volume da *História da Igreja antiga* de Duchesne. Nem sequer vi os outros dois volumes. Além disso, não li nem uma linha da *História* de Duchesne traduzida por Turchi, nem jamais o tive em mãos ou entre os meus livros. Eu conhecia pouco o prelado francês, mas nunca tive simpatia por ele, até mesmo quando eram apresentadas aprovações que se deviam considerar tranquilizadoras para a sua perfeita ortodoxia. Conhecia bastante bem as ideias de Turchi, que foi por alguns meses meu colega no Seminário romano, e não depositei nenhuma confiança. Lembro-me até de ter exprimido várias vezes os meus sentimentos de antipatia e de desconfiança também aos meus alunos seminaristas.

2) Monsenhor Spolverini pode testemunhar o que li no seminário. Desde que deixei o seminário para seguir meu venerado bispo como secretário, posso atestar que jamais li qualquer livro ou opúsculo ou periódico modernista, ou que cheirasse a Modernismo, com exceção do *Santo* de Fogazzaro, antes da condenação, e que folheei por causa de meu

ministério de confessor: folheei e proibi sua leitura a quem me pedia conselho.

3) Não somente nunca fui inclinado "àquela corrente de ideias amplas" que, como bem disse, "tendem a esvaziar o valor das tradições e a autoridade do passado", mas sempre me ative em meu ensino, em meus breves textos e em minha linguagem habitual a combinar junto com as pegadas dos historiadores modernos mais ortodoxos e os mais sérios as razões de uma crítica histórica serena e verdadeiramente científica, com o respeito e com a veneração mais profunda e sentida para com as tradições também populares e autoridades do passado... diante dos ataques dos adversários.

Depois destas declarações, das quais peço que leve em conta toda a gravidade a respeito das imputações feitas por alguém aqui mesmo, me permita não entrar em outros detalhes, já que estou satisfeito em considerar concluído este incidente e poder seguramente confiar em sua bondade, embora ainda peça que me julgue não como um sujeito com tendências dúbias e perigoso, mas como um bom filho e fiel em tudo com a mente, com o coração, de Nosso Senhor Jesus Cristo, da Igreja, da Santa Sé e do Papa, sempre.

As feridas da Grande Guerra

Aquele mês de junho "negro" deixou marcas por um bom tempo no espírito de Angelo Roncalli. Quando Papa, ainda o recordava com tristeza. Mais do que tudo, perturbou um evento que lhe era tão precioso: o 10º aniversário de sua ordenação sacerdotal.

Seria no dia 10 de agosto. Roncalli tinha o costume de se preparar a tempo para os compromissos mais importantes com preces, com os exercícios espirituais, com alguma peregrinação. Desejava recordar aquele 10 de agosto de 1904 refletindo sobre a grandeza do "dom" recebido do Senhor e examinando a própria conduta, para ver se tinha correspondido com generosidade àquele dom.

Mas as circunstâncias o distraíam. Seus pensamentos estavam perturbados, confusos pelas acusações provenientes de Roma. "Eu quero manter a minha paz, que é a minha liberdade", escreveu naqueles dias, mas era realmente difícil manter a paz interior no meio daquela tempestade.

Além disso, às suas experiências pessoais estavam sendo acrescentadas outras mais graves. O bispo, Dom Radini Tedeschi, que ele amava como a um pai, estava muito doente. Nos tristes dias da "crise" com Roma, não pôde se confidenciar com ele, como sempre havia feito. E mais, adensavam-se sobre a Europa as nuvens ameaçadoras da guerra, e chegavam a Roma notícias nada boas com respeito à saúde do Papa.

Angelo Roncalli comemorou assim a década do sacerdócio de forma privada, buscando apenas a intimidade com Deus.

"Fazei com que eu seja útil, ó meu Senhor", escreveu na noite daquele dia em seu *Diário*, "para algo de bom, de generoso, de grande: para vós, para a vossa Igreja, para as almas. Não vivo, não quero viver a não ser para isso".

E, em seguida, seu pensamento foi para o bispo:

> Ao recolher estes pensamentos, no fim do dia santo que reconduziu ao meu coração as dulcíssimas emoções da lembrança de minha ordenação sacerdotal, o meu bispo venerado, que para mim é tudo – a Igreja, o Senhor Jesus, Deus – jaz aqui perto sofrendo há muito tempo. Como sofro com ele e por ele! Como são tristes, inquietas estas férias para mim! Ó Senhor, fazei com que se restabeleça logo, se essa for a vossa vontade, o meu bispo; devolvei-o para o seu trabalho apostólico, para a sua, a vossa Igreja, para a vossa glória, para o afeto de tantos filhos.

Mas não podia se esquecer da tragédia da guerra:

> Lancinante, mais do que a dor doce e resignada do meu bispo, é o clamor de guerra que nestes dias se ergue em toda a Europa. Senhor Jesus, eu elevo as mãos sacerdotais sobre o seu corpo místico e repito em lágrimas a prece de São Gregório, a repito hoje com especial ardor do espírito: *"Diesque nostros in tua pace disponas"* [Estabelecei a paz em nossos dias].

Dez dias mais tarde, em 20 de agosto, morreu o Papa Pio X. Passaram-se outros dois dias e morreu o bispo, Dom Radini Tedeschi. Para Roncalli, foi um golpe terrível. Não só por ter perdido uma pessoa que amava tanto, mas também pelo modo como aquela pessoa tinha enfrentado o passo extremo. Passara dez anos de vida ao lado daquele homem corajoso e dinâmico. Tinha-o admirado, seguido, defendido, compartilhado com entusiasmo as suas iniciativas. E, agora, o via morrer. E até perante a morte aquele seu bispo se comportou de modo singularmente dramático. Roncalli ficou abalado e quis anotar em seu *Diário* os detalhes, para nunca se esquecer: foram para ele uma enorme lição.

Lá pelas três e meia do dia 21 ele me chamou. Logo que me aproximei, e me inclinei para erguê-lo um pouco, senti caírem seus braços e a cabeça sobre os ombros, num ato de tal esgotamento e abandono que fiquei aturdido e surpreso. Monsenhor soluçava como uma criança. Depois se tranquilizou completamente e, embora pausando entre pensamentos, me disse com a sua calma habitual: "A morte! Não sou temerário, sabe, diante da morte: me sinto um homem. Eu a temo e ela me dá medo. Mas também não sou um covarde: e se o Senhor deseja mesmo mandá-la para mim, para a sua glória, para a expiação dos meus pecados, para o bem da minha Igreja e das almas, não lhe digo simplesmente: 'eu me resigno, a aceito', mas 'eu a quero, entendeu?, eu a quero!'...".

Mais tarde, recuperando-se de uma levíssima sonolência, viu a seu redor a junta médica que cuidava dele. Disse, sorrindo: "Ah, então chegou a hora...". Soavam da torre da prefeitura as 22 tradicionais badaladas do toque de recolher quando aconteceu inesperadamente uma repentina prostração e foram chamados para junto do monsenhor todos os parentes e familiares.

Era o fim. Monsenhor jazia em seu leito de morte com uma compostura e dignidade, como se estivesse na cátedra pontifical da Catedral para uma cerimônia solene...

Comecei a sugerir ao moribundo algumas breves invocações. Monsenhor repetia, como podia, as palavras que eu lhe propunha... Repetia levemente... suavemente...
A certa altura, pareceu-me que não ouvia mais, e me calei. Seu pulso estava impreciso, às vezes rápido, às vezes lento e quase parado. Logo que percebeu meu silêncio, abriu os olhos, com um último gesto da mão esquerda tocou a minha direita, e me disse junto ao ouvido: "Coragem, coragem, Padre Angelo: está tudo bem. Continue: entendo tudo, sabe?!"
Ele fechou os olhos e eu continuei: "Ó Jesus crucificado, ofereço-lhe de bom grado... o sacrifício de minha vida... em expiação dos meus pecados e do meu povo... pela Igreja... pelo novo pontífice que lhe concederá, pelos meus sacerdotes, pelo meu seminário... por todos os meus amigos próximos e distantes... pela minha pátria...".
Nesse momento ele abriu os olhos, fixou o olhar profundo numa visão distante e com voz clara e forte acrescentou: "E pela paz... pela paz...".
Um murmúrio de emoção percorreu todos os presentes. Eu retomei meu ritmo piedoso com relação ao motivo de sua prece pela paz. Mas ele não me ouvia mais... Me fitava, me fitava...

Ao morrer, Dom Tedeschi quis rezar pela paz porque naqueles dias estava irrompendo a Primeira Guerra Mundial. Em 28 de junho, em Sarajevo, foram assassinados o duque herdeiro do trono austro-húngaro, Francisco Ferdinando, e sua mulher, seguido de um ultimato da Áustria ao governo sérvio e, depois, em 29 de julho, a declaração da guerra. Nos dias subsequentes, o mecanismo dos acordos internacionais tinha levado a uma rápida generalização do conflito.

A Itália, no início, procurara manter-se numa posição de neutralidade, mas se sentia que era somente temporária. De fato, em maio do ano seguinte, a Itália também entrou em guerra. A declaração foi feita em 24 de maio de 1915 e, já no dia anterior, Angelo Roncalli, como muitos outros italianos, tinha sido chamado para se apresentar no Exército.

Era um momento ruim. Lembrando-se da experiência do serviço militar, Roncalli sentiu uma grande rejeição com respeito a ter de partir. Além disso, sabia que muito provavelmente desta vez seria mandado para o *front*, o que significava arriscar a vida. Isso o atemorizava, embora conseguisse dominar o medo compreensível, confiando-se à vontade de Deus. Escreveu em seu *Diário*:

> Amanhã vou partir para o serviço militar com saúde. Aonde me mandarão? Talvez para a frente de batalha contra o inimigo? Voltarei para Bérgamo, ou o Senhor preparou o meu último suspiro no campo de batalha? Não sei de nada; só quero a vontade de Deus em tudo e sempre, e a sua glória no sacrifício completo do meu ser. Assim, e somente assim, penso me manter à altura da minha vocação e demonstrar com fatos o meu verdadeiro amor pela pátria e pelas almas de meus irmãos.

Roncalli foi para o distrito de Milão, onde tinha sido convocado para receber a farda e as ordens sobre sua própria destinação. Foram momentos decisivos para sua vida. Poderia ter-se aproveitado da posição que ocupava, das amizades feitas naqueles anos, dos conhecidos importantes, entre os quais o Cardeal de Milão, seu protetor, para obter vantagens, para não ser mandado ao *front*, mas não o fez. Grande homem de fé autêntica, se entregou à vontade de Deus. Dois anos mais tarde, quando era capelão militar em Bérgamo, confidenciou ao próprio *Diário* as lembranças daquela ida a Milão, e é interessante lê-las, porque, além de nos fazer saber

117

como viveu aqueles momentos, revelam detalhes extremamente importantes de sua conduta.

Há 2 anos, mais ou menos, como hoje, voltava de Milão vestido como sargento para iniciar aqui meu serviço militar. Lembro com satisfação aqueles dias tão dramáticos, embora transcorridos pela graça do Senhor com muita placidez.

No domingo, 23 de maio, dia de Pentecostes, encontrando-me em San Michele, antes de sair para a missa fui informado sobre a mobilização geral que incluía também a minha categoria. A celebração imediata do Santo Sacrifício contribuiu para logo acomodar o meu espírito, adequando-o a um completo abandono da minha vida nas mãos, no coração de Deus. Senti de imediato uma bem-aventurança interior por poder demonstrar como eu, um sacerdote, sentia o amor pela pátria, que não passa da lei da caridade aplicada com justiça.

Voltando para o seminário, arrumei da melhor forma meus papéis, acrescentei algumas coisas ao meu pequeno testamento; confiei-o ao monsenhor reitor; fui ao distrito para obter informações mais exatas sobre a forma de meu engajamento; passei pela Catedral para ouvir a homilia do monsenhor bispo. À tarde, corri a Sotto il Monte para saudar minha família, que encontrei e deixei calma e preparada para tudo.

No dia seguinte, logo cedo, eu estava em Milão, no quartel Hospital Santo Ambrósio; de tarde, recebi o novo traje militar. Aonde me mandariam? Não sabia, não me preocupava excessivamente. Não devia Deus cuidar disso? E ele cuidou. De uma mureta que corta a arcada do convento-quartel de Santo Ambrósio, dando-lhe a volta, um sargento gritava: "São necessários soldados para Bérgamo. Quem quer ir para Bérgamo?".

As feridas da Grande Guerra

Um querido aluno meu seminarista, o bom Personeni de Bedulita, me apresentou ao pequeno e improvisado árbitro de meus destinos militares, e fui incluído sem nenhum problema na lista para Bérgamo.

Por que não conseguir uma recomendação para ser capelão militar? Muitos, até mais jovens do que eu, o tinham feito e obtido com poucas formalidades oficiais. Era algo tão fácil naqueles dias de completa desorganização... Bastava que umas poucas liras chegassem às mãos do oficial que tinha a lista e sei, de fato, de muitos que o conseguiram assim. Eu não gostava desse sistema: parecia estar querendo testar Deus. Era melhor a humilhação da farda militar segundo as claras disposições da Providência do que buscar um posto mais elevado carregando nas tintas com o Senhor que já tinha me tratado tão bem. E, depois, pensar na responsabilidade do ministério do capelão militar, especialmente com um regimento no *front*, me atemorizava, não tanto pelo medo de perder a vida, que é sempre de qualquer modo a coisa mais querida, mas pelo fracasso que prejudicaria os soldados, e nada digno para mim e minha respeitabilidade sacerdotal. Pobre de mim se tivesse um dia que me dizer: "Nesta confusão, eu mesmo quis me meter; agora pago o preço da minha presunção".

Retomei, então, o "nada perguntar e nada recusar" de São Francisco de Sales, e me contentei a despeito de todos os ataques do meu amor-próprio, que o Senhor me ajudou a fazer calar; e me ajudou tão bem que, durante muitos meses, me fez achar naturalíssimo que eu fosse um sargento, e nada mais do que um sargento.

Os dois dias passados em Milão foram repletos das mais variadas impressões. Lembro-me de ter corrido um pouco aqui, um pouco ali nas Irmãs, as boas Irmãzinhas de Dom Cavezzali, a fim de me ajustarem as roupas, pequenas para a minha volumosa pessoa; a impressão de espanto e de tristeza ao ver passar silenciosamente um batalhão de fortes

119

alpinos, que partiam de manhã cedo para o *front*, atravessando a via Meravigli ainda deserta àquela hora; a visita, junto com o bom e querido clérigo Sargento Giovanni Marchesi, a Santo Ambrósio, à Catedral, no túmulo de São Carlos, ao cardeal arcebispo, a outros lugares e pessoas; o reencontro com todos os padres soldados na noite do dia 25 no arcebispado, onde Sua Eminência falou tão bem; onde eu pensei em responder-lhe em nome de todos os sacerdotes lombardos presentes, mas acabei por não ter coragem de falar nada...

Roncalli foi mandado para o hospital de Bérgamo e ali permaneceu até o final da guerra, isto é, dezembro de 1918. Por dez meses, como sargento do corpo médico das Forças Armadas, usou a farda militar. Tinha deixado crescer o bigode, como quando era soldado recruta. Em 28 de março de 1916, foi nomeado tenente-capelão encarregado de coordenar a assistência religiosa nos vários hospitais militares existentes em Bérgamo e arredores. Pôde então abandonar o verde acinzentado e vestir de novo a vestimenta talar, com os dois debruns de ouro nas mangas e no quepe, indicativos de seu posto. Com a batina negra, sentia-se mais à vontade, e até raspou o bigode.

O trabalho era massacrante. Bérgamo se tornara uma espécie de campo de coleta de feridos. Além do hospital na cidade, tinham sido preparados outros locais de recuperação, equipados de forma rudimentar, onde faltava de tudo, até os desinfetantes mais comuns, e onde os feridos em excesso, devido à falta de leitos, eram acomodados em leitos de palha.

Todos os dias chegavam dezenas de feridos do *front*. Jovens, meninos, com o corpo dilacerado e os olhos cheios de terror. Competia a ele, Padre Angelo, procurar dar um pouco de consolo àqueles sofredores, e o fazia com lágrimas nos olhos, porque nunca conseguia ficar indiferente aos sofrimentos alheios. Lembrava, quando Papa:

> Foi inesquecível o serviço que executei como capelão dos hospitais nos tempos da guerra. Aquilo me fez extrair dos gemidos dos feridos e dos doentes o desejo universal de paz, o supremo bem da humanidade. [...] Nunca antes tinha sentido quão grande é o desejo de paz do ser humano, especialmente de quem, como o soldado, acredita preparar as bases para o futuro com o seu sacrifício pessoal e, muitas vezes, com a imolação suprema da vida...

E, ainda:

> Agradeço ao Senhor por ter sido sargento e capelão militar na Primeira Guerra Mundial... O ministério do capelão militar é profundamente humano e de amor pelos homens; exercendo-o em meio aos soldados que combatem, o sacerdote se torna o testemunho vivo dos mais elevados valores morais e dos ideais religiosos.

Roncalli se correspondia com inumeráveis famílias de soldados feridos ou mortos; escrevia cartas ditadas pelos militares analfabetos ou por aqueles que tinham voltado do *front* com as mãos congeladas. Também ajudava os médicos, os enfermeiros: limpava, desinfetava feridas, enfaixava. E assistia os moribundos. Fazia-o com amor, mas também com a alma cheia de tristeza. Muitas vezes, depois de ter fechado os olhos de um soldado, abaixava a cabeça sobre aquele corpo exangue e chorava em silêncio.

Quarenta anos mais tarde, vai se recordar do período passado no exército:

> Depois de dias de trabalho rigoroso, os membros doloridos, voltando para meu quarto, caía de joelhos e lágrimas de

consolo estriavam meu rosto. Meu Deus, que reserva fantástica de força moral guarda e transmite o nosso povo!

Numa carta para o irmão Zaverio, ele também militar, em 16 de junho de 1917, escrevia:

> Tenho tanto e tanto trabalho, e mil coisas, que às vezes parece-me perder o fôlego. E, quando vou dormir, lá pela meia-noite, me sinto morto de cansaço. No entanto, é questão só de repousar um pouco. Logo o cansaço vai embora e eu retomo o meu trabalho. Estou confiante sempre que a guerra deva acabar logo. Muito antes do que se creia.

Em meio aos hediondos sofrimentos, Roncalli encontrava testemunhos de uma fé incrível, que o comoviam, e os anotava em seu *Diário*:

> 8 de março de 1917. Pobre jovem Orazi Domenico, que em meu quarto se está debatendo numa crise violenta de broncopneumonia. Ele é de Ascoli Piceno e tem dezenove anos. Um camponês humilde que tem uma alma pura como um anjo... Hoje de manhã e à noite, ouvindo-o falar, me enterneci: "Para mim, senhor capelão, morrer agora é uma sorte: morro de bom grado, porque sinto ainda, com a graça de Deus, que tenho a alma inocente. Se morresse mais velho, quem sabe, talvez, a carga se tornaria pesada...". Um momento depois, me repetia: "Para mim agora, nada me custa morrer agora, tão perto do senhor, de forma que até o meu último suspiro permaneço inteiramente do Senhor". E eu, ao contrário, querido Menicuccio, quero rezar tanto a Deus para que o deixe viver por longos anos. O mundo precisa dessas almas escolhidas e simples, que são o perfume da fé, da pureza, da santa e fresca poesia cristã; e nós sacerdotes

também precisamos delas, para nos sentirmos edificados na virtude e no zelo.

Um mês mais tarde, em 17 de abril, escrevia:

> O meu querido soldado, Domenico Orazi, morreu hoje improvisamente no Abrigo Novo, aonde o tinham levado para uma intervenção cirúrgica. Foi arrebatado para que a malícia lhe não corrompesse o sentimento, nem a astúcia lhe pervertesse a alma (Sb 4,11). Enquanto a Itália tiver filhos assim que vão para o céu, não se pode duvidar das bênçãos de Deus.

No museu dedicado a João XXIII, que fica em Sotto il Monte, há uma foto de um soldado, Egidio Diani, no verso da qual Roncalli escreveu:

> Diani Egidio de S. Romano de Garfagnana (Verrucole), província de Lucca, artilheiro de montanha, classe 1898: morto de pneumonia violenta e assistido por mim no Hospital Militar *Banco Sete*, em Bérgamo, na noite de 19 de abril de 1917. Alma escolhida e pura, caráter íntegro e muito amável, era muito digno de morar com os anjos antes que os contatos profanos pudessem contaminar seu candor cristão. Nas horas finais, prometeu se lembrar de mim e de minhas coisas no paraíso: e a lembrança dessa promessa ameniza com suavidade a tristeza que sua partida me deixou, ao mesmo tempo constituindo encorajamento e consolo para mim. Padre Angelo Roncalli.

Ele só pensava nos outros, nunca em si mesmo. Dormia poucas horas por noite, às vezes caía de sono. Comia muito pouco. A Irmã Aurelia Leggeri, ecônoma dos hospitais militares de Bérgamo, contou:

– Todos os dias Padre Angelo, como um soldado qualquer, aparecia na cozinha com sua marmitazinha para pegar comida. Eu tentava sempre lhe dar alguma coisa a mais, mas depois via que comia pouquíssimo, porque distribuía quase tudo aos outros soldados. Quando sua mãe vinha de Sotto il Monte para vê-lo, ele se dirigia a mim e a Giuseppina, a cozinheira, que sabia fazer polenta tão bem, e pedia uma fatia de polenta a mais. Nós desejaríamos dar-lhe também um pedaço de carne a mais, mas ele recusava, dizendo que com aquela porção ele já tinha comido muito. No hospital, todos se dirigiam a ele: os feridos e seus parentes. Para todos tinha palavras de conforto.

Finalmente a guerra acabou. Em 11 de novembro de 1918, escreveu em seu *Diário*:

> Vitória completa de verdade. Nesta manhã, foi assinado também o armistício com a Alemanha e às 11h cessaram as hostilidades em todas as frentes de batalha. Portanto, a Grande Guerra acabou. Parece um sonho. Regozijo-me com as coincidências religiosas. A guerra termina no dia de São Martinho, o grande protetor da França e de todos os soldados. Os destinos da *entente* começaram a melhorar desde junho passado, quando se elevaram as mais ardentes preces dos sacerdotes, unidas às do Santo Padre. A primeira solicitação de armistício da Alemanha foi feita na festa do Rosário. Detalhes para quem não entende dessas coisas; mas repletas de significado para quem segue com respeito e busca a mão do Senhor ao indicar o caminho para os homens.

Alguns anos mais tarde, num discurso, fazia um balanço sereno e reflexivo sobre aquela sua experiência dramática. Lembrava-se do trabalho executado, da sua "missão" de capelão militar, condenava a guerra, mas encontrava motivos de esperança, principalmente no sacrifício de tantos jovens que tinham morrido pela pátria.

Parecia que a guerra iria destruir também os últimos vestígios da fé e de piedade. Bendigamos o Senhor por não ter sido assim. A guerra foi, e permanece sendo, um mal gravíssimo, e quem compreendeu o sentido de Cristo e de seu Evangelho no espírito de fraternidade humana e cristã nunca vai conseguir detestá-la o suficiente...
Oh! As longas noites de vigília entre os leitos de palha de nossos caros e valorosos soldados, a escutar suas confissões e a prepará-los para receber de manhã o pão dos fortes. As belas canções de Maria entoadas nos simples altares improvisados; a sublime solenidade das missas no campo e as queridas festinhas no hospital... Humildes sacerdotes, generosamente respeitosos do dever para com a pátria, mas, melhor ainda, filhos de um dever mais elevado e mais sagrado para com a Igreja e as almas, quantas vezes nos inclinamos para ouvir do peito arquejante de nossos jovens irmãos que morriam o fôlego ofegante da pátria durante a sua paixão e a sua agonia. É impossível dizer o que sentiu o coração sacerdotal naqueles momentos. Muitas vezes aconteceu de cair de joelhos e chorar como uma criança, totalmente sozinho no meu quarto, não conseguindo mais conter a emoção sentida diante do espetáculo da morte, simples e santa, de tantos pobres filhos do nosso povo... que se apagavam com o sacramento de Jesus no peito e o nome de Maria nos lábios, sem maldizer o duro destino, mas contentes por oferecer sua juventude viçosa em sacrifício a Deus... Não, não é verdade que a Itália cristã esteja morta.

Mas, com respeito à guerra, seu pensamento sempre foi claro e único: "Para um cristão que crê em Jesus e no seu Evangelho, a guerra é uma iniquidade e uma contradição".

A "Casa do Estudante"

Em dezembro de 1918, o tenente-capelão Angelo Roncalli se despediu dos amigos e colaboradores com os quais tinha trabalhado nos hospitais militares de Bérgamo, retirou das mangas de sua veste talar os dois debruns dourados, que indicavam seu posto na hierarquia militar, e voltou a ser simplesmente Padre Angelo.

Retomou seu papel de professor no seminário. Tinha se ausentado por mais de três anos, e percebeu que muitas coisas tinham mudado. Não havia mais principalmente o "seu" bispo. Com o novo, Dom Marelli, não tinha muita familiaridade.

Seus dias eram muito longos. Durante os anos da guerra, conduzira uma vida frenética. Estava sempre preocupado com mil tarefas para executar, às quais se acrescentavam contínuos imprevistos. Tinha se acostumado a acordar às cinco horas e dormir bem tarde, dedicando poucas horas ao sono. Agora conseguia cumprir agilmente todos os seus deveres e ainda lhe restava tempo livre.

Tinha previsto essa situação. Em seu diário, muitas vezes se perguntou: "O que eu vou fazer depois da guerra?". Agora que não era mais secretário do bispo, iria continuar a ensinar no seminário. Mas não era suficiente para o seu desejo de "se doar" aos outros.

Já no início de 1918, começou a acalentar um plano. Tinha o costume de dar um passeio logo depois do almoço, caminhando pelas ruas de Bérgamo Alta. Passava sempre pelos mesmos lugares e observou como, àquela hora, a cidade estava estranhamente repleta de jovens. Rapazes e moças que, nas primeiras horas da tarde, invadiam as tavernas e as praças quando havia um pouco de sol. Parou para bater um papo com alguns deles. Eram estudantes. Na época, as escolas tinham aulas de manhã e também à tarde. Os rapazes, principalmente os que vinham de vilarejos fora de Bérgamo, durante o intervalo do meio-dia, se refugiavam nas tavernas para se abrigar do frio ou do calor demasiados e consumir um pouco de comida trazida de casa bebendo alguma coisa. Mas as tavernas certamente não eram o local mais adequado para os rapazes. Roncalli via seus semblantes tímidos e desnorteados naqueles locais frequentados por beberrões inveterados, blasfemadores e de linguagem obscena. "É preciso fazer alguma coisa", se dizia. E tinha iniciado a planejar aquela que, no fim da guerra, teria se tornado a "Casa do Estudante". A primeira "Casa do Estudante" a surgir na Itália.

Alugou alguns cômodos num antigo casarão, mobiliou com bom gosto, transformando-o numa espécie de pensionato, onde os estudantes poderiam fazer as refeições e estudar. Havia também uma sala de bilhar para aqueles que desejassem se divertir.

Terminada a guerra, deixado o cargo de capelão militar, Padre Angelo se dedicou com grande determinação à nova iniciativa. Ensinava no seminário e, depois, estava sempre em meio aos jovens. Ajudava a fazer as lições, revisar as aulas, batia papo. Os estudantes gostavam dele porque era discreto, compreensivo e lhe confidenciavam os seus problemas. Para todos era "o professor", e todos sabiam que podiam dirigir-se a ele a qualquer hora, para qualquer problema, porque "o professor" era um verdadeiro amigo.

"Houve dias no passado", escreveu em seu *Diário*, "em que não sabia o que o Senhor ia querer de mim depois da guerra.

A "Casa do Estudante"

Agora não há mais motivo para incertezas e procurar outra coisa: o apostolado para a juventude estudiosa, eis minha principal missão".

Havia achado o seu lugar. E tinha certeza de que a iniciativa constituía seu novo caminho, a nova e definitiva chamada do Senhor.

> Repensando no modo, nas circunstâncias, na espontaneidade com os quais os desígnios da Providência, por meio dos superiores, improvisamente se manifestaram e têm se desenvolvido, me sinto enternecido e obrigado a confessar que o Senhor está aqui de verdade. Quantas vezes, relembrando à noite os acontecimentos do dia, passado cuidando dos meus caros jovens, sinto em mim algo que fazia vibrar, como no contato divino, o coração dos dois discípulos no caminho para Emaús!

Portanto, não se tratava de um compromisso temporário, provisório. Roncalli estava convencido de que aquela sua ocupação era o início de uma nova obra, desejada por Deus, e que já via projetada no tempo.

> A obra iniciada é vasta; o trigo já amadurece nos campos, mas infelizmente faltam os lavradores. Será minha preocupação pedir a Deus com preces e, depois, dedicar-me a inspirar nos jovens clérigos e sacerdotes o amor e o entusiasmo para com esta forma de ministério que é a melhor de todas; torná-la simpática, especialmente para aqueles que, por natureza e graça, tiveram a sorte de possuir as qualidades características para viver com os jovens. Quem sabe a boa palavra e, mais ainda, o bom exemplo sejam proveitosos e logo eu me veja cercado por um belo círculo de irmãos, todos apaixonados pelo apostolado da juventude.

129

Ele se sentia o fundador de uma obra, e também pensava no espírito com o qual ele próprio e os seus futuros colaboradores deveriam se dedicar à educação dos jovens. Pensava, ou seja, nos princípios gerais de uma Regra.

Para ter resultado no meu apostolado, só admitirei a corrente pedagógica do Divino Coração de Jesus. *"Discite a me, quia mitis sum et humilis corde"* [Aprendam de mim, porque sou manso e humilde de coração] (Mt 11,29). A experiência também me confirmou a absoluta eficiência desse método, pelo qual estão assegurados os verdadeiros triunfos.

Amarei os jovens como uma mãe, mas sempre no Senhor e com a intenção de prepará-los como dignos filhos da Igreja e, se me for possível, generosos apóstolos da verdade e do bem para o futuro, no próprio momento em que instilo neles as esperanças mais belas da família e da pátria.

Serei especialmente vigilante para que na minha casa se mantenha sempre difundido um grande aroma de pureza, do qual os jovenzinhos se sintam presa, formando-se assim aquelas impressões que mais tarde se fixam profundamente e que sobrevivem também nas distantes batalhas da vida. Nada de afetado e de artificial, mas, na simplicidade do caráter, da palavra, aquele não sei quê que envolvia as pessoas dos santos educadores antigos e modernos numa atmosfera celestial, e os fazia instrumento de tanto bem, verdadeiros fabricantes de grandes almas. Senhor, Senhor, ajudai-me para que eu siga, no mínimo de longe e na minha pequenez, esses luminosos exemplos de apóstolos insignes da juventude.

Mas o seu zelo se ampliava também para outras classes sociais, além da dos estudantes. A guerra tinha provocado um grande choque na sociedade. Principalmente nas novas gerações.

A "Casa do Estudante"

Em Bérgamo, estava em curso uma forte e progressiva emancipação da mulher, e as trabalhadoras das várias categorias se organizavam em associações. E Roncalli, com a sua mente ativa como um vulcão, estava pronto para sugerir iniciativas modernas e adequadas para dar assistência espiritual às empregadas, às vendedoras, às enfermeiras, às fugitivas, às exiladas, às telefonistas.

As suas novas iniciativas sociais estavam obtendo um grande sucesso. Principalmente na "Casa do Estudante". Padre Angelo estava muito contente. Era incansável em se devotar àqueles seus jovens que considerava a sua família. Fundou também um time de futebol, que quis chamar de "Parva favilla" ["Pequena centelha"].

Dentre os jovens que jogavam, estava também Luigi Tentorio que, mais tarde, nos anos de 1950, se tornou dirigente da Seleção Italiana de Futebol. Padre Angelo era o treinador, mas muitas vezes jogava para se manter em forma. Tinha tendência a engordar. Escreveu em seu *Diário*:

> O meu pobre corpo engorda e se torna pesado. Eu o sinto e isso me tira a agilidade física que também é necessária para fazer o bem. Portanto, terei muito cuidado para comer devagar, não como um homem gordo, a comer menos em geral, a comer pouquíssimo de noite. O mesmo se aplica ao beber.

As férias de 1919, Padre Angelo passou entre Bérgamo, nos cômodos da "Casa do Estudante", onde estavam fazendo obras de adaptação, e Sotto il Monte, com sua família. Em setembro, retomou a atividade também no seminário.

– O bispo lhe pede que vá ter com ele já há algum tempo – lhe disse certa manhã o reitor do seminário, encontrando-o pelos corredores do grande e austero edifício.

131

– O que deseja de mim? – perguntou Roncalli um pouco preocupado.

Sabia que alguns sacerdotes criticavam suas iniciativas sociais e, principalmente, que não havia muita disciplina na "Casa do Estudante". Teriam desejado que aquela instituição fosse rígida e severa como um colégio tradicional, mas Roncalli sabia que seus hóspedes eram rapazes recolhidos das ruas, retirados das tavernas e, se tivesse imposto regulamentos rígidos e intransigentes, teriam voltado a ser como animais sem dono.

– Disse-lhe o motivo por que deseja falar comigo? – perguntou ainda Roncalli ao reitor, que não respondera sua pergunta anterior.

– Sim, me acenou qualquer coisa, mas é bom que vá falar com ele – respondeu o prior.

Era um homem severo, respeitador dos papéis e não queria dizer mais nada, não tendo recebido ordens de seu bispo.

Roncalli estava ansioso. Depois de tudo que tinha acontecido em 1914 com as acusações de Modernismo, ficou desconfiado. Sempre pensava no pior. Facilmente temia que estivessem para lhe acontecer surpresas desagradáveis, inesperadas.

A sua "Casa do Estudante" tinha se tornado então uma realidade concreta. Dedicava-se a ela de corpo e alma. Sofreria muito se lhe fosse pedido para sacrificá-la.

Foi logo ao bispado pedir ao secretário para marcar um horário.

– Espere, professor, pergunto diretamente a Sua Excelência – respondeu-lhe o secretário. Um minuto depois, estava no escritório de Dom Luigi Marelli.

– Entre, entre, professor Roncalli.

O bispo foi cordial e atencioso. Roncalli tinha se encontrado com ele poucas vezes. Depois da morte de Dom Radini Tedeschi, a guerra tinha explodido e ele fora para o exército. Praticamente tinha sido retirado da jurisdição do próprio bispo e, portanto, se encontraram raramente. Alguém tinha dito que Marelli era o oposto de Dom Radini Tedeschi. Não compartilhava as ideias sociais de seu predecessor, mas Roncalli não tinha o costume de prestar atenção aos boatos.

Todavia, não se sentia à vontade diante de Dom Marelli. No fundo, em seu íntimo, havia sempre a suspeita, aquele medo do imprevisto.

– Tenho pensado muito no senhor – disse o bispo, entrando logo no tema. – O senhor ensina no seminário desde 1905, há catorze anos, é um veterano, conhece muito bem os seminaristas e seus problemas. Além disso, esteve na guerra, muito próximo dos soldados feridos. Aqui, no seminário, temos problemas. Alguns de nossos teólogos combateram no *front*. Estiveram na linha de frente. Não foram feridos no corpo, mas no espírito, e não é fácil curá-los. Pensei que o senhor, com sua experiência, poderia ser um ótimo médico, por isso decidi nomeá-lo diretor espiritual do seminário.

Roncalli ficou sem palavras. Esperava alguma crítica às numerosas iniciativas sociais nas quais estava empenhado; em vez disso, o bispo lhe demonstrara grande estima e lhe confiava uma tarefa das mais delicadas.

– Não sei se conseguirei realizar essa tarefa – gaguejou.

– Confie no Senhor, como já está acostumado a fazer – disse-lhe o bispo, levantando-se para fazê-lo entender que a conversa tinha terminado.

A nomeação oficial foi conhecida em 17 de novembro de 1919. Roncalli se atirou com total dedicação à tarefa. Diversos seminaristas, veteranos do *front*, tinham disparado contra o inimigo, tinham visto matar; eles próprios, talvez, tivessem matado. Voltar para os bancos do seminário, retomar nas mãos os livros de teologia moral, de dogmática, de direito canônico, não era fácil para eles. Alguns estavam desnorteados, transtornados. Outros, com dúvidas quanto a voltar para casa, porque não sentiam mais vocação. Para muitos desses, Roncalli se tornou a tábua de salvação.

Em 1920, Bérgamo foi escolhida pelo Papa Bento XV como a cidade em que se realizaria o VI Congresso Eucarístico Nacional Italiano, o primeiro depois da guerra. A data foi fixada para setembro. De Roma, mas também de outras cidades italianas, vieram para Bérgamo importantes autoridades eclesiásticas, entre as quais os cardeais. Dom Marelli estava preocupado. Orgulhava-se do prestígio que o Papa dera a sua diocese com aquela escolha, mas temia causar má impressão. Voltou-se para Roncalli:

– O senhor estudou em Roma, sabe como tratar essa gente, deveria me dar uma mão para organizar o Congresso.

– Vou fazer o melhor que puder – respondeu Roncalli, e se pôs a trabalhar.

Era um enorme trabalho. Os compromissos que já tinha lhe roubavam todo o tempo. Para conseguir desempenhar a nova tarefa, adiantou o despertar de manhã das cinco para as quatro horas.

– O segredo para que o Congresso dê certo está na preparação meticulosa – disse aos jovens sacerdotes que o bispo lhe havia dado como colaboradores. – Nada deve ser deixado ao acaso, ao improviso. De cada personalidade eclesiástica que chega a Bérgamo, temos que saber tudo para que se sinta bem à vontade entre nós.

Gostava de retomar os contatos com os monsenhores que havia conhecido quando estudara na cidade eterna. Alguns se lembravam bem dele. Outros o conheciam porque tinham lido a biografia que escrevera sobre Radini Tedeschi. Todos colaboravam com ele de bom grado.

A preparação do Congresso quanto ao setor que lhe competia foi feita sem problemas. Os ilustres hóspedes eclesiásticos, quando chegaram à cidade lombarda, se sentiram muito bem. Ao voltarem para suas sedes, só tinham elogios para Roncalli.

O cardeal ligado ao Congresso relatou as próprias impressões diretamente ao Papa, e falou com entusiasmo de Angelo Roncalli. Dois meses depois, Dom Marelli recebeu uma carta do Cardeal Van Rossum. O ilustre cardeal dizia que, por indicação do Papa, estava convocando Padre Angelo Roncalli a Roma, para presidir a seção italiana da Congregação da Propaganda da Fé.

Padre Angelo ficou espantado. Tinha 39 anos completos. Estava bem em Bérgamo. Tinha estabelecido algumas iniciativas que lhe estavam dando grande satisfação. Era difícil para ele iniciar uma nova atividade em Roma. E não tinha vontade de assumir a responsabilidade que tal cargo comportava, num campo totalmente desconhecido para ele até o momento.

Escreveu ao seu bispo uma carta curiosa. Depois de ter agradecido a atenção e a confiança que o Cardeal Van Rossum lhe demonstrara, começou a expor sua perplexidade. Disse que, talvez, quem tivesse indicado o seu nome ao cardeal teria se enganado. Provavelmente quisera se referir a outra pessoa, porque ele certamente não tinha as qualidades necessárias. Definia-se "inapto, preguiçoso e lento de cabeça".

Certamente me agrada e sinto o "grande" na mente e no coração, mas quanto a realizá-lo, oh!, como sou pequeno de obras e de coração. Devo ainda revelar a Vossa Excelência

135

que, quando muitos dizem que sou enérgico trabalhador, é um engano. Estou sempre concentrado no trabalho: mas isso ocorre por pura força de vontade que o Senhor ajuda; eu sou um homem de pouco rendimento: no fundo, por natureza, por índole, sou lento para escrever, facilmente tenho a atenção desviada do trabalho. A vida ativa de dinâmica exterior foi minha condenação até agora, nunca foi o meu ideal: sinto-me levado de preferência para a vida no claustro, de recolhimento, de estudos, com uma inclinação para o ministério direto, mas tranquilo e sem fama, das almas.

Também pensou escrever ao Cardeal Van Rossum, que lhe havia confiado o novo cargo, sua renúncia. Mas, refletiu sobre isso. Tinha sido acostumado a ficar sempre à disposição da Providência. "E se fosse essa a vontade de Deus?" se perguntou. Fez as malas e partiu para Roma.

Sua "vida escondida" tinha acabado. Iniciava a pública.

O novo cargo era difícil. A obra *Propaganda Fide* estava no início. Tinha nascido na França, em Lyon. Pedia a todos os cristãos uma moedinha semanal para a difusão das missões no mundo. Eram pequenos filetes d'água, mas, reunidos, forneciam à Santa Sé meios grandiosos para ajudar os missionários e fundar novas missões em todo o mundo. A congregação da França tinha sido exportada para a Itália e prosperava especialmente nas regiões do norte. Porém, dividida entre tantas obras regionais e diocesanas independentes, possuía um fôlego limitado. As forças estavam desconectadas e os resultados inferiores aos esforços feitos.

Era necessário criar um único "centro internacional", e a Santa Sé não queria fazê-lo com um ato autoritário, mas convencendo cada bispo com respeito à eficácia dessa iniciativa. A tarefa de "convencer" foi atribuída a Monsenhor Roncalli.

Padre Angelo começou a peregrinar de cidade em cidade. Gostava de viajar. Preferia o trem, que considerava um meio de transporte excepcional. "No trem a gente descansa, lê, estuda, observa a paisagem, as pessoas, reza e reflete", dizia.

Já tinha viajado muito em sua vida. Com dezenove anos, fora estudar em Roma e permaneceu ali por mais de quatro anos, de janeiro de 1901 a abril de 1905, durante os quais fizera muitas viagens entre a capital e Bérgamo.

Tornando-se sacerdote, tinha se proposto a fazer no mínimo uma viagem importante por ano. Gostava de visitar os santuários, principalmente os marianos, mas também era ávido pela cultura laica e, por isso, ia visitar os museus, os monumentos importantes, e era um observador atento e aguçado dos comportamentos humanos, dos usos e costumes dos povos.

Em maio de 1905, fez uma peregrinação a Lourdes, com paradas em Lyon, Paray-le-Monial, onde visitara o mosteiro de Santa Margarida Maria Alacoque, em Ars, para homenagear o célebre Cura d'Ars, e em Montpellier. Em setembro de 1906, foi à Terra Santa. Em setembro de 1908, voltou para Lourdes, com paradas em Marselha, Toulouse e Nimes. Em agosto de 1911, acompanhou o bispo à Suíça, com paradas em Genebra, Friburgo, Annecy, e uma estada em Einsiedeln. Em setembro de 1912, foi peregrino em Mariazell, na Áustria, depois passou por Viena, para participar do XXIII Congresso Eucarístico Internacional. De Viena, foi para Cracóvia e, depois, Wieliczka. Em seguida, a Budapeste, para voltar a Bérgamo no fim do mês.

Em junho de 1913, fez uma peregrinação a Roma, por ocasião do Jubileu Extraordinário marcado para aquele ano. Em junho de 1914, voltou a Roma. Depois, ficou parado devido à guerra.

Mas, agora, com o novo cargo, devia recolocar-se em movimento. Por certo tempo ia e voltava entre Bérgamo e Roma. Depois se estabeleceu definitivamente na capital e iniciou as suas peregrinações de uma diocese para outra.

Todavia, em 7 de maio de 1921, foi nomeado Prelado Doméstico de Sua Santidade. Esse título lhe dava direito de ser chamado de monsenhor e usar o hábito roxo escuro. Alguns meses mais tarde, voltou a Sotto il Monte para as férias de verão. As pessoas, vendo-o vestido daquele modo, perguntavam a Marianna Roncalli:

– O que faz seu filho com aquela roupa de bispo?

– Não sei – Marianna respondia confusa. – São coisas acertadas entre eles, os padres.

Em janeiro de 1922, morreu Bento XV. Para ocupar seu lugar, foi eleito Achille Ratti, somente oito meses depois de nomeado arcebispo de Milão, que adotou o nome de Pio XI.

Antes de se tornar arcebispo de Milão, Achille Ratti fora núncio apostólico na Polônia e conhecia bem os problemas dos países do Leste Europeu, que estavam dilacerados pela Primeira Guerra Mundial. Estava convencido de que a Igreja devia fazer alguma coisa para ajudá-los. Estava pensando principalmente na Bulgária, que, derrotada na guerra, teve de ceder parte do território à Grécia, à Iugoslávia e à Turquia. A população fora obrigada a fugir daqueles territórios, para não ser massacrada pelos novos senhores e, assim, meio milhão de búlgaros viviam em imensos campos de concentração. Entre eles, 20 mil eram católicos. A Santa Sé não mantinha relações diplomáticas com a Bulgária. Era necessário estabelecê-las para ajudar aqueles pobres católicos que se sentiam abandonados por Roma.

A "Casa do Estudante"

Pio XI decidiu abrir uma sede diplomática em Sófia. Precisava de um homem especial, adequado para uma missão delicada e difícil. Falou com vários monsenhores que já estavam no corpo diplomático, mas nenhum quis assumir tal compromisso. Sabiam que era um encargo sem saída. Transferir-se para aquele país significava pôr um fim à própria carreira. Pio XI estava irritado, porque não conseguia obter colaboração. Teria desejado tomar uma decisão autoritária, mas sabia que obrigar uma pessoa a assumir um cargo contra a vontade significava que ela não faria um bom trabalho. O projeto da Bulgária era muito importante para ele e precisava de um voluntário cheio de entusiasmo.

Alguém mencionou o nome de Roncalli. Ele também havia pensado a mesma coisa. Conhecia-o bem. Tinham-se encontrado em Milão, em 1906, quando ele era diretor da Biblioteca Ambrosiana. O jovem Padre Angelo tinha ido pedir sua opinião, porque estava iniciando pesquisas históricas sobre a visita apostólica que Carlos Borromeu fizera a Bérgamo em 1575. Imediatamente gostou daquele jovem padre. E seguira sua trajetória. Mais tarde o viu quando era arcebispo de Milão. E sabia que era um dos sacerdotes lombardos mais estimados por seu predecessor, o Cardeal Andrea Ferrari.

Também sabia que Roncalli estava desenvolvendo uma atividade extraordinária na *Propaganda Fide*. Não queria tirá-lo daquela função. Todavia, no fim, percebeu que devia fazê-lo, porque Roncalli era o homem mais indicado para a missão na Bulgária, que não criaria nenhuma dificuldade.

Ele o recebeu em audiência privada em 21 de fevereiro de 1925, e comunicou-lhe o encargo que desejava confiar-lhe. Falou longamente do projeto. Roncalli percebeu como a questão era importante para o Papa, e não teve coragem de fazer objeções.

139

No *Diário*, Roncalli transcreveu as exatas palavras que o Papa lhe disse naquele dia. Na verdade, quem indicara o nome de Roncalli a Pio XI para ser representante da Santa Sé na Bulgária também dissera que não era necessário consagrá-lo bispo. Sabendo que Roncalli sempre obedeceria, esperava-se dele o máximo rendimento sem lhe dar o justo reconhecimento. Mas Pio XI, que já tinha tido uma experiência desagradável similar, se opôs e quis que Roncalli se tornasse bispo.

O Papa disse a Roncalli:

– Propuseram o seu nome para esta consulta e fiquei satisfeito. Disseram-me que bastava o título prelatício, mas eu retruquei: "Não, não seria certo que um prelado apostólico que se transfira para um país deva tratar com bispos sem ele mesmo ser um. Não quero que se repita o que aconteceu comigo quando me enviaram para a Polônia. Eu ficava ruborizado nas reuniões episcopais ao ocupar o meu lugar de representante do Santo Padre, sobrepujando bispos e arcebispos poloneses. Decidi que lhe seja concedida a consagração episcopal".

A promoção não provocou muito entusiasmo em Roncalli. Ele escreveu em seu *Diário*:

> Na verdade, ser nomeado bispo ou permanecer um simples sacerdote, se tem algum valor como aparência, não significa muito para o espírito que busca a glória do Senhor, e não o brilho evanescente das satisfações terrenas. Obedeço dominando uma grande relutância em ter de abandonar certas coisas e me aventurar em outras.

Em 19 de março, festa de São José, Angelo Roncalli foi consagrado bispo na Igreja de São Carlos al Corso, pelo Cardeal Giovanni Tacci, secretário da Sacra Congregação para a Igreja

A "Casa do Estudante"

Oriental. No dia seguinte, desceu para as grutas do Vaticano, a fim de celebrar a missa junto do túmulo de São Pedro. Tinha feito a mesma coisa no dia seguinte à sua ordenação sacerdotal. Naquela ocasião oferecera sua vida à Igreja. Agora rezava para que o primeiro vigário de Cristo na terra, Simão Pedro, o ajudasse a enfrentar a nova missão que lhe fora confiada.

A partida foi marcada para 25 de abril. Roncalli, porém, antes de ir para tão longe, quis passar alguns dias em Sotto il Monte. O vilarejo, a família estavam sempre presentes em seu coração. Estava pronto para ir percorrer o mundo a serviço da Igreja, mas queria que suas raízes profundas permanecessem em Sotto il Monte.

Tinha um sonho no coração: restituir a família àquela justa fartura fundamentada no trabalho que outrora gozavam os Roncalli. Seu pai, seis anos antes, em 1919, deu o primeiro passo: comprara dos Condes Morlani a "Colombera" e o sítio anexo por 55 mil liras. Naturalmente mediante um empréstimo bancário. Os Roncalli, depois daquele passo, ficaram ainda mais pobres, porque estavam endividados, mas não eram mais meeiros: trabalhavam a própria terra, o que constituía uma grande satisfação.

Agora Dom Roncalli queria dar mais um passo. Tinha se tornado bispo. Sua posição no seio da hierarquia eclesiástica era de prestígio. Quando voltasse nas férias para Sotto il Monte, ia precisar de uma casa digna e pensou em Ca' Maitino, o velho edifício que, no século XVI, tinha sido de um antepassado seu.

A casa pertencia ao Barão Gianmaria Scotti, que concordou alugar-lhe uma parte. Dessa forma, Dom Roncalli decidiu que as suas irmãs solteiras, Ancilla e Maria, iriam morar em Ca' Maitino, para cuidar de sua manutenção, e não seriam mais um peso para os pais. E ele teria um local onde passar as férias de verão.

141

Era um primeiro passo, mas sonhava poder adquirir aquela casa. Jamais poderia fazê-lo, porque sempre viveu pobre. Mas o destino o ajudou. Depois de sua eleição a pontífice, os Barões Scotti Guffanti doaram ao Papa os cômodos de Ca' Maitino que ele alugara desde 1925 e, em seguida, o governo italiano doou o resto e o terreno em volta. Ca' Maitino se tornou assim um museu, repleto de recordações pessoais de João XXIII, que é visitado todos os anos por milhares de pessoas.

"Diado", o bom padre

Dom Angelo Roncalli voltou a Roma para fazer as malas. Nas repartições da *Propaganda Fide*, onde trabalhara por quatro anos, todos lhe sorriam. "Estão contentes porque vou embora", pensava Roncalli. E ficou triste. Perguntava-se no que teria falhado em relação a seus colaboradores. "Talvez fosse severo demais", disse para si mesmo. "Mas me parecia que gostavam muito de mim".

– Antes de ir-me, vou pedir desculpa a todos – disse ao Cardeal Camillo Laurenti, que era secretário da *Propaganda Fide*.

– Pedir desculpas de quê? – perguntou admirado o cardeal.

– Não sei. Vejo que todos estão contentes porque vou embora, penso que eu não agradava.

O cardeal explodiu numa risada.

– Estão contentes porque você se tornou bispo. Dizem que ninguém melhor do que você merecia esse reconhecimento. Estão todos orgulhosos com a sua nomeação. No dia em que dei a notícia do seu novo encargo na Bulgária, parecia que havia um funeral nestas repartições.

– Fala sério? – perguntou Dom Roncalli.

– Claro!

Roncalli sorriu. Realmente tinha se esquecido de que se tornara bispo. Olhou a cruz cintilante que brilhava em seu peito.

– Causa realmente efeito – murmurou, e voltou a colocar seus papéis na mala.

Deixou a repartição antes do meio-dia para ir a uma livraria próxima, à qual ia frequentemente. Falou ao vendedor:

– Quero livros sobre a Bulgária.

– Que tipo de livros?

– De todo tipo. Históricos, geográficos, quero conhecer a fundo aquele país: usos, costumes, caráter das pessoas, literatura.

O vendedor procurou nas várias estantes, mas não conseguiu encontrar grande coisa, apenas alguns livros que falavam da história dos Bálcãs em geral.

Roncalli então se dirigiu a um monsenhor da Secretaria de Estado, que lhe emprestou algumas publicações específicas.

Assim, ficou sabendo que 85% da população búlgara era ortodoxa. E que os ortodoxos e os católicos não se entendiam muito bem.

Os católicos eram 62 mil, sendo 48 mil católicos de rito latino, que viviam sobretudo nas cidades; 14 mil eram uniatas de rito eslavo, presentes sobretudo na zona rural. Muitos deles eram refugiados da Macedônia e da Trácia.

Depois de quase cinco séculos de dominação turca, a Bulgária se tornara independente em 1878, independência que só foi ratificada em 1908.

O príncipe que a governava desde 1887 era Fernando de Saxe-Coburgo-Gota. Tomara o poder depois da abdicação de Alexandre de Battenberg. Era hostilizado pela Rússia, sobretudo porque era de religião católica, e essa hostilidade aumentou depois do seu casamento com Maria Luisa de Bourbon-Parma, também católica. Para consolidar a sua posição, Fernando, que era muito ambicioso, chegando a ser chamado de "Maquiavel de Sófia", batizou o seu primogênito, Boris, na religião ortodoxa, suscitando a ira de Leão XIII, mas captando as simpatias dos ortodoxos e sendo assim reconhecido pela Rússia. Em 1908, proclamou-se rei dos búlgaros, libertando a nação definitivamente da vassalagem do Império Otomano. Depois fez com a Sérvia e com a Grécia uma aliança balcânica e, em outubro de 1912, atacou a Turquia, conseguindo importantes vitórias, que o levaram a perder a cabeça. Forte por causa dos sucessos obtidos, atacou seus próprios aliados, sendo derrotado e perdendo a maior parte das conquistas feitas.

Tendo estourado a guerra de 1914, Fernando se unira aos Impérios centrais. Mas a guerra agora andava mal para ele e, em 3 de outubro de 1918, teria de abdicar em favor do filho Boris.

O novo rei, Boris III, que tinha 24 anos, queria fazer da Bulgária uma democracia camponesa e aproximá-la da Iugoslávia, para formar com ela uma União dos Eslavos do Sul. Os seus projetos, porém, encontraram grandes obstáculos. O primeiro deles, a ditadura camponesa de Aleksander Stambolijsky, que se apossara do poder depois das eleições de 1919 e se tinha aliado aos comunistas, provocando contínuas agitações. Os comunistas, depois, junto com os macedônios, formaram a ORIM, Organização Revolucionária Internacional Macedônia, que se tornou um verdadeiro câncer dentro da Bulgária.

Em 1923, uma coalizão, chefiada por Aleksander Tzankoy, um professor de ideias anticomunistas, depusera Stambolijsky, que pouco depois é condenado, mas as agitações contra o rei continuaram com revoltas e atentados.

Exatamente quando estava em Roma fazendo as malas, Angelo Roncalli foi informado pela Secretaria de Estado do Vaticano de novos gravíssimos atentados que ocorriam naqueles dias na Bulgária. No dia 12 de abril, o Rei Boris III, quando, junto com três dignitários da corte, estava atravessando de automóvel uma vila na montanha, sofreu um atentado. Três carros bloquearam a estrada e um grupo de homens armados atacou o carro real, crivando-o de balas. Os três dignitários foram mortos no local, ao passo que o Rei Boris conseguiu fugir, abrindo caminho a tiros.

Quatro dias depois, isto é, no dia 16 de abril, na catedral da cidade, celebravam-se os funerais das vítimas. Sob a imensa cúpula, reuniram-se os membros do governo, as autoridades, os representantes das famílias mais importantes da Bulgária, para prestar homenagem aos mortos. Fora da catedral, enormes forças policiais cercavam a zona por motivos de segurança.

Estava tudo pronto para a solene cerimônia. Esperava-se apenas a chegada do rei. Boris III era sempre pontualíssimo, mas naquela manhã ocorria um inexplicável atraso. Entre as pessoas na igreja começava a se espalhar certo nervosismo quando, de repente, um imenso estrondo rasgou o ar. A grande catedral veio abaixo. Montanhas de pedras e escombros se abateram sobre a multidão. Os revoltosos tinham explodido cem quilos de trinitrobenzeno. O balanço foi aterrorizante: duzentos e cinquenta mortos e mais de mil feridos.

Com essa bagagem de notícias mais que alarmantes, Angelo Roncalli deixou Roma e voltou a Sotto il Monte para a última saudação à família. Não disse nada a ninguém sobre como iam as coisas na Bulgária. No dia 24 de abril, quis festejar com todos os parentes a nova casa de Ca' Maitino. Uma reunião acima de tudo simbólica, porque a casa ainda não estava mobiliada, mas para Angelo Roncalli tinha um significado profundo: pela primeira vez, depois de anos de escravidão no trabalho de parceria agrícola, via a sua família finalmente livre.

Festejaram todos juntos, felizes e comovidos. De manhã cedo, no dia 25 de abril de 1925, Dom Roncalli abraçou os pais e os irmãos, foi levado à estação de Milão, onde tomou o Sempion Orient Express, o trem então considerado o mais célebre do mundo, que o levaria a Sófia.

A viagem durou dois dias. Roncalli chegou à capital búlgara na noite do dia 27. Em Sófia, foi recebido por um frade capuchinho búlgaro, Dom Peev, bispo latino para o sul da Bulgária, e pelo jovem sacerdote búlgaro, Padre Stefen Kurteff, de rito eslavo bizantino. Naquela noite, durante a ceia, os dois começaram a introduzi-lo na complexa situação búlgara. Explicaram-lhe exatamente o que acontecera nas últimas semanas. O atentado de 12 de abril, do qual Boris saíra ileso por milagre; a vingança do rei, que mandara prender e enforcar nove pessoas suspeitas; a resposta dos revolucionários, que assassinaram o general Costantin Gherghiev. Convencidos de que o rei teria assistido aos seus funerais na catedral, tinham enchido de explosivo uma das pilastras que sustentavam a cúpula central, e a explosão provocou uma carnificina. O rei, provavelmente avisado pelos serviços secretos, se salvara mais uma vez, mas aquela explosão representou a maior desgraça dos tempos da guerra.

O Rei Boris era filho de pais católicos. Por razões de Estado, foi batizado no rito ortodoxo, mas sua mãe o educara na religião católica. Essa sua ambiguidade religiosa, porém, não lhe foi muito útil. Os ortodoxos não gostavam dele, porque viam nele um católico; os católicos o odiavam, porque tinha traído a religião de seus antepassados. As suas relações com o Vaticano eram tensas.

Para o novo visitador apostólico, a situação se apresentava complexa e dramática. À sua chegada, na Bulgária ocorriam repressões e prisões. No dia 30 de abril, três dias depois de sua chegada, Dom Roncalli foi recebido pelo Rei Boris III em audiência oficial e solene. O rei e o bispo conversaram uma hora e meia a sós. O Rei Boris falava bem o italiano, com o erre carregado, típico de muitas pessoas de Parma, que herdara da mãe. No final do colóquio, nascera uma forte simpatia entre eles.

Dom Roncalli ficou na Bulgária por dez anos. Um período longo, que foi também duro, cheio de tensões e de encenações. Mas teve um peso muito importante para o futuro da história da Igreja. Naquele país onde a convivência entre religiões diferentes era difícil e onde os crentes no mesmo Evangelho (católicos e ortodoxos) se odiavam, Roncalli colocou as bases daquele ecumenismo iluminado, que depois se tornaria o tema do Concílio Vaticano II.

O seu primeiro gesto oficial foi procurar poder visitar os feridos do atentado na catedral. A autorização lhe foi concedida pelo governo, mas o Santo Sínodo Ortodoxo o criticou muito.

Roncalli não era do tipo que desiste diante das dificuldades. Fora enviado àquela nação com uma finalidade precisa, e se pôs logo a realizá-la. À espera de iniciativas específicas, decidiu visitar as várias paróquias de rito eslavo, espalhadas pelo interior do país, de modo a conhecer os seus fiéis. Não sabia uma palavra de búlgaro e, por isso, se fazia acompanhar do jovem sacerdote Stefen Kurteff.

Por algum tempo se deslocaram num velho carro, mas depois o carro teve de ser abandonado, porque as estradas que levavam a certas localidades do interior eram apenas caminhos de mulas. Prosseguiam a cavalo e no lombo de burro. Dormiam onde dava, até nos palheiros. Numa conferência em 1954, Roncalli contou: "Fui em busca deles em todas as aldeias, até nas mais distantes, nas suas casas mais humildes, e me tornei próximo deles".

Muitas vezes, durante aquelas viagens cansativas, se dava conta do contraste entre os luxos romanos e a pobreza das aldeias búlgaras. Em 1929, numa carta a um amigo, escreveu:

> Quando penso que vocês em Roma não sabem o que inventar para tornar mais espetacular o triunfo de Jesus no Sacramento, levado nos braços do seu vigário, e aqui falta o óleo para acender alguma pobre lamparina nas cabanas das aldeias que servem de capela, o coração fica apertado. Mas por estas pobres lamparinas se começa.

Todos o observavam e estudavam. Inclusive o governo. Mas já depois de alguns meses, estavam todos contentes com ele. Fora aceito. Em 7 de agosto, cerca de quatro meses depois de sua chegada, teve a honra de ser entrevistado por *La Bulgaria*, jornal da capital, e as suas palavras acabaram na primeira página:

> Vim para transmitir aos católicos búlgaros a bênção do Santo Padre, que sempre provou uma estima profunda e um amor ardente para com o nobre povo búlgaro.
> A minha missão é organizar a vida religiosa dos católicos. Embora representem uma minoria, se tornaram bastante numerosos depois das chegadas sucessivas dos refugiados da Macedônia e da Trácia.
> Estou certo em regular e estudar várias questões, como, por exemplo, o futuro das escolas e das igrejas católicas, os matrimônios mistos entre católicos e ortodoxos. Parece-me que poderia fazer muito bem aos búlgaros católicos, mas respeitando as suas instituições, os seus costumes, o seu rito e a sua língua.

Já visitei boa parte do vosso país. Fiquei admirado com a simplicidade e a bondade da população que em toda parte nos recebeu com uma hospitalidade comovente... Fui testemunha da tolerância mais completa do povo búlgaro para com todas as minorias étnicas e religiosas.

Palavras atenciosas, amigas, sinceras, e a jornalista que realizou a entrevista comentava:

> O rosto de Dom Roncalli se ilumina com uma alegria sincera quando fala do nosso país, dos seus camponeses simples e meigos. Nós expressamos a ele a simpatia dos ambientes búlgaros e, igualmente, a admiração que inspiram a abnegação e a sinceridade com que ele realiza o seu belo e pesado trabalho.

Os católicos búlgaros deram-lhe o apelido de *Diado*, o "bom padre". Os garotos o esperavam e, ao vê-lo, corriam para casa a anunciar com alegria que *Diado* estava chegando.

Nunca se esquecerá daquele povo. Em 14 de janeiro de 1949, escreveu a Stefen Kurteff:

> Conservo ainda uma bela coleção de fotografias, e quando estou um pouco cansado as olho. Acredite-me, quando revejo essas queridas imagens, o meu coração se emociona e os meus olhos ficam banhados de lágrimas.

Roncalli era apaixonado por música e recordava com nostalgia os cantos religiosos daquela gente. Junto com os russos, os búlgaros possuíam a música religiosa mais bela de toda a tradição ortodoxa, e os uniatas depois retomaram e continuaram sua produção. Quando patriarca de Veneza, Roncalli contou:

> Num primeiro momento, tive dificuldade em me unir às suas orações, aos seus ritos, mas de repente compreendi que essa compenetração de corações e de vozes era a grande

porta para entrar no meio daqueles eslavos... E cantando com eles as cantilenas angustiadas, que eram o eco de séculos de servidão política e religiosa, me sentia sempre mais católico e verdadeiramente universal.

Padre Stefen Kurteff, embora muito jovem, era o seu guia. Ajudava-o a entender o espírito profundo da religião ortodoxa e do coração dos búlgaros. Roncalli ficou muito impressionado com a inteligência e a bondade daquele sacerdote. Compreendeu que podia ser muito útil para o trabalho que realizava naquele país em nome do Papa. Por isso o indicou a Roma, propondo que fosse consagrado bispo, e a sua proposta foi aceita. Já no final de 1926, apenas um ano e meio depois de sua chegada à Bulgária, ele mesmo acompanhou a Roma o colaborador, para que fosse ordenado bispo. No final de novembro, fizeram os exercícios espirituais juntos, no Mosteiro de São Paulo, pregados pelo Abade Beneditino Ildefonso Schuster, que depois se tornaria arcebispo de Milão. Em 5 de dezembro, Kurteff é consagrado bispo na Igreja de São Clemente, onde se encontra o túmulo de São Cirilo, irmão de São Metódio. Kurteff, que era o primeiro bispo católico da Bulgária, acrescentou ao seu nome, Stefen, também o de Cirilo.

Roncalli quis cuidar pessoalmente da confecção do brasão do novo bispo. Partiu do nome, Kurteff, que em turco significa "lobo", e pensou que, por contraste, a imagem do "bom pastor" era a mais indicada para dar significado àquele brasão.

Com a ajuda de Dom Kurteff, a vida de Roncalli se torna menos pesada. Roncalli confiou ao novo bispo a tarefa de ir ao encontro dos fiéis, reservando para si os assuntos mais estreitamente ligados à diplomacia e às grandes iniciativas que pretendia realizar.

O Papa bom

Os projetos com que Roncalli sonhava eram dois. Criar um grande seminário católico e chegar a um diálogo entre católicos e ortodoxos.

O primeiro desses dois objetivos, que Roncalli queria muito, chamava de "o meu sonho impossível", porque sabia que era dificílimo de realizar. Tinha enviado o projeto a Roma, pedindo um grupo de professores e de educadores bem treinados, para preparar guias válidos para os católicos búlgaros.

Enfrentando sacrifícios pessoais imensos, conseguira comprar um terreno de 30 mil metros quadrados, pagando por ele 250 mil liras de então, uma quantia notável. Era fora de Sófia, num lugar tranquilo. Roncalli contava iniciar os trabalhos quanto antes, mas bem depressa se deu conta de ter de abandonar definitivamente aquele projeto. Em Roma, não queriam saber dele. Ninguém no Vaticano partilhava de suas ideias.

A Santa Sé sempre rejeitou a Roncalli a ajuda concreta e determinante para realizar o seminário. Ele sofreu muito por isso. No início de 1927, escreveu no seu diário:

> Sou bispo faz vinte meses. Como era fácil de prever, o meu ministério devia trazer-me muitas tribulações. Mas, coisa singular, estas não me vêm dos búlgaros para os quais trabalho, mas dos órgãos centrais da administração eclesiástica. É uma forma de mortificação e de humilhação que não esperava e me faz sofrer muito.

Palavras duras, amargas. Ele continuou a defender o seu projeto, a lutar para fazer Roma entender a sua importância e, em 1929, teve até uma "crise" de desânimo, por causa das hostilidades vaticanas contra a instituição do seminário. Escreveu:

> Em julho, estava tão desesperançado que queria pedir ao Santo Padre que tirasse de mim o peso desta visita

apostólica. Foram momentos de fraqueza. Devo e quero permanecer no meu posto de obediência até o fim.

As dificuldades que Dom Roncalli tinha com a Cúria romana eram devido, em boa parte, também ao fato de que dependia de três administrações diferentes: a Secretaria de Estado, a *Propaganda Fide* e a Congregação para as Igrejas Orientais.

Os anos de 1929 e 1930 foram cheios de dificuldades para ele, também por acontecimentos que veremos em seguida. Fora alvo de uma série de aparentes derrotas profissionais, e tinha a sensação de ter sido esquecido e abandonado por Roma. Provava um sentimento de frustração diante dos seus planos para a Igreja búlgara, que não conseguia realizar. Tinha a impressão de ter chegado a um ponto morto da carreira. Mas foram também anos de virada muito importantes para a sua vida espiritual.

Roncalli tinha necessidade de reflexão para esclarecer dentro de si a situação. E, como era o seu costume, decidiu retirar-se para um período de oração e de silêncio. Escolheu a casa dos Padres Passionistas em Ruse (Rusçuk). Ficou lá, no silêncio e na contemplação, uma semana, de 28 de abril a 4 de maio de 1930, e aqueles dias representaram uma virada na sua vida.

O lugar era belo e tranquilo. Escreveu naqueles dias:

> Em meu redor, nesta grande casa, solidão absoluta e belíssima, nas emanações da natureza em flor; em frente, o Danúbio; e além do grande rio, a rica planície romena, que de noite às vezes fica vermelha, por causa dos depósitos petrolíferos em combustão.

Era o ambiente que agradava a ele e o ajudava a elevar a alma a Deus.

Durante todo o dia, silêncio perfeito. De noite, o bom bispo passionista Dom Theelen vem me fazer companhia para a ceia. [...] O espírito é aplicado o dia inteiro à oração... Ó Jesus, eu te agradeço esta solidão que me dá verdadeiro repouso e grande paz espiritual.

Nas páginas do seu *Diário* desses dias, anotou francamente também as dificuldades que estava vivendo.

Um complexo de circunstâncias confere ao meu recolhimento espiritual uma nota especial de abandono em Jesus sofredor e crucificado, meu Mestre e meu Rei: os sofrimentos, através dos quais, nos meses passados, o Senhor quis provar a minha paciência, pelos trâmites com relação à fundação do seminário búlgaro; a incerteza que dura mais de cinco anos acerca das tarefas definitivas do meu ministério neste país; as angústias e as dificuldades de não poder fazer mais, e de dever encerrar-me numa vida de eremita perfeito, contra a tendência do meu espírito para as obras do ministério dirigido às almas; a insatisfação interior por aquilo que há ainda de humano na minha natureza, embora até aqui tenha conseguido mantê-lo na disciplina.

Sente-se de maneira muito viva, nessas palavras, a amargura, o desconforto, o cansaço moral. Mas naqueles dias de silêncio e de oração, ele encontra a energia habitual, o otimismo. Encontra o seu verdadeiro caminho, que não é o do sucesso, da afirmação e da realização dos projetos sonhados, mas o de estar unido a Jesus. Abandonar-se a "Jesus sofredor e crucificado".

Escreve:

Este santo abandono torna para mim tudo mais espontâneo. Ele seria ao mesmo tempo elevação e impulso para uma imitação mais perfeita do meu divino exemplar.

E nesse abandono, uma vez compreendido e aceito, encontra o seu novo modo de viver. O desapego das coisas do mundo, dos juízos do mundo, aceitando com alegria a vontade de Deus.

Por divina graça eu me sinto, quero ser deveras indiferente a tudo o que o Senhor quer dispor de mim, quanto ao meu futuro. As fofocas do mundo acerca dos meus negócios não me atingem em nada. Estou disposto a viver assim, ainda que o estado presente das coisas devesse permanecer imutável por anos e anos. Não exprimirei mais sequer o desejo ou a tendência mais longínqua de mudar, seja o que for que possa custar ao meu sentimento. *Oboedientia et pax* é o meu lema episcopal. Quero morrer com a alegria de ter sempre, também nas pequenas coisas, honrado a minha tarefa.

Voltou mudado ao seu trabalho. A crise estava superada. Tinha reencontrado o bom humor habitual e o otimismo habitual.

Abandonado, portanto, definitivamente o projeto de construir um seminário, pôs-se a trabalhar no segundo objetivo: o ecumenismo. Aproximar as duas Igrejas, a católica e a ortodoxa, era a finalidade primeira que se propusera desde o início da sua missão na Bulgária. Cristo queria a unidade dos cristãos. Recordava que um dia, assim que chegou à Bulgária, encontrara um velho bispo armênio que lhe tinha dito:

– Excelência, lê-se no Evangelho que o Senhor perdoa todos os pecados, menos um, que não será perdoado nem nesta nem na outra vida. Qual é, Excelência, esse pecado? Não será talvez o pecado da divisão da Igreja?

As palavras do bispo o deixaram petrificado. A interrogação que aquele velho se fazia era terrível. A Igreja foi fundada por Cristo "una e indivisível". Que responsabilidade pesava sobre as costas daqueles que a tinham "dividido" e a mantinham assim? A Igreja é o Corpo místico de Cristo. Ao dividi-la, dividia-se o Corpo de Cristo, matava-se Cristo.

Roncalli intensificou, portanto, a sua atividade pela unidade das Igrejas. Disse, em 1954, quando era patriarca em Veneza:

– Fazer a grande massa dos ortodoxos conhecer e amar o Papa e a Igreja católica era tarefa difícil.

Então as diferenças entre as duas Igrejas eram grandes, não tanto pelas divergências teológicas quanto pelo fato de se odiarem e se hostilizarem cordialmente.

Os esforços de Roncalli, voltados a dissipar os preconceitos e melhorar as relações recíprocas, foram um ótimo aprendizado para aquele ecumenismo que se tornaria a alma do Vaticano II. Através daquelas experiências, Roncalli aprofundou a necessidade de percorrer aquele caminho que então era terminantemente mal visto no Vaticano. E deu-se conta de que, para abrir um diálogo com os ortodoxos, era preciso abandonar as condenações, o desprezo, a atitude de sentirem-se donos absolutos da verdade, mantendo os outros num estado de inferioridade. Era preciso reconhecer que "somos todos filhos do mesmo Pai".

Mas Roma também considerava essa atitude "herética" e, portanto, era condenada. Roncalli teve a força de se rebelar contra semelhantes preconceitos e agir seguindo o coração e a inspiração interior.

Já em 1927, se tornara amigo de Stepanosse Hovagnimian, arcebispo da Nicomédia, metropolita dos armênios exilados na Bulgária. Quando Stepanosse conheceu Roncalli, estava já com 80 anos e era o "símbolo" da história religiosa da Bulgária. Roncalli foi fazer uma visita a ele e ficou fascinado. Depois recordou frequentemente aquele ancião. Quis lembrá-lo também em 13 de outubro

156

de 1962, dia da abertura do Concílio Vaticano II. Dirigindo-se aos observadores, disse que, naquele distante encontro na Bulgária, tinha dado "àquele venerável idoso prelado" uma medalha do pontificado de Pio XI. Pouco tempo depois, aquele homem, à beira da morte, quis que a medalha fosse colocada em seu peito. João XXIII disse: "Eu a vi e esta lembrança ainda me comove".

O General Francesco Cocconi, que conheceu Dom Roncalli em Sófia, contou um episódio bastante significativo, ligado àquele período.

– Era o dia 15 de maio. Em Sófia se celebrava uma festa nacional e, para solenizar o acontecimento, os popes e os metropolitas da cidade se dirigiam em fila para cumprimentar o soberano. "Por que também nós não vamos ver?", me propôs Dom Roncalli. "Com prazer", respondi, "está um sol magnífico". Fomos e escondidos, no meio da multidão, assistimos ao desfile. Eu observava de maneira distraída aquelas barbas muito longas, dignas dos antigos profetas, aqueles rostos severos. Mas Dom Roncalli estava perturbado. E a certa altura me disse, com voz aflita: "Oh, como ficaria feliz se todas as Igrejas, hoje separadas, pudessem um dia se reunir".

Outro testemunho interessante da abertura de Dom Roncalli em relação aos ortodoxos me foi dado pelo escritor búlgaro Estêvão Karadgiov, que naqueles anos vivia muito próximo de Dom Roncalli.

– Conheci sacerdotes católicos que se recusavam até a entrar como turistas numa igreja ortodoxa. Monsenhor Roncalli, ao contrário, participava sempre das funções ortodoxas, suscitando em algum católico maravilha e perplexidade. Nunca faltava às grandes cerimônias que eram celebradas na principal igreja ortodoxa de Sófia. Colocava-se num canto e seguia devotamente os ritos. Apreciava sobretudo os cânticos ortodoxos.

Estêvão Karadgiov foi muito amigo de Angelo Roncalli. Era pouco mais que um rapaz em 1925, quando Roncalli chegou a Sófia, e entre eles nasceu imediatamente uma amizade que durou para sempre. Conheci e visitei Karadgiov no final dos anos de 1960, quando tinha começado a recolher testemunhos sobre a vida de João XXIII. Ele tinha então cerca de 60 anos e vivia em Milão. Ao recordar os seus encontros com Roncalli, se comovia. Ele dizia:

– Foi para mim como um pai. Sem a ajuda dele, não teria podido terminar os meus estudos.

Em sua terra, o Doutor Karadgiov fora uma pessoa muito conhecida: diretor de uma revista literária, proprietário de uma galeria de arte e de uma livraria no centro de Sófia, autor de livros e diretor do jornal oficial católico búlgaro.

– Foi exatamente Dom Roncalli que deu uma virada definitiva na minha vida – me revelou. – Eu era ortodoxo e o seu grande e desinteressado amor por todos os homens, que pude observar estando ao lado dele por muito tempo, me ajudou a tornar-me católico. Mais tarde, quando se instaurou o regime comunista em nosso país, fui processado por causa da minha fé e condenado. A lembrança dos ensinamentos que recebera de Dom Roncalli me ajudou a suportar as dores e injustiças sem odiar ninguém.

Com a chegada do Partido Comunista ao poder, de fato, para Estêvão Karadgiov iniciou um duro calvário. Em 1945, foi processado como inimigo do povo, por ter escrito livros contra o comunismo. Os seus livros foram proibidos e ele foi condenado a dois anos de prisão. Em 1951, durante um violento ataque contra a religião, foi de novo preso por ser diretor do jornal católico, sofreu um segundo processo, foi condenado a doze anos de prisão e todos os seus bens foram confiscados: a casa, os móveis, o dinheiro, até a roupa. A sua família, mulher e dois filhos, um menino de quatro anos e uma menina de doze, reduzida à miséria, teve de fazer sacrifícios incríveis para sobreviver. A mulher improvisou-se em costureira e ia pelas casas mendigar trabalho; a garota, que estava estudando, teve de sair da escola e ir trabalhar.

– Talvez tudo isso tenha sido consequência do meu encontro com Angelo Roncalli – dizia o Doutor Karadgiov –, mas nunca me arrependi.

O encontro entre Karadgiov e Roncalli ocorreu no verão de 1925.

– Decidi me aproximar de Dom Roncalli para pedir-lhe ajuda – me contou Karadgiov. – Acabava de terminar o Ensino Médio e me preocupava em ganhar para viver. Mas desejava poder continuar os estudos. Sabia que um sacerdote católico italiano, Padre Francesco Galloni, fundara uma obra chamada Pro Oriente, que tinha a finalidade de financiar a estada na Itália para jovens búlgaros que desejassem graduar-se nesse país. Deviam naturalmente ser jovens católicos. Eu era ortodoxo, mas me apresentei assim mesmo a Dom Roncalli para pedir ajuda. Ele morava numa pequena casa, num terreno com jardim, na rua chamada Musalla, palavra turca que significa "próximo de Deus". Ele me recebeu com muita bondade. Depois de me ter ouvido atentamente, disse: "Muito bem. Mas não devemos chocar a suscetibilidade dos ortodoxos. Não devem pensar que nós católicos viemos aqui com a finalidade de fazer proselitismo, de querer atrair a juventude. Os ortodoxos são nossos irmãos e nós queremos viver em harmonia com eles. Estamos neste país para demonstrar amizade a este povo e para ajudá-lo. Por isso, se você quiser ir estudar na Itália, deve primeiro pedir autorização à Igreja Ortodoxa à qual você pertence". Escrevi ao Santo Sínodo, que é a autoridade máxima na Igreja Ortodoxa, e expus o que Dom Roncalli me tinha sugerido fazer. A resposta foi negativa. Disseram-me que podia ir aonde quisesse, mas que

159

eles nunca me dariam o consentimento. Dom Roncalli, depois de saber da resposta do Santo Sínodo, quis refletir por alguns dias. Depois me chamou e me disse que achava oportuno mandar-me para a Itália. "Virá um dia", disse, "em que as várias Igrejas estarão unidas; só se apresentando juntas para combater os males do mundo poderão esperar vencer".

Karadgiov também se lembrava bem das condições de vida de Roncalli naqueles primeiros anos.

– Era paupérrimo. Levava uma vida de privações. Ninguém nunca saberá os sacrifícios e os sofrimentos que Roncalli sofreu então na Bulgária. Certos dias, não tinha nada para comer e sequer dinheiro para comprar um pão. Mas suportou sempre tudo em silêncio, sem que ninguém soubesse nada, nem os amigos mais íntimos.

Karadgiov me disse que Roncalli então já sonhava e trabalhava para a unidade das Igrejas. Falava dessas suas ideias com tal fervor que suscitava entusiasmo em todos os que o ouviam. Remonta ao primeiro ano da sua permanência em Sófia uma importante iniciativa realizada por um grupo de leigos ortodoxos, conquistados pelas ideias ecumênicas de Roncalli: a fundação de um movimento para a união das Igrejas.

– Iniciativa considerada então de vanguarda. Naqueles dias era um caso raro poder encontrar uma personalidade eclesiástica que não compreendesse o profundo significado dela e a apoiasse. Dom Roncalli, ao contrário, vivia para aquelas ideias. No entanto, visto que era núncio apostólico, não pôde participar daquele movimento. Apoiou-o abertamente, porém, mostrando interesse e confiança, de modo que alguns expoentes leigos do catolicismo búlgaro encontraram a coragem de aderir àquela iniciativa e, consequentemente, pouco a pouco, aquele grupo se torna de religião mista: ortodoxos e católicos unidos, juntos. Eu, no entanto, vim para a Itália a fim de estudar na Universidade Católica de Milão.

Eram meus companheiros de curso e de pensionato Bettiol e Amintore Fanfani, que depois se tornariam políticos importantes. Dom Roncalli, de longe, seguia os meus estudos como se fosse um filho seu. Quando cheguei ao último ano, Dom Roncalli me escreveu: "Se você voltar à Bulgária com o título obtido numa universidade católica, onde você encontrará emprego? Os seus concidadãos são quase todos ortodoxos e veem com pouca simpatia quem estudou em institutos católicos. Por isso o aconselho a se formar numa universidade leiga". Escreveu também para o Padre Gemelli, reitor da Católica e eu passei para a Universidade de Pavia, onde me graduei. Nesse meio-tempo, amadurecera dentro de mim a decisão de me tornar católico. Falei a respeito com Dom Roncalli. "Filhinho", me disse, "não há pressa; reflita, para se converter sempre há tempo".

Karadgiov me disse que, já em 1928, somente três anos depois de sua chegada à Bulgária, Roncalli era muito popular entre os ortodoxos. Todos se tinham dado conta de que era um cristão verdadeiro, que estava acima das partes e das barreiras construídas pelos homens. E isso pôde ser constatado, sobretudo, durante o terremoto que, em 4 de abril daquele ano, atingiu a Bulgária. Roncalli esteve entre os primeiros a acorrer às zonas devastadas. Tendo voltado a Sófia, mandou um telegrama ao Vaticano para pedir ajuda, e três dias depois estava em condições de fornecer gêneros alimentícios e cobertores aos necessitados. Escreveu para a sua casa a fim de tranquilizar os familiares:

> Não temam por mim por causa das notícias sobre o terremoto na Bulgária. O terremoto é longe. Nestes dias tenho ido aos lugares. Quanto sofrimento! Ontem à noite, em Filippopoli, assisti também eu a um abalo violentíssimo, que fez um estrago imenso em toda a cidade. Passei a noite ao

ar livre, como fazem todos. Agora voltei a Sófia para poder melhor ajudar nas atividades de socorro.

– O exemplo de amor desinteressado pelo povo sofredor que Dom Roncalli demonstrou naquela ocasião – me dizia Karadgiov – se tornou lendário na Bulgária. Ele, bispo católico, não se interessou apenas pelos católicos, mas, indiferentemente, socorria, ajudava a todos, parava para falar com os ortodoxos com a mesma solicitude e generosidade. Distribuiu todo o dinheiro que tinha e se empenhou muito a solicitar ajuda de toda parte. Ele percebeu que tinha amigos por toda parte e que todos gostavam muito dele. Os ortodoxos, tanto o povo como os eclesiásticos, ficaram muito impressionados por aquele comportamento dele. Não esperavam. Sabiam que Roncalli era bom, aberto, mas pensavam que também ele, como todos, fizesse distinção entre os "seus" irmãos, católicos, e os "outros" irmãos, os ortodoxos. Não podiam acreditar nos seus olhos ao constatar que, para Dom Roncalli, o Evangelho era praticado ao pé da letra: "Somos todos filhos do mesmo Pai e, por isso, irmãos autênticos". A surpresa dos ortodoxos aumentou alguns meses depois do terremoto, quando Dom Roncalli conseguiu do Vaticano uma grande soma como subvenção para a reconstrução das igrejas destruídas pelo sismo. Ele empregou aquele dinheiro para reparar igrejas tanto católicas como ortodoxas, sem nenhuma distinção, como se estivessem todas sob a sua jurisdição. Entre os católicos, houve protestos. Mas Roncalli respondia: "Todas as igrejas são casas de Deus, também as ortodoxas".

Durante aquele período triste para a Bulgária, Dom Roncalli pôde visitar os recantos perdidos no território búlgaro, teve contatos diários com o povo, com a gente simples, como os camponeses que paravam para contar a ele as suas dificuldades, os seus sofrimentos.

Ele não sabia bem a língua búlgara. Era ajudado por um intérprete, mas percebeu que não podia ter uma comunicação plena com os pobres. Assim, decidiu aprender o búlgaro.

Dirigiu-se ao seu jovem amigo Estêvão Karadgiov.

– Acabava de voltar da Itália – me contou o escritor – e Dom Roncalli me chamou. "Quero aprender o búlgaro", me disse, "porque quero falar diretamente sem a ajuda de ninguém e entender bem o que querem me dizer". Começamos as lições. Todos os dias ia à casa dele. De tarde estudávamos juntos algumas horas, depois ele fazia os deveres e lia. Disse-me que devia ser compreensivo com ele. "Assim que cheguei aqui", me contou, "decidi aperfeiçoar-me em francês. Comecei a tomar lições com um religioso idoso de origem francesa, que estava muito tempo na nunciatura. Ensinava-me como um gramático austero e eu não aprendia nada. Um dia adoeci gravemente; quis confessar-me e chamei aquele religioso idoso. Comecei a confissão exprimindo-me como podia: naquele momento, não pensava certamente na pureza da língua. Aquele gramático escrupuloso continuava a interromper-me para corrigir o meu francês. Eu estava morrendo e ele pensava na gramática francesa! Curei-me, mas não fui mais à escola". Algumas vezes as lições duravam muito tempo. Então Dom Roncalli me segurava para a ceia, e depois da ceia caminhávamos juntos pelo jardim. Pedia-me explicações sobre tudo o que os jornais diziam. Quando surgia um problema político, pedia para contar todos os precedentes que diziam respeito àquele assunto. Se os artigos se referiam a um fato da história do nosso país, queria que lhe falasse do lugar, do período em que aquele fato acontecera. Nos dias seguintes, se pudesse, ia visitar os lugares, os monumentos dos quais tínhamos falado. Dessa maneira, conseguia aprender uma enorme quantidade de noções que depois utilizava com desenvoltura nas conversações.

Também lá, longe da pátria, Angelo Roncalli continuava a pensar em Sotto il Monte. Escrevia frequentemente aos pais, aos irmãos, aos sobrinhos, informava-se de tudo. E todo ano procurava obter a permissão do Vaticano para poder passar um período de tempo na sua casa de Ca' Maitino.

Queria se manter apegado à sua terra. Percebe-se isso nas cartas. Fala de tudo, também de ciência, mas com a sabedoria do camponês, como se pode deduzir por esta carta escrita aos seus familiares pela Páscoa de 1930:

> Meus caríssimos pais, irmãos e todos da família. Apesar de eu estar em contínua comunicação com vocês todos através das irmãs de Ca' Maitino, me dá prazer, por ocasião da Páscoa, mandar uma saudação especial a vocês...
>
> Os anos passam e os anciãos conservam a boa saúde e são conservados no amor dos filhos e dos netos: essa já não é uma grande graça? Depois, é sabido que nunca falta uma desgraça cá e lá. Vocês querem que o farmacêutico e o médico mudem de ofício porque não têm mais nada para fazer?... E os filhos crescem em número e em idade, e essa é a primeira bênção de uma casa...
>
> Não é preciso dizer a vocês que também eu continuo bem e vivo em paz e contente, e sem pensamento ou preocupações de fazer outra coisa senão a vontade do Senhor. Devo, em parte, essa disposição de tranquilidade do meu espírito nos braços da Providência e da santa obediência ao fato de ter nascido no campo, de uma família pobre de bens materiais, mas rica de fé e de temor de Deus, habituada às coisas simples da natureza de cada dia e de cada ano. Portanto, organismo sadio, sem desejos de coisas extraordinárias, sendo já tão belo e tão grande aquilo que o Senhor nos dá segundo a natureza todos os dias.
>
> Agora se acrescenta também a ciência para desenvolver a natureza e torná-la mais dócil no serviço do Senhor, e

também nas nossas comodidades. Vocês ouviram falar da última descoberta de Marconi, que entre outras coisas é um bom cristão e um amigo pessoal do Santo Padre? Logo estaremos em comunicação tão íntima que não só nos poderemos ouvir à distância, mas também ver por imagem.

Imaginem que cada noite, com um pequeno rádio que tenho no meu escritório, ouço distintamente discursos, cantos e notícias de muito longe e sem esforço.

Traído pelo rei

Dom Angelo Roncalli estava bem em Sófia. Para ele não tinha nenhuma importância o fato de que, permanecendo naquela cidade, não progrediria na carreira e que o seu título de "visitador apostólico" não fosse oficial. Tinha consciência de ter conseguido difundir, entre os búlgaros ortodoxos, algumas das suas ideias de ecumenismo, que prezava tanto, e estava satisfeito. Os grandes personagens, os que fazem a história, geralmente foram preparados para as suas tarefas. Generais, revolucionários, estadistas, políticos de máxima importância são treinados para o seu futuro papel em escolas exclusivas, com longos tirocínios em ambientes privilegiados. Encaminham-se para a cúpula do comando andando progressivamente, conquistando as posições certas, no momento oportuno, com estratégias bem estudadas.

Os santos, os homens de Deus, ao contrário, crescem no silêncio e no escondido. A preparação para as grandes tarefas, às quais estão destinados, se realiza quase sempre no dia a dia. Passam anos e anos no anonimato, no deserto do sucesso, como se fossem fracassados, ou pessoas destinadas à rotina mais insignificante. Uma única característica os distingue: a consciência da importância de "realizar" os desígnios de Deus, e não os seus. Aparentemente são homens resignados. Na realidade, estão apenas "disponíveis" a uma realidade espiritual, na qual creem profundamente.

É o caso de Roncalli. Destinado a se tornar um dos homens mais representativos do século, o "Papa que mudou o mundo", durante grande parte da sua vida, permaneceu um "desconhecido", um "anônimo", uma pessoa simples, diligente, honesta, insensível às adulações do poder. Mas talvez estivesse exatamente ali, naquela sua simplicidade livre, a semente daquela "disponibilidade" sobre a qual a Providência construía o futuro João XXIII.

Em Sófia, Roncalli não estava fechado na sua pobre casa. Mas não o tinha abandonado aquela vontade de viajar para ver, para conhecer. No verão de 1929, quando se tinha manifestado nele a "crise" de desânimo à qual nos referimos, decidiu combatê-la, fazendo um giro pela Europa. Foi visitar a Tchecoslováquia, ficando, sobretudo, em Praga. Depois, viajou para a Polônia, indo em peregrinação ao Santuário de Nossa Senhora Negra de Czestochowa, e visitando Varsóvia, Poznan, Gniezno. Foi depois à Alemanha, detendo-se em Berlim, para visitar Eugênio Pacelli, que era núncio apostólico naquela cidade.

No verão de 1930, foi em peregrinação a Lourdes e, depois, quis ficar um tempo em Paris, onde conheceu o Núncio Luigi Maglione.

Aquelas viagens eram, para Roncalli, sobretudo ocasiões de oração. Permitiam que se dirigisse aos santuários célebres para procurar sentir quase fisicamente a ligação com o sobrenatural. Mas eram também ocasiões para conhecer a história dos países, a cultura, os usos e costumes do povo, e encontrar pessoas da Igreja, com as quais, de forma simples e familiar, trocava opiniões e pontos de vista que enriqueciam a sua cultura.

Os búlgaros gostavam muito dele. Os ortodoxos o estimavam. Também os políticos o apreciavam. Nos ambientes diplomáticos, era chamado "Monsignor vogliamoci bene" [Monsenhor, nós te amamos], frase brincalhona e bonachona, mas que esculpia a característica evangélica da ação do visitador apostólico bergamasco. Em Roma, porém, nos prédios curiais, esses detalhes não tinham peso. Roncalli não era nada estimado. Censuravam nele exatamente as características que o distinguiam.

"Demasiado ingênuo", diziam os seus superiores. "Demasiado simples, demasiado condescendente, demasiado aberto aos inimigos, demasiado tolerante. É mais nocivo do que útil. Seria preciso chamá-lo de volta e mandá-lo como pároco numa aldeia na montanha."

E esse teria certamente sido o fim de Roncalli se não tivesse a estima de Pio XI. Papa Ratti intuía que, na simplicidade da ação daquele bispo camponês, havia uma astúcia diplomática inestimável. E também honesta, porque a simplicidade com que Roncalli enfrentava os problemas era autêntica.

O Rei Boris também estimava Dom Roncalli. Muito mais do que se podia imaginar. Entre eles, não eram raros os encontros a sós, nos quais o rei se confidenciava com Roncalli. Revelou a ele coisas da sua vida que talvez ninguém soubesse. Mas o Rei Boris era homem de poder. E quando foi obrigado a escolher entre o poder e a amizade, não teve dúvidas, escolheu o poder. Fernando, o pai de Boris, já tinha traído a religião católica para preparar o acesso de Boris ao poder. Católico, casado com uma mulher católica, Fernando quisera que o filho fosse batizado pela Igreja Ortodoxa, de modo que, quando adulto, fosse mais bem aceito numa nação de maioria ortodoxa. Mas Boris fora educado pela mãe na religião católica. Em particular, dizia que era católico; em público, ortodoxo. Em suma, era um homem ambíguo. Segurava-se pelos dois lados. E quando se encontrou diante de uma situação em que teria de fazer escolhas precisas, não teve escrúpulos em trair um pouco a todos.

Em 11 de fevereiro de 1929, em Roma, foram assinados os Pactos Lateranenses entre a Igreja e o Estado italiano, que punham fim a uma longa controvérsia iniciada em 1870, quando, com a tomada da Porta Pia, fora tirado do papado o poder temporal.

Em Sófia, Roncalli festejou. Estava feliz que estivesse finalmente encerrado o acontecimento chamado "Questão Romana". Tinha escrito aos familiares: "Vocês podem imaginar como acompanho a alegria de toda a Itália após a paz feita entre o Vaticano e o Quirinale. Imaginem que alegria seria para nossos velhos se ainda fossem vivos". Mas o acordo precisava de uma Concordata para regulamentar a convivência de cada parte, salvaguardando os direitos de cada uma. A Concordata visava, sobretudo, regulamentar as condições da religião e da Igreja na Itália. É reafirmado o caráter católico do Estado italiano, reconhecendo plena liberdade de culto e respeito pela jurisdição eclesiástica nas matérias de sua competência, particularmente em matéria de matrimônio.

Naquele tempo, o Rei Boris era noivo da Princesa Giovanna de Savoia. O matrimônio teria permitido que a Itália estendesse a sua influência sobre os Bálcãs. Era, portanto, também um assunto político. Mas Boris era ortodoxo e Giovanna católica. Boris era búlgaro e Giovanna italiana. As suas núpcias deviam ser reguladas segundo as leis da Concordata.

Para a parte que tocava à noiva, italiana, o assunto é estudado e aprofundado em todas as suas relações práticas por Dom Francesco Bergondini Duca, que fazia parte da nunciatura junto ao Estado italiano. Para o rei búlgaro, a questão deveria ter sido tratada pelo núncio naquele país, mas não existia nenhuma nunciatura na Bulgária, por isso foi confiada, de modo privado e diretamente pelo Papa, ao visitador apostólico, Dom Angelo Roncalli.

Um dos temas tratados explicitamente na Concordata dos Pactos Lateranenses dizia respeito exatamente aos matrimônios entre pessoas de religiões diferentes. Fora estabelecido que esses matrimônios poderiam se realizar com uma dispensa particular por parte da Santa Sé, que a concedia apenas após garantias precisas, ou seja, que o matrimônio se realizasse segundo o rito católico e que os filhos fossem educados na religião católica. Giovanna de Savoia era cidadã italiana e, portanto, devia sujeitar-se a essas regras. O Rei Boris, porém, nem queria ouvir falar a respeito. Coube a Dom Roncalli conduzir a negociação.

Houve diversos encontros na corte. Roncalli explicava ao rei as exigências da Igreja para os cidadãos italianos. O rei, por sua vez, explicava a Roncalli a sua posição diante do Sínodo Ortodoxo da população búlgara. Um artigo da Constituição búlgara prescrevia que apenas um príncipe ortodoxo podia subir ao trono. Por isso ele não poderia prometer que educaria os filhos na religião católica.

Roncalli demonstrou uma habilidade particular naquela difícil controvérsia e, no fim, Boris capitulou. Foi fixada a data do casamento. O rito seria celebrado em Assis, no dia 25 de outubro de 1930, com grande pompa. Na Bulgária, a notícia causou uma vivíssima tensão entre católicos e ortodoxos. No Vaticano, por outro lado, havia muita satisfação pela maneira como as coisas tinham andado. O nome de Roncalli era sussurrado nos palácios vaticanos com respeito e aqueles que sempre o tinham desprezado foram obrigados a ficar quietos. Até o Papa Pio XI se congratulou pela sua inteligente ação diplomática e quis encontrá-lo numa audiência privada.

O único que estava perplexo e não se entregava a otimismos incondicionados era exatamente Roncalli. Compreendia que o resultado, de um ponto de vista de prestígio, era importante para a Igreja Católica, mas fora obtido facilmente demais. O rei cedera muito rápido. Roncalli sentia cheiro de engano. Naqueles dias escreveu: "Aqui os ortodoxos, pobrezinhos, estão amuados... É certo que não faltarão algumas dificuldades". E na véspera do casamento real, confidenciou a um amigo:

> Deixe-me sair um pouco deste período de preocupações, que não são pequenas por um conjunto de circunstâncias muito delicadas. Você entenderá que um sucesso como o obtido pela Santa Sé com este matrimônio régio merece cuidados extremos... a fim de que não aconteça que faltas, mesmo leves, acabem comprometendo tudo desde os primeiros dias depois das núpcias... Aqui tudo está indo bastante bem, mas é natural que o diabo tente todas as suas artes...

Roncalli participou como convidado na cerimônia na basílica de São Francisco de Assis. Havia cabeças coroadas provenientes de todas as casas reais da Europa. O rito religioso foi solene, mas uma chuva aborrecida e insistente arruinou o espetáculo.

De Assis, Roncalli foi a Roma encontrar-se com o Papa. Mas depois teve de voltar imediatamente a Sófia. As suas preocupações tiveram fundamento e a situação se precipitara. O Rei Boris organizara, para o dia 30 de outubro, uma segunda cerimônia nupcial, desta vez com rito ortodoxo, na Catedral de Santo Aleixo. Nas negociações realizadas entre o rei e Dom Roncalli, fora previsto que as núpcias podiam ser abençoadas também pelo metropolita ortodoxo, mas uma coisa era uma "bênção" e outra uma repetição do rito.

Roncalli se apressou em ir à corte e apresentou ao primeiro ministro protestos oficiais, que não foram sequer considerados. A cerimônia se realizou, soleníssima, como se a de Assis nem sequer tivesse existido.

Pio XI ficou furioso. Pediu a Roncalli que lhe mandasse os acordos que o rei tinha assinado, mas Roncalli respondeu que não havia acordo escrito.

– Para mim – disse –, a palavra de um rei é sagrada.

Os inimigos de Roncalli se regozijaram. Tinham mirado com inveja a audiência que Pio XI lhe tinha concedido logo depois da cerimônia de Assis. Agora pressionavam para fazer com que ele perdesse o posto. Roncalli se sentia no olho do furacão, mas conseguia manter a calma interior. "Aqui a vida passa entre jornadas tumultuadas", anotou no seu *Diário*.

O caso da cerimônia nupcial na Igreja Ortodoxa me proporcionou muitos aborrecimentos. Estou contente com a calma que não me faltou também em dar os passos mais difíceis que me foram impostos pela minha consciência.

Roncalli sabia que o Papa não esqueceria aquela afronta. E sabia que uma crítica oficial e pública do pontífice não seria do agrado do Rei Boris, nem agradaria à casa de Savoia. Tentou esconjurá-la por uma mediação diplomática. Pediu ao rei e ao governo búlgaro que fizessem uma declaração, explicando que a cerimônia de 30 de outubro não fora uma "repetição" do rito religioso do matrimônio já celebrado em Assis, mas apenas uma bênção, como já estava previsto. Mas não conseguiu nada, porque Boris tinha garantido aos ortodoxos búlgaros que só a cerimônia em Santo Aleixo era válida para o seu matrimônio.

E como Roncalli previra, aconteceu o pior. Na véspera do Natal, ao apresentar a sua encíclica sobre o matrimônio cristão aos cardeais, Pio XI pronunciou palavras de dura condenação para o rei búlgaro e a rainha italiana, culpando-os de não terem mantido as promessas que tinham feito. A declaração teve um vasto eco internacional, provocando amargura e dor tanto na casa de Savoia como na corte búlgara.

No dia 27 de dezembro, Roncalli escreveu numa carta ao seu amigo Dom Jean-Damien Theelen, bispo de Nicópolis:

> Mais angustiante é o pensamento da minha inútil ação em persuadir rei e governo a uma simples declaração acerca do alcance da cerimônia de 30 de outubro. Declaração que teria impedido a solene palavra do Papa, da qual eles não podem agora se alegrar. Confesso, desagrada-me sinceramente a dor que Sua Majestade teve de provar. Mas para todos os outros, e também para ele, esperamos que o acontecido seja uma providência que fará compreender como não se brinca com o Papa, e menos ainda com o Senhor e com as coisas santas.

Entre as tantas amarguras daqueles dias, Roncalli teve a consolação de saber, de Roma, que o Papa tomara a sua defesa contra aqueles que queriam atribuir a ele a responsabilidade pelo que tinha acontecido.

Pio XI não gostava das críticas que eram feitas a Roncalli, e continuava a ter confiança nele. E para demonstrar aquela confiança, sobretudo àqueles que na Cúria romana queriam a cabeça do bispo bergamasco, em 26 de setembro de 1931 o nomeou delegado apostólico, título mais importante que visitador apostólico. Roncalli se torna assim o primeiro delegado apostólico da Bulgária. O Vaticano aumentou o seu estipêndio e lhe concedeu também um secretário. Foi mandado de Roma o Padre Giacomo Testa.

Pouco a pouco as polêmicas suscitadas pelo casamento do rei foram esquecidas e Roncalli retomou a sua atividade normal.

Mas, em 13 de janeiro de 1933, nasce a primeira filha de Boris III, e a velha questão jurídica voltou a ser atualidade.

Os bispos ortodoxos se precipitaram para a corte, a fim de que o Batismo da menina fosse entregue a eles. A imprensa local tomou imediatamente posição a favor dos ortodoxos, considerando a eventualidade de um Batismo com rito católico como uma ingerência estrangeira na corte do rei búlgaro. Dom Roncalli seguia os acontecimentos pelos jornais. O Rei Boris quis se encontrar com ele para informá-lo pessoalmente que o Batismo seria celebrado com rito ortodoxo.

Dom Roncalli lembrou-lhe, logo após a cerimônia religiosa de Assis, que tanto ele como sua mulher Giovanna tinham se comprometido por escrito ao Batismo católico dos filhos, mas o rei não respondeu.

O Batismo foi celebrado com rito ortodoxo, e foi dado o nome de Maria Luísa à menina. Dom Roncalli então redigiu um protesto oficial.

Os jornais polemizaram sobre aquela intervenção, mas nem todos. Alguns tomaram a defesa do delegado apostólico, em demonstração do muito que Roncalli era estimado na Bulgária, e isso irritou muito Boris III.

Roncalli pediu audiência ao rei, mas Boris recusou-a. O delegado apostólico deixou para ele um bilhete amargo na sala de espera: "O senhor me enganou". O rei deu ordem que ele fosse banido da corte por um ano.

Roncalli lhe escreveu:

> Penso na dor do Santo Padre e de todos os bons católicos do mundo, e fico mais triste refletindo que nenhuma verdadeira vantagem poderá vir nem para a sua família real nem para o verdadeiro bem do povo búlgaro desses contínuos

abusos contra a consciência humana em matéria religiosa, que se repetem a cada viragem da história e da vida deste infeliz e, mesmo assim, querido país.

O rei respondeu:

> Sua Excelência sabe perfeitamente que eu sou católico pela minha família e pelo meu Batismo. Se agi duas vezes como fiz, foi unicamente em consideração pelo interesse do meu país. O Santo Sínodo começa a duvidar da minha lealdade em relação à Igreja Ortodoxa. Os comunistas aproveitariam a mínima ocasião para revoltar o povo contra mim. Devo fazer tudo quanto me é possível por este país dividido e lacerado.

Justificações talvez até compreensíveis, mas que não podiam ser levadas em consideração pela Igreja. Pio XI em Roma, em consistório, manifestou a sua "penosíssima surpresa" por terem sido violadas "promessas formais e explícitas, feitas, escritas e assinadas por mãos augustas".

A situação era pesada. A casa de Savoia se mostrava agastada. Visto que os de Savoia eram aparentados com muitas das cortes europeias, as críticas a Boris choviam de todos os lados.

A Rainha Giovanna tentou aliviar a tensão. Em 19 de março, festa de São José e onomástico do delegado apostólico, que se chamava Angelo Giuseppe, foi assistir à missa na igreja católica, celebrada por Dom Roncalli. No final, quis dar os parabéns ao delegado, presenteando-o com um belíssimo missal antigo.

Entretanto, tinham voltado a circular notícias de uma transferência de Roncalli e, desta vez, eram verdadeiras. Pio XI sabia que o delegado apostólico não tinha nenhuma culpa, mas devia demonstrar ao rei a sua desaprovação. Roncalli escrevia no seu *Diário*:

176

Mudar de posto ou ficar aqui ainda muito tempo; tornar--me núncio ou ser nomeado bispo na Itália; ter um posto em Roma ou acabar cônego: tudo me é indiferente. Não me preocupo com o que o mundo possa dizer, porque o mundo julga pelas aparências e quase sempre erra. Para mim, basta o testemunho da minha boa consciência e saber que o Santo Padre está contente com a minha modesta obra. Agora há tudo isto. Por que me inquietar com outra coisa?

Em outubro daquele ano, Roncalli dirigiu-se a Roma para ganhar as indulgências do Jubileu, instituído pelos 1.900 anos da morte de Cristo. Teve a confirmação de que seria removido do cargo, embora não imediatamente. Voltou a Sófia e retomou tranquilamente a sua atividade, como se houvesse de permanecer naquele posto para sempre.

O Rei Boris também procurou reconciliar-se com Roncalli. Aproveitava toda ocasião para fazer com que ele entendesse que tinha esquecido tudo o que acontecera entre eles.

Em setembro de 1934, no encerramento do IV Congresso de Estudos Bizantinos realizados em Sófia, o rei deu uma grande recepção à corte. Entre os convidados, estava o Delegado Apostólico Angelo Roncalli, ao qual o rei demonstrou publicamente a sua estima e admiração. Nessa ocasião, Roncalli se encontrou também com o Metropolita Stefen Gheorghiev, e ficou longo tempo conversando com ele.

Roncalli tinha retomado plenamente o seu papel de mediador. Ele era realmente o diplomata de maior prestígio na Bulgária. Mas agora era tarde. A decisão em Roma fora tomada. O Papa queria mostrar ao Rei Boris a sua indignação e, assim, em 17 de novembro de 1934, Roncalli é informado pelo substituto da Secretaria de Estado, o Cardeal Pizzardo, que seria transferido para a delegação apostólica da Turquia e Grécia. E no dia 24 do mesmo mês, chegou a comunicação oficial. Roncalli escreveu no seu *Diário*: "Depois de dez anos, este país se tornou querido para mim. Mas devo obedecer".

Preparou a sucessão. Para o seu lugar, fora nomeado Dom Giuseppe Mazzoli.

Roncalli decidiu que deixaria a delegação no ano novo. Queria passar as festas de Natal entre os búlgaros. Fez um discurso de adeus na Igreja de São José, durante a missa de Natal. Um discurso comovido, no qual quis manifestar àquela gente todo o seu amor. Entre outras coisas, ele disse:

> Segundo uma velha tradição da Irlanda católica, na Vigília de Natal, as pessoas colocam no peitoril da janela uma vela acesa. Querem indicar a São José e à Virgem Maria, que buscam refúgio na noite santa, que naquela casa, ao lado da lareira e da mesa posta, uma família os espera. Onde quer que eu estiver, mesmo que seja no fim do mundo, se um búlgaro desorientado passar diante da minha casa, encontrará à minha janela a vela acesa. Baterá à minha porta e ela lhe será aberta, seja ele católico ou ortodoxo. É um irmão da Bulgária e só esse título lhe bastará para entrar e encontrar na minha casa a mais calorosa e afetuosa hospitalidade.

O seu amor pela Bulgária foi sempre grande. Nunca se esqueceu daquele povo que, sob certos aspectos, assemelhava-se à sua gente bergamasca. Mesmo depois de ter deixado Sófia para outras destinações, continuou a se interessar pelos búlgaros.

Por exemplo, quando era núncio em Paris e, naquela cidade, em 1947, se realizavam os tratados de paz. A delegação búlgara, chefiada pelo Ministro do Exterior Koralov, era tratada com frieza por parte das delegações das potências aliadas; tinha o apoio apenas dos russos. A Bulgária, que durante a guerra fora aliada de Hitler e Mussolini, se encontrava mais uma vez no banco dos réus. Dom

Roncalli se deu conta e sofria com isso. Decidiu ajudar os seus velhos amigos. Na qualidade de núncio apostólico e decano do corpo diplomático, deu uma grande recepção, à qual, pela primeira vez, junto com todos os representantes e todas as delegações reunidas em Paris para resolver os problemas da guerra, foi convidada também a delegação búlgara. Esse era o único modo de pô-la em contato com as delegações dos outros países. Dom Roncalli, avisado da chegada dos componentes da delegação búlgara, se levantou e foi ao encontro deles. Já de longe exclamou em alta voz: "Eis os meus amigos búlgaros". Diante dessa expressão cordial e da acolhida afetuosa, os outros representantes não puderam senão tratar com a mesma gentileza a representação búlgara, que assim encontrou o modo de se inserir nas negociações em curso.

Também quando Papa, Roncalli se lembrava frequentemente dos búlgaros. Uma vez quis exprimir o seu afeto por aquela nação durante um discurso público. Foi na Páscoa de 1959. A primeira Páscoa que celebrava como pontífice. Em conexão com as emissoras de meio mundo para a radiomensagem, a certa altura disse:

> E quem não quererá compreender-nos e perdoar-nos se, elevados por disposição singular de providência ao abraço pastoral e paterno de todas as nações da terra, igualmente chamadas e educadas ao longo dos séculos à fé e à graça de Jesus Salvador, o nosso coração não pode segurar uma palpitação de mais ardente ternura pelos filhos de um povo forte e bom que encontramos ao longo do nosso caminho, e com o qual partilhamos a vida dos nossos anos mais vigorosos, além e aquém do grande Bálcã, num exercício de ministério pastoral, inspirado e recíproco sentimento de respeito e de fraternidade cristã? Gostamos de recordar com sempre viva afeição aquela brava gente laboriosa, honesta e sincera, a sua bela capital Sófia, que nos reconduz à antiga arte dos primeiros séculos cristãos e às épocas nobres e

gloriosas da sua história. Faz muitos anos agora que a visão daquele querido país se afastou dos nossos olhos; mas todas aquelas amáveis pessoas e famílias conhecidas vivem no nosso coração e na nossa oração diária.

– Aquelas palavras ressoaram em todo o mundo e puseram em dificuldade os dirigentes comunistas da Bulgária – me contou Estêvão Karadgiov, o escritor búlgaro, amigo de Roncalli quando este estava em Sófia. – Enquanto o povo exultava, comovido por aquela demonstração grandiosa de afeto, os dirigentes não sabiam como se comportar. Fazia pouco tempo que eu tinha voltado à liberdade, depois de ter cumprido oito anos de dura prisão. Todos sabiam que eu fora amigo de Dom Roncalli, e que tinha trabalhado com ele. Os dirigentes comunistas me chamaram: "Não se preocupe", disseram-me, "não queremos submetê-lo a outros interrogatórios. Sabemos que era amigo de Dom Roncalli, que agora é Papa em Roma. Sabemos que o povo continua a chamá-lo pelo nome, a invocá-lo, a falar das suas obras. Mas o que esse homem fez na Bulgária? Nós queremos saber". Contei tudo o que Dom Roncalli tinha realizado durante os dez anos da sua permanência no nosso país. Deixei claro que ele sempre agiu apenas para dar testemunho de amor e de fraternidade entre os homens, e que se preocupou, sobretudo, com os pobres e os camponeses. Por isso o povo agora o invoca e fala dele. "Não é possível que aquele homem tenha agido sem interesse", me responderam. "Pensaremos como fazer para ser esquecido". Mandaram-me embora. Mas nunca conseguiram apagar do coração do povo búlgaro a lembrança de Angelo Roncalli, que se tornou cada dia mais luminosa e viva.

Sob o jugo de Atatürk

Era 4 de janeiro de 1935. Pelas nove horas da manhã, Dom Angelo Roncalli deixou o escritório da delegação apostólica de Sófia, cumprimentou as poucas pessoas que tomavam conta da casa, e embarcou no carro que devia levá-lo à estação ferroviária.

Fazia muito frio. O rígido inverno búlgaro estava no auge do seu furor.

Enquanto o carro rodava lentamente pela estrada gelada, Roncalli lembrou outro 4 de janeiro. O de 1901, quando, de trem, chegara a Roma para estudar no Seminário romano. Tinha então 19 anos. Era a sua primeira transferência para longe de casa, de Bérgamo, da sua terra.

Quantas viagens desde então... Nos trens, passara um tempo infinito. Roma, Bérgamo, Sófia. Agora também Istambul: estava para iniciar outro período de longas viagens, desta vez entre a Itália e a Turquia.

Recordava também o dia 27 de abril de dez anos antes, quando chegara a Sófia. Partiu de Milão no dia 25 e passou dois dias inteiros no Sempion Orient Express, um trem que depois tomaria muitas vezes. Fizera aquela viagem com o coração em alvoroço, emocionado e assustado com o início de uma aventura que não sabia até onde iria. Agora que pensava nisso, notava que em dez anos acontecera de tudo. Tinha feito experiências incríveis. Mas depois

181

de todo aquele tempo, estava de partida para outra aventura, que se apresentava ainda mais obscura, imprevisível, sem horizontes.

Deixou-se cair no assento traseiro do carro. Olhava em volta. Conhecia cada casa, cada prédio. Também em Sófia conservara o costume de fazer uma caminhada todo dia e, ao caminhar, os lugares se imprimem melhor na mente. A cidade estava se animando, mas havia pouca gente circulando, por causa daquele frio.

Perto da estação, os seus pensamentos foram distraídos por um vistoso grupo de pessoas à entrada. Tinha visto o grupo pela janela do carro. "Será que houve um atentado?", perguntou-se.

Tinha aprendido que os atentados não eram certamente raros naquela nação sempre agitada. Mandou parar o carro a certa distância da entrada principal da estação. Antes de descer, olhou com suspeita para as pessoas e percebeu que o espesso grupo estava se aproximando do carro. Ficou imóvel no assento, atemorizado. Depois reconheceu algumas pessoas. Na primeira fila estavam duas personalidades políticas que faziam parte do governo. Ao lado delas, um colaborador do metropolita ortodoxo, e tantos rostos conhecidos. Amigos, muitos amigos. Entendeu que aquela gente estava ali por causa dele, e sentiu um nó na garganta.

Abriu a porta do carro e desceu embaraçado.

– Viemos aqui cumprimentá-lo e trazer-lhe os cumprimentos do rei e da rainha – disse o representante do governo.

– E também os de Sua "Beatitude", o metropolita ortodoxo – acrescentou o eclesiástico. As pessoas, atrás das autoridades, agitavam as mãos, abanavam lenços, enviavam saudações.

Monsenhor Roncalli fora pego de surpresa.

— Muito obrigado — murmurou, sem conseguiu dizer outra coisa.

Estava comovido. Não esperava aquela cena. Tinha grande afeição pelos búlgaros, mas não acreditava ser tão amado por eles. Nos últimos anos houvera polêmicas com a família real, duras, mas sinceras. O rei tinha certamente entendido e, por isso, enviava dois representantes oficiais seus para apresentar uma última saudação.

A multidão se apertou em redor dele e o acompanhou até dentro da estação, até o trem. Roncalli subiu ao compartimento com o coração cheio de alegria e comoção. Debruçou-se à janela. Quando o trem pôs-se em movimento, não pôde segurar as lágrimas.

O seu pensamento voltou atrás, ainda uma vez, dez anos antes, quando chegara de Milão àquela mesma estação e encontrara apenas algumas pessoas para recebê-lo. Desconhecidos, mas que nunca esqueceu, porque lhe tinham sido um grande consolo. Deixar a família e a pátria tinha sido muito doloroso e aquelas pessoas cordiais lhe tinham feito entender que podia ter irmãos também na Bulgária. Com o passar dos anos, os irmãos búlgaros se tornaram uma multidão.

Desta vez, partir se mostrou ainda mais doloroso do que poderia imaginar. Não só porque na Bulgária deixava pessoas e lugares aos quais se tinha afeiçoado muito, mas, sobretudo, pela incerteza do futuro.

"Tenho 53 anos", disse para si Dom Roncalli, enquanto colocava em ordem, no compartimento, as coisas que trouxera para a viagem. Sentia-se velho. Sentia-se cansado. E até um pouco fracassado.

Não tinha realizado grande coisa na sua vida. Mudara cinco vezes de trabalho. Fora secretário de um bispo, professor em seminário, fundara uma obra social para os estudantes, trabalhara em Roma, tornara-se visitador apostólico na Bulgária. Cada vez tinha pensado que finalmente encontrara o caminho que o Senhor lhe tinha reservado e se atirava ao trabalho com grande empenho para se tornar um especialista, um profissional naquele campo. Depois acabava tudo e tinha de recomeçar do início.

E agora, aos 53 anos, uma nova missão. A Turquia. Mas quanto lhe restaria? Dois, cinco, sete anos? E depois?

Quando era jovem, recomeçar tudo do princípio não lhe pesava. Era animado pela esperança de conseguir, de realizar algo definitivo. Agora, porém, sentia que não tinha mais ambições. Na próxima mudança, seria o fim; estava certo de que o tinham mandado tapar algum buraco enquanto esperava a aposentadoria.

Mas se as incertezas do futuro o atemorizavam, o tempo que passava não o preocupava. Como bom camponês, Roncalli tinha uma visão concreta da realidade, e não tinha medo do tempo que transcorria, dos anos que aumentavam, do corpo que ficava pesado. Sabia que isso era o ritmo da vida, da natureza, das estações. E dentro de si sabia também que os fracassos que tinha colecionado contavam pouco. Ele vivia "na presença de Deus", viajava pelo mundo pronto a cumprir o seu dever. No final das contas, era feliz por ter, como prêmio, uma "consciência tranquila".

Esses pensamentos o reanimaram. Faria o seu dever como sempre. E quando o aposentassem, se retiraria a Sotto il Monte, onde há tempo preparava o seu refúgio para a velhice. Sentia-se rico e afortunado por ter tido a possibilidade de alugar alguns quartos em Ca' Maitino. Mesmo de longe, continuava a dar disposições aos parentes para melhorá-los, para embelezá-los, para mobiliá-los. E quando conseguia poupar duas liras, pensava sempre em Ca' Maitino, porque esse seria o lugar do seu descanso. Mais uma vez, o pensamento das suas raízes, da sua terra, do afetuoso calor da sua família bastou para acalmar todo medo. Colocou-se nas mãos de Deus e preparou-se para enfrentar a nova responsabilidade.

Na estação de Istambul, se encontrou com Padre Angelo Dell'Acqua, secretário da delegação apostólica, que tinha ido recepcioná-lo. Foram juntos para a nova sede.

O local era magnífico. Da janela do quarto, Roncalli podia ver o Bósforo. Uma vista encantadora.

No dia seguinte, supervisou as dependências da delegação e, depois, quis fazer uma breve visita de cortesia, não prevista pelo protocolo, a Vali Muhidden Ustundag, governador da cidade. O governador, desconfiado, o recebeu friamente, mas acabou sucumbindo ao fascínio de Roncalli, e os dois terminaram bebendo um drinque no terraço que dava para o Bósforo.

Em 6 de janeiro, domingo, festa da Epifania, Roncalli celebrou a sua primeira missa na Catedral do Espírito Santo, uma igreja modesta, com abóbada de aresta, tipo basílica, construída em 1846, mas da qual Roncalli gostava muito, porque era a igreja dos fiéis que o Senhor tinha confiado a ele.

O cargo que recebeu de Roma era o de delegado apostólico para a Turquia e a Grécia. Além disso, foi nomeado administrador apostólico para os fiéis de rito latino de Constantinopla. O título de arcebispo de Areópolis, que lhe fora dado no momento da consagração em Roma, foi mudado para arcebispo de Mesembria.

Na Turquia, encontrava uma situação dramática para a atividade que devia desempenhar. O seu predecessor, Dom Carlo Margotti, se cansara e abandonara o cargo.

Roncalli conhecia as dificuldades. Já havia tido contatos com a delegação apostólica de Istambul. Em dezembro de 1928, esteve em Bebek, bairro à margem do Bósforo, para fazer os exercícios espirituais, e, logo depois, fez uma visita apostólica aos católicos georgianos da Turquia. Em junho de 1931, foi hóspede na delegação de Istambul para as celebrações do sétimo centenário da morte de Santo Antônio de Pádua. Cada vez trocou opiniões e impressões com sacerdotes e religiosos, escutando os relatos do que estava acontecendo naquele país.

Portanto, não alimentava ilusões. Pouco antes de deixar Sófia, escrevera a um amigo:

> Chove a cântaros naquele país. Acontecerá de eu ter de caminhar rente à parede e como melhor puder. Gosto de andar devagar. Quem sabe não consiga ir longe, apesar das peripécias e das dificuldades que se anunciam. Basta que possa entrar...

A última frase se referia ao fato de que o Estado turco não reconhecia nenhuma autoridade religiosa, e Roncalli tivera de entrar em Istambul incógnito, como um turista normal.

Tendo saído da Primeira Guerra Mundial derrotada e à beira da catástrofe, a Turquia estava fazendo a sua longa e difícil caminhada para a modernização. No começo dos anos de 1920, tinha encontrado um chefe carismático no General Mustafa Kemal. Ele se rebelou contra o Sultão Maomé VI, e proclamou a República. Denominou a si mesmo "Atatürk", que significa "Pai da Turquia".

A sua meta era destruir as ligações com o passado e transformar a República turca num Estado moderno, em nada diferente ou inferior aos Estados europeus. De país muçulmano, a Turquia se tornava um país que rejeitava o Islã e todas as outras religiões, consideradas sinal de atraso.

Para realizar a mudança, Atatürk foi obrigado a usar a força, às vezes sem piedade. Teve de derrubar tradições milenares, que se entrelaçavam com superstições religiosas que se tinham tornado poderosas e intocáveis.

Conseguira despedaçar o poder do califa e dos mulás. Com a nova Constituição, tinha ocidentalizado o país. Tornara obrigatório o alfabeto e o calendário europeus, suprimira o dia de oração muçulmano (a sexta-feira), substituindo-o pelo domingo. Adotara o código civil suíço e o código penal italiano. Abolira a poligamia e fizera aprovar leis para a emancipação da mulher. Proclamara a laicidade do Estado e, consequentemente, a religião muçulmana não era mais "religião do Estado". O governo, ademais, não reconhecia nenhuma fé religiosa, e era proibida qualquer manifestação religiosa. As escolas deviam ter professores com títulos reconhecidos pelo Estado, de outro modo seriam nacionalizadas. Todas as obras assistenciais, beneficentes, hospitalares deviam ser gradualmente absorvidas pelo Estado. Tinha até transferido a capital da antiga Istambul para a moderna Ancara.

Um plano de mudança radical, que abrangia todos os setores, inclusive as atividades dos estrangeiros presentes na Turquia. Sobretudo as atividades da Igreja Católica, ou seja, as escolas, institutos religiosos, organizações beneficentes. Todas as comunidades católicas presentes no país estavam, por isso, em efervescência. Diversas ordens religiosas tinham fechado as suas residências e transferido o pessoal para outros países. Mas Roncalli, enviado àquele país para representar a Santa Sé, recebera a ordem do Papa de "resistir a todo custo". Era preciso, portanto, permanecer no campo.

Roncalli entrou em ação. Nesses dias, escreveu:

> Muita gente tem pena de mim e me chama de infeliz. Não sei por quê. Sigo a obediência que se pede de mim, e nada mais. Certamente não me entristeço diante do lento, mas

fatal, fim dos arreios do catolicismo e do nacionalismo de outros tempos. Talvez estejam reservados para mim dias ruins e situações penosas. Mas não deixo de olhar para o alto e para longe.

Ele via em Atatürk um trator que esmagava tudo, mas destruía também as velharias gangrenadas que sufocavam todo valor do espírito. Desse ponto de vista, não o condenava.

Algumas semanas depois de sua chegada a Istambul, escreveu a um amigo italiano, Francesco Cocconi, que então era coronel, mas que depois se tornaria general:

> Sou realmente, segundo uma imagem de São Francisco de Sales, como um pássaro que canta numa mata de espinhos. Também aqui, como em Sófia, convém que eu comece do zero. Também este é um povo novo para a vida moderna, e faz muitos esforços para se erguer. Naturalmente emprega as suas asas. É preciso respeitá-lo nesta tentativa de acabar com o velho sistema de considerar certos povos como a massa condenada de que fala Santo Agostinho. Todos os povos são capazes de se elevar, e a Igreja encoraja todos eles, mesmo quando, por certos impulsos irrefletidos, ela tem de sofrer por isso. O Senhor nos ajudará a tirar das dificuldades daqui o triunfo dos seus desígnios de misericórdia para todos.

Em Istambul, Roncalli era responsável por 35 mil católicos que viviam na cidade e nos arredores. Eram católicos de rito latino, de várias nacionalidades, como franceses, italianos e austríacos, e também uma grande variedade de católicos uniatas, armênios, caldeus, sírios, georgianos, maronitas, melquitas, búlgaros e gregos. Uma verdadeira Babel. Só um milagre poderia mantê-los unidos. E esse era o sonho de Roncalli.

Além disso, queria estabelecer boas relações com os cerca de 100 mil cristãos ortodoxos que estavam então reunidos em torno do seu Patriarca Ecumênico Fócio II.

Depois de ter destruído o poder e os privilégios do sultão e dos mulás, Atatürk estava atacando os representantes das outras religiões. Um mês depois da chegada de Roncalli, o semanário diocesano *A vida católica* é supresso pelo governo. E a mesma coisa aconteceu com todas as publicações consideradas propaganda católica. No dia 3 de fevereiro de 1935, numa carta a Dom Adriano Bernareggi, bispo coadjutor de Bérgamo, Roncalli escreveu:

> Não sei o que tratarei na carta pastoral da Quaresma, nem se poderei publicá-la. Restar-me-á apenas falar da liturgia e da oração. Até as virtudes teologais começam a ser um tema proibido. Esperamos pelo menos que se possa falar da caridade. Fazer caridade aos turcos em certas circunstâncias, como no recente terremoto das ilhas vizinhas do Mar de Mármara, é perigoso.

Naqueles meses, Atatürk decidiu também abolir todos os hábitos religiosos cristãos. Já que, em nome da modernidade, os muçulmanos tiveram de renunciar ao fez, o barrete cônico tradicional, os cristãos e os ortodoxos também deviam renunciar às suas vestes talares e túnicas religiosas.

Atatürk promulgou uma lei que entraria em vigor no dia 13 de junho de 1935, proibindo o uso em público de roupas e distintivos religiosos de todo tipo. Muçulmanos, sacerdotes católicos e ortodoxos, pastores protestantes, frades, freiras, religiosos de toda ordem deviam circular pelas ruas da Turquia apenas em roupa civil, como qualquer outro cidadão.

Padres velhos, religiosos barbudos, freiras idosas, que durante a vida toda se vestiram usando a túnica ou a veste talar, ficaram perdidos e transtornados. Para eles, usar trajes civis era como sair de casa nus. O patriarca ortodoxo declarou que não sairia mais da sua residência. E muitos padres, também católicos, estavam decididos a fazer o mesmo. Algumas congregações de irmãs receberam a ordem dos superiores gerais de voltar para o seu país.

– Calma, devemos manter a calma – continuava a repetir Dom Roncalli. – Esta imposição é desagradável, mas não é pior que muitas outras. Para nós, é muito mais grave o lento sufocamento que o Estado turco está fazendo das escolas católicas.

No dia 13 de abril, Roncalli escreveu ao ex-bispo de Bérgamo, Luigi Marelli:

> Também as dificuldades que nos ultrapassam ajudam todos a amarem a vida religiosa. Como sabe, em junho deveremos todos usar o traje secular, padres, frades, monges. Grande sofrimento para todos. E devemos ficar contentes se parar por aqui. Esperamos que não se repitam aqui as coisas do México.

Referia-se aos muitos sacerdotes martirizados no México durante a revolução do início do século.

"Obedecendo sem reclamar às disposições do governo", afirmava Roncalli nos vários encontros com o clero e os religiosos, "nós católicos podemos demonstrar que somos disciplinados, que trabalhamos pela paz e pelo progresso".

Para dar coragem aos medrosos e aos tímidos, pensou em organizar uma "jornada de mudança". Quis "carregar" o dia 13 de junho, dia em que todos os eclesiásticos deveriam começar a se vestir à paisana, com um significado espiritual particular e intenso. Deu ordem a todo o clero e a todos os religiosos que se reunissem, naquele dia, festa de Santo Antônio, na igreja dedicada ao santo, no centro da cidade. Ele celebrou a santa missa, fez um longo discurso convidando todos a fazer do sacrifício que o governo pedia, a começar daquele dia, um dom ao Senhor. Em vez de "sofrer" o incômodo ao qual eram contrários, deviam "aceitá-lo" e "transformá-lo" em oração. No final da cerimônia, as pessoas viram sair da igreja uma procissão de sacerdotes vestidos à paisana. Um pouco embaraçados, um pouco confusos, mas sorridentes. E, na frente, Dom Roncalli, num amplo e solene terno.

No dia 24 de julho de 1935, Dom Roncalli recebeu uma carta de casa, a qual o informava que seu pai estava muito doente. Foi uma dor tremenda para ele. Quisera partir imediatamente para Sotto il Monte, mas, dadas as circunstâncias particulares, não podia sair. Escreveu uma carta para a mãe, na qual, entre outras coisas, dizia: "Quando há um doente grave em casa, é como se o próprio Jesus fosse também visivelmente o nosso hóspede, que está ali sentado, a confortar, a abençoar, a santificar". Infelizmente, essa carta chegou quando Giovanni Battista Roncalli já estava morto. Os familiares informaram a Dom Angelo com um telegrama, ao qual ele respondeu:

> Nesta manhã, recebi o anúncio doloroso, tive necessidade de recolher-me totalmente sozinho na capela para chorar como um menino. Agora estou um pouco mais consolado, mas os olhos estão sempre prontos a verter lágrimas.

Não foi possível para ele tampouco participar dos funerais. Escreveu para casa no dia 29 de julho:

> Entretanto lhes direi que a notícia da morte começou imediatamente a chamar gente para a delegação. No dia seguinte, quatro jornais de Istambul e *L'Osservatore Romano*

deram o anúncio. Serão celebradas centenas de missas de sufrágio, serão feitas milhares de comunhões. Para a quinta-feira se prepara um solene ofício fúnebre nesta basílica catedral. Creio que será uma cerimônia imponentíssima. Com isso vocês divisarão uma nova compensação para a circunstância, para mim tão dolorosa, de não ter podido ir pessoalmente a Sotto il Monte.

No dia 1º de agosto, na catedral, ele celebrou em sufrágio de seu pai uma missa de réquiem que foi cantada por um coro de 75 pessoas. No dia 2 escreveu para a família:

> [...] tudo isso se deve à bondade do nosso querido pai e da nossa mamãe de ter dado um filho para o serviço do Senhor, e também ao sacrifício realizado de deixá-lo ir para longe... Se não fosse assim, quem teria sabido dele, pobre e querido pai nosso; quem teria rezado por ele?

Em nome de toda a família, quis mandar imprimir um santinho de recordação do pai e preparou pessoalmente a dedicatória, que dizia:

> Em piedosa memória de Battista, seu venerado pai, dizem paz e bênção, em íntima comunhão com a mãe caríssima, os filhos Angelo, arcebispo de Mesembria, Zaverio, Alfredo, Giovanni, Giuseppe, as filhas Teresa, Ancilla, Maria, Assunta, santificando-se com o propósito de honrar sempre os exemplos e os ensinamentos dele, que procurou no temor de Deus os caminhos da sabedoria cristã, a calma imperturbável entre as muitas preocupações da vida, a fonte inexausta das mais puras consolações.

Ao enviar o santinho ao seu amigo Francesco Cocconi, escreveu-lhe:

Paciência. Neste ano tive a dor de perder o meu querido pai e não pude correr para assisti-lo... Mas me consolo porque pude alegrá-lo por longo tempo, pude ser o consolo dos seus últimos anos. Na minha terra, teve funerais dignos de um príncipe, e ele era um pobre lavrador do campo. Mas tinha profundo temor de Deus. Considero-o feliz na alegria dos santos.

Em Sófia, para poder comunicar-se melhor com os seus fiéis, Dom Roncalli aprendera o búlgaro. Agora tentava se exprimir em turco. Era homem com o sentido profundo das tradições, mas não era defensor encarniçado da língua latina nas funções religiosas. O que ele queria era que as pessoas compreendessem, quando rezavam, o que estavam dizendo.

Naquele tempo, introduzir nas funções religiosas orações que não fossem em latim era quase blasfemo. Mas Roncalli sentia esse desejo e estava impaciente para podê-lo realizar. Queria que os fiéis aprendessem, ao se dirigirem a Deus, a "dizer" coisas com o coração, não a pronunciar fórmulas cujo significado não compreendiam. Hoje, pensar em rezar pronunciando fórmulas incompreensíveis nos parece absurdo. Mas por centenas de anos isso aconteceu na Igreja Católica. A classe culta, que tinha estudado, compreendia o que dizia a Deus em latim. Os pobres e incultos, porém, recitavam frases para eles misteriosas, que tinham o mesmo valor de um "abracadabra" e nada mais. As primeiras tentativas de desmantelar esse bárbaro e absurdo costume foram feitas pelos missionários, que viviam longe de Roma, e também Roncalli o tentou, primeiro na Bulgária, depois na Turquia.

No Natal de 1935, no primeiro ano da sua permanência em Istambul, escreveu ao seu amigo Coronel Cocconi:

> Hoje, continuando o sistema que experimentei em Sófia, começo a homilia lendo uma página inteira do Evangelho em

turco moderno, que venho estudando com o máximo empenho e, de tarde, introduzi o canto do *Bendito seja Deus* também em turco. Pequenos passos que talvez me abram o caminho para uma admissão mais profunda.

Mas Roncalli encontrou muitas dificuldades também nessa iniciativa. Não era fácil encontrar tradutores peritos que, além da tradução das palavras, conseguissem também transferir o sentido exato da frase. Ele se deu conta disso quando tentou mandar traduzir a Ave-Maria. Como traduzir "Deus" em turco? Por "Alá"? E como traduzir a frase "Maria, Mãe de Deus"? "Maria, Mãe de Alá"?

A tradução soava estranhíssima aos ouvidos tanto dos cristãos como dos turcos, e também, teologicamente, não era perfeita. Mas não se deteve na primeira dificuldade. Roncalli pensava que, com o tempo, e talvez com a ajuda de especialistas, que certamente encontraria, essas dificuldades seriam contornadas.

Assim estabeleceu que, a partir de 12 de janeiro de 1936, algumas orações, que mandara traduzir, fossem recitadas em turco na Catedral do Espírito Santo. E a mesma coisa deveria ser feita nas outras igrejas sob a sua jurisdição.

Tratava-se de pequenas inovações que, segundo Roncalli, podiam tornar a Igreja mais autenticamente "católica", no sentido de "comum", "universal", e mais agradável entre o povo turco. Mas essas mudanças não foram apreciadas por todos. Alguém denunciou Roncalli a Roma e imediatamente chegaram as censuras e as proibições. Amargurado, escreveu em outubro de 1936:

> Não mereço nada, e não sofro de nenhuma impaciência. Constatar, porém, a distância entre o meu modo de ver as situações no local e certas formas de avaliação das mesmas coisas em Roma me faz muito mal: é a minha única verdadeira cruz.

Além da Turquia, Roncalli era responsável também pela Grécia. Se em Istambul encontrara tantas dificuldades, com a Grécia as coisas se revelariam ainda mais complicadas.

A Grécia ortodoxa via os católicos com desconfiança e hostilidade. Além disso, naqueles anos estava também muito irritada contra os turcos. Atatürk, para realizar os seus programas de reforma, tinha imposto a todos os estrangeiros que abandonassem a Turquia. Há anos imemoráveis, os numerosíssimos portos turcos, que dão para o mesmo mar que banha a Grécia, estavam cheios de gregos que ali trabalhavam. As disposições de Atatürk lançaram para as costas da Grécia dois milhões de pessoas privadas de tudo, irritadas e revoltadas, sempre em busca de um pretexto para desafogar a sua raiva sobre os mercadores turcos. Entre os fugitivos estavam também pequenas comunidades católicas, armênias e bizantinas, com os seus bispos.

O delegado do Papa devia se preocupar com eles, mas os gregos não queriam saber. Para eles, aquela pessoa possuía dois inconvenientes imperdoáveis: representava o Papa de Roma e morava em Istambul, cidade da odiada Turquia.

Dom Margotti, predecessor de Roncalli, nunca conseguira obter o passaporte diplomático para entrar na Grécia. Roncalli, assim que chegou a Istambul, procurou consegui-lo, porque sabia que aqueles pobres fiéis em terra grega tinham extrema necessidade de um conforto, mas, também a ele o governo de Atenas dera uma resposta negativa. Roncalli, porém, não se deu por vencido. Não ficou ofendido. Continuou a pedir e a insistir e, em maio de 1935, conseguiu finalmente um salvo-conduto para uma viagem de oito dias como turista.

Enviou imediatamente uma carta a todos os bispos, pedindo a eles que não fossem recebê-lo na sua chegada, para evitar polêmicas. Encontrou-se individualmente, quase às escondidas, dirigindo-se à sede de cada um deles. Abraçou-os como um irmão que chega de longe, e ouviu as suas dificuldades. Soube, assim, que o governo era um defensor intransigente da Igreja Ortodoxa, razão pela qual os católicos eram obrigados a passar por toda espécie de vexame. As suas condições de vida eram, na prática, trágicas. O seminário era quase inexistente e os matrimônios só podiam ser celebrados por ministros de rito ortodoxo, motivo que afastava das comunidades católicas os jovens casais. Roncalli se deu conta de que, para reverter a situação, era preciso vencer as desconfianças do governo para com a Igreja Católica e obter maiores garantias jurídicas. Uma tarefa árdua, visto que ele próprio não podia entrar naquele país a não ser como turista. Como de costume, porém, não se fechou em si mesmo diante das dificuldades. Começou, ao contrário, uma ampla ação de aproximação e de relações públicas.

Com gentileza, mas com insistência, continuou a pedir para poder entrar na Grécia. No ano seguinte, conseguiu obter uma segunda permissão, ainda de oito dias. Desta vez, porém, se apresentou levando consigo uma carta assinada por Pio XI, e disse que tinha a tarefa de entregá-la diretamente ao rei. Conseguiu, desse modo, fazer com que fosse recebido pelo Rei Jorge II. E quando esteve na presença do soberano, pôs em ação todas as suas simples, mas eficazes, artes diplomáticas. Expôs com clareza a situação dos católicos e pediu ajuda ao soberano. Jorge II prometeu ajudar. Disse a ele que os católicos, para qualquer problema, deviam apenas apresentar propostas escritas, e ele se interessaria a fim de que o governo as examinasse. Nesse meio-tempo, fez com que lhe concedessem imediatamente o passaporte diplomático, com o qual poderia entrar na Grécia quando quisesse.

196

Roncalli estava satisfeito. Finalmente conseguira arrombar uma porta. E desde aquele momento a sua ação se tornou incansável.

Percebeu que os assuntos do culto eram, na realidade, geridos pelo metropolita ortodoxo. Era, portanto, quase impensável esperar que os católicos pudessem obter alguma mudança na situação em que se encontravam, mas era preciso tentar.

Roncalli voltou à Grécia depois de alguns meses e, dessa vez, conseguiu ser recebido pelo Primeiro Ministro Joannis Metaxas, um ditador no estilo de Mussolini. Expôs também a ele os problemas dos católicos, pedindo ajuda. Metaxas ficou favoravelmente afetado pelo encontro com Roncalli, mostrando simpatia por ele. Pediu a ele que preparasse os pontos fundamentais de um acordo. Roncalli precipitou-se para Roma, formulou um acordo de princípios e voltou a Atenas. Mas, enquanto isso, alguns jornais católicos italianos atacaram com desprezo e rancor o governo de Atenas, de modo que todo o trabalho de Roncalli se perdeu.

Teve de recomeçar do princípio. E foi tudo mais difícil. Depois de tudo o que tinham escrito os jornais católicos italianos, o governo deu o seu apoio incondicionado ao metropolita ortodoxo, o qual apresentou um projeto de lei prejudicial aos católicos. Se fosse aprovado, o único ministro autorizado para os matrimônios religiosos teria sido o ortodoxo. Por isso, o que já existia na prática, e que Roncalli procurava mudar, se tornaria lei.

Era preciso, absolutamente, impedir que isso acontecesse. Roncalli continuava a fazer viagens pela Grécia, mantinha reuniões com os bispos, procurava contatos com o governo. Mas, em setembro de 1938, a lei foi aprovada e sancionada com um decreto real. Os católicos estavam desgostosos e desiludidos.

"Calma, calma", repetia Roncalli. "Antes que a lei entre em vigor, ainda se podem obter algumas concessões. O importante é manter a calma, para não irritar o governo".

Sabia muito bem que o desprezo dos gregos em relação aos "latinos", que eles continuavam a chamar de "francos", remontava diretamente aos tempos da cruzada. Escreveu numa carta: "[...] muitas roubalheiras foram feitas pelos venezianos e pelos cruzados nas Igrejas do Oriente". Ademais, naqueles anos a política de Mussolini no Mediterrâneo certamente não favorecia a distensão.

Durante as suas numerosas viagens à Grécia, Roncalli se aproveitou para uma visita ao Monte Athos, de onde voltou com uma viva impressão. Escreveu à sua mãe:

> Lá em cima, há mais de vinte grandes mosteiros, e outros vários pequenos conventos. Uma coisa única no mundo. As mulheres não podem pisar lá, e como a montanha está no meio do mar, as mulheres não podem sequer se aproximar. Houve tempo em que os monges eram cerca de 10 mil, agora diminuíram para 2 mil apenas. La em cima há uma vegetação de beleza extraordinária, mas faltam totalmente as estradas. É preciso sempre andar a cavalo por sendas dificílimas, que muitas vezes me fizeram lembrar São José e os nossos mortos, como faço sempre, para não cair. E nunca caí. Estive lá por três dias. Cada dia, pelo menos cinco horas a cavalo ou de mula: portanto, ossos quebrados, além de comer mal, dormir no chão duro etc. No entanto, essa distração me fez bem: os ácidos úricos passaram, voltei a Atenas mais ágil do que nunca.

Mas no mês de dezembro, enquanto se encontrava ainda em Atenas, foi acometido de novo por cólicas renais. Escreveu nesses dias em seu *Diário*:

Insistirei sempre em manter familiar para mim o pensamento da morte, não por tristeza, mas por luz e elevação alegre e tranquila da vida que ainda me resta cá embaixo.

Oitocentos quilômetros para uma missa

Em Istambul, o trabalho tinha aumentado. Um trabalho diferente. Roncalli pensava que tinha aprendido a se desembaraçar das dificuldades em Sófia, mas as da Turquia pareciam piores. Tinha de pisar em ovos, atento às nuanças das palavras. Quase sentia saudades da fúria aberta do Rei Boris. Mais delicadas ainda eram as relações com o governo grego. Mas os ombros de Angelo Roncalli eram sólidos e a sua paciência granítica. Fazia o trabalho diplomático por "obediência". Na realidade o fazia sofrer, porque não podia dedicar-se ao apostolado direto, como um simples pároco de aldeia. Escreveu a um amigo de Bérgamo:

> Tenho uma dignidade muito imerecida e um poder de ordem que não posso exercer nem como faz o simples sacerdote: raríssimas vezes tenho a ocasião de fazer um discursinho espiritual; confessar, nunca; o dia todo ocupado com a máquina de escrever ou em conversas aborrecidas; entre muitas dificuldades e pontadas, no meio de gente que, embora pertença a Jesus Cristo e, por direito, à Igreja Católica, de modo algum tem o sentir de Cristo, e menos ainda o sentir da Igreja; sempre em contato com os grandes chamados do mundo, mas desolado com a sua pequenez de espírito em relação ao que é sobrenatural: preparando com cuidado

acontecimentos dos quais deveria derivar tanto bem, e depois espectador da fragilidade das esperanças humanas. Carta amarga, ditada pelo seu coração paterno insatisfeito de ter de trabalhar em meio à burocracia.

Depois, porém, sabia refletir e entender que o lugar certo era aquele onde fora colocado pelos superiores.

Todavia, aonde quer que fosse e em qualquer circunstância, conseguia encontrar um modo de fazer o bem aos outros. Até porque a sua inclinação natural era a de ajudar ao próximo.

Em Istambul, não se interessava apenas por questões jurídicas, por relações com as autoridades políticas, mas também pelos problemas das pessoas pobres. Os seus fiéis, naquele torno de penúrias materiais, morais e intelectuais, desanimavam, eram impelidos a se fechar em si mesmos, para esquecer os problemas religiosos e sociais. Ele, com o seu otimismo, a sua confiança e a sua paciência, estava do lado deles, procurava ajudar a todos, ainda que apenas com uma palavra amiga ou uma pequena ajuda econômica. Dava o exemplo prático de como um cristão deve comportar-se sempre.

E fazia tudo isso às escondidas, em silêncio. Ninguém conhecia os pequenos detalhes de sua vida cotidiana. Nem sequer os seus colaboradores. Só algum amigo, com o qual se confidenciava e que tinha assim aprendido a dar valor também aos matizes do seu comportamento. Felizmente, naquele período, em Istambul, Roncalli tinha colaboradores preciosos e atentos aos valores do espírito: Angelo Dell'Acqua, Vittore Ugo Righi, Giacomo Testa, sacerdotes que fizeram depois uma grande carreira nas hierarquias eclesiásticas e que puderam relatar aquilo de que foram felizes testemunhas diretas.

No período das minhas pesquisas sobre a vida de João XXIII, no final dos anos de 1960, conheci um religioso conventual que vivera em Istambul quando Roncalli era delegado apostólico naquela cidade. Chamava-se Giorgio Montico. Fui encontrá-lo em San Pietro di Barbozza, na província de Treviso, num pequeno convento, aonde se retirara para descansar.

Formado em Teologia em Roma, em Letras na Universidade de Pádua, diplomado em Órgão e Composição no Conservatório de Veneza, Padre Giorgio Montico foi uma das personalidades eminentes da sua ordem. Por diversos anos governara, como superior, a província religiosa dos Franciscanos Conventuais na Turquia, a de Vêneto, com sede na basílica do Santo em Pádua, e depois estivera na América. Por méritos civis lhe foram conferidos o título de Cavaleiro da Coroa de Itália e a "Stella nazionale della solidarietà".

Quando enumerei as honrarias e os reconhecimentos que recebera, Padre Giorgio me disse:

— Coisas muito bonitas, mas o título que mais prezo é o de ter sido amigo de João XXIII. Não porque essa sorte me tenha trazido privilégios (quase ninguém nunca soube da nossa amizade), mas porque, estando ao lado de Roncalli e ouvindo as suas confidências, aprendi a viver de um modo que considero o mais correto diante de Deus e diante dos homens. Sei que essa é a coisa mais importante da vida, mas é difícil encontrar quem a possa ensinar bem. Roncalli era um mestre sem igual. Quando fui cumprimentá-lo pela primeira vez, em Istambul, o fiz por dever, mas sem entusiasmo. Alguém me havia dito: "É um bom homem, mas um pouco camponês demais". O encontro foi breve, porque Roncalli tinha um compromisso, mas saí da sala cheio de alegria, certo de ter conhecido uma pessoa extraordinária, daquelas que rarissimamente se tem a sorte de encontrar. Então Roncalli era um bispo desconhecido, e não gozava de muita estima nos ambientes diplomáticos. Antes, era esnobado. Mas desde a primeira conversa, compreendi quanto era superficial e errado aquele julgamento. Encontrara-me diante de um homem de excepcional humanidade e sensibilidade. Por diversos anos, por causa dos cargos que tinha na minha ordem, estava acostumado a tratar com superiores eclesiásticos, mas era a primeira vez que encontrava um assim. Parecia-me que tinha conversado com meu pai, não um encontro oficial com o meu superior eclesiástico. Imediatamente nasceu em mim uma grande admiração por ele. Começamos a nos visitar. Tornamo-nos amigos, passeávamos juntos, conversávamos, visitávamos os doentes e os pobres.

Quando Papa, Roncalli se tornou famoso pela sua simplicidade, pela bondade, pela espontaneidade e pela humanidade das suas ações. Mas Padre Montico me dizia que sempre fora assim.

– Eu posso testemunhar – afirmava – que o seu modo de falar, de se comportar com os colaboradores e com as pessoas quando estava no trono de Pedro era idêntico ao que usava quando era um bispo desconhecido na Turquia.

As conversas com Padre Giorgio eram muito fascinantes, uma mina de episódios. O frade fora um bom observador, e tinha uma ótima memória.

Ele me contou que, quando Roncalli chegou a Istambul, estava ocorrendo na Turquia uma desmobilização geral dos católicos. Era um fenômeno que durava anos. O número dos católicos tinha se reduzido, e até o pessoal das congregações religiosas tinha diminuído muito. O trabalho pastoral do bispo era, portanto, irrelevante, mas Roncalli se comportou e agiu sempre como se fosse o bispo de uma enorme comunidade. Por exemplo, ia regularmente visitar as pequenas paróquias espalhadas pelo vasto território do vicariato.

Para fazer essas visitas, tinha de enfrentar sacrifícios físicos não inexpressivos, que poderiam até ter sido evitados, porque as paróquias eram formadas por poucas pessoas. Mas ele era capaz de fazer até uma longa viagem por uma só pessoa.

O público que assistia à missa do domingo era escasso. Mas Roncalli preparava os discursos com cuidado. Escrevia-os em língua italiana e francesa. Conservava-os em pastas para evitar repeti-los nos anos seguintes.

Todo ano, depois da Páscoa, na Igreja do Espírito Santo, Roncalli iniciava a explicação do catecismo dos adultos. O seu auditório era composto, no máximo, de umas quinze pessoas: algumas velhinhas, cinco freiras, o sacristão e o secretário da delegação. Cada aula lhe custava muitas horas de estudo. Preparava-se meticulosamente, consultando os textos teológicos e os escritos dos Santos Padres. Escrevia em francês tudo o que haveria de ser dito.

Nos meses de julho e agosto, partia de férias para a residência de verão da delegação, numa ilha, em Buyukada. Continuava, porém, a dar as aulas de catecismo e, para chegar à Igreja do Espírito Santo às 16h, tinha de partir de Buyukada às 14h. Atravessava o Mar de Mármara de lancha, sob um sol tremendo.

Eram sacrifícios importantes e alguém, um dia, lhe disse que não valia a pena enfrentar tanta fadiga para falar para poucas pessoas.

– Sei que o meu auditório é pequeno – respondeu Dom Roncalli. – Sei também que quatro velhinhas que vêm me ouvir cochilam enquanto eu falo. Mas não tem importância. Sou bispo dessa gente, e Deus é testemunha da minha ação. Preparo as minhas lições como se devesse falar ao público de uma grande catedral.

205

Antes de subir ao púlpito, dirijo-me aos anjos da guarda de todos os fiéis do vicariato e suplico a eles que levem a minha palavra a todos, também àqueles fiéis que nunca mais vieram à igreja.

Em 1937, a comunidade católica de Adana celebrou a festa de cinquenta anos de profissão religiosa do pároco, que era jesuíta. Vários anos antes, a comunidade de Adana fora muito numerosa. Os jesuítas tinham construído uma bela igreja, um colégio com quinhentos alunos, um instituto feminino com mais de seiscentas moças. Nos últimos tempos, porém, os cristãos de Adana tinham emigrado, e na paróquia só restaram poucos fiéis.

O pároco não tinha coragem de convidar Roncalli para a festa, mas este ficou sabendo e foi assim mesmo. Fez uma viagem de oitocentos quilômetros, num trem escangalhado que andava a passo de lesma. Tinha preparado um discurso importante, e o leu com entusiasmo diante de um público de onze pessoas: sete fiéis, o cônsul honorário da França e três religiosos da residência.

Sem ter muitos compromissos de caráter pastoral, Roncalli se dedicava, sobretudo, à caridade. Ajudava a todos. Não era sequer necessário que os pobres fossem a ele pedir ajuda. Assim que ficava sabendo que alguma pessoa estava em dificuldades, intervinha. Fazia visita aos doentes, idosos enfermos, crianças incapacitadas e dizia: "O bispo é o pai, sobretudo, dos sofredores e dos pobres".

No bairro de Palgalti, onde ficava a sede da delegação, tinha organizado um serviço a domicílio para os doentes pobres. O Doutor Paolo Tascio visitava gratuitamente os enfermos que lhe eram indicados. Depois da visita, levava as receitas a uma freira, que ia comprar os medicamentos. No final do mês, Dom Roncalli, com o seu próprio dinheiro, saldava as contas das farmácias.

Em Istambul, havia um instituto denominado O Artesão, que acolhia pessoas idosas. Entre elas, várias pertenciam a famílias outrora abastadas e que depois caíram em dificuldades econômicas.

Um cavaleiro chamado Benci, um nobre que fora figura importante nos meios italianos na Turquia, era então assistido por aquele instituto e vivia de caridade. Tinha sido a pessoa de confiança de quatro delegados apostólicos.

Quando Dom Roncalli soube, pela diretora do instituto, da história do cavaleiro Benci, começou a ajudá-lo. De vez em quando fazia chegar a ele uma ajuda com um bilhete: "Da parte de um benfeitor desconhecido, que pede para ser lembrado nas orações".

Diante do Cavaleiro Benci, Dom Roncalli fingiu sempre não saber quais eram as suas condições econômicas. Tratava-o com grande consideração e o convidava a todas as festas e a todas as cerimônias, junto com os expoentes da vida católica de Istambul.

Durante a guerra, todos tiveram dificuldades econômicas. Os institutos religiosos tiveram de fazer muitas economias para seguir em frente. Um dia, uma senhora católica informou a Dom Roncalli que, num instituto de freiras, a superiora impunha sacrifícios demasiados.

– Aquelas irmãs são obrigadas a passar fome – disse a senhora. – Se o senhor não interferir, todas ficarão doentes.

Três dias depois, Dom Roncalli se apresentou ao instituto e pediu para visitá-lo.

– Nunca tive oportunidade de vê-lo direito – disse.

A superiora ficou feliz por aquela visita inesperada e acompanhou o bispo por toda parte. A certa altura, Dom Roncalli pediu para ver também a cozinha. Quis experimentar a comida, que lhe pareceu pouco boa. A superiora explicou as graves dificuldades em que se encontrava.

– A senhora não tem confiança na Providência – respondeu Dom Roncalli. – Pense na saúde das irmãs, o Senhor pensará no resto.

A partir daquele dia, a superiora recebia ofertas importantes, acompanhadas do costumeiro bilhete: "Da parte de um benfeitor que pede uma lembrança nas orações".

Um dia, enquanto estava na residência de Buyukada, Roncalli recebeu a visita de um sacerdote que precisava urgentemente falar com ele. Conhecia aquele padre e o apreciava muito. O sacerdote se apresentou vestido com um macacão de mecânico: não tinha dinheiro para comprar uma roupa mais apropriada. Dom Roncalli não disse uma palavra, mas no final da visita telefonou ao superior do convento onde aquele padre residia, dizendo que comprasse uma roupa adequada para o padre e lha desse de presente em nome de um benfeitor desconhecido. Ele cuidaria de pagar as despesas.

Quando estourou a guerra, o governo italiano suspendeu o envio das ajudas destinadas à escola das Irmãs de Ivrea, que trabalhavam em Istambul. O consulado italiano, sem fundos, aconselhou as irmãs a fecharem a escola. A superiora pediu então conselho a Dom Roncalli. Ele a exortou a continuar o seu trabalho e lhe deu mil francos suíços para as necessidades mais urgentes.

– Quando precisar de novo – disse, despedindo-a, – venha falar comigo. Venderei o anel de bispo, venderei o arminho da capa magna, o qual substituirei por pele de cordeiro, e ninguém notará, mas a obra das irmãs deve continuar.

— Quando ajudava alguém diretamente, tinha um modo de fazer que me comovia — continuou a contar-me Padre Giorgio, que pela emoção suscitada por todas aquelas lembranças tinha lágrimas nos olhos. — Procurava não dar peso ao que fazia. Para deixar o seu beneficiado à vontade, dizia: "É, meu caro, nós nos compreendemos. Eu pertenço a uma família que nunca nadou na riqueza. Sejamos corajosos. Saiba que esta casa está sempre aberta para o senhor, não se esqueça disso".

Para ajudar os outros, Dom Roncalli fazia grandes sacrifícios pessoais. Frequentemente se privava até da comida. Nos anos da sua permanência na Turquia, nunca teve um automóvel. Na cidade, se deslocava a pé ou de bonde. Rarissimamente se servia do táxi.

As igrejas e os institutos religiosos dão sempre uma oferta ao bispo que vai oficiar uma cerimônia religiosa. Dom Roncalli, na Turquia, nunca queria nada. Recusava gentilmente o envelope com o dinheiro, dizendo: "Talvez tenha uma armadilha aí dentro, não tenho confiança em pegá-lo".

Para conseguir dar-lhe alguma coisa, era preciso dizer: "Esta oferta é para tal instituto necessitado, para os doentes pobres" e coisas do gênero. Então não recusava e entregava a oferta ao secretário, para que fizesse com que ela chegasse ao interessado.

Em 1941, por ocasião do seu sexagésimo aniversário, recebeu dos amigos uma bela soma de dinheiro. Pensou em empregá-lo em obras beneficentes, e fez importantes trabalhos de restauração na residência da delegação, na igreja paroquial, nas escolas, no seminário. Em pouco tempo, ficou sem um centavo. Depois, quando foi transferido para a nunciatura de Paris, contraiu uma grande dívida, porque, antes de partir, queria fazer generosas ofertas a todas as obras de beneficência de Istambul.

Um dia, em 1942, chegaram a Istambul todas as freiras de uma congregação religiosa que atuava na Romênia. Tinham sido obrigadas a fechar os institutos e ir embora. Dom Roncalli foi visitá-las e as encontrou tristes e chorosas. Eram todas muito idosas. Para reanimá-las, começou um pequeno discurso com estas palavras:

– Vocês devem ter sido muito obedientes, ter tido muito respeito aos seus pais. Vocês, de fato, confirmam o que está escrito na Sagrada Escritura: "Respeita e venera os teus pais e terás longa vida na terra".

As irmãs desataram a rir. Então Roncalli lhes disse:

– Agora que retomaram confiança, vejamos como resolver os seus problemas. O Senhor nunca abandona ninguém.

– Naqueles anos muito difíceis, nunca ouvi sequer uma vez que estivesse preocupado consigo mesmo, dizer que precisava de alguma coisa – lembrava Padre Montico. – Nunca pensava em si próprio. Nunca tinha dinheiro no bolso. Quando precisava de algo, ia ao secretário pedir uns trocados para comprar lâminas de barbear ou papel para escrever. Até as suas coisas pessoais eram limitadas. Tinha cuidado com a roupa, para não estragá-la. Só a substituía quando era indispensável. Ele se vestia sempre à paisana, porque, na Turquia, os hábitos religiosos tinham sido abolidos por Kemal Atatürk, em 1936. Sendo o representante da Santa Sé, poderia ter pedido a permissão de usar a veste talar, mas não quis fazê-lo. "Devo me vestir como os outros padres", dizia. Não se incomodava em se vestir à paisana. Mas não era fácil encontrar roupa para o seu porte, um tanto avantajado. Era obrigado a fazer roupa sob medida com um alfaiate grego, seu amigo. Vestia-se modestamente, mas sempre com decência. Dizia brincando: "Pois bem, mesmo à paisana a minha figura sempre parece a de tabelião de província". Tinha o complexo de ser gordo. Procurava manter dieta. De vez em quando, ia ao hospital para medir a pressão. Sempre brincava sobre a sua obesidade. Também eu naquela época era bem gordo, e Dom Roncalli, batendo na sua barriga com as mãos, dizia: "Nós dois somos do mesmo partido".

Quando na Turquia foi publicada a lei que impunha o traje civil a todos os religiosos, a madre-geral das Pequenas Irmãs dos Pobres quis chamar de volta para a França todas as suas religiosas. Dom Roncalli, vestido à paisana, foi encontrar-se com as irmãs. "O bispo não as deixará partir", disse. "Se vocês forem embora, a caridade se afastará deste recanto da terra, que tem tanta necessidade da presença de Jesus através das almas a ele consagradas. A gente se habitua facilmente à mudança do traje. De resto, as piedosas mulheres que seguiam Jesus e se tinham dedicado ao serviço dele não tinham nem o escapulário, nem outros adereços: distinguiam-se das outras mulheres pela piedade com a qual seguiam o Senhor e o seu exemplo".

– Na minha longa existência, conheci muitas pessoas – concluiu Padre Giorgio. – E conheci também autênticos santos. Mas nenhum deixou uma lembrança tão viva no meu coração como Roncalli. Era um santo, mas era também um homem bom, honesto, sincero, sensível, claro como o sol. Nem todos o entendiam. Essa sua grande caridade para com o próximo, por exemplo, às vezes era criticada. Acusavam-no de ser ingênuo, de deixar-se enganar. Havia quem sustentasse que frequentemente os casos pelos quais se interessava não eram tão dramáticos como ele acreditava. "Prefiro a confusão de ter sido enganado", respondia às acusações, "a não ter ajudado a quem estava no direito de esperar de mim compreensão e generosidade". Esse era Angelo Roncalli.

A "lista" de Roncalli

Na manhã de 10 de fevereiro de 1939, às 5h31, Pio XI cessou de viver. Algumas horas depois, a notícia foi divulgada por rádio e também Dom Roncalli, em Istambul, foi imediatamente informado dela.

Naqueles dias, ele já estava muito triste. A sua mãe, Marianna Mazzola, 85 anos, viúva desde 1935, sofria de uma gripe persistente, que não queria ir embora. Os familiares escreviam cartas aflitas ao irmão distante, a fim de que estivesse preparado, para que não acontecesse como no passado, quando o pai morrera sem que ele estivesse perto e sem poder participar do funeral.

Agora, porém, o falecimento de Pio XI o obrigava a ficar em Istambul. À delegação apostólica chegavam telegramas, cartas de condolências, visitas oficiais de personalidades que queriam participar da dor dos católicos, e era seu dever representar a Igreja. Os familiares continuavam a enviar telegramas, pedindo que voltasse para casa, mas não podia se mover do seu lugar.

No dia 20 de fevereiro, a Senhora Marianna Mazzola morreu. Dom Roncalli chorou muito. Chegaram a ele muitos telegramas de condolências, até do Cardeal Eugênio Pacelli. E Dom Roncalli, um mês mais tarde, escreve para casa:

213

Antes de entrar em conclave, me telegrafou também o Cardeal Pacelli, e a minha resposta telegráfica foi talvez o último cumprimento que recebeu antes de ser nomeado Papa.

Eugênio Pacelli é eleito Papa em 2 de março de 1939 e quis ser chamado Pio XII. Na Catedral do Espírito Santo, Dom Roncalli oficiou uma cerimônia solene de ação de graças e o Patriarca Ecumênico Benjamim I enviou um representante seu para assistir a ela. Tratava-se de um fato importante, que demonstrava como o trabalho de aproximação entre as duas Igrejas, tão caro a Angelo Roncalli, já estava dando frutos.

Dois meses depois, em 27 de maio, Roncalli se dirigiu ao Fanar para prestar uma visita ao Patriarca Benjamim e agradecer-lhe em nome da Santa Sé pela participação dos ortodoxos no luto da Igreja Romana pela morte de Pio XI e pela alegria pela eleição de Pio XII. E assim houve um encontro oficial entre os representantes das duas Igrejas. Benjamim abraçou calorosamente Roncalli, dizendo-lhe em latim: *"Haec est dies quam fecit Dominus"* (Este é o dia que o Senhor fez) – frase usada para a saudação pascal oriental.

Entretanto, a Europa estava fervilhando. Hitler estava impaciente. Na noite de 11 e 12 de março de 1938, invadiu com as suas tropas a Áustria, mandou prender o chanceler e, dois dias depois, em 15 de março, proclamou a anexação da Áustria à Alemanha. Tratava-se de um ato de guerra, e todos sentiam que o conflito podia estourar de um momento para o outro.

Pio XII, que fora por anos núncio em Berlim, conhecia melhor do que outros a situação política alemã e a periculosidade de Hitler. Num dos primeiros discursos, lançou ao mundo o seu grito preocupado: "Nada está perdido com a paz; tudo pode estar perdido com a guerra".

Mas aquele grito não foi acolhido.

Em junho, Dom Roncalli partiu para uma das suas longas viagens. Primeiro foi a Beirute, para o Congresso Eucarístico presidido pelo Cardeal Eugène Tisserant, depois foi em peregrinação à Palestina e visitou Jerusalém, Haifa, Palmira, Homs e Alepo. Ao voltar, passou por Roma, onde foi recebido pelo novo Papa, depois deu uma rápida escapada à sua casa, para orar e chorar sobre o túmulo de sua mãe. Enquanto estava em Bérgamo, foi publicado, pela Editora Sant'Alessandro, o seu livro *Os inícios do Seminário de Bérgamo e São Carlos Borromeu*: notas históricas com uma introdução sobre o Concílio de Trento e a fundação dos primeiros seminários.

Ao voltar a Istambul, nos primeiros dias de agosto, Roncalli travou conhecimento com o novo embaixador da Alemanha na Turquia, que tinha chegado naqueles dias. Tratava-se de Franz von Papen, ex-chanceler do Reich, uma das personalidades políticas mais importantes na Alemanha daquele tempo. Católico praticante, não partilhava dos extremismos do Führer e, por isso, o ditador alemão o tinha afastado da Alemanha, mandando-o como embaixador na Turquia.

Dadas as circunstâncias, e à luz do que Hitler estava tramando na Europa, era sempre um personagem a tratar com cuidado. Mas era também um personagem através do qual se podiam fazer muitas coisas. Com a sua instintiva e formidável intuição diplomática, Roncalli imediatamente focalizou a situação e começou a mover-se de acordo.

O encontro entre os dois foi cordial. Von Papen, astuto e inteligente, captou a grandeza de Roncalli e começou a estimá-lo incondicionalmente. Sabia que estava acabado como político, e sabia também que a sua existência estava por um fio. Procurava espontaneamente dar espaço na sua vida aos valores nos quais acreditava, mas que, por causa da carreira, às vezes tinha descuidado.

– Ficaram amigos – me garantiu Padre Antônio Cairoli, primeiro postulador da causa de beatificação de Roncalli, depois de ter ido, por volta de 1966, à Alemanha para interrogar o velho von Papen, a fim de recolher documentos e testemunhos. – Todos os domingos o ex-chanceler ia ouvir a missa na delegação apostólica. Participava da missa e, depois do rito, sua mulher e sua filha pegavam a vassoura e a serragem e limpavam a igreja.

Mas a amizade deles era perigosa. O Vaticano sugeriu a Roncalli que usasse de muita circunspeção. Podia ser enganado pelo astuto embaixador do Terceiro Reich, ou podia dar a impressão de que isso acontecesse. Roncalli entendeu a advertência e fez de modo que os encontros com o embaixador não dessem motivo a fofocas. Mas nunca cortou a amizade, que sabia que era sincera. E anos depois, no processo de Nuremberg, no qual von Papen era réu, Roncalli não hesitou em dar o seu testemunho.

Em 1º de setembro de 1939, as divisões blindadas de Hitler entraram na Polônia. Nos dias seguintes, a França e a Inglaterra aderiram à guerra. A Polônia se defendeu heroicamente, mas foi esmagada. No dia 28 de setembro, Varsóvia caiu.

Mas a guerra parecia muito longe da Turquia. Em novembro, Roncalli se retirou na casa dos jesuítas no Bósforo, para uma semana de exercícios espirituais. Naquele lugar encantador, rezou e meditou sobre a sua vida. Escreveu no *Diário*:

A "lista" de Roncalli

Da janela do meu quarto, aqui nos Padres Jesuítas, observo todas as noites uma reunião de barcos no Bósforo; vêm dezenas, centenas do Corno de Ouro; reúnem-se num local combinado e, depois, se iluminam, alguns de maneira mais viva, outros menos, formando um espetáculo de cores e de luzes impressionantes. Acreditava que fosse uma festa no mar para o Baraim, que acontece nestes dias. Mas é a pesca organizada da captura dos grandes peixes que se diz que vêm dos pontos distantes do Mar Negro. Essas luzes duram toda a noite e se ouvem as vozes alegres dos pescadores. O espetáculo me comove.

De Roma, entretanto, vinham solicitações para ele se dedicar mais à Grécia. Roncalli estava certo de que não tinha se descuidado daquela população, tendo-a confiado a Deus, mas afirmava também que não conseguia mais ter com aquela gente a mesma relação que tinha com os turcos.

Em 18 de novembro de 1939, escreveu no seu *Diário*: "Confesso, não sofreria se esta missão na Grécia fosse entregue a outro, mas por enquanto é minha, quero honrá-la a todo custo".

Entre janeiro e maio de 1940, Roncalli foi à Grécia três vezes. Apercebeu-se de que, naquela nação, também, a guerra fazia rumores. E também na Turquia, agora, os reflexos dos ódios entre os países europeus se faziam sentir.

Na homilia de Páscoa, pregou do púlpito:

Cada um de nós gosta de julgar o que acontece do ponto de vista do punhado de terra no qual se apoiam os pés, ou seja, do ponto de vista da sua nação. É uma grande ilusão. É preciso erguer-se e abraçar corajosamente o todo; é preciso erguer-se até perder de vista as barreiras que separam os combatentes entre si.

São sugestões ecumênicas, de refinado sentimento evangélico, que apenas almas de grande espiritualidade podem viver.

Em 10 de junho, a Itália entrou na guerra ao lado da Alemanha. Naquela noite, Roncalli escreveu no seu *Diário*:

> Dia triste. A Itália declarou guerra à Inglaterra e à França... A guerra é um perigo enorme. Para um cristão que crê em Jesus e no seu Evangelho, uma iniquidade e uma contradição. *"A peste, fame et bello libera nos, Domine"* [Livrai-nos, Senhor, da doença, da fome e da guerra]. Dito isso, penso que, a partir de hoje, as minhas responsabilidades e os meus deveres de sabedoria, de moderação, de caridade se tornam ainda mais graves. Devo ser o bispo de todos, ou seja, *consul Dei*, pai, luz, encorajamento para todos. A natureza me faz desejar o sucesso da minha querida pátria; a graça me inspira mais do que nunca propósitos e esforços de paz.

A situação de repente ficou difícil para Roncalli, sobretudo no plano humano e psicológico. Vivia num ambiente internacional e, ao lado dele, entre os seus próprios colaboradores, havia franceses, ingleses, italianos, alemães. Com paciência, sempre conseguira manter os difíceis equilíbrios étnicos, mas agora, por causa dos alinhamentos bélicos, a comunidade estava se estilhaçando. Os nacionalismos criavam divisões, ódios, rancores.

Ele tinha, como chanceler da delegação, um religioso francês, ex-combatente da Primeira Guerra Mundial. Depois que a Itália entrou na guerra, percebeu que o seu chanceler não se sentia à vontade. As suas pátrias lutavam agora uma contra a outra. No dia seguinte à declaração de guerra, às oito da manhã, Roncalli estava na portaria da delegação apostólica. Aguardou a chegada do chanceler, foi ao encontro dele, abriu a porta para ele e o abraçou.

– O que acontecer entre nossos países – disse – não deve perturbar a nossa convivência. Somos irmãos em Cristo e continuaremos a nos querer bem como sempre.

Tomou-o pelo braço e o acompanhou à repartição.

Naquele período, em Istambul, morreu um oficial inglês de religião católica. Ninguém informou a Roncalli, evidentemente porque os ingleses estavam em guerra contra a Itália. Quando ele recebeu a notícia, entristeceu-se muito por não ter podido ir rezar sobre o corpo do oficial. Algumas semanas depois, morreu um oficial italiano e Dom Roncalli foi imediatamente informado.

– Rezarei pela alma do defunto – disse –, mas não posso ir para as suas exéquias, porque não fui para as do oficial inglês. As pessoas poderiam pensar que eu sou nacionalista. Para um padre, todos os homens são irmãos.

Dava sugestões, dava exemplos, mas percebia que poucos eram seguidos.

Em 28 de outubro de 1940, a Itália declarou guerra à Grécia. Na primavera de 1941, as tropas de Hitler atacaram a Iugoslávia e invadiram os territórios gregos. Os ingleses, aliados da Grécia, para impedir que as tropas dos invasores pudessem se abastecer de gêneros alimentícios no lugar, impuseram ao país um severíssimo bloqueio naval. Era um movimento acertado de estratégia militar, mas dramático pelas consequências sobre a população civil. De fato, o povo grego, em poucos meses, foi reduzido a uma situação de fome.

Roncalli captou perfeitamente a tragédia que estava se abatendo sobre aquela nação. Enviou imediatamente aos bispos católicos, pelos quais era responsável, todo o dinheiro que tinha e que conseguira juntar.

Procurou contato com as nações limítrofes, onde tinha amigos, para obter ajuda. Voltou também à Bulgária para falar com o metropolita ortodoxo e com o Rei Boris. Boris era aliado de Hitler, mas Roncalli sabia que podia falar com ele. Conhecia bem o seu ânimo e o fundo cristão que sempre permaneceu vivo nele.

No fim de julho, foi pessoalmente a Atenas. E se deparou com uma situação terrível. Os gregos o olhavam mal.

– Quem é? Um italiano ou um representante do Papa?

Mas a sua retidão, o seu amor, a sua bondade fizeram logo compreender de que lado estava.

A Grécia combatia, mas a população morria de fome. Escreveu aos familiares:

> A guerra é feia, feia a peste; mas a fome, sabei, é uma coisa terrível de se dizer e de suportar. A Grécia é um campo de desolação e a situação se torna sempre mais grave. Organizei várias obras de assistência. O Santo Padre me enviou meio milhão de liras para começar. Mas seria preciso o dom dos milagres.

Os guerrilheiros gregos tinham se organizado nas montanhas. Às vezes, de noite, desciam para as cidades para fazer sabotagem, e as tropas de ocupação reagiam de modo terrível. Todo dia havia execuções sumárias. A ferocidade dos alemães era bárbara. Roncalli queria parar esse horror. Lembrou-se então de von Papen. Sabia que as tropas hitlerianas que tinham invadido a Grécia eram comandadas pelo Marechal de campo Wilhelm von List, que era companheiro de armas e amigo de von Papen. Fez-se recomendar pelo ex-chanceler do Reich e, depois, foi falar com von List. Teve uma longa e misteriosa conversa com ele. Não se sabe o que foi dito. Mas, a partir daquele momento, toda vez que eram dadas sentenças de condenação à morte para os guerrilheiros

220

A "lista" de Roncalli

gregos que tinham caído nas mãos dos alemães, Dom Roncalli enviava um pedido de misericórdia ao marechal de campo, e então a sentença de morte era comutada em condenação à prisão perpétua. Desse modo, salvou da morte dezenas e dezenas de guerrilheiros condenados ao fuzilamento.

Mas as atenções de Roncalli estavam voltadas, sobretudo, para a população civil. Para as mulheres, as crianças, os idosos que morriam de fome. O único modo de levar-lhes ajuda concreta era levantar o bloqueio de abastecimento de alimentos realizado pelos ingleses. Empresa quase impossível. Era preciso convencer os ingleses a desistir dos seus propósitos, e convencer também os alemães e os italianos a se absterem de utilizar os gêneros alimentícios destinados à população civil. Roncalli quis tentar.

Através dos seus misteriosos caminhos e dos canais diplomáticos do Vaticano, chegou à cúpula dos comandos inglês, alemão e italiano.

Para realizar o seu intento, quis se encontrar também com o Metropolita grego ortodoxo Damaskinos, suprema autoridade religiosa naquela nação, que desenvolvia uma importante atividade política do lado da Resistência. Era preciso que todos estivessem dispostos a ceder alguma coisa, e só Roncalli conseguia tecer teias diplomáticas tão arriscadas. Ele, como italiano e como representante do Papa, nunca poderia ir visitar o metropolita grego. Ele sabia bem disso. Então recorreu a um estratagema. Conta-se que os dois se encontraram por acaso num prédio de Atenas, entraram no elevador e que, durante a viagem, o elevador teria tido uma pane. Ficou parado por uns vinte minutos, o tempo necessário para que os dois decidissem quão útil era elaborar um plano para libertar a população do embargo alimentar. Conta-se que, ao término daquela conversa, os dois se abraçaram.

221

Nos dias seguintes, Roncalli foi a Roma e, pouco depois, os ingleses aceitaram abrandar o bloqueio do abastecimento de alimentos. Quando o primeiro navio, carregado de víveres, entrou no Pireu, os gregos entenderam quem era Roncalli, e a sua figura se tornou de repente popularíssima na Grécia, também entre os ortodoxos.

Com a guerra, Istambul, que permanecera neutra, se tornou um centro de frenéticas atividades diplomáticas, mas também de obscuras intrigas de espionagem. A delegação apostólica, chefiada por Roncalli, se transformou num dos centros nevrálgicos da diplomacia internacional. Todos sabiam que o delegado apostólico conseguia chegar aonde quer que fosse, e a ele recorriam diplomatas de todo o mundo. Mas também era controlado pelos serviços secretos de várias nações. Agentes alemães, ingleses e de outros países estrangeiros o seguiam continuamente. "Nunca consegui descobrir se seguiam e vigiavam a mim, ou se eles se espionavam mutuamente", comentava Roncalli.

Toda vez que saía de casa, notava rostos estranhos no seu caminho. Soube depois que, naquele período, fora posto sob vigilância por espiões italianos, alemães, ingleses, franceses e russos. Todos aqueles agentes secretos giravam em redor dele, mas ele se tornara astuto e conseguia sempre deixá-los para trás e confundi-los. Não se sabe exatamente quais iniciativas tomou naquele período. Mas sabe-se que, para ajudar o próximo, fez praticamente de tudo. Passou por gravíssimos perigos, mas sempre saiu deles são e salvo.

No período em que Roncalli estava na Grécia, verificaram-se confrontos em Drama, na Trácia, entre o exército de ocupação búlgaro e a população grega. E surgiram muitas polêmicas, publicadas também na imprensa internacional. Os gregos acusavam o exército búlgaro de se ter comportado de modo bárbaro, e de

A "lista" de Roncalli

ter massacrado 15 mil civis desarmados. A acusação era grave. Roncalli, que amava os búlgaros, sofria muito com isso. Por isso, quando estava em Atenas, tratando de obter víveres para os gregos, quis também investigar os acontecimentos. Conseguiu ter em mãos documentos que desculpavam, pelo menos em parte, o exército búlgaro. Ficou feliz com isso e decidiu ir pessoalmente a Sófia levar aqueles documentos ao Rei Boris.

Dirigiu-se à Bulgária em março. Viajou incógnito, mas não conseguiu resistir ao desejo de rever alguns amigos.

– Era uma noite chuvosa e fria – me contou o escritor Estêvão Karadgiov. – Eu estava na Livraria Italiana, no centro da cidade, da qual era diretor, e grande foi a minha surpresa e alegria ao rever, depois de nove anos, Dom Roncalli. Assim que entrou me disse: "Estou em Sófia incógnito. É melhor que ninguém saiba desta minha visita. Queria vê-lo para lhe dizer uma coisa importante. Venho neste momento da Grécia. Fui lá para me encontrar com o Metropolita de Atenas, Damaskinos. Tive documentos acerca da matança na Trácia, atribuída ao exército búlgaro. Os gregos sempre sustentaram que o exército búlgaro massacrou, naquela ocasião, cerca de 15 mil pessoas da população civil. Mas você sabe bem que a guerra infla as cifras. Era preciso verificar a verdade. E quem mais, senão a Igreja, que está acima dos ódios e das paixões, podia ser depositária da verdade? Senti-me no dever de esclarecer a realidade desse acontecimento, a fim de que se conheça a verdade; assim me encontrei com o Metropolita Damaskinos e aprofundamos a questão sobre documentos dignos de fé. O número das vítimas dos dolorosos acontecimentos de Drama não foi de 15 mil, mas dez vezes menor. Agora a verdade é oficial e ninguém poderá falsificá--la. Quis informar isso a você, porque você é búlgaro e deve saber".

❖

Não é possível saber quantos judeus Dom Roncalli salvou da morte naqueles anos. Padre Cairoli, em 1971, durante um encontro que tive com ele para falar de João XXIII, do qual ele era postulador, me disse que podem ter sido trinta, quarenta mil. Disse-me também que von Papen, perguntado por ele sobre o assunto, lhe contara ter entregado a Roncalli, em várias ocasiões, grandes somas de dinheiro para que pudesse ajudar os refugiados que chegavam de vários países invadidos pelos nazistas. E também ele sustentava que Roncalli salvara não menos de trinta mil judeus.

Em 1943, cerca de 23 mil judeus da Eslováquia tinham se refugiado na Bulgária. Hitler ordenou ao Rei Boris que os mandasse de volta. Para eles, significava acabar nos fornos crematórios. Dom Roncalli se meteu imediatamente no caso e conseguiu convencer o rei búlgaro a deixá-los seguir para a Turquia. Não se sabe com quais palavras e com quais argumentos conseguiu levar o rei a desobedecer a Hitler, de quem era aliado e cuja vingança feroz conhecia. Sabemos, porém, que o Führer o convocou ao quartel general e, quando Boris voltou à pátria, morreu de repente.

Os 23 mil judeus da Eslováquia chegaram ao Bósforo, mas só 13 mil puderam chegar sãos e salvos à Palestina. O governo turco tinha colocado à disposição deles autênticas "carroças" navais, em vez de navios, e isso apesar da grande soma desembolsada pelas organizações sionistas. Nessas carroças, 10 mil pessoas naufragaram.

Padre Giorgio Montico, o amigo franciscano de Roncalli, me contou:

– Um dia, chegou um navio carregado de crianças judias, proveniente da Romênia. Tinha conseguido furar o bloqueio alemão e chegar ao porto de Istambul. Aqui foi detido. A Turquia, para não ter problemas com a Alemanha, decidira mandar o navio

A "lista" de Roncalli

de volta. Isso significava que todas aquelas crianças seriam mortas nos campos de concentração, ou, como muitos sustentavam naqueles dias, morreriam no mar. De fato, dizia-se que o navio seria afundado assim que estivesse fora das águas territoriais turcas. A situação era muito grave. Do terraço do meu convento, via o navio fundeado no porto. Dom Roncalli ficava olhando em silêncio por horas. Começou a se interessar febrilmente pelo caso. Contatou as autoridades turcas, romenas e, sobretudo, Franz von Papen, o embaixador alemão em Ancara. Teve vários encontros com ele. Tratou daquela operação diplomática com muita angústia no coração. Por fim, o navio partiu. O governo turco tinha dado a autorização para atravessar o Estreito de Dardanelos e levar a salvo todas aquelas crianças.

Um dia, chegaram a Istambul dois refugiados judeus que tinham conseguido fugir do campo de concentração de Auschwitz e lhe entregaram uma documentação detalhada do que acontecia naquele campo. Roncalli ficou profundamente abalado com isso, e entregou aqueles documentos ao Cardeal Spellman, arcebispo de Nova York, de passagem por Istambul, a fim de informar a Roosevelt.

Os judeus sempre agradeceram a heroica e incessante atividade de Roncalli em favor deles. O grão-rabino da Palestina revelou ter podido, durante os anos da guerra, comunicar-se com os representantes das várias comunidades judaicas nos países da Europa ocupada pelos nazistas através de Dom Roncalli, que fazia as cartas chegarem a bispos e sacerdotes, os quais, por sua vez, as entregavam às pessoas interessadas.

Muito se escreveu em torno de uma fantástica "operação batismo". Conta-se que Dom Roncalli, para salvar judeus da deportação e da morte, dava a eles certificados de Batismo, quer dizer,

225

documentava que não eram judeus, e sim cristãos batizados. Em 1963, por ocasião da morte de João XXIII, o jornal *The Jerusalem Post*, em apoio a essa tese, deu um importante testemunho.

Naquela época, o delegado apostólico na Turquia, Roncalli, recebeu o Senhor Ira Hirschmann, enviado especial do Escritório para Refugiados de Guerra dos Estados Unidos. O Senhor Hirschmann lhe falou do destino de milhares de judeus, inclusive crianças, que figuravam na lista das deportações para Auschwitz. Imediatamente o delegado ofereceu milhares de certificados de Batismo aos judeus, sem impor qualquer condição, de modo que milhares de infelizes foram salvos dos fornos crematórios nazistas. Essa distribuição de certificados de Batismo foi depois chamada "operação batismo". De fato, nenhum judeu foi batizado, mas milhares de judeus se persuadiram de que o Cristianismo não era feito só de sermões piedosos.

O que se queria pretender com a "operação batismo", e que tipo de "certificados de Batismo" o Senhor Ira Hirschmann pode ter recebido do delegado apostólico de Istambul, não é fácil estabelecer agora. De qualquer forma, aqueles que conheceram a fundo Dom Roncalli duvidam de que se tenha prestado a operações do gênero.

– Eu excluo isso do modo mais absoluto – me disse Padre Giorgio Montico, quando lhe perguntei acerca desse assunto. – Pelo menos eu nunca soube de nada. Li notícias do gênero em diversos jornais, mas considero-as infundadas. Dom Roncalli era uma pessoa muito límpida e nunca teria aceitado praticar uma falsidade. Ajudava a todos, se interessava por todos, mas sempre seguindo as vias legais. Em 1939, em Istambul, Roncalli e eu tivemos a ocasião de comprar a preço baixo alguns tapetes antigos. Roncalli era amante das coisas antigas e comprou dois. Um ele queria para si e o outro, para dar de presente ao Seminário de Bérgamo. Também eu peguei dois para dar de presente para a Igreja de São Francisco

A "lista" de Roncalli

de Assis. Mas era preciso levar os tapetes para a Itália, e a coisa não era fácil. Sugeri a Dom Roncalli que usasse a sua bagagem diplomática, isenta de inspeções alfandegárias. Ele não queria, de maneira alguma, ouvir falar a respeito. Expliquei para ele que não se fazia nada de ilícito, porque o nosso comércio não era ilegal; levávamos para casa uma coisa comprada legalmente. Consegui convencê-lo, e os tapetes partiram com ele, que vinha à Itália de férias. Mas não estava tranquilo. Sofria pelo que tinha feito, como se tivesse cometido um grande crime. Temia que o Vaticano o censurasse. Depois de chegar à Itália, me escreveu: "Preparei a minha defesa no caso de a terrível Comissão me pedir explicação sobre o envio dos tapetes. Mas não vejo como eu, de minha parte, ir além. Escrevi logo ao Reverendo Padre Giusta uma carta a esse respeito. Direi também que, em quinze anos, eu nunca me aproveitei uma só vez, nem sequer para um alfinete, ou para um cigarro, da isenção vaticana. Se houver misericórdia, tudo bem. De outro modo, esta será uma das misérias que terei de sofrer nesta pobre vida. Também São Francisco ficará sem tapete, e o Seminário de Bérgamo e eu também". Ele nunca mais me perdoou pela história daqueles tapetes; desde então me considerou a causa de um pecado seu, do qual sempre se censurou. Creio que aquela foi a única vez em que Dom Roncalli tenha cometido uma ação não totalmente conforme a lei. Um homem tão escrupuloso nunca teria aceitado falsificar documentos importantes como os registros de Batismo. Era uma coisa contra a sua consciência.

Em meados de 1944, voltou pela enésima vez à Grécia. E foi ainda protagonista de um acontecimento que é quase lendário.

A Grécia estava vivendo os dias mais negros da guerra. As divisões alemãs, batidas já em todas as frentes, estavam para se retirar para a Iugoslávia. Os guerrilheiros desciam das montanhas

227

e organizavam emboscadas mortíferas. Os Aliados procuravam impedir a retirada dos alemães com incessantes bombardeios. De repente, espalhou-se o boato de que os alemães tinham minado Atenas e, quando as tropas inglesas chegassem, a cidade saltaria pelos ares. A capital de uma das mais antigas civilizações, rica em monumentos de valor inestimável, desse modo seria destruída. Sem levar em conta as vítimas inocentes que estariam no meio.

O bispo de Atenas, Dom Calavassy, com a morte no coração, se dirigiu a Dom Roncalli. E Roncalli iniciou, através do Vaticano, de von Papen e von List, uma frenética negociação com os quartéis generais germânico e inglês. No fim, Atenas e Roma, outra cidade rica em monumentos, foram declaradas "cidades abertas", isto é, seriam poupadas de ações de guerra mortíferas. Os bombardeamentos ingleses cessaram de repente, e Atenas foi salva.

Diplomacia revolucionária

Dom Angelo Roncalli olhou o relógio. Eram quinze horas do dia 6 de dezembro de 1944. Pensou que, naquela hora, as pessoas na sua terra, segundo uma antiquíssima tradição, dirigiam um pensamento à morte do Senhor, ocorrida exatamente às quinze horas. Tinha tirado uma soneca na poltrona e se sentia descansado. Era um dia bonito. Um pouco frio, mas, sendo dezembro, não se podia pretender melhor nem mesmo em Istambul, no Bósforo.

Alguém bateu à porta. Roncalli estava sozinho em casa. Os domésticos e os colaboradores retomariam o trabalho dentro de instantes. Foi abrir a porta e encontrou na caixa de correios um telegrama urgente. Voltou ao escritório e o abriu: era um telegrama cifrado proveniente do Vaticano. Colocou-o na mesa: teria pensado que o seu colaborador encarregado da tarefa particular de "tradução" lhe daria a conhecer o conteúdo.

Nas últimas semanas a sua vida fora mais tranquila. Os problemas causados pela guerra continuavam a se fazer sentir, mas não havia mais medo da invasão. As tropas de Hitler e dos seus aliados tinham abandonado a Grécia e agora estavam em retirada precipitada de todos os países que tinham ocupado.

– Esperamos que tenha acabado tudo – disse Dom Roncalli olhando para o grande crucifixo que tinha sobre a mesa.

Com o fim da guerra, teriam diminuído também as suas viagens à Grécia. Menos trabalho diplomático, portanto, e mais tempo para o apostolado. Tornara-se sacerdote para dedicar-se ao bem das almas, como Padre Francesco Rebuzzini, o pároco de Sotto il Monte quando ele era menino. Em vez disso, teve de passar toda a vida a tratar de assuntos como um político.

– Pois bem, é o caso de dizer exatamente "toda a vida" – murmurou entre os dentes Dom Roncalli. – Aos 63 anos é preciso começar a remar o barco.

Mirou o telegrama aberto sobre a mesa. Sorriu. Eram apenas números: "284145 stop 416564 stop 855003 stop 641100 stop". Aquelas cifras o deixaram curioso. Procurou o "cifrário" na escrivaninha, o código secreto que permitia traduzir aqueles números em palavras. Tentou uma tradução: "Volte logo a Roma. Foi transferido a Paris. Tardini".

– Não entendo nada – disse Roncalli, e colocou o telegrama de lado. Pouco depois chegou o funcionário. Decifrou o telegrama. O significado era exatamente o que fora decifrado por Roncalli.

– Deve haver um erro – disse perplexo o delegado.

– Parabéns – lhe respondeu o funcionário. – O senhor foi promovido a núncio na França.

– Não diga isso nem de brincadeira – respondeu Roncalli. – Tenho 63 anos, estou velho e cansado. O que alguém como eu vai fazer em Paris? Deve haver algum erro.

– O telegrama não deixa dúvidas.

– Por caridade, fique quieto. Verá que nos próximos dias tudo se esclarecerá. Deve haver um erro.

Não era possível que Roma tivesse pensado em transferi-lo para a França. A nunciatura de Paris estava entre as mais difíceis e prestigiosas, e ele era um "diplomata de periferia", que tinha sempre trabalhado em países politicamente insignificantes. Estava seguro, portanto, de que se tratava de um erro. Talvez a quem devesse ser enviado aquele telegrama!

A meta em que pensava naqueles dias era Sotto il Monte. Sonhava com a residência de Ca' Maitino, que, naqueles anos, com sacrifícios e poupanças, tinha reestruturado. Queria retirar-se lá e dedicar-se aos seus livros de história. Há quarenta anos trabalhava numa obra sobre São Carlos e se lamentava de não encontrar tempo para terminá-la. Mas, estando aposentado, haveria bastante tempo.

No dia seguinte, com a mala diplomática, chegou uma carta de Dom Tardini, que era um dos substitutos da Secretaria de Estado do Vaticano. Tardini confirmava a nomeação, e dava instruções precisas a Roncalli para a sua transferência para a capital francesa.

Agora não havia mais dúvidas. Não se tratara de um erro. O telegrama cifrado era endereçado exatamente a ele. Angelo Roncalli sentiu no coração uma profunda tristeza. Agora que se tinha habituado àquela gente, superando grandes dificuldades, devia deixar tudo e ir começar uma nova atividade num ambiente completamente diferente. Teve um ímpeto de rebelião, mas dominou-o imediatamente, pensando que, se aquela era a vontade de Deus, ele devia apenas obedecer.

O estado de ânimo daqueles momentos ele confidenciou no dia 7 de dezembro, numa longa carta à família. Um escrito caloroso, que reflete, portanto, de modo autêntico os seus verdadeiros pensamentos e os seus verdadeiros sentimentos.

231

Ontem de tarde chegou do Vaticano um telegrama que me anunciava que o Santo Padre me destinava núncio apostólico em Paris. Não pude acreditar. Estava muito longe de imaginar honra tão grande e responsabilidade tão forte para mim. Agora é esperar que o governo francês dê o seu beneplácito; e eu deveria partir também imediatamente, de modo a estar em Paris no primeiro dia do ano.

Não lhes digo o que sinto: uma grande desconfiança e medo de mim mesmo e das minhas forças para suportar tão grande peso, e ao mesmo tempo uma confiança maior no Senhor, que deve me ajudar, porque é verdadeiro, diante dele e diante dos homens, que com esse alto posto eu jamais sonhei, nem o desejei. Que entre tantos prelados maduros, doutos e santos, o Santo Padre tenha vindo exatamente procurar a mim aqui, onde, aliás, estou tão bem e onde estaria muito contente de viver ainda muito tempo, é certamente um sinal da Providência, que se serve das criaturas mais humildes, e que não têm pretensões, para trabalhar nos desígnios da sua glória.

Que necessidade maior também tenho eu de fazer-me santo, e de que ajuda me serão especialmente agora as orações de vocês! Pode ser que Paris seja o meu Calvário, e que exatamente aí quisesse estar um pobre homem como eu para ser consumado em sacrifício ao serviço da Santa Sé, em tempos de restauração religiosa tão incertos e tão difíceis.

Não lhes digo a dor que sinto ao ter de me separar destes meus filhos e irmãos de Istambul, onde por dez anos, agora completos, eu fui pai e pastor. Agora em Paris, nada de ministério pastoral, de que tanto gosto e pelo qual me tornei sacerdote; mas quase só negócios religiosos que frequentemente se tocam com a política, o que é uma coisa tão feia. Isso para dizer-lhes que eu não iria a Paris se não fosse com o fim de trabalhar e de me sacrificar. Para a missão que me é confiada, gostaria de ter dez anos menos. Farei o melhor que puder, e até quando a boa saúde me sustentar.

Não podia faltar, também, naquela carta, nascida em momentos tão importantes da sua existência, uma lembrança dos sonhos que estava tendo naqueles dias, ou seja, poder voltar definitivamente a Sotto il Monte. "Vocês sabem que, de Milão a Paris, em tempos normais, o trajeto é muito curto? Pouco mais que de Milão a Roma. E assim nos tornamos mais próximos, de repente! Não digo mais nada..."

E nas últimas linhas, Roncalli escreveu ainda: "De Paris, se eu for mesmo, lhes escreverei imediatamente".

"Se eu for mesmo". Portanto, no seu coração, esperava ainda evitar aquele encargo. Também porque não conseguia encontrar uma razão lógica. Revelou isso numa carta ao seu ex-secretário, Dom Giacomo Testa, que trabalhava em Atenas. Disse a ele que não esperava aquela nomeação, não a entendia, não se sentia preparado e adequado para uma tarefa tão alta. E concluía citando espirituosamente uma máxima de Teófilo Folengo, poeta e monge beneditino do século XIV: *"Ubi deficiunt equi, trottant aselli"* [Onde faltam os cavalos, trotam os burros], como querendo dizer que ele, burro e camponês, fora mandado a Paris porque não fora encontrado um cavalo de raça adequado para aquele encargo.

Para o dia da Imaculada, 8 de dezembro, os seus colaboradores tinham preparado uma festa para celebrar os seus dez anos de trabalho em Istambul. Mas de repente a festa se coloriu de tristeza. Comovido, Roncalli anunciou que fora transferido para Paris. Todos deviam ter se congratulado, exultado, porque se tratava de uma promoção de muito prestígio. Mas ninguém fez isso. Pensavam que perdiam um "pai" extraordinário, um "guia" único.

Nos dias seguintes, Roncalli ocupou o tempo em recolher os seus papéis, em cumprimentar as autoridades e os amigos. Em 23 de dezembro, antevéspera de Natal, convidou todos os sacerdotes católicos da cidade para um almoço. No final, abraçou um a um, dando de presente a cada um duas moedas de ouro.

– Na Sagrada Escritura – disse –, o ouro é símbolo da caridade.

No final da tarde, dirigiu-se à estação para tomar o trem para Ancara. Passaria as festas de Natal naquela cidade. Na estação, uma grande multidão se reunira para saudá-lo.

Ficou em Ancara até 27 de dezembro. Enquanto esperava, preparou um relatório para Dom Paolo Pappalardo, que fora enviado pela Santa Sé em seu lugar. Também esse escrito é um documento de grande importância para entender como Roncalli viveu aquele acontecimento extraordinário da sua existência.

São cinco folhas datilografadas. Escreveu-as na noite entre Santo Estêvão e São João Evangelista. Provavelmente porque não conseguia dormir. Usou o seu papel para cartas, aquele com o cabeçalho completo, reservado para os comunicados oficiais: "Angelus Joseph Roncalli, Praelatus domesticus Suae Sanctitatis, Dei et Apostolicae Sedis gratia Archiepiscopus titularis Mesembriae Administrator apostolicus Constantinopolitanus et in Turcorum atque Graecorum Dicionibus Apostolicus Delegatus". Talvez pensasse que aquela era a sua última carta naquele tipo de papel.

Trata-se de um documento que é uma espécie de "testamento espiritual". Roncalli entrega a sua missão ao sucessor, mas se preocupa em "recomendar-lhe" alguns aspectos relativos às pessoas. Como um pai extremamente amoroso, teme que o sucessor não demonstre suficiente afeto aos filhos que ele está deixando, sobretudo àqueles mais humildes, e então os recomenda. Seguem algumas passagens desse escrito.

Meu caro Dom Pappalardo. As circunstâncias quiseram que nós não pudéssemos nos encontrar, justo quando o nosso encontro era mais necessário. Mas a obediência pura e simples leva consigo desapontamentos e incômodos. É preciso suportá-los com calma e paciência. Ao esperar o avião que me transportará para o meu novo repentino destino, escrevo-lhe umas poucas coisas, de maneira simples, reservando-me para dizer-lhe mais quando puder respirar melhor. Antes de tudo, seja abençoada a sua vinda a Istambul; eu a anunciei e preparei. Não poderia desejar um colaborador e agora, de qualquer modo, um sucessor no meu modesto trabalho, mais agradável e mais estimado pelo senhor. Seja, portanto, abençoado, caro monsenhor, e leve bênção.

Ao partir, deixei as minhas incumbências e faculdades de Administrador, como erroneamente se continua a dizer, do Vicariato Apostólico de Istambul, a Dom Collaro, coadjuvado pelo Chanceler Mons. Guillois, duas ótimas pessoas muito dignas de toda confiança. Sobre isso informarei a S. Congregação Oriental. Será bom que ela ajude com parecer a essas duas pessoas, mas sem deixar a impressão de querê-los substituir. Isso quanto ao vicariato. A delegação, ao invés, está toda nas costas do senhor; assim como as relações dela com o vicariato e com Dom Varouhas e com o bom Padre Nikoloff dos búlgaros [...]

Quanto às despesas feitas por mim para os pobres e para as duas residências, Istambul e Prinkipo, em parte podem ser tiradas dos registros, em parte permanecem o segredo do meu espírito, e talvez também o segredo parcial daquele pouco de boa fama de generosidade que se criou em favor de meu pobre nome. O certo é que, ao partir, depois de dez anos, sinto-me alegremente tão pobre como quando entrei [...]

Os sacerdotes todos, seculares e regulares, as freiras de várias nacionalidades e instituições são o consolo mais caro do Pastor. Com um pouco de gentileza se obtém tudo deles. Eu segui o critério de respeitá-los muito, de não meter demais a colher nas suas panelas, de pedir com cortesia para ter êxito em tudo [...]

São especialmente dignos de compaixão os poucos e pobres católicos de Mardin e de Diarbekir... Com afeto fraterno recomendo Dom Varouhas e a sua obra. Ele tem verdadeiramente uma alma nobre: não encontro palavras para dizer todo o louvor e a afeição que merece. Igualmente recomendo muito o bom e martirizado Padre Nikoloff dos búlgaros. O seu é um holocausto que queima continuamente para o bem e a santificação sua e de toda a Igreja de Istambul. E depois, todos juntos, recomendo os pobres de Jesus Cristo. São muitas vezes aborrecidos e indiscretos: é preciso olho aberto, mas também coração aberto. Creio que o Senhor abençoa a ação do bispo e a enriquece à medida que se dá aos pobres [...]

Sobretudo, não esqueçamos, meu caro Dom Pappalardo, que é preciso muita paciência, e ela é necessária para obter sucessos em todo tempo. Se ouvir de mim algum pouco de bem, louve comigo o Senhor, que fez tudo. Se ouvir alguma crítica, reze por mim, para que o Senhor me perdoe se a crítica for justa, e perdoe quem a faz, se for injusta. A Delegação Apostólica de Istambul tem maneira de exercer todas as catorze obras da misericórdia. *Beati misericordes*, meu caro Dom Paolo. Eu a encorajo como irmão mais velho, abraço-a e a abençoo. Serei grato ao senhor se fizer uma cópia à máquina desta carta tão apressada e a mandar para mim em Paris. E reze sempre por mim que, graças a Deus, não tendo buscado nem imaginado aquilo que me aconteceu, gozo de grande paz no coração e serena confiança no Senhor.

No dia 27 de dezembro, Dom Roncalli deixou para sempre a Turquia. O exército aliado colocou à sua disposição um avião americano. Agora Roncalli tornara-se uma autoridade muito importante. Ao vê-lo naquele terno um pouco descuidado, não se diria. Mas quando se dirigiu ao avião, com passo bondoso e o sorriso nos lábios, os soldados e os suboficiais que estavam em volta ficaram em sentido: passava o núncio apostólico da França.

Não era a primeira vez que Roncalli viajava de avião. O seu primeiro voo fora em junho de 1939. Escrevera, naquela ocasião, ao irmão Zaverio: "Fui a Jerusalém e voltei de aeroplano. Voa-se muito bem...".

De Ancara, o avião militar americano fez escala em Cairo, em Bengasi, em Nápoles e, enfim, em Roma, onde desembarcou no dia 28 de dezembro de tarde.

Roncalli tomou um táxi direto para o Vaticano. Queria saber por que o mandaram para Paris.

– O senhor não se vê núncio em Paris? – disse-lhe um alto funcionário da Secretaria de Estado, a quem Roncalli tinha se dirigido pedindo explicações. – Bem, nem nós, para falar a verdade. Mas vemos os outros ainda menos que o senhor.

A resposta era crua e rápida. Roncalli pediu para poder ser recebido em audiência pelo Papa. Foi satisfeito. Pio XII, quando o viu diante de si, disse-lhe:

– Só posso conceder-lhe sete minutos. Mas devo dizer logo uma coisa: dessa nomeação em Paris, o senhor não é devedor a ninguém. Eu sozinho pensei sobre isso, rezei, decidi. Por isso, o senhor pode considerar certo que a vontade do Senhor não poderia ser mais clara e mais encorajadora. Em Paris – continuou o Papa –, a situação está bastante tensa. O problema mais urgente a resolver é o de uns cinquenta bispos acusados de "colaboração" com o governo de Vichy e os alemães. O novo governo quer afastá-los. É preciso impedir isso.

Dom Roncalli saiu daquela brevíssima audiência com as ideias mais claras. Pela primeira vez tinha o conforto de saber que fora escolhido pelo Papa pessoalmente. E depois, agora sabia o objetivo principal da sua missão em Paris.

O governo de Vichy (o nome vem da cidade onde residiu, de 1940 a junho de 1944) representara um período ruim para a França. Na prática, um governo filonazista, e agora as reações contra os homens que o tinham apoiado eram violentas. Nenhum diplomata vaticano importante tinha coragem de ir resolver aquela situação, porque sabia que falharia, queimando assim a sua carreira. Por isso tinham pensado em mandar a ele, Roncalli, que não pensava muito na carreira e, por isso, não tinha motivos para desistir.

Às dez da manhã do dia seguinte, com um avião especial colocado à sua disposição pelo governo francês, Dom Roncalli partiu para Paris. Chegou às duas da tarde. Dirigiu-se imediatamente à sede da nunciatura no número 10 da Avenue Wilson e, na mesma tarde, apresentou os seus cumprimentos ao ministro dos Negócios Exteriores, Georges Bidault.

Em 1º de janeiro de 1945, às nove horas, já estava no Palácio do Eliseu e apresentava as suas credenciais ao General De Gaulle, que o recebeu com extrema frieza.

Normalmente os diplomatas levam alguns dias antes de apresentar ao chefe do Estado as credenciais, o tempo para examinar, estudar a situação no local. Ao contrário, Angelo Roncalli foi muito solícito. E o motivo da pressa foi entendido algumas horas mais tarde, quando os diplomatas acreditados na França foram ao palácio presidencial para os votos de ano novo.

Os núncios apostólicos são, por tradição, os "decanos" do corpo diplomático. Quer dizer, são considerados "primi inter pares", os representantes dos colegas, e cabe a eles pronunciar o discurso oficial nas várias ocasiões.

Na falta do núncio apostólico, o discurso para a apresentação dos votos de ano novo por parte do corpo diplomático ao chefe do Estado francês teria sido pronunciado, naquela manhã, pelo embaixador soviético, que era o mais antigo no cargo. Este até já tinha se preparado. Chegara ao palácio presidencial segurando nas mãos a cópia do discurso que recebera por correio especial de Moscou. Mas, no momento de lê-lo, foi obrigado a pôr de volta no bolso os papéis datilografados. Roncalli, perfeito conhecedor das regras diplomáticas, o tinha vencido no tempo, e foi ele, representante diplomático há poucas horas, que pronunciou o discurso que, no estilo e conteúdo, foi bastante diferente daquele que o embaixador soviético teria pronunciado.

Em Paris, Angelo Roncalli encontrou uma atmosfera glacial. A França, que acabava de sair da guerra, estava dividida por ódios e rancores. Os guerrilheiros, que tinham descido das montanhas, e os perseguidos políticos, que tinham saído das prisões, clamavam por vingança. Nos muros da cidade e nos jornais, a palavra mais recorrente era "expurgo".

Nas listas das pessoas que deviam ser "expurgadas", havia também cinquenta bispos. Dom Roncalli fora encarregado pelo Papa de salvá-los. Entre aqueles cinquenta nomes, havia também os de três cardeais: os arcebispos de Paris, Suhard; de Lyon, Gerlier; e de Lille, Liénart. Havia depois os bispos Beaussart, auxiliar de

Paris; e Courbe, responsável pela Ação Católica. Eram acusados de ter pregado publicamente a submissão a Vichy. Alguns, de "ter assumido em público posições favoráveis à propaganda alemã". Uma condenação deles causaria um grave escândalo para a Igreja, e era preciso evitá-lo.

Roncalli começou a tratar com as autoridades. Era um trabalho enervante, mas ele era dotado de uma paciência granítica. Conseguiu baixar para trinta o número dos bispos a "proscrever".

Depois continuou a negociar. Os encontros, as discussões com De Gaulle e os seus colaboradores duraram dez meses. No final, o núncio pôde telegrafar a Roma: "Daqueles trinta, conseguimos tirar o zero".

O ambiente francês era muito diferente do búlgaro, do turco e do grego, que ele conhecia bem e nos quais tinha trabalhado por vinte anos. Mas nesse novo ambiente, continuou a se comportar como lhe era habitual.

Em 20 de fevereiro de 1945, escreveu ao pároco de Sotto il Monte, Padre Giovanni Birolini:

> Cá e lá começo também a pregar, seguindo o costume que adquiri em Istambul. Isso agrada aos franceses, mesmo se eu não posso imitar com perfeição nem Bossuet nem Massillon. Eles consideram falar na língua deles um grande sinal de respeito e de afeição, e me perdoam facilmente qualquer inexatidão ou incerteza de expressão. Se o Senhor for anunciado, já podemos nos dar por satisfeitos.

Durante uma cerimônia solene na Igreja de Saint-Pierre de Chaillot, Roncalli tomou a palavra, mas o microfone estava mal regulado e do aparelho saíam apenas ruídos e descargas elétricas. Aborrecido, o núncio desceu da cátedra e se pôs a falar normalmente:

– Caros filhos, vocês não puderem entender nada. Não faz mal, não era interessante. Eu falo mal o francês. Aquela santa mulher da minha mãe, que era uma camponesa, não me fez aprender muito cedo.

Todos se puseram a rir, conquistados pelo humor de Roncalli.

Escreveu naquele tempo aos familiares em Sotto il Monte:

Em Paris, durmo melhor do que em Istambul. Agora pouco me basta; mas esse pouco é sono tranquilo. Aqui há questões graves a tratar, das quais depende o bem da Igreja Católica na França. Faço o melhor que posso; e sabendo que estou aqui por vontade expressa e pessoal e com a confiança do Santo Padre, me sinto leve e sereno [...] neste grande palácio principesco que está todo à minha disposição, com um automóvel belíssimo, com dois secretários, três freiras, três pessoas, melhor cinco pessoas de serviço [...]

Em Paris imperavam a mundanidade, a argúcia, as relações públicas. Roncalli estudou por alguns meses o teatro do seu novo trabalho, e depois se adaptou perfeitamente a ele.

– Prefiro encontrar-me com os adversários em torno de uma boa mesa a inundá-los de notas diplomáticas e de protestos – afirmava.

Ele, bergamasco, camponês, reservado e parco no comer, em pouco tempo se tornou famoso pelos seus chistes, pelos seus almoços, pelas suas qualidades de bom garfo. Ele certamente não convidava os poderosos para que jejuassem. Para dar prestígio à sua cozinha, tinha contratado um *maître* famoso em Paris, Monsieur

Roger, que se tornará depois famoso como *chef* do restaurante La Grenouille, o qual recordava:

– O núncio era redondo como um pároco de aldeia, mas comia como um passarinho. Provavelmente eram os livros que devorava que o faziam engordar.

Com efeito, Roncalli continuou a viver como sempre, comendo pouco e mal. Numa carta aos irmãos, descrevia o seu *menu* habitual:

> De manhã, um café com leite e um pedacinho de pão e, fora da Quaresma, uma fruta. Às treze, uma refeição adequada, mas com pouco pão e pouco vinho. De noite, uma sopa leve, um pouco de verdura, ou seja, salada ou legumes cozidos ou crus, uma migalha de pão, nada de vinho.

A fama de ser bom garfo, como às vezes se escreveu, era só aparência. Em público, representava a comédia e, com aqueles famosos almoços, conseguiu fazer muitos amigos importantes, inclusive encarniçados adversários. Uma vez, durante um almoço oficial em Paris, um orador lhe recordou o seu nascimento modesto, elogiando-o pelo caminho percorrido. Roncalli sorriu e, agradecendo, respondeu:

– Na Itália, meus amigos, há três modos para perder o seu dinheiro: as mulheres, o jogo e a agricultura. Os meus antepassados escolheram o último, o mais maçante.

Os seus chistes circulavam por Paris. Eram noticiados pelos jornais. Daniel-Rops era um escritor católico famoso e um mito na França. Tinha um físico franzino e pequeno. Na primeira vez que Roncalli o recebeu na nunciatura, lhe disse:

– Ah, caro Daniel-Rops, deveremos juntos fazer uma oração ao bom Deus: que me tire a metade da gordura que tenho e a dê ao senhor.

Num banquete, ficou do lado de uma senhora elegante, com um decote vertiginoso. Quando chegaram às frutas, pegou uma maçã e ofereceu a ela. A senhora, maravilhada, não entedia, e ele:

– Pegue-a, por favor. De fato, só depois que comeu a maçã, Eva percebeu que estava nua.

Uma vez, um embaixador de além da cortina lhe perguntou maliciosamente se a entrada de tantas senhoras decotadas nos salões não o perturbava.

– Não – respondeu o núncio –, eu não as olho, nem os outros as olham, porque se voltam para mim, para observar as minhas reações.

Durante uma visita a Amiens, viu um grupo de camponeses que comiam sanduíches e bebiam vinho. Deixou o grupo das autoridades e se aproximou deles.

– Vocês são gente do interior, não são? – disse. – Saibam que eu também venho do campo.

Num pequeno município da província, o prefeito que lhe dava as "boas-vindas", emocionado, se atrapalhou.

– Monsenhor, me desculpe, sou filho de pobres camponeses, não sei falar...

– Senhor prefeito – respondeu o núncio –, sou como o senhor, filho de um pobre camponês. Apertemos as mãos e agradeçamos a Deus que nos fez assim todos os dois.

Em Paris, gostava de dar um passeio todo dia. Andava a pé ao longo do Sena. Parava para conversar com os mendigos. Às vezes se dirigia à periferia e ia encontrar-se com os moradores de barracos, os trapeiros, os operários italianos, romenos, portugueses.

Um dia, o velho carro de um operário parou no meio da rua. Ele tinha empurrado o carro para o lado e estava mexendo no motor, procurando fazer o carro pegar. Chegou outro carro, que parou. Desceram dois sacerdotes, que o ajudaram a pôr o carro em movimento, empurrando-o. Quando estendeu a mão para agradecê--los, aquele operário reconheceu no mais velho dos dois padres o núncio apostólico da França.

No verão de 1949, também ele foi, como milhares de outros italianos, ao Parque dos Príncipes, para assistir à vitória do ciclismo italiano. Era o final do Tour, com dois italianos na frente: Coppi, primeiro, e Bartali, segundo. Roncalli torcia por Bartali, que era da Ação Católica, mas também admirava muito Coppi, e se entreteve cordialmente com todos os dois.

Na França, naqueles anos, havia o problema dos padres operários. Eram acompanhados e apoiados pelo cardeal de Paris, Suhard, por quem Roncalli tinha grande estima. A Cúria romana olhava com desconfiança para o movimento. Mas Roncalli não colocou empecilhos. Contudo, também não era entusiasmado pelo movimento, como demonstra um trecho do discurso que fez em Veneza em 1956:

> Contaram-me um episódio a propósito dos padres operá-rios. É muito significativo. "Você é padre", disseram um dia alguns operários a um desses sacerdotes honestos e bons, vestido de macacão perto deles. "Este não é o seu lugar. Aqui é um terreno vazio para você: nós o ajudaremos a construir uma barraca para capela. Traremos para cá nossas mulheres e nossos filhos, e talvez venhamos até nós. Nós precisamos disto: do teu Evangelho e do teu altar, nada mais".

De qualquer modo, Roncalli certamente não estava preso a rígidas posições tradicionalistas, como se pode deduzir de uma confidência que ele mesmo fez a um amigo, e que se refere ao comportamento tido numa controvérsia entre pároco e paroquiano.

– Diante de um caso de permissão negada a um jovem, que se dizia comunista, de ser padrinho de crisma, elogiei o pároco pelas decisões tomadas, mostrei o bom senso da medida e, diante das declarações do jovem acerca da sua genuína fé católica e apostólica, suspendi a proibição de maneira excepcional, em nome de uma autoridade superior à do pároco, ou seja, do bispo. Parece que todos aprendemos a lição que realmente foi dada. Assim, tudo ficou em paz e não foi seguido de perturbações e despeitos.

Viajava muito para conhecer a vida real das paróquias. Dizia: "É nos jardins dos párocos que se aprende a conhecer o povo".

Nos oito anos que ficou na França, Roncalli visitou 78 dioceses, dirigindo-se também à Córsega, Argélia, Tunísia e Marrocos. Na volta da África, atravessou a Espanha: Algeciras, Sevilha, Antequera, Granada, Santa Fé, Córdoba, Madri, Toledo, Burgos, percorrendo, antes de chegar a Paris, 10 mil quilômetros de carro e improvisando uns cinquenta discursos. Alguém que não gostava dele o acusou ao Vaticano. Foi chamado por Pio XII e convidado a "moderar as saídas e a ser mais assíduo à nunciatura". Respondeu humildemente ao Papa: "Eu vou só aonde os bispos e os párocos me convidam com insistência... E com a minha presença procuro ser o olho, o coração e a mão socorredora do Papa". Prometeu também que sairia menos de Paris.

Durante uma recepção diplomática, sempre em Paris, o Núncio Roncalli percebeu que o Embaixador soviético Bogomolov estava à parte, amuado.

Ele se aproximou e entabulou a conversa:

— Excelência, nós militamos em campos opostos; no entanto, temos em comum uma coisa importante, a pança. Ambos somos gorduchos.

Bogomolov riu de coração, e, desde então, o núncio e o diplomata russo, durante as recepções, conversaram muitas vezes cordialmente.

Nenhum historiador jamais procurou saber os conteúdos daquelas conversas. Mas talvez tenha sido durante aqueles almoços oficiais em Paris que o Núncio Angelo Roncalli tenha começado a dar vida àquelas relações subterrâneas com a União Soviética, que se tornaram preciosas nos momentos de crise mundial.

Quando discutia religião, preferia falar do paraíso a falar do inferno, e via em Deus antes um pai que um juiz. Nele as fraquezas humanas suscitavam mais compaixão do que indignação. Até a fé era para ele antes um jugo suave a propor com amor do que uma ideia a inculcar a marteladas na cabeça dos perversos. Uma vez não hesitou em declarar publicamente:

— Muitas vezes me sinto mais à vontade com um ateu ou um comunista do que com certos católicos fanáticos.

Intelectuais e políticos famosos, notoriamente ateus e anticlericais, tornaram-se seus amigos.

Édouard Herriot, político francês, expoente radical, personagem lendário, que foi muitas vezes ministro, presidente do Conselho e por cinquenta anos prefeito de Lyon, teve uma vez de declarar:

— Se todos os bispos tivessem sido como Roncalli, nunca teria havido anticlericalismo na França.

Antes de morrer, Herriot se reconciliou com a Igreja e muitos, talvez com fundamento, atribuíram a sua conversão a Roncalli.

– O núncio – disse uma vez Robert Schuman, outro famosíssimo político francês, considerado um dos pais da unidade europeia – é o único homem de toda Paris que leva consigo a paz, para onde quer que se dirija.

No primeiro período de sua estada em Paris, Roncalli era olhado com certa desconfiança por Vincent Auriol, político francês socialista que depois se tornaria o primeiro presidente da Quarta República. Certo dia, Dom Roncalli se aproximou dele e disse:

– Nós estamos divididos apenas pelas opiniões políticas. Não lhe parece que se trata, tudo somado, de coisas pouco importantes?

O socialista foi tão afetado por tal humanidade que, a partir daquele dia, a sua frieza, em relação ao núncio, cedeu lugar a um caloroso sentimento de amizade.

Enquanto estava em Paris, Angelo Roncalli deu uma grande prova do seu alto senso de justiça. Realizava-se em Nuremberg o famoso processo contra os criminosos nazistas. Entre os réus estava o ex-embaixador alemão em Ancara, Franz von Papen, que Roncalli tivera a ocasião de conhecer na Turquia. A cada acusado, era concedido apresentar uma lista de pessoas que pudessem testemunhar em sua defesa. Von Papen mandou o questionário a Roncalli.

O núncio se encontrou numa situação delicada. O processo de Nuremberg fervia. Tomar a defesa de algum dos réus significava correr o risco de ser taxado pela imprensa de filonazismo. Um diplomata teria procurado não se envolver. Mas von Papen, católico, estava sentado no banco dos réus, ao lado de homens que tinham boa probabilidade de serem condenados à morte. Como todos, tinha direito de ser julgado segundo a justiça, e o núncio respondeu ao questionário com o mais escrupuloso respeito pela verdade, sem se preocupar com as críticas que seriam feitas contra ele.

Não se sabe se as suas declarações influenciaram o veredicto dos juízes de Nuremberg. O fato é que Franz von Papen foi absolvido. Naturalmente, a imprensa comunista francesa não deixou de acusar o núncio de filonazismo, mas ele não se preocupou, porque sabia que tinha cumprido com o seu dever.

Embora vivesse rodando pelo mundo, Angelo Roncalli nunca se esquecia da sua terra natal, Sotto il Monte. E, sobretudo, não se esquecia da sua família. Enviava cartas para casa e se informava sobre tudo o que acontecia. Frequentemente enviava alguma pequena ajuda econômica às irmãs. Sempre o fizera, como se deduz de uma carta sua, expedida da Turquia, ao seu amigo General Cocconi. Pedia um favor, não para si, mas para as suas irmãs que são "modestas de condição e de educação, mas nem por isso menos agradáveis aos olhos de Deus". Pede ao amigo general que mande em seu nome um cheque de 1.000 liras às senhoritas Maria e Ancilla Roncalli, de Sotto il Monte.

> Perdoe a confidência, mas todo mês eu mando àquelas criaturas um pouco de dinheiro e, desta vez, me encontro embaraçado, porque não consigo encontrar o modo de fazer esse envio. O senhor sabe como é difícil mandar dinheiro italiano para a Itália.

Em 14 de novembro de 1952, o Núncio Angelo Roncalli recebeu uma carta de Dom Montini, colaborador de Pio XII, com os dizeres no envelope "privada e confidencial". Em nome do Papa, Montini lhe perguntava se tinha coragem de suceder o patriarca de Veneza, Carlo Agostini, na eventualidade de sua morte iminente. Mas era recomendado a não dizer nada a ninguém.

Roncalli, perplexo, fez a confidência com o seu *Diário*:

248

Dom Montini me envia uma carta confidencial da parte do Santo Padre, "sob rigoroso segredo". Oro, reflito e respondo: "*Oboedientia et pax*". Um desvio inesperado na direção da minha vida. Lembro-me de São José e o imito: dou outra direção ao meu burro; não me comovo e bendigo a Deus.

Depois respondeu a Montini:

Desejo de coração ao Excelentíssimo patriarca de Veneza que o Senhor o cure e o deixe viver ainda por muito tempo. Caso eu deva sucedê-lo, que conceda a mim a graça de merecer o elogio antigo de São Marcos, "*discipulus et interpres Petri*".

Duas semanas depois, Montini enviou-lhe um telegrama comunicando que o Santo Padre decidira "elevá-lo à púrpura cardinalícia" no consistório de 12 de janeiro de 1953. E Roncalli anotou no seu *Diário*:

É o Senhor que verdadeiramente fez tudo, e fez sem mim, que nada poderia imaginar ou aspirar a tanto. Manter-me humilde e modesto não me custa grande coisa. Envaidecer--me e orgulhar-me de quê, Senhor meu? O meu mérito é a tua misericórdia...

A notícia chegou aos jornais no dia 30 de novembro, que era domingo. O Primeiro Ministro Pinay interrompe as férias para acorrer à nunciatura, a fim de apresentar as felicitações do governo. Começaram a chegar telegramas de toda parte. O telefone tocava ininterruptamente.

– Gostam muito do senhor – disse a Dom Roncalli o adido da nunciatura ao lhe entregar um maço de telegramas. E Roncalli, com a sua costumeira argúcia, lhe respondeu:

– Sabe o que dizia Padre Talpa, discípulo de São Filipe Neri? "Se falam mal de você, falam a verdade. Se lhe fazem elogios, o enganam!". Eu também penso assim.

Naquela tarde, chegou também uma notícia ruim. Ancilla, uma das irmãs de Roncalli, há tempo gravemente doente de câncer, estava morrendo. Partiu imediatamente para Sotto il Monte. Naquela noite, escreveu no seu *Diário*:

> Noite no trem... Ó Jesus, como sinto também eu por ser homem, e como agradeço pela fé que me dá clareza de visões e de esperanças imortais, e como agradeço porque dias que podiam ser tentações de vã complacência se tornam, ao contrário, dias de união com a cruz. *O Crux ave, ave.*

Felizmente, Ancilla se recuperou, embora ficando sempre gravemente doente. Roncalli voltou a Paris. Três dias depois do Natal, chegou a notícia da morte do Cardeal Agostini. Roncalli escreveu: "Com essa morte inicia aquela nova direção da minha vida, que recordei na data de 14 de novembro, dia de São Josafá. Aguardarei instruções da Santa Sé".

Em 12 de janeiro de 1953, Pio XII reúne o consistório. Era o segundo, e foi o último do seu pontificado. Foram eleitos 24 cardeais, dos quais dez eram italianos. Entre eles, Roncalli.

A França tinha um velho privilégio: o presidente da República podia, se desejasse, impor ao núncio o barrete vermelho, símbolo da dignidade cardinalícia. Até então, pouquíssimos presidentes tinham usado esse privilégio. Mas o Presidente Auriol, grande amigo de Roncalli, mandou comunicar imediatamente que estava muitíssimo interessado em exercer esse seu privilégio.

A cerimônia de investidura foi fixada para dia 15 de janeiro no Palácio do Eliseu.

Na intenção de Roncalli, devia ser uma cerimônia íntima, com pouquíssimos convidados. Mas assim que se espalhou a notícia de que Dom Roncalli fora feito cardeal e a cerimônia de investidura se realizaria no Eliseu, começaram a chegar pedidos para poder participar.

Começou pelo embaixador do Canadá, gloriando-se da sua "longa amizade com o núncio". Depois o embaixador da Turquia, o da Grécia, e assim todos os outros. Nessa ocasião se percebeu quão conhecido e estimado era Angelo Roncalli.

Naquele dia o Eliseu estava apinhado de gente. No Salão das Armaduras, os embaixadores estavam alinhados com uniformes de gala, com as brilhantes decorações no peito.

O Presidente Auriol, ateu e socialista, estava emocionado. No momento em que Roncalli, para receber o chapéu de cardeal, se ajoelhou diante dele, que naquele instante representava o Papa, o presidente francês se assustou e quase fugiu. Foi detido pelo chefe do protocolo, que lançava para ele olhares fulminantes. Então Auriol se inclinou para Roncalli e lhe disse com voz trêmula:

– Não, Eminência, levante-se, levante-se: sou eu quem deve ajoelhar-se diante do senhor.

Logo em seguida, Auriol pendurou ao pescoço do neocardeal o grande cordão da Ordem Nacional da Legião de Honra, e os dois se abraçaram comovidos.

Roncalli pronunciou poucas palavras de agradecimento, dizendo entre outras coisas:

– Espero que digam de mim: era um padre leal e pacífico, em toda ocasião sempre amigo sincero e fiel da França.

No mesmo dia, em Roma, o Papa anunciava, no consistório, isto é, diante da assembleia de cardeais, a nomeação do neocardeal Roncalli para patriarca de Veneza.

Antes de deixar a França, Roncalli quis oferecer um jantar de adeus à nunciatura. O jantar ocorreu no dia 15 de fevereiro. Convidou Édouard Herriot, presidente da Assembleia Nacional e os oito políticos que tinham sido ministros durante a sua permanência em Paris, a saber: Georges Bidault, Félix Gonin, René Pleven, Edgar Faure, André Marie, Robert Schuman, René Mayer e Antoine Pinay. Grandes políticos, de tendências diferentes, que talvez nunca pudessem e quisessem jantar juntos. O brinde de adeus foi feito pelo velho Herriot:

– O povo francês – disse comovido – não se esquecerá da bondade, da delicadeza do tratamento, das provas de amizade recebidas, tendo-o conhecido não apenas na roupa de diplomata, mas também de amigo... O povo francês, não desprovido de defeitos, se deixa seduzir pela bondade do coração; essa bondade encontrou no núncio, neste italiano afrancesado. E ao senhor se abriu cordialmente.

Quatro dias depois, em 19 de fevereiro, houve o adeus por parte do corpo diplomático, e coube ao General Georges Vannier, embaixador do Canadá, prestar homenagem a Roncalli:

– O núncio – disse – reúne na sua pessoa os três produtos característicos, um tempo, da cidade de Bérgamo: o vinho, a seda e o ferro. O vinho é um pouco a riqueza do seu coração e a vivacidade do seu espírito. A seda lembra a finura do seu temperamento de diplomata, a irisação do seu sentido de matiz. Sendo o senhor o produto de uma região da seda, não será certamente semelhante a um daqueles cardeais severos, à maneira de Goya; não, o senhor tem a força temperada pela doçura que se encontra nos quadros de Rafael. Quanto ao ferro de Bérgamo, ele evoca a solidez dos princípios que inspiram a sua vida e a firmeza de caráter que não transige com a verdade.

Em 23 de fevereiro de 1953, Roncalli escreveu no seu *Diário*:

> Partida da França, definitiva. Levantada às 4h30 depois de uma boa noite. Tristeza da separação, mas suave na união com Deus e na paz da consciência e da bondade feita amor. Missa às 6h. Adeus às 7h30, silencioso, comovido, também lágrimas cá e lá [...] bendigo o Senhor e lhe agradeço *pro universis beneficiis suis*, por toda a sua bondade para comigo.

"Um pároco à grande"

O Cardeal Roncalli estava feliz com a nomeação para patriarca de Veneza, mais do que pela de cardeal. Por duas razões: o cargo em Veneza lhe permitia voltar para a Itália e poder finalmente ser pastor de almas.

Depois de mais de 27 anos de trabalho pelo mundo afora, voltava praticamente para casa. Veneza não fica muito longe de Bérgamo, de Sotto il Monte. Ademais, Veneza e Bérgamo estão ligadas por séculos de história. Em cima dos velhos muros da cidade lombarda, o leão de São Marcos sobressai severo. Roncalli, apaixonado por história, sabia bem disso e, quando a sua nomeação para patriarca de Veneza foi oficial, escreveu numa carta ao prefeito de Bérgamo, Ferruccio Galmozzi:

> Quatro séculos de dominação, sábia no conjunto e agradável, contribuíram para moldar um pouco a fisionomia de nossa gente segundo o estilo de Veneza, ou, pelo menos, para estabelecer uma corrente de simpatia e de memórias nobres e gloriosas entre o leste e o oeste do território da Sermíssima.

Mas a razão principal do seu contentamento estava no fato de finalmente poder dedicar-se ao apostolado das almas. Quer dizer, podia exercer plenamente a atividade essencial do seu sacerdócio: ser o pastor dos fiéis, tomar conta de uma comunidade religiosa, ser, em palavras simples, o pároco. Sempre desejara isso. Tornara-se padre exatamente com esse ideal, e nunca pudera pô-lo em prática. Agora, finalmente, conseguia também essa grande satisfação. Dizia: "O que é um bispo: um pároco à grande".

E agora, em Veneza, podia ser o "pároco à grande".

A sua alegria era tão intensa que quase o levou a quebrar um segredo que o Papa lhe pedira. No Natal de 1952, a comunicação de que iria para Veneza era ainda "reservadíssima"; não poderia, portanto, falar a respeito com ninguém. No entanto, numa carta ao seu amigo e discípulo, Dom Giuseppe Battaglia, que era então bispo de Faenza, Roncalli se permitiu confidências que, embora não revelassem o lugar, davam a entender que deixaria Paris para um novo destino importante. E sendo as condições de saúde do Cardeal Agostini conhecidas de todos, era fácil imaginar qual poderia ser o novo cargo.

Roncalli escreveu a Dom Battaglia:

> A meu respeito direi, em grandíssimo e rigoroso segredo, que o Santo Padre, na sua surpreendente bondade para comigo, se reserva a me ocupar, depois da minha missão de Paris, e talvez mais depressa do que se creia, num serviço inesperado por mim e pelo público. Isso me leva a não fazer projetos... Esperemos, portanto, sem ânsias e com perfeita tranquilidade, os acontecimentos. Ainda uns vinte dias. Caro monsenhor, esteja perto de mim com a sua oração e a sua amizade. Nós nos compreendemos. Eu quero ser um cardeal humilde, modesto e santo. O resto não conta nada.

Tinha, portanto, uma grande vontade de "ser pároco". Começou imediatamente, enquanto ainda estava em Paris, a organizar o seu novo trabalho. O Cardeal Agostini fora patriarca de Veneza apenas cinco anos e, nesse breve tempo, tinha posto em prática

"Um pároco à grande"

importantes iniciativas pastorais. O novo patriarca o conhecia e pretendia continuá-las.

Era impaciente em obter notícias precisas sobre a vida da diocese que se preparava para guiar. Para tê-las, escreveu uma carta ao vigário capitular de Veneza, Dom Erminio Macacek, convidando-o a Paris. Uma carta delicada e simpática, "para não chocar suscetibilidades", como dizia ele:

Reverendíssimo Monsenhor, aqui, na Gare de Lyon, leio os cartazes nos vagões dos grandes trens: Paris-Veneza, Veneza-Paris. Portanto, há trens diretos e nada desconfortáveis. Que festa seria para mim se viesse um aviso dizendo que está para chegar Dom Macacek, só ou com algum eclesiástico da Cúria, para informar-me da situação do patriarcado, de tudo o que aí poderia encontrar ou não encontrar, e de tantas coisas modestas que deverei prover com o tempo.

Naturalmente, o vigário capitular se precipitou para Paris e aí ficou de 3 a 16 de fevereiro. Era acompanhado por um jovem padre magro, de nome Loris Capovilla.

– Monsenhor Agostini era um terremoto – disse Dom Macacek. – Fazia-nos trabalhar como loucos.

E, sorrindo, acrescentou:

– Sabe o que dizem em Veneza a respeito da sua vinda? Que será "a bonança depois da tempestade".

Também Sua Eminência Roncalli sorriu.

Pediu informações sobre o jovem padre magro. Dom Macacek lhe disse que fora capelão militar e se interessava por comunicação. Era diretor da *Voce di San Marco*, o semanário diocesano.

Roncalli continuou a lançar para ele olhares perscrutadores e talvez, já naquele primeiro encontro, entendesse que aquele padre seria um bom secretário para ele. Deu-lhe o cargo em maio do mesmo ano, e não se separou mais dele. Capovilla se torna o amigo de Roncalli, o conselheiro discreto, um filho espiritual; seguiu-o ao Vaticano e, depois da morte de João XXIII, foi o fiel guarda da sua memória e o determinado executor testamentário.

Em 23 de fevereiro, Sua Eminência o Cardeal Roncalli deixou a nunciatura de Paris. Foi a Roma, onde se encontrou com o Papa e, depois, voltou para o Norte, refugiando-se por um breve período na abadia beneditina de Praglia, perto de Pádua, para refletir e meditar.

Domingo, 15 de março, celebrou a missa no altar do Bem--aventurado Gregório Barbarigo, na catedral de Pádua, e de tarde foi para Veneza, para a sua entrada oficial naquela diocese.

Era um dia de sol e vento. O Canal Grande fervilhava com gôndolas e barcos a vapor. O ar limpo dava aos mármores, aos ouros dos palácios e aos pingos espumosos das ondas, contornos irreais. Os gritos de saudação voavam levados pelo vento. Roncalli respondia com largos gestos das mãos e estava comovido. Talvez não esperasse tanto entusiasmo e tanta beleza.

Na Basílica de São Marcos, saudou o seu povo falando com grande entusiasmo.

> Quero falar a vocês com a máxima franqueza de coração e de palavra. Vocês me esperaram ansiosamente; disseram e escreveram de mim coisas que ultrapassam em muito os meus méritos. Eu mesmo me apresento humildemente. Como qualquer outro homem que vive cá embaixo: com a graça de uma boa saúde física, com um pouco de bom

"Um pároco à grande"

senso, de modo a fazer-me ver rápido e claramente as coisas; com uma disposição ao amor dos homens que me mantém fiel à lei do Evangelho, respeitoso do direito meu e do próximo, e que me impede de fazer o mal a quem quer que seja: encoraja-me a fazer o bem a todos. Venho da humildade e fui educado para uma pobreza contente e bendita, que tem poucas exigências, e que protege o florescer das virtudes mais nobres e altas, e prepara para as elevadas ascensões da vida. A Providência me tirou da minha aldeia natal e me fez percorrer os caminhos do mundo no Oriente e no Ocidente, aproximando-me de pessoas de religiões e de ideologias diferentes, em contato com os problemas sociais agudos e ameaçadores, e conservando a minha calma e o equilíbrio da pesquisa, da avaliação: sempre preocupado, salva a firmeza aos princípios do credo católico e da moral, mais com o que une do que com aquilo que separa e suscita contrastes.

No final da minha longa experiência, eis-me de volta a Veneza, a terra e o mar familiares aos meus ancestrais durante bons quatro séculos, mais familiar aos meus estudos, às minhas simpatias pessoais. Não. Eu não tenho coragem de aplicar a mim o que Francesco Petrarca, um amigo de Veneza, dizia de si mesmo, tampouco tenho novidades para contar-lhes, como Marco Polo ao voltar para os seus. Certamente, porém, fortes vínculos me ligam a Veneza. Provenho de Bérgamo, terra de São Marcos, pátria de Bartolomeu Colleoni. Atrás da minha colina está Somasca, onde fica a caverna de São Jerônimo Emiliani.

Estas notas lhes dão a modesta fisionomia do homem. Certamente, a posição que me foi confiada em Veneza é grande e ultrapassa qualquer mérito meu. Mas, antes de tudo, recomendo à sua benevolência o homem, que quer ser simplesmente seu irmão, amável, acessível, compreensivo... Este é o homem, este é o novo cidadão que Veneza se dignou acolher com manifestações tão festivas.

O Cardeal Roncalli tinha 72 anos. Não se sentia absolutamente velho, mas era consciente de que naquela idade, em geral, se está aposentado. E estava feliz por se encontrar numa cidade como Veneza, belíssima, tranquila, sem o tráfego caótico das metrópoles, com a população cordial e simples, como ele gostava. Embora fazendo propósitos de intenso trabalho pastoral, o novo patriarca sonhava poder gozar daquela cidade, única no mundo. Na tarde de um dos seus primeiros dias venezianos, foi a pé aos jardins públicos. Ao voltar, tomou um barco a vapor, como uma pessoa qualquer. Sentou-se entre as mulheres que iam fazer compras e os operários. Conversou com eles. Ficou fascinado com a experiência e decidiu repeti-la. Os cardeais, como todas as autoridades e as personalidades importantes, em geral se deslocam por Veneza servindo-se de uma gôndola ou de uma lancha particular. Sua Eminência Angelo Roncalli decidiu, em vez disso, andar de barco como as pessoas comuns. E, como um trabalhador qualquer, tirou o cartão de circulação nos barcos da empresa municipal.

Em maio se retirou para Villa Fietta del Grappa, para os exercícios espirituais. Apesar de já tê-los feito dois meses antes em Praglia, sentia a necessidade de refletir. A missão nova que estava iniciando era a mais importante para ele, porque dizia respeito às almas.

Naqueles dias, escreveu no seu *Diário*:

> É interessante que a Providência me tenha reconduzido lá onde a minha vocação sacerdotal deu a partida, ou seja, o serviço pastoral. Agora me encontro em pleno ministério direto das almas.

Na verdade, sempre achei que, para um eclesiástico, a diplomacia propriamente dita deve ser permeada de espírito pastoral; de outro modo, não serve para nada, torna ridícula uma missão santa. Agora sou posto diante dos verdadeiros interesses das almas e da Igreja, em relação com a sua finalidade que é a de salvar as almas, de guiá-las para o céu. Isso me basta e agradeço por isso ao Senhor. Disse isso em Veneza, em São Marcos, no dia 15 de março, dia de minha entrada. Não desejo, não penso em outra coisa que viver e morrer pelas almas que me são confiadas. Inicio o meu ministério direto numa idade em que os outros o terminam. Encontro-me, portanto, no limiar da eternidade. Jesus meu, primeiro pastor e bispo das nossas almas, o mistério da minha vida e da minha morte está nas vossas mãos, e perto do vosso coração. Por um lado tremo pela aproximação da hora extrema; por outro, confio e a considero diante de mim dia a dia. Sinto-me na condição de São Luís Gonzaga. Continuar as minhas ocupações, sempre com esforço de perfeição, mas mais ainda pensando na divina misericórdia.

Pelos poucos anos que me restam para viver, quero ser um santo pastor, na plenitude do termo, como o Bem-aventurado Pio X, meu antecessor, como o venerado Cardeal Ferrari, como meu Dom Radini Tedeschi, enquanto viveu e se tivesse continuado a viver.

Naqueles meses, confiou ao Padre Loris Capovilla o encargo de ser seu secretário pessoal. Pediu de Roma um bispo, para que lhe desse uma mão no governo da diocese. Contratou também um camareiro particular, Guido Gusso, um jovem, filho de operários, natural de Caorle, aldeia de pescadores no Adriático, hoje célebre centro turístico. Em seguida, no seu trabalho, Guido é ajudado também pelo irmão Paolo.

Esses dois irmãos permaneceram ao lado de Roncalli até o último dia da sua vida. Ele tinha um autêntico "sexto sentido" para captar as pessoas, e intuiu que podia confiar cegamente naqueles dois jovens. Eram honestos e simples, com uma fé cristã equilibrada e clara. Talhados para ele.

– O camareiro do Cardeal Agostini, predecessor de Roncalli, encontrara um bom posto no banco, e assim o novo patriarca ficara sem criado – contou-me Guido Gusso. – Foi meu irmão Cornélio que me avisou que, no palácio do patriarca, procuravam um jovem camareiro. Eu sabia servir à mesa, porque meu tio materno, que era sacerdote, ensinara-me desde pequeno; acabava de tirar a carteira para conduzir automóvel; sabia servir à mesa porque passara uma temporada em Jesolo, numa hospedaria de parentes; em suma, me parecia que tinha os requisitos necessários. Eu então trabalhava com meu pai, em Caorle, mas esperava a ocasião certa para me estabelecer com um emprego seguro em Veneza. E esse emprego ao serviço do cardeal me parecia uma oportunidade ótima. Apresentei-me ao palácio patriarcal com muito medo. Tinha pavor que me fizessem um interrogatório difícil. Levava comigo uma carta de recomendação escrita por meu tio padre. Mas foram todas preocupações inúteis. O Cardeal Roncalli me acolheu com extraordinária cordialidade. Nem sequer leu a carta que lhe apresentava. Disse-me, acompanhando a frase com um grande sorriso: "Bravo, bravo, bem-vindo. Você começa imediatamente?".

Guido Gusso começou a trabalhar naquela mesma tarde, e serviu o futuro Papa até o fim.

Jovem, simpático, inteligente, cordial, respeitoso, discreto: tinha todos os requisitos que agradavam a Roncalli. Guido Gusso se torna como um filho para o velho patriarca. Um filho cuidadoso, que estava sempre perto dele, pronto a prevenir os pedidos, a ajudar também nas mínimas necessidades.

262

"Um pároco à grande"

Talvez ninguém como Guido Gusso tivesse a possibilidade de conhecer João XXIII. Um conhecimento prático, constituído de coisas, de fatos, de ações, de hábitos, de comportamentos privados. Conhecimento direto – sem mediações intelectuais ou, de qualquer modo, interpretativas –, tecido com amor, devoção, solicitude filial. Guido Gusso e, depois, também seu irmão Paolo viviam com Roncalli como filhos. Estavam sempre presentes e, mesmo quando personalidades importantes davam a entender a Roncalli que desejavam falar com ele a sós, ele respondia:

– Fale, fale, estes dois rapazes fazem parte da família.

Estavam ao lado do Papa em todos os momentos do dia. Sobretudo nas horas da sua vida privada. Estiveram ao lado dele nas viagens, nas dores, na doença. Quando o velho Papa não conseguia dormir de noite por causa das pontadas do tumor que lacerava o seu estômago, eles, revezando-se, o velavam, conversavam com ele, o escutavam contar a sua vida, o punham na cama, dobravam as suas cobertas.

A eles o destino reservou um papel extraordinário. E sempre se mostraram dignos. Depois da morte de João XXIII, os jornais de todo o mundo ofereceram a eles quantias hiperbólicas para terem relatos, detalhes particulares sobre o "Papa bom", mas nunca falaram. Permaneceram à parte, com típico estilo joaneu: reservados, tímidos, esquivos, inacessíveis.

No final da década de 1960, quando eu recolhia testemunhos sobre João XXIII, também procurei me aproximar deles. Não o fiz pessoalmente porque, pelo simples fato de que fosse um jornalista, sequer iriam querer encontrar-me. Deu-me uma ajuda um amigo comum, o Comendador Armando Furlanis, industrial vêneto, que morava em Portogruaro, não longe de Caorle, terra natal dos Gusso, e era amigo da família deles. Conseguiu convencê-los a falar comigo e contar-me as suas recordações mais belas dos anos

263

passados com João XXIII. Encontramo-nos na casa do comendador Furlanis. Depois na casa deles, e foram encontros inesquecíveis.

Nesse tempo, João XXIII se tornara uma figura popular e amada em todo o mundo. Já estava em andamento a causa da beatificação. Os irmãos Gusso estavam convencidos de que, talvez, os acontecimentos de que tinham sido testemunhas constituíam um patrimônio de todos os admiradores e devotos de João XXIII. Provavelmente por isso aceitaram confiar a um jornalista parte daquelas recordações. E o fizeram por amor. Só pelo amor que tinham ao seu Papa, sem pedir nada em troca.

Eu era então enviado especial da mais importante revista ilustrada italiana. O semanário poderia pagar altas quantias, como, aliás, teria feito qualquer outro jornal. Mas não quiseram sequer ouvir falar sobre tal assunto.

O que me contaram, e que em parte então publiquei, comoveu o mundo. Aqueles artigos foram republicados por todos os jornais, italianos e estrangeiros. E continuam a ser publicados em todos os livros sobre João XXIII. Certos aspectos, certos detalhes, certas delicadezas, nuanças de bondade e de sensibilidade, mínimas, mas importantíssimas para entender o ânimo de uma pessoa, nunca seriam conhecidas se Guido e Paolo Gusso não tivessem contado as coisas extraordinárias que viveram em primeira pessoa.

Nas páginas seguintes, citarei muitas vezes Guido Gusso, que fala também em nome do irmão. Preferi referir o seu relato em forma direta, com as suas próprias palavras, como o ouvi naqueles dias longínquos, de modo a conservar o valor inestimável do testemunho direto de que é constituído.

– Os anos que passei ao lado de Roncalli estão esculpidos na minha memória – me disse então Guido Gusso. – Roncalli era verdadeiramente um homem extraordinário. Todo dia me admirava com episódios de bondade. Ele possuía o dom maravilhoso de inspirar confiança, otimismo, serenidade, mesmo apenas com a sua presença física. Mostrava um espírito de sacrifício excepcional. Não pensava nunca em si, mas estava sempre pronto a sacrificar-se pelos outros. Quando fui contratado para o seu serviço, fiquei impressionado com o modo como se desenrolava o dia do patriarca. Levantava-se às cinco da manhã, mas às vezes ainda antes. Mandara construir um mirante sobre o teto do palácio e ia lá em cima rezar enquanto surgia a aurora. Descia pelas sete e se dirigia à capela para a missa. Depois da missa, fazia uma refeição leve e começava a jornada de trabalho. Almoçava às treze. Depois tirava uma sesta, breve, e retomava o trabalho. A ceia era em torno das vinte e trinta e depois da ceia continuava, no seu quarto, a trabalhar até por volta das vinte e três. Dormia sempre com as partes internas da janela abertas, porque gostava de ver a luz natural também de noite. Também quando era Papa, em Roma, mantinha as janelas interiores sempre abertas. Às vezes ia ao quarto dele por volta de meia-noite para pedir que assinasse alguma coisa urgente e o encontrava andando no escuro, apoiando-se nas janelas para olhar os chafarizes da Praça de São Pedro, ou observar as pessoas que de noite passavam pela praça.

Como já disse, antes de chegar a Veneza, Dom Roncalli nunca tivera a ocasião de se interessar diretamente pelo ministério pastoral. Exceto um pouco, quando estava em Istambul, na Turquia. A sua atividade se desenvolvera na carreira diplomática. Em Veneza, o contato com as pessoas o galvanizava, dava-lhe o entusiasmo de um jovem. Começou a fazer visitas às paróquias da diocese, e era um trabalho muito duro.

– As aldeias e as aldeolas dispersas na Laguna – me contou Guido Gusso, que sempre o acompanhava nessas saídas – exigiam horas e horas de viagem por água para se chegar a elas. No verão, faz muito calor e, no inverno, há neblina e frio úmido. Dom

Roncalli se movia com um espírito de adaptação que fazia os jovens amarelarem. Em certas paróquias paupérrimas, dormia em quartos que pareciam pardieiros, em camas escangalhadas, mas nunca se queixava. De manhã, às quatro, de boníssimo humor, estava sempre de pé. Divertia-se ao ver surgir o sol sobre a Laguna. Amava sinceramente as pessoas pobres e humildes. Um dia o acompanhei a Caorle, para os festejos em honra de Nossa Senhora. De Caorle, o patriarca foi visitar as outras paróquias das redondezas. Numa tarde disse a ele: "No vale de Zignago está um velho tio meu que é pescador. Naquele lugar não há casas, não há aldeias, meu tio vive como anacoreta e nunca vê ninguém. Talvez ficasse contente se o senhor, Eminência, fosse visitá-lo". "Vamos agora", respondeu o patriarca. Chegamos de repente, e meu tio estava vestido como um troglodita. Quando viu o cardeal, ficou confuso e chorava de emoção. O patriarca ficou com ele quase uma hora, aceitou um copo de vinho e, quando partiu, o abraçou. Depois que Dom Roncalli se tornara Papa, convidei aquele meu tio a Roma, para uma audiência. Acomodei-o numa sala por onde o Papa devia passar. Ele tinha comprado roupa nova e parecia outro homem. Quando o Papa passou, estava acompanhado do mordomo Calori di Vignale, do Cardeal Nasali Rocca e do Monsenhor Marchese del Gallo. Assim que viu meu tio, o reconheceu imediatamente, abriu os braços e foi ao encontro dele sorrindo: "Mas olha – disse –, comprou roupa nova para vir ver o Papa". Depois o apresentou às personalidades que estavam com ele. Disse a todos que aquele velho era um grande pescador e acrescentou: "Fui encontrar-me com ele e ele me ofereceu vinho bom". Embora houvesse em volta muitos personagens ilustres, parecia que a pessoa mais importante, naquele momento, era aquele pobre pescador. Perto do patriarcado passa um canal. Um dia, eu estava na varanda com o patriarca. Embaixo, no canal, trabalhavam os bate-estacas embarcados. O bate-estaca é uma categoria de trabalhadores que são empregados para a limpeza do fundo dos canais. O nome deriva do fato de que eles devem fincar grossos paus no lodo lagunar. Realizam esse trabalho batendo na ponta dos paus e acompanham as batidas com velhas cantilenas. É um trabalho duro, é preciso estar o dia inteiro debaixo do sol, no lodo ou na água. O cardeal ficou longo tempo olhando os bate-estacas que trabalhavam. Depois me disse: "Pobrezinhos, olha como suam. Leve lá garrafões de bom vinho fresco e diga a eles que o cardeal os abençoa".

Ajudar os pobres era a preocupação cotidiana de Dom Roncalli. Toda noite, Padre Loris Capovilla, o seu secretário pessoal, fazia a prestação de contas daquele dia do que fora dado em beneficência. Ele mandava contar o que tinha acontecido com as pessoas que tinham vindo bater à sua porta e depois perguntava: "Quanto você lhe deu?". Capovilla lhe dizia a quantia e ele, infalivelmente, respondia: "Devia ter dado mais, pelo menos o dobro".

A diocese de Veneza era então muito pobre. O cardeal e o seu secretário viviam modestissimamente. Mesmo quando havia hóspedes de respeito, a mesa nunca era posta com abundância, porque não havia meios para isso.

Quando chegou a Veneza, o cardeal encontrou o palácio patriarcal em desordem. A umidade e a salsugem corroíam o reboco das paredes externas, que caíam aos pedaços. Roncalli olhava preocupado. Um dia disse:

– Eu tenho poupanças particulares, vocês a poderão gastar para reparar o palácio patriarcal.

Deu ordem para iniciar os trabalhos. Mas todo o seu capital, a poupança de uma vida inteira de trabalho, era constituído de 1,5 milhão de liras. Deu para reparar apenas o pátio interno.

– Veja onde foi parar a minha poupança – disse o patriarca ao Conde Vittorio Cini, num dia em que este foi fazer-lhe uma visita. – Pensava que, com o dinheiro que tinha, poderia reparar todo o palácio – e contou ao conde a história do 1,5 milhão que era fruto da poupança feita durante toda a sua vida.

O Conde Vittorio Cini ficou impressionado com tanta generosidade simples. Fazia pouco tempo que tinha terminado a restauração da abadia beneditina que se encontra na Ilha de San Giorgio, exatamente diante do Palácio dos Doges e da basílica, e tinha criado a Fundação Giorgio Cini, de cujo comitê fazia parte também Roncalli. Foi uma obra que o patriarca tinha elogiado muito, porque, com aqueles trabalhos, fora salva uma ilha descuidada e conservada uma belíssima igreja, projetada por Andrea Palladio. O Conde Cini sentiu-se imediatamente envolvido nos problemas do cardeal e deu uma grande ajuda econômica para que os trabalhos do palácio patriarcal pudessem ir adiante.

Para Roncalli, o almoço era uma ação social importante. Não gostava de comer sozinho. Quase todos os dias havia hóspedes à sua mesa.

Guido Gusso me contou:

– Gostava de ter alguém à mesa com quem conversar. Vinha o prefeito de Veneza, o presidente do turismo, o chefe de polícia, condes, nobres, artistas, pessoas de passagem, seus amigos franceses, turcos, búlgaros, algum pobre padre. Veio também Auriol, o presidente da República francesa. Ele tratava todos com a mesma cordialidade, o mesmo afeto. Eu fui educado segundo uma rígida tradição católica. Então se ensinava que era pecado falar com um protestante ou um judeu. Embora hoje uma coisa desse tipo faça sorrir, então era importante, severa. Era preciso não ter nada em comum com esses "infiéis". Quando me apercebi de que o cardeal convidava à sua mesa protestantes, judeus, muçulmanos, sem

"Um pároco à grande"

nenhuma distinção, me admirei. Ele notou isso e, sorrindo, me explicou que todos os homens eram filhos de Deus, independentemente da religião que professavam. O importante era ser honestos e fiéis à sua consciência e, portanto, à sua fé. Havia também outras pessoas, em Veneza, que se escandalizavam e criticavam os atos do cardeal. Ele sofria, mas nunca mudou o seu comportamento.

Um dia, como para explicar o seu comportamento, me disse: "Se tivesse nascido muçulmano, creio que teria permanecido sempre um bom muçulmano, fiel à minha religião".

Foi escrito mais vezes que Angelo Roncalli, pelo menos quando era núncio em Paris e patriarca em Veneza, tinha o hábito de fumar, mas Guido Gusso, o seu camareiro, o desmentiu, revelando outro detalhe da extraordinária sensibilidade desse homem.

– Roncalli não fumava – me garantiu Guido Gusso. – Tinha, porém, um excelente senso de hospitalidade. Como disse, convidava sempre alguém para o almoço. Sabia que, em geral, muitos tinham o hábito de fumar depois do almoço, por isso sempre tinha pronto um estojo com cigarros. No final do almoço, me dizia: "Guido, passe os cigarros". Ele por primeiro pegava um, o acendia, pondo assim os hóspedes à vontade. Via-se imediatamente que não era capaz de fumar. Nunca o vi acender um cigarro em outras ocasiões.

Veneza não fica longe de Bérgamo e, portanto, de Sotto il Monte. Roncalli estava feliz por poder, de vez em quando, dar uma escapada e ir para casa, encontrar os irmãos, os sobrinhos, a sua terra.

– Falava muitíssimo de Sotto il Monte – me contou Guido Gusso – e pela maneira como se referia ao lugar, eu pensava que não houvesse nada mais belo no mundo. Um ano me convenceu a ir com ele passar alguns dias de férias na sua aldeia natal. Escreveu

O Papa bom

uma carta à sobrinha Enrica, anunciando que levaria consigo também o seu camareiro Guido. Eu imaginava que aquela região fosse um lugar maravilhoso. Quando chegamos, me senti um pouco mal. Então, em Sotto il Monte, não havia sequer um bar, e as ruas não eram asfaltadas. Dom Roncalli se apercebeu dessa minha desilusão e não sabia como fazer para demonstrar-me que eu não entendia nada. "Mas como?" – me disse uma noite –, "aqui em Sotto il Monte há uma vista que não se pode gozar em nenhuma outra parte. Das janelas da minha casa, com uma boa luneta, é possível ver até a Catedral de Milão". Naquela mesma noite, o patriarca muniu-se de uma luneta e me levou ao seu escritório. Pôs-se à janela e começou a sondar o horizonte em busca da Catedral de Milão. "Dá para ver", gritava de vez em quando, e o seu rosto se iluminava de alegria. Passava a luneta para mim, mas eu não conseguia distinguir nada. Por quase uma semana continuamos a procurar a catedral sem resultado positivo. Finalmente, numa tarde desabou um temporal. Ao pôr do sol, a atmosfera estava claríssima. Dom Roncalli tomou a luneta e me levou à janela do escritório. Muito longe, envolta numa luz rósea, apareceram as agulhas da cúpula da Catedral de Milão. "Você viu?", me disse, e tinha os olhos brilhando de emoção. Para nós, empregados, era um pai. Tratava-nos exatamente como filhos. Se tivesse que dar uma ordem, dizia sempre "por favor". Em Veneza, na missa, de manhã, era sempre eu quem ajudava. Ele se levantava cedo, mas dizia a missa pelas sete. Às vezes eu ia dormir tarde e, de manhã, não ouvia o despertador e ficava na cama. O patriarca estava na capela a rezar e esperava. Às vezes vinha despertar-me. Batia ligeiramente à porta e, ficando fora do quarto, me dizia: "Desculpe, Guido, desculpe se o desperto. Sei que é jovem, precisa dormir, mas se pudesse vir ajudar-me na missa me faria um grande favor. Porque tenho compromissos que não posso mais adiar".

"Um pároco à grande"

De Veneza tinha frequentes contatos epistolares com a família, e sobretudo com as irmãs, Ancilla e Maria, que sempre foram muito próximas dele, mesmo quando vivia no exterior. Nas cartas, confiava os seus sentimentos, as suas alegrias: "Os venezianos são verdadeiramente muito bons, corteses e afeiçoados ao seu patriarca! Mas também há grande pobreza". "Em Paris, tinha o que fazer, mas aqui, filhas minhas, não há comparação... Acho-me como uma mãe em família pobre carregada de muitos filhos".

Ancilla já estava muito tempo doente de tumor. De vez em quando se agravava. Roncalli, como dissemos, tinha corrido ao encontro dela, quando estava em Paris, num momento de crise da doença. Sobretudo a ela foram endereçadas as suas cartas naquele período. Em 8 de novembro de 1953, escreveu:

> Cara Ancilla, hoje recebi também o título cardinalício de Santa Prisca e, assim, me sinto perfeitamente bem como cardeal. Mas o meu coração leva continuamente a ferida, ou seja, o pensamento da minha querida irmã. Digo ao Senhor: *fiat voluntas tua*, mas dizer isso me custa, se custa a mim, quanto mais deve custar a você de sofrimento e de dor!... Querida Ancilla, você fez o bem na sua vida, e todos os que a conheceram a bendizem. Continue assim na paciência, no abandono em Deus e na segurança de que tudo se transformará em grande alegria e bênção. Vou encontrar-me com você sexta ou sábado próximo, 13 ou 14, mas só poderei ficar poucas horas.

Ancilla morreu no dia 11 de novembro. Não teve tempo de ler a carta do irmão cardeal.

– Fui comunicar a ele a triste notícia – me contou o seu secretário, Dom Capovilla. – O patriarca se retirou na capela, rezou longamente, talvez chorasse. Depois me recomendou que não dissesse nada a ninguém. Naquela noite tínhamos hóspedes, e nada transpirou da amargura do seu coração. Ceou, conversou, assistiu à televisão. No dia seguinte, corremos a Sotto il Monte. Encontramos Ancilla já arrumada no seu leito de morte. O patriarca ajoelhou-se comovido ao lado dela e rezou. Depois deu um beijo na sua fronte.

Alguns meses depois de Ancilla, morreu também outra irmã de Roncalli, Teresa. Os lutos o ligavam sempre mais à família e à sua terra.

Nas cartas aos familiares, às vezes Roncalli transmitia notícias muito importantes, certo de que eles não as divulgariam. Em 1954, por exemplo, revelou que o Papa Pio XII estava morrendo. Notícia que, nos termos com que ele a transmitiu à família, não era conhecida de ninguém. Escreveu numa carta em 3 de março de 1954:

A grande preocupação hoje é a saúde do Santo Padre. Pelo que parece, trata-se da doença da nossa Ancilla, isto é, estenose do estômago ou tumor, como se diz. Isso quer dizer que ele não pode alimentar-se, a não ser por injeção: terá talvez alguns meses, como a defunta nossa, mas deverá enfim ceder, como todo mortal. Devo ao Santo Padre infinito reconhecimento por ter-me nomeado patriarca de Veneza, mais ainda que por ter-me feito cardeal. Uni-vos à minha oração, para que o Senhor conserve ainda longamente esse grande Papa. Para falar a verdade, uma morte sua me causaria grande pena: deverei interromper por quase um mês o meu belo trabalho agora encaminhado da visita pastoral. Mas não mudarei o meu programa por todo este ano.

Pio XII não morreu logo. Viveu ainda quatro anos. As suas condições de saúde permaneceram secretas e sequer os cardeais sabiam alguma coisa precisa. Parece que fora submetido a cuidados particulares por parte de um médico suíço, o Doutor Paul Niehans, que consistiam em poderosas e periódicas injeções de células vivas,

"Um pároco à grande"

extraídas de embriões de animais. Uma cura da qual se falou muito então, mas que depois foi esquecida.

Naquele ano de 1954, ocorriam os cinquenta anos de sacerdócio de Angelo Roncalli. Fora ordenado em 10 de agosto de 1904. Queria, porém, passar esse aniversário em Sotto il Monte, mas de maneira privada. Estava um pouco cansado de presenciar os festejos. E talvez também porque estivesse muito viva a dor da perda das irmãs Ancilla e Teresa.

O falecimento das irmãs o afetara muito. No seu *Diário*, não se encontram referências àqueles lutos, talvez exatamente porque fossem para ele fonte de indizível dor. Em junho de 1954, foi fazer os exercícios espirituais em Torreglia, perto de Pádua. Em geral, durante aquele período de tranquilidade, enchia páginas e páginas do seu *Diário* com anotações, reflexões, propósitos. Naquele ano, escreve apenas poucas linhas, entre as quais esta frase: "Nenhuma anotação. Feito, ao invés, o testamento espiritual".

Numa carta aos venezianos, deu ordens precisas "a fim de que não houvesse celebrações, nem litúrgicas nem civis, desse aniversário".

O sobrinho de Dom Roncalli, Padre Battista, não levou a sério as recomendações do tio. Pensava que fossem ditadas pela sua humildade. Solicitado tanto pelo clero de Bérgamo como pelas autoridades civis, pusera-se a organizar uma grande festa. Os bergamascos, clero e leigos, estavam orgulhosíssimos do seu cardeal e desejavam festejar.

É preciso ter presente também que Padre Battista era como um filho para Angelo Roncalli. O célebre tio tinha seguido as várias fases da vocação dele com muita solicitude e muito afeto. Quando Roncalli era núncio em Paris, se interessava muito por ele, escrevendo-lhe longas e afetuosas cartas. Por isso, Padre Battista sentia quase uma necessidade de externar com uma grande festa o seu afeto e o seu reconhecimento pelo tio.

Dessa vez, porém, Roncalli não queria saber de festejos. Assim que foi informado de que o sobrinho estava organizando em Sotto il Monte uma solene manifestação para o dia 10 de agosto, escreveu-lhe uma carta bastante imperativa, talvez como nunca tivesse feito.

> Caro Padre Battista, tendo voltado a Veneza, ouço dizer pelo Monsenhor Loris que você está preparando festejos para mim e para o meu jubileu sacerdotal. Muitas vezes lhe disse que não quero festas para mim. Pretendo participar da festa comum de Nossa Senhora da Assunção em Sotto il Monte: celebrarei a missa comum de Nossa Senhora da Assunção às sete ou oito horas, assistirei à missa solene e acompanharei também a procissão da tarde; mas não desejo, não quero que se faça mais nada do que se costumou fazer nos últimos anos. Portanto, não convide nem de Bérgamo nem de outros lugares, nem eclesiásticos nem leigos, nem parentes nem conhecidos. Quero ficar só, com os meus familiares e com os meus caros coparoquianos de Sotto il Monte. Você compreendeu? Diga isso também ao caro Padre Mario, que não se desfaça por mim. Que gosto você tem em me causar desprazer e me fazer sofrer? Você quer que me decida a não me deixar sequer ver?
> De Veneza virá o Padre Loris e basta. Festas exteriores que tive durante a minha vida já superaram todo o meu mérito em meio século. Basta, basta; não poderei subtrair-me totalmente a qualquer manifestação aqui em Veneza, entre 30 de setembro e 8 de dezembro. Trata-se dos meus filhos espirituais. Dois encontros, um com o clero e outro com o povo, mas basta. De Bérgamo não quero nada. Foi feito demais no ano passado pelo meu cardinalato. Pensemos em bem viver e em bem morrer. Debaixo das plantas do

cemitério, há ainda a terra mexida que cobre as nossas caras irmãs Ancilla e Teresa. E nós pensaremos em fazer festas? Você me entende, caro Battista. Faça com que também os outros entendam e compreendam.

Assim Roncalli celebrou o quinquagésimo aniversário da sua ordenação sacerdotal numa situação de relativa tranquilidade, em Sotto il Monte. Escreveu naquele dia no seu *Diário*:

> Meu jubileu sacerdotal em Sotto il Monte, 10 de agosto de 1954. Manhã com céu limpíssimo depois de uma benéfica chuva noturna. O toque da *Ave-Maria* por San Giovanni me desperta imediatamente com *Laus tibi, Domine*. Segue uma hora de oração na capela, com o breviário de São Lourenço na mão, sobre os lábios, no coração: a página de um poema. O que é a minha humilde vida de cinquenta anos de sacerdócio? Um ligeiro revérbero desse poema: *Meritum meum, miseratio Domini*.

Em Veneza, o Cardeal Roncalli se interessava por todos os problemas e todas as iniciativas da cidade. Entre as suas primeiras visitas estiveram aquelas aos estabelecimentos de Mestre e Marghera, os dois grandes centros operários às portas de Veneza. Seguiu sempre com solicitude os problemas daqueles trabalhadores, dirigindo-se aos empregadores com cartas públicas para solicitá-los a uma justiça mais concreta em relação aos operários.

Não descuidou sequer da Bienal de Arte e da Mostra de Cinema.

Em 1954, ou seja, no primeiro ano da sua permanência na cidade de São Marcos, a Bienal de pintura expôs algumas obras que queriam ser de tema religioso, mas o tema era tratado de maneira bastante livre e quase blasfema. Em ocasiões semelhantes, em geral, os bispos e os cardeais troavam e condenavam do púlpito. Roncalli, com a sua refinada sensibilidade cristã e diplomática, preferiu recorrer a maneiras suaves. Exprimiu aos responsáveis pela Bienal o seu desapontamento com palavras aflitas:

> Compreendo bem as dificuldades que encontram, também com as melhores intenções, as distintas pessoas encarregadas do preparativo dessa Mostra, por sua natureza tão complexa; mas devo destacar, sob testemunhos dignos de fé, que também desta vez não falta algum excesso, especialmente grave em relação a temas religiosos...

Teve razão. Dois anos depois, ou seja, em 1956, as obras foram selecionadas com maior cuidado. O patriarca, para demonstrar o seu reconhecimento, aboliu a proibição para os sacerdotes de visitarem a mostra, que fora imposta desde a sua fundação, em 1895, pelo Cardeal Giuseppe Sarto (que depois se tornaria o Papa Pio X), e ele mesmo foi vê-la.

Como era natural, para a sua idade e a sua formação, não podia entender a arte abstrata e, diante das pinturas de extrema vanguarda, se limitou a dizer, com humildade e inteligência, referindo-se aos seus autores:

– Fico por aqui e os respeito.

O seu gesto, inaudito então, suscitou escândalo nos ambientes eclesiásticos, mas Roncalli fingiu não ouvir as críticas.

Teve a mesma atitude, aberta e cordial, para com o mundo do cinema. Algumas fotografias pouco conhecidas o mostram na inauguração do Festival Veneziano e na recepção que era dada todo ano no Hotel Excelsior. O patriarca aparece sereno, perfeitamente à vontade como sempre. Tinha uma musicalidade interior que lhe permitia nunca sair do tom: era psicologicamente jovem, moderno; por isso, projetado para o futuro.

Aos participantes do Festival Cinematográfico reunidos para a tradicional "Missa do cinema", disse com bondade e clareza:

As surpresas cada dia mais assombrosas do cinema deixam a alma amedrontada... Meus irmãos, como artistas vocês terão certamente refletido sobre o problema de poder haver o belo independentemente do bom. Sem dúvida também a beleza moral é um fator da beleza formal: o espírito de hoje é oprimido por uma atmosfera sufocante. Purifiquem-no! Façam entrar ar fresco! Fazendo assim, vocês prestarão ao mesmo tempo um duplo serviço ao cinema e à sociedade. Dir-me-ão que é muito difícil fazer isso. Certamente é difícil! Mas poderão encontrar uma eficaz ajuda na oração. Rezemos juntos, eu por vocês, vocês por mim...

Em 1954, ocorria o vigésimo quinto aniversário dos Pactos Lateranenses. O assunto era "candente". Aqueles pactos tinham sido assinados por Benito Mussolini e, naqueles anos, pronunciar esse nome era perigoso. Roncalli encarou o assunto, diante de uma multidão numerosíssima que lotava a Basílica de São Marcos. Depois de ter afirmado que "os Pactos Lateranenses foram plantados como um marco quilométrico no curso da história da Itália e da Igreja Católica", referindo-se a Benito Mussolini disse abertamente:

Esse homem, que a Providência fez encontrar-se com Pio XI, tornou-se em seguida motivo de grande tristeza para o povo italiano. No entanto, é humano e cristão não contestar-lhe pelo menos este título de honra que, na imensa desgraça, lhe resta: a sua corajosa e decidida cooperação para o estudo e para a conclusão dos Pactos Lateranenses; e confiar a alma humilhada ao mistério da misericórdia do Senhor, que na realização dos seus desígnios costuma escolher os vasos mais idôneos para a necessidade e, realizada a obra, os despedaça, como se tivessem sido preparados apenas para isso.

Meus irmãos e filhos, sei que vocês me leem no coração. Respeitemos também os pedaços do vaso quebrado e tornemos úteis para nós os ensinamentos que daí provêm.

De muitos lados, é imediatamente acusado como homem de direita, fascista saudosista.

Em 1957, os católicos italianos discutiam a "abertura para a esquerda". Tratava-se de votar em Pietro Nenni, que continuava a proclamar-se marxista, para o governo. Estava em pleno vigor a excomunhão decretada por Pio XII, em 1949, para todos os comunistas. O cardeal falou para os seus venezianos com muita franqueza:

> Ser partidário e fazer conluio com uma ideologia, a marxista, que é negação do Cristianismo, e cujas aplicações não podem unir-se com os pressupostos do Evangelho, é um erro doutrinal gravíssimo, e uma violação flagrante da disciplina católica.

Em fevereiro de 1957, foi organizado em Veneza o Congresso Nacional do Partido Socialista. Todos aguardavam para ver o que faria o patriarca, se ele se entrincheiraria atrás do silêncio ou se interviria, e nesse caso o que diria.

E, ainda uma vez, Angelo Roncalli surpreendeu a todos. Interveio aberta e francamente, escrevendo uma carta pastoral aos venezianos. Na carta, entre outras coisas, escreveu:

> Outro congresso de mais vasta proporção, senão de igual profundidade, se reunirá nestes dias em Veneza, com

"Um pároco à grande"

representação de todas as regiões da península: o Congresso do Partido Socialista Italiano.

Desse fato, lhes direi uma palavra respeitosa e serena, como bom veneziano também eu, que tem em grande estima a hospitalidade, que, aliás, se dedica ao preceito paulino pelo qual o bispo deve mostrar-se *hospitalis et benignus*, vocês compreenderão como aprecio a importância excepcional do acontecimento, que aparece como de grande importância para a atual direção do nosso país.

Ele é certamente inspirado, quero crer, no esforço de alcançar um sistema de compreensão mútua daquilo que mais vale no sentido de melhores condições de vida e de prosperidade social. Há sempre um pouco de dor, às vezes dor bastante viva, para um pastor de almas, em dever constatar o fato de que muitas inteligências honestas e elevadas permanecem insensíveis e mudas, como diante dos céus apagados, ignorando ou fazendo sinal de esquecer os princípios basilares daquela mensagem divina que, embora entre fraquezas de homens e de tempos, foram a pulsação de vinte séculos de história, de ciência e de arte, para toda honra das nações europeias: e que se pensa poder chegar à reconstrução da ordem econômica, civil e social moderna sobre outra ideologia que não se inspire no Evangelho de Cristo. Mas, dito isso, para pureza de posições espirituais, como se costuma entre almas corteses, resta o desejo no coração para que os filhos de Veneza, acolhedores e amáveis, como é seu costume, contribuam para tornar profícuo o encontro de tantos irmãos de todas as regiões da Itália, para uma comum elevação para os ideais de verdade, de bem, de justiça e de paz.

A carta suscitou um escândalo sem precedentes. Os católicos não pararam para examinar o conteúdo. Lembraram-se apenas de que o patriarca de Veneza tinha dado as "boas-vindas aos congressistas do Partido Socialista". Foi acusado de ser de esquerda, de abrir a Igreja aos comunistas, em violenta contraposição às diretivas de Pio XII. Houve quem chegasse a pedir ao Papa que Roncalli fosse removido do seu cargo.

– Enviei apenas uma palavra de cortesia aos participantes do iminente Congresso do Partido Socialista Italiano – se desculpava Roncalli. – A cortesia com todos é uma forma inicial de caridade que leva quase sempre a bom fim.

Roncalli estava convencido de que a sua vida terrena acabaria naquela belíssima cidade lagunar. Os anos passavam e o pensamento da morte se lhe tornava sempre mais familiar. Quando voltava a Sotto il Monte, durante as férias, e começava a interrogar afetuosamente os seus conterrâneos ("Como vai o seu pessoal, e esse, e aquele outro?"), acontecia frequentemente de ouvir a resposta: "Não está mais... Morreu". Tristonho, Roncalli erguia as mãos num gesto de resignação: "É a prova que espera a todos nós; é preciso estar prontos", dizia.

Escrevia no seu *Diário*:

> O pensamento da morte me é doloroso, porém boa companhia desde o dia da minha nomeação para cardeal e patriarca de Veneza. Pensamento grave e salutar para mim. Mas a vida que me resta quer ser apenas uma alegre preparação para a morte.

Descia frequentemente à cripta de São Marcos e pensava que ali o seu corpo haveria de repousar para sempre. Desde a sua chegada a Veneza, escrevera no seu *Diário*:

> Quero pôr no meu testamento o pedido para que me seja reservada uma cova na cripta da basílica, perto do túmulo

do Evangelista, que agora se tornou tão caro e familiar ao meu espírito e à minha oração.

Decidiu preparar a tumba. Reuniu na cripta da basílica os restos dos cardeais que o tinham precedido no governo daquela diocese, e que foram sepultados em outro lugar. No final, escolheu um último sarcófago para si.

Acerca disso, me contou o Cavaleiro Bruno Vianello, que era guarda do palácio patriarcal:

– Enquanto um operário acabava de preparar a tumba, o patriarca desceu à cripta e, depois de uma rápida olhada, comentou: "Acho que é um pouco estreita. Pelo menos depois de morto gostaria de estar confortável". O operário respondeu que as medidas eram exatas e se apressou a demonstrá-lo, com o metro na mão. Mas Roncalli abanava a cabeça: "Não, não, você está errado. Quer que lhe prove?". E se encaminhou para o sepulcro. Para que não se machucasse, corri para pegar panos que coloquei no fundo. Ele desceu e se deitou no fundo da cova. Ele mal cabia na cova. Então disse: "Você viu? Eu tinha razão". E enquanto saía, continuava a repetir: "Estreita, é estreita. Paciência, mas vou me adaptar". Mas o seu desejo de poder repousar para sempre na cripta de São Marcos não se realizou.

"Meu nome será João"

De 22 a 27 de setembro de 1958, o Cardeal Roncalli havia feito os exercícios espirituais em Col Draga di Possagno, na Casa do Sagrado Coração dos Padres Cavanis.

Havia regressado a Veneza um pouco contrariado. O lugar, sobre as colinas do Grappa, era belíssimo e lhe agradara. O pregador, Dom Aurélio Signora, arcebispo titular de Nicosia, um pouco menos.

Ele o havia escolhido, mas talvez não tenha sido a melhor escolha de sua vida. Escreveu no *Diário*:

> Competente, bom, mas a voz um pouco infeliz, porque o escutava atravessado e, portanto, a muito custo. Talvez, por assim dizer, um pouco cansativa e asmática; contudo, doutrina excelente, bem fundamentada e com transparência de zelo profundo e sincero.

Estava contrariado porque o fizeram falar. Pessoalmente, queria fazer os exercícios espirituais em silêncio total. "Preciso do *desertum locum per quiescere pusillum*, tenho necessidade de um lugar solitário para repousar um pouco". Ao contrário, pediram-lhe que fizesse conferências, não conseguiu dizer não e se cansara. Anotou no *Diário*:

> O avançar dos anos deveria impor-me maiores restrições em aceitar compromissos de pregação fora de minha diocese.

Devo escrever tudo primeiramente, e isso me custa, além da humilhação constante que sinto de minha insignificância. Que o Senhor me ajude e me perdoe.

O regresso a Veneza devolvera-lhe a serenidade. Sentia-se bem na cidade lagunar. Era bela, principalmente naqueles dias do final de setembro, com o céu que, ao pôr do sol, enchia-se de cores incríveis.

Na noite de 29 de setembro, telefonaram-lhe de Roma, informando-lhe que a saúde de Pio XII piorara repentinamente. O Papa fora acometido por um soluço irritante que não o abandonava um instante por horas a fio. Roncalli preocupou-se com isso. Rezou longamente por seu amigo Pacelli. Conhecera-o em 1904, quando fora seu professor assistente na preparação da tese de doutorado em Teologia. Quanto tempo havia passado!

Escutava os noticiários no rádio para manter-se informado. Contudo, nos dias subsequentes, atenuara-se a inquietação sobre a saúde do Papa. Pio XII havia retomado plenamente a atividade. No dia 2 de outubro, dirigira um discurso em inglês a um grupo de peregrinos norte-americanos: no sábado, havia falado aos participantes do Congresso de Cirurgia Plástica. Apesar do distúrbio do soluço, mantinha invejável ritmo de trabalho.

Na segunda-feira, 6 de outubro, chegou, porém, novo alarme. Inopinadamente, o rádio deu a notícia de que o Papa estava morto. No entanto, por volta de meio-dia, houve um desmentido: o Papa havia sentido apenas um ligeiro mal-estar.

– O rádio é uma invenção maravilhosa – comentou Roncalli –, mas perigosa. Em um segundo assusta milhões e milhões de pessoas. E por nada, porque a notícia era falsa.

Contudo, na manhã do dia 9 de outubro, não houve outros contraditos. "Pio XII, o grande Papa do século, faleceu às primeiras luzes da aurora", anunciou a Rádio Vaticana e, em poucos minutos, a notícia se difundiu por todo o mundo.

"Irmã morte", escreveu laconicamente o Cardeal Roncalli em seu *Diário*, "tendo sido anunciada bruscamente, cumpriu rapidamente sua tarefa. Bastaram-lhe três dias. Na quinta-feira, 9 de outubro, às 3h52, Pio XII estava no paraíso."

Todo o mundo católico pranteou essa figura quase mítica, que, durante dezenove anos, havia guiado firmemente os católicos. Em todos havia a impressão de que, com a morte de Pio XII, a Igreja tivesse perdido algo de insubstituível.

Os cardeais que se encontravam fora de Roma partiram imediatamente para a Cidade eterna, a fim de assistir aos funerais do finado pontífice e para reunir-se em conclave e eleger o novo Papa. No dia 12 de outubro, também Roncalli deixou o palácio patriarcal de Veneza, chegou à estação Santa Luzia e tomou o trem para Roma.

Em Veneza, muitos pensavam que o Patriarca Roncalli poderia ser o novo pontífice. Havia, porém, o problema da idade: Angelo Roncalli caminhava rumo aos 77 anos.

Durante o último ano, o patriarca havia recebido em Veneza a visita de ilustres personagens francesas, e todas haviam aludido à possibilidade de sua eleição. O presidente da França, Auriol, hóspede do patriarca em Veneza, depois de haver visitado o cubículo de Pio X, havia sussurrado ao Cardeal Roncalli:

– Quem sabe se um dia não partirá deste palácio também o sucessor de Pio XII?

Daniel-Rops havia visitado seu amigo Roncalli em agosto de 1957. Antes de partir, o grande escritor francês dissera:

– Eminência, não cometa o erro do Cardeal Sarto, que, partindo para Roma, tirou a passagem de ida e de volta. Tire apenas a de ida.

Roncalli sorria e respondia a todos:

– Por caridade, calem-se! Deus me livre de semelhante aventura!

Em sua profunda humildade, ele considerava absurda tal probabilidade e, por isso, gracejava em torno do assunto.

Certo dia, falando com Giovanni e Candida Roncalli, seus primos que moravam em Milão, disse:

– Vejam um pouco o que aconteceu ao Angelino Battista Roncalli, agricultor: patriarca de Veneza e cardeal da Santa Igreja Romana. Agora não lhe resta senão tornar-se Papa; isso, porém, não é possível, porque o próximo Papa será o seu arcebispo.

E em uma carta à irmã Maria, escreveu:

> Longe daqui, na França, há mais de um que, disfarçadamente, me deseja boa sorte: algum francês maluco, que tem revelações e vê em dobro, até mesmo me disse o nome que assumirei quando me fizerem Papa.
>
> Loucos, todos loucos. Eu, ao contrário, penso em morrer. Tenho meu programa de bom trabalho aqui para este ano, para o próximo ano também, no quinto centenário de São Lourenço Giustiniani, que foi o primeiro patriarca de Veneza.
>
> Contudo, mantenho-me todos os dias disposto e preparado para morrer, e morrer bem, outra coisa não desejando senão a vontade do Senhor.
>
> Sabe de uma coisa, Maria? Continuar a viver assim, em cotidiana disposição e preparação para bem morrer, termina por conservar e aumentar em meu coração uma paz ainda

"Meu nome será João"

mais viva e suave do que no passado, e que é uma antecipação do paraíso, onde os nossos estão a esperar-nos.

Disse-me Guido Gusso, seu fiel camareiro particular:

– Penso que jamais, absolutamente jamais, nem mesmo por um instante, o Cardeal Roncalli tenha pensado na possibilidade de ser eleito Papa. Havia se afeiçoado muito a Veneza e aos venezianos. Pensava concluir seus dias naquela cidade. Lembro-me de que, quando morreu o Cardeal Piazza, que fora por tantos anos patriarca de Veneza, Pio XII escreveu a Roncalli dizendo-lhe que, se quisesse, podia ir a Roma, assumir o lugar do Cardeal Piazza na presidência da Sagrada Congregação Consistorial. Aquela carta tirou o sono e o apetite de Roncalli. Temia que o desejo de Pio XII fosse uma ordem, e não sabia o que fazer. Tinha medo de deixar Veneza. Respondeu ao Papa que estava sempre disposto à obediência, mas que desejava permanecer em Veneza, onde, sendo já velho, havia também preparado seu túmulo. Ademais, havia os venezianos, que lhe queriam muito bem. Enviou a carta e até que não chegasse a resposta de Pio XII, dizendo-lhe para ficar tranquilo em sua bela Veneza, Dom Roncalli parecia doente. Antes de partir para Roma, para participar do conclave, o patriarca pusera um pouco de ordem na mesa de trabalho de seu escritório. Havia colocado papéis dentro de uma caixa, sobre a qual escrevera: "Verificar quando do meu retorno". Enquanto eu preparava as malas, me disse: "Coloque poucas coisas: só o necessário para ir e voltar". Recordo que me perguntou várias vezes se me havia lembrado de colocar na mala, juntamente com a "capa violeta", um manto especial de cerimônia que devia usar para os funerais de Pio XII, também a "capa vermelha", que deveria vestir para ir homenagear ao novo Papa. Assegurei-lhe que não me havia esquecido de nada. Contudo, antes de ir dormir, quis que eu abrisse as malas para ver se a "capa vermelha" realmente estava. "Sabe", disse-me, "não quero fazer má figura com o novo Papa".

287

Em Roma, Roncalli, juntamente com o secretário, Padre Loris Capovilla, e o camareiro, Guido Gusso, alojaram-se na Domus Mariae, que ficava na periferia da cidade, um lugar bastante silencioso e tranquilo naquela época. Como sempre, queria ficar em paz, longe do barulho.

Depois da morte de um Papa, segundo antigos costumes, celebram-se, no Vaticano, os *Novendialis*, uma série de cerimônias religiosas em São Pedro, com a participação de todos os cardeais reunidos na Cidade eterna, em sufrágio da alma do defunto. Contemporaneamente, naqueles dias, os purpurados encontraram-se em reuniões chamadas "Congregações gerais", que têm o fito de lhes permitir discutir juntos a respeito das características que o futuro Papa deveria ter.

De acordo com as regras então em vigor, o colégio cardinalício deveria ser constituído de setenta purpurados. Entretanto, quando da morte de Pio XII, havia somente 53, e dois destes morreram antes da abertura do conclave. Restaram 51, e 24 destes eram mais velhos do que Roncalli.

Vozes de corredor, retomadas pelos jornais, davam conta de que os purpurados, em suas discussões nas "Congregações gerais", estavam divididos em duas correntes: tradicionalistas e progressistas; direita e esquerda. Cada uma das duas correntes tinha seus próprios candidatos. O nome em torno do qual parecia que os dois blocos poderiam entrar em acordo era o de Giovanni Battista Montini, arcebispo de Milão, que, no entanto, ainda não havia sido nomeado cardeal, mas poderia igualmente ser eleito Papa.

A certa altura, porém, entre os purpurados se foi delineando uma terceira hipótese, a de eleger um "Papa de transição". Escreveu um jornal naqueles dias:

Pio XII foi um Papa de estatura gigantesca. Contudo, nos últimos tempos, deixou que o número de cardeais descesse de setenta a 51, e, entre estes, não vemos, exceto a reverência, um que possa ombreá-lo. Provavelmente, portanto, os cardeais concordarão com eleger um Papa ancião, que reconduza o número de cardeais a setenta, escolhendo entre os 3 mil bispos católicos os homens mais abertos e mais talentosos. Ele deverá funcionar como tranquilo "hífen" entre Pio XII e o pontífice que deverá herdar-lhe plenamente a força e a atividade.

E foi nesse momento que, de várias partes, se começou a ventilar o nome de Roncalli, ao lado do de Elia Dalla Costa, arcebispo de Florença.

– Mas eu tenho quase 77 anos – protestava Roncalli.

E o cardeal Elia Dalla Costa lhe respondeu:

– Em todo caso, são dez a menos que os meus.

Roncalli estava preocupado. Escreveu em seu *Diário*, no dia 14 de outubro: "É preciso rezar de joelhos, a fim de que o conclave não seja desastroso para a Igreja universal".

No dia seguinte, escreveu: "Grande agitação de borboletas ao redor de minha pobre pessoa. Alguns encontros furtivos que, no entanto, não perturbam minha tranquilidade".

O jornal *L'Eco di Bergamo*, em um artigo sobre as previsões a respeito do futuro Papa, mencionou também o nome de Roncalli, e este imediatamente tomou da pena e escreveu ao bispo de Bérgamo:

O ânimo reconforta-se na confiança de um novo Pentecostes que poderá dar à Santa Igreja, na renovação de seu Chefe e na reconstrução do organismo eclesiástico, novo vigor rumo à vitória da verdade, do bem e da paz. Pouco importa que o novo Papa seja bergamasco ou não. As orações comuns devem conseguir que seja um homem de governo sábio e manso, que seja um santo e um santificador.

Considerava-se acossado como uma presa e, naquela condição, sentia-se mal. Gostaria de aconselhar-se, mas não sabia a quem dirigir-se. No dia 23 de outubro, teve um colóquio com Dom Angelo Dell'Acqua, que fora seu secretário em Istambul.

– O Cardeal Roncalli – revelou a seguir Dell'Acqua –, com aquela simplicidade que foi a característica de toda a sua vida, confuso e pensativo me disse: "Como o senhor deve ter observado, Dom Angelo, na imprensa aparece também meu nome como futuro Papa. Que devo fazer?". Respondi: "Eminência, coloque-se nas mãos do Senhor, e se assim se revelar a vontade dele, não diga não: deixe acontecer e enfrente o sacrifício que lhe é exigido; colaboradores bons e competentes não lhe faltarão".

Na sexta-feira, dia 24 de outubro, na véspera de entrar no conclave, Roncalli escreveu ao amigo e discípulo Dom Battaglia, bispo de Faenza:

> Caríssimo, estou atravessando algumas preocupações. Peço-lhe que leia, juntamente comigo, os Salmos 76 e 85 das Completas de hoje. Ali você encontrará meu espírito em sua palpitação atual. Escrevo-lhe às pressas para convidá-lo à oração comigo [...] Quando você ouviu falar que tive de ceder ao voo do Espírito Santo, expresso pelas vontades reunidas [...] Quanto a mim, quem dera que o Céu quisesse um *transet calix iste* ["que passe de mim este cálice"]. Por isso, faça-me a caridade de rezar por mim e juntamente comigo. Estou de tal maneira que, caso se devesse dizer a meu respeito: *"Appensus est statera et inventus est minus habens"* ["Tu foste pesado na balança e foste julgado deficiente", Dn 5,27], ficaria intimamente feliz e bendiria ao Senhor por isso. A respeito de tudo isso, naturalmente, guarde segredo.

No momento de entrar no conclave, portanto, o Cardeal Roncalli sabia que, ao redor de seu nome, havia se formado aquele partido do "Papa de transição", que queria confiar-lhe a Igreja a fim de transportá-la de Pio XII ao novo pontífice capaz de substituí-lo.

A palavra *conclave* deriva do latim e significa "sala fechada a chave". É usada para indicar o lugar onde os cardeais se reúnem para eleger o novo Papa.

A origem desse termo remonta ao século XIII. Quando da morte do Papa Clemente IV, em 1268, os cardeais haviam se reunido em Viterbo, e não conseguiam entrar em acordo quanto ao sucessor. A Santa Sé ficou, portanto, sem Papa durante quase três anos. Em dado momento, o governador da cidade, Ranieri Gatti, mandou fechar os cardeais no edifício papal, com a ordem de não deixá-los sair enquanto não elegessem o Papa. Além disso, ordenou tirar o teto do edifício e reduziu severamente os víveres. Os cardeais, vencidos pelas dificuldades e pela fome, no dia 1º de setembro de 1271 elegeram Gregório X. Esse Papa, para evitar que, no futuro, se repetissem ocorrências semelhantes, perigosas para o governo da Igreja, estabeleceu, com uma lei específica, que, no dia posterior ao sepultamento do falecido Papa, os cardeais fossem confinados em um edifício e não pudessem sair enquanto não elegessem o sucessor. O lugar em que eram confinados chamou-se conclave.

À distância de séculos, aquela lei, em sua essência, continua em vigor. O conclave acontece no prédio vaticano, precisamente na Capela Sistina e adjacências, onde são preparados aposentos improvisados para os cardeais e seus camareiros.

– Cada cardeal pode levar consigo duas pessoas para o conclave: o secretário e um camareiro – contou-me Guido Gusso. – Assim, entrei no conclave também. A acomodação não foi nada confortável. Os cardeais tiveram de ajeitar-se em aposentos que não tinham nenhum conforto. Os quartos foram designados por sorteio.

291

———————— O Papa bom ————————

A Dom Roncalli coube o de número 15, um dos melhores, que fora obtida do escritório do comandante da Guarda nobre. No entanto, tratava-se de um escritório, não de um quarto de dormir. Quase enlouqueci para encontrar um antigo lavatório, um tripé daqueles que se usavam antigamente, de modo que o cardeal pudesse lavar--se no quarto. Depois da primeira noite transcorrida no conclave, o Cardeal Roncalli me chamou de manhã cedo. Não conseguia encontrar uma tomada elétrica para barbear-se com o barbeador elétrico. As que havia estavam todas quebradas. Tivemos de afastar os móveis em busca de uma tomada elétrica. Não havendo espelho, emprestei-lhe o meu. A respeito do conclave, não posso dizer muita coisa. Antes de entrar, jurei sobre o Evangelho que não falaria do que via e ouvia. Posso dizer isto: quando Roncalli compreendeu que os votos dos cardeais se orientavam para seu nome, começou a ficar tremendamente preocupado. Jamais o tinha visto consumir bebida de alto teor alcoólico, mas naqueles momentos, disse que ia em busca de um garrafa de conhaque.

O conclave durou da noite de 25 de outubro à noite do dia 28. Os cardeais votaram onze vezes.

Na última noite do conclave, o Cardeal Roncalli não dormiu. O Cardeal Fossati, então arcebispo de Turim, revelou-o:

– Éramos vizinhos de quarto, e não creio infringir a obrigação de guardar segredo se digo que, a certa altura, senti a necessidade de entrar no quarto do amigo para confortá-lo. "Será a mesma Providência" – disse-lhe – "a dar-lhe a força para aceitar o grande fardo. Se Deus quer que o senhor se torne Papa, é claro que ele lhe dará também os dons e a força necessária para vencer todas as dificuldades".

292

Na décima primeira votação, foi eleito Angelo Roncalli. O Cardeal Tisserant fez-lhe, então, a pergunta do rito. Diante de todos os outros cardeais reunidos, perguntou ao eleito:

– Aceita sua eleição, realizada canonicamente, como Sumo Pontífice?

Depois de ter respondido positivamente, Tisserant perguntou-lhe ainda:

– Como quer ser chamado?

– Meu nome será João – respondeu Roncalli. – Esse nome nos é doce, porque é o nome de nosso pai.

As primeiras pessoas, à parte os cardeais, que falaram face a face e em particular com o novo Papa, logo depois de sua eleição, foram seu camareiro, Guido Gusso, e seu secretário, Loris Capovilla.

– Encontramo-lo em seu quarto, já vestido como Papa – contou-me Guido Gusso. – Eu estava comovido e Capovilla chorava. João XXIII olhava-nos preocupado. Ele também estava comovido, mas procurava conter-se. Continuava a repetir: "Eis-nos aqui, eis-nos aqui. Vocês sabem que não fui eu quem quis". Em pouco tempo restabeleceu-se a costumeira atmosfera cordial. Então o Papa me disse que já não conseguia ficar de pé: haviam-lhe dado um par de sapatos apertadíssimos, que o faziam ver estrelas a cada movimento. Era preciso resolver aquela situação. Capovilla pediu-me que fosse até a Domus Mariae, onde estávamos hospedados, a fim de pegar os objetos pessoais de Roncalli. Apresentei-me na saída, mas não me permitiram sair. Disseram-me que o Cardeal Tisserant, decano do Sacro Colégio, havia determinado que o conclave devia permanecer fechado, ainda que o Papa já tivesse sido eleito, até a manhã seguinte. Portanto, não se podia sair, sob pena

293

de excomunhão. Entrementes, com o objetivo de prestar homenagem ao novo Papa, haviam chegado as autoridades da Secretaria de Estado e outras personalidades. Chegavam telegramas, havia uma confusão indescritível.

O novo Papa devia preparar-se para ir à sacada central de São Pedro, para dar a primeira bênção *urbi et orbi*, à cidade e ao mundo. Os cerimoniários vieram vesti-lo. O alfaiate pontifício havia preparado cinco trajes. Nenhum servia a Roncalli. Fizeram-no vestir um tamanho errado, demasiado pequeno, que lhe restringia os movimentos, sobretudo dos braços.

Mais ou menos às dezoito horas, apresentou-se à sacada o Cardeal Nicola Canali, que proclamou:

– *Annuntio vobis gaudium magnum, habemus Papam* [Anuncio-vos uma grande alegria: temos Papa!].

A rádio e a televisão difundiram a notícia por todo o mundo. Em Sotto il Monte, os sinos tocaram festivamente, por tempo indeterminado. O povo exultava. Os intelectuais começaram a discutir: "Disse que queria chamar-se João XXIII? Não é possível! Há um erro. Já houve um João XXIII em 1400. Deverá mudar de nome".

Mas Roncalli sabia o que estava fazendo. Sempre se interessara pela história da Igreja. Havia lecionado essa matéria no seminário e escrevera vários livros de certa importância sobre o assunto.

Sabia que existira um João XXIII, mas em um período ruim para a história da Igreja, no início do século XV. Aquele João era ilegítimo, fizera-se eleger Papa por alguns cardeais mercenários, quando estavam no poder outros dois Papas legítimos: Gregório XII e Bento XIII. Em seguida, todos os três foram obrigados a abdicar. Portanto, ao escolher aquele nome, Roncalli queria esclarecer uma velha questão histórica que, durante cinco séculos e meio, havia impedido aos Papas escolher o nome de João, nome pertencente a duas personagens extraordinárias que viveram junto a Jesus: João Batista e João Evangelista.

– Apagamos – disse Roncalli – definitivamente o João XXIII do passado, símbolo de discórdia, e reunamo-nos ao redor do novo João XXIII, que deve ser sinal de união.

Apresentou-se à multidão que esperava na Praça de São Pedro e deu a bênção.

Em seguida, escreveu:

> No momento de aparecer na sacada da basílica, lembrava-me da admoestação de Jesus: "Aprenda de mim, que sou manso e humilde de coração". As luzes da televisão ofuscaram-me, de modo que não pude ver nada, a não ser uma massa amorfa, flutuante. Abençoei Roma e o mundo, como se estivesse enceguecido. Voltando dali, pensava em todos os holofotes que doravante, a cada instante, estariam voltados para mim. E dizia a mim mesmo: "Se você não permanecer na Escola do Mestre, doce e humilde, não compreenderá nada das realidades temporais: estará cego".

Saindo da sacada de São Pedro, o novo Papa estava embaraçado. As mangas do traje papal eram demasiado estreitas, impedindo-o de mover-se à vontade. Erguendo os braços quanto podia, disse aos cerimoniários:

– Eis as algemas do pontificado.

Cabia ao Papa decidir onde passar a noite, e Roncalli preferiu não voltar ao quarto de número 15, onde havia dormido naquelas noites. Dirigiu-se ao velho apartamento do secretário de Estado, que estava fechado havia muitos anos, e mandou prepará-lo.

O Papa bom

Imediatamente lhe foi ao encontro Dom Dell'Acqua, que lhe trouxe um famoso latinista para ajudá-lo a escrever sua primeira mensagem radiofônica, que seria difundida pelo mundo no dia seguinte.

Entrementes, Roncalli pôs-se a um canto e comeu alguma coisa. Mas seus pés continuavam a doer. Mandou chamar o camareiro Guido Gusso.

– Eram quase 21h quando cheguei até ele – contou-me Gusso. – "Onde estão minhas malas?" perguntou o Papa. "Santo Padre, não querem deixar-me sair", respondi. "Como é possível?" "Dizem que o Cardeal Tisserant deu ordens para que o conclave permaneça fechado até amanhã de manhã." "Mas você disse quem o está mandando sair?" "Certamente, mas de nada adiantou." "Oh, caramba!", disse João XXIII. Pôs-se a pensar um pouco. Quem o conhecia bem, sabia que teria feito qualquer sacrifício para não causar distúrbio e para não transgredir uma ordem dada. No entanto, pouco depois, decidiu-se: "Vá até o Cardeal Tisserant", disse, "e diga-lhe que o Papa lhe ordena sair do conclave, porque você deve ir buscar coisas de que ele necessita urgentemente". Sorriu. Era a primeira decisão que tomava como Papa – relatou Gusso.

Naquela noite, Roncalli estava deveras cansado. Sentia grande necessidade de jogar-se na cama e dormir. Tanto mais que, nas noites anteriores, havia repousado pouco. Contudo, antes de deitar-se, quis fazer algumas anotações em seu *Diário*. Frases secas, temas apenas acenados; naquela noite não tinha força física e mental para desenvolvê-los:

Conclave ao terceiro dia. Festa dos Santos Apóstolos Simão e Judas. Santa Missa na Capela Matilde, com muita devoção de minha parte. Invocados com ternura especial os meus santos protetores: São José, São Marcos, São Lourenço Justiniano, São Pio X, a fim de que me infundam calma e

296

coragem. Não julguei conveniente descer para almoçar com os cardeais. Comi no quarto. Seguiram-se breve repouso e grande abandono. No décimo primeiro escrutínio, eis-me Papa. Ó Jesus, também eu te direi com Pio XII, quando foi eleito: *"Miserere mei, Deus, secundum magnam misericordiam tuam"* ["Piedade de mim, ó Deus, segundo tua grande misericórdia"]. Dir-se-ia que é um sonho, mas, ao contrário, antes de morrer, a realidade mais solene de toda a minha vida. Estou pronto, Senhor, *ad convivendum et ad commoriendum* ["para a vida e para a morte" – 2Cor 7,3]. Da sacada de São Pedro, cerca de 300 mil pessoas me aplaudiam. Os refletores não me deixavam ver senão uma massa amorfa em agitação.

"Somos do mesmo partido"

O comentário unânime dos jornais, no dia seguinte à eleição de João XXIII, foi: "É um Papa de transição".

Todos justificavam essa afirmação com o fato de que Roncalli era ancião, tinha uma mentalidade velha, dizia-se, e ele próprio se considerava na alameda do ocaso.

Aquela expressão, no entanto, não agradou muito ao Papa, que comentou:

– Julgam-me como se fosse uma peça de reposição para automóveis.

Que não fosse um Papa de "transição", no sentido que todos davam à palavra naqueles dias, a saber, um Papa amante da tranquilidade, da rotina, do "deixar as coisas como estão", disso se deram conta os cardeais na noite anterior, no próprio momento da eleição.

Quando, a partir do escrutínio das cédulas, saiu eleito Angelo Roncalli, os demais purpurados haviam se preparado para a costumeira "cerimônia de sujeição". Tratava-se de um costume antiquíssimo, que consistia no seguinte: cada cardeal, em procissão, colocava-se diante do eleito, fazia genuflexão, beijava-lhe a mão e, em seguida, beijava-lhe o pé.

João XXIII havia abolido imediatamente aquela cerimônia de sabor medieval, transformando-a em uma mais simples e mais adequada ao nosso tempo: nada de genuflexões e nada de beijo no

299

pé. João XXIII oferecera a mão para o beijo de cada purpurado e, ato contínuo, abraçara-o fraternalmente.

O novo Papa trouxe imediatamente a revolução ao Vaticano. Já desde os primeiros dias, mudava tudo o que devia fazer. Sob o olhar estarrecido dos velhos monsenhores curiais, subvertia regras e regulamentos, costumes e comportamentos seculares, como nenhum outro Papa jamais fizera antes dele. Era um ciclone inovador, atacava de surpresa e de maneira tão impetuosa que, aos paladinos da ordem, aos cultores das tradições, tirava-lhes literalmente o fôlego e os deixava mudos.

Não mudava os costumes pelo gosto de fazer algo diferente. Com absoluta calma e simplicidade, adaptava-os à realidade normal da vida, libertando-os das incrustações seculares que os mantinham aprisionados.

No dia seguinte à eleição, recebeu um editor do *L'Osservatore Romano*, o Professor Cesidio Lolli, para ditar-lhe o texto de uma mensagem para a França. Tão logo entrou, Lolli, como de costume, dobrou o joelho direito por terra e, naquela posição, colocou as folhas sobre o joelho esquerdo, preparando-se para escrever. O Papa olhou-o estupefato e um pouco preocupado.

– O que está fazendo? Levante-se e sente-se naquela cadeira.

Lolli protestou:

– Para mim, está muito bem assim, Santidade. Estou acostumado.

O Papa meneou a cabeça:

– Ficar de joelhos é bom para rezar – disse –, não para trabalhar.

E, visto que o outro não se decidia a erguer-se, acrescentou:

– Afinal, sente-se. Se o senhor não se levantar, então eu me levanto e vou-me embora.

L'Osservatore Romano, jornal do Vaticano, por ocasião de discursos ou de audiências papais, costumava escrever: "A Santidade de Nosso Senhor dignou-se receber..."; ou: "A Santidade de Nosso Senhor dignou-se pronunciar um elevadíssimo discurso...". Papa João XXIII ordenou imediatamente mudar essas fórmulas altissonantes, substituindo-as por frases simples: "O Papa recebeu", "O Papa disse".

Era regra tradicional, sempre rigidamente observada, que, quando o Papa passeava no jardim, nenhum turista podia subir à cúpula de São Pedro para olhar e fotografar. Papa João XXIII aboliu essa restrição, dizendo:

– Por que, afinal, os fiéis não deveriam ver-me? Não faço nada de escandaloso.

Poucos dias depois de sua eleição, recebeu em audiência particular Dom Girolamo Bartolomeo Bortignon, bispo de Pádua, um de seus mais velhos e confiáveis amigos.

Depois da audiência, o prelado estava a ponto de despedir--se, quando ouviu dizer:

– O senhor fica para jantar comigo, monsenhor.

Para encontrar episódio semelhante, era preciso remontar a Pio X: nem Bento XV, nem Pio XI, muito menos Pio XII jamais haviam admitido estranhos à sua mesa. Dom Bortignon foi o primeiro de uma longa série de hóspedes papais. João XXIII explicou a quem se admirava:

– Li atentamente o Evangelho, mas não encontrei nenhuma passagem onde esteja prescrito que se deve comer sozinho. O próprio Jesus, como se sabe, amava sentar-se à mesa com os outros.

Muitos esperavam mudanças repentinas nos cargos do Vaticano, mas, para isso, João XXIII não tinha pressa. Esperava, avaliava, observava, queria conhecer.

Um dia, a alguém que procurava sondar suas intenções, respondeu:

– Disseram-me que há 11 mil cômodos nos sagrados edifícios apostólicos. Levará algum tempo para que eu aprenda a encontrar o caminho.

E não se tratava apenas de uma resposta diplomática, porque o Papa João XXIII começou realmente a visitar o Vaticano, aparecendo, de repente, ora em um ora em outro escritório.

Jamais acontecera, no tempo de Pacelli, que um prelado, um sacerdote, um empregado vissem o Papa junto à mesa de trabalho deles. Portanto, era inevitável o entusiasmo dos citadinos vaticanos quando, ao contrário, repentinamente, viam João XXIII entrar em seu escritório, ou se deparavam com ele enquanto caminhavam pelo Vaticano.

Um dia, João XXIII apareceu diante da única loja de gêneros alimentícios do Estado Pontifício. Estava cheia de mulheres: irmãs, esposas, parentes dos leigos e dos eclesiásticos que moravam na cidade. A venda foi suspensa e todos se espremiam de maneira tão compacta ao redor do pontífice, a ponto de fazê-lo exclamar:

– Calma, calma, filhinhos. Se querem ver o Papa, não o sitiem.

Uma das primeiras visitas que fez foi ao jornal vaticano. Aos jornalistas surpresos e felizes em vê-lo entre eles, João XXIII disse que eles deveriam acostumar-se àquelas visitas. Disse que sempre tivera muita simpatia pelos jornalistas e que ele mesmo, quando jovem, fora jornalista e também dirigira um semanário. Disse também que, quando era núncio em Paris, servia pessoalmente o café aos jornalistas que vinham entrevistá-lo.

Certa vez, declarou a um correspondente francês que, se não tivesse sido sacerdote, gostaria de ter sido jornalista. Em seguida, acrescentou rindo:

– Quero ver se o senhor ousa dizer-me que, se não fosse jornalista, teria sido sacerdote.

Daqueles primeiros dias de pontificado, há anotações interessantes em seu *Diário*. Escreveu no dia seguinte à eleição:

> Desde ontem, ordenei que me chamem de Johannes. Passei a noite no apartamento do secretário de Estado, cochilando, em vez de dormir... O mundo inteiro, hoje, só escreve e só fala sobre mim: nome e pessoa. Ó queridos pais, ó mamãe, ó meu pai, ó vovô Angelo, ó tio Zaverio, onde estão vocês? Quem os arrastou a tamanha honra? Continuem a rezar por mim.

Uma observação de seu *Diário* de quinta-feira, 30 de outubro, leva a compreender que se colocara imediatamente a trabalhar com ideias bem precisas. Durante o conclave, percebeu quanto foi desagradável o fato de o colégio cardinalício não ter os setenta cardeais previstos pelos regulamentos. E havia decidido resolver esse problema o mais rápido possível. Naquela noite, escreveu:

> As primeiras nomeações suscitaram consenso geral, principalmente a do secretário de Estado. Com ele, começam as questões e as medidas mais importantes. Antes de mais nada, o consistório e a nomeação de novos cardeais. Pronunciei os nomes, a começar por Dom Montini, arcebispo de Milão, e por Dom Tardini, com os quais se começa uma ladainha a respeito da qual estamos perfeitamente de

acordo. Chegados ao número setenta, entre velhos e novos, detivemo-nos por um instante; em seguida, porém, percebendo que, nos tempos de Sisto V, a Igreja Católica ocupava um terço das regiões atuais, prosseguimos e chegamos à nova nomeação de número 23.

A coroação foi fixada para o dia 4 de novembro. A data, naturalmente, foi escolhida pelo próprio Papa. Naquele dia, ocorria a festa de São Carlos Borromeu, o arcebispo de Milão a cuja obra Roncalli havia dedicado meio século de estudos, publicando uma série de livros de grande importância. Nutria profunda devoção e grandíssima admiração por esse arcebispo lombardo.

Além de escolher a data da coroação, o Papa Roncalli organizou a cerimônia. Naqueles dias, havia escandalizado os velhos monsenhores da Cúria com suas inovações e com a mudança de costumes seculares. Agora, para a grande festa, ordenou tirar a poeira de tradições antigas, demonstrando que não era, de forma alguma, um iconoclasta do passado, mas buscava nas coisas e nas ações sentido e significado. A cerimônia da coroação era cheia de ensinamentos tradicionais, ligados à história do papado, e quis que, pelo menos os mais importantes, fossem repetidos. Restabeleceu por completo, portanto, o antigo cerimonial, com leques de pena de avestruz, a sede gestatória, a tiara, incluindo também o rito dos Franciscanos, que queimavam uma mecha de estopa para lembrar ao eleito que ele é mortal.

Contudo, introduziu na cerimônia tradicional uma inovação: quis pronunciar um discurso durante a missa, coisa que não se fazia jamais.

Na véspera da coroação, chegaram de Bérgamo irmãos, irmãs, sobrinhos, primos, parentes: mais de trinta pessoas, todos camponeses, empalhados em escuros trajes incomuns de cerimônia que os deixavam tímidos e deslocados. O Papa recebeu-os em audiência privada. A comoção era forte e geral, e alguns não conseguiram conter as lágrimas. O Papa, também ele bastante comovido, disse:

– Vamos, vamos, não chorem! No final das contas, não me fizeram nenhum mal.

A missa de coroação durou cinco horas. O Cardeal Nicola Canali pôs a tiara sobre a cabeça do pontífice, pronunciando a fórmula do rito:

– Sabe que és agora o primeiro dos príncipes e dos reis. O pontífice do mundo inteiro e vigário de Cristo na terra.

Dom Giuseppe Battaglia, bispo de Faenza, que esteve presente à entronização, contava:

– Participei de toda a cerimônia solene em São Pedro e tive a honra de ser o primeiro, entre os bispos assistentes do trono, a fazer o ato de obediência ao novo pontífice, imediatamente depois do último cardeal. Falamo-nos com o olhar. O Papa João XXIII, porém, voltando-se para o cardeal diácono, sussurrou-lhe: "Este está aqui não para gritar 'viva o Papa!', mas 'viva Bérgamo!'".

Nos dias subsequentes, João XXIII continuou a surpreender e a impressionar com seu comportamento, com seus gracejos, suas mudanças.

Quando chegou o momento de tomar posse do apartamento que fora de Pio XII, quis dirigir pessoalmente a operação, embora estivesse presente o oficial dos gendarmes, a quem cabia dar ordens. João XXIII não queria tomar o lugar dele, mas apenas poupar-lhe o trabalho. Quando se tratou de encomendar novos colchões, o Papa tomou o telefone e deu a ordem à Foreria apostólica. Contudo, nada aconteceu. Passaram-se horas, e os colchões não chegavam. Então o Papa compreendeu que devia ceder à burocracia: era necessário passar pelos trâmites costumeiros. Olhou com ar interrogativo para o oficial dos gendarmes que o acompanhava. Este lhe respondeu com olhar contrito e confuso. O Papa disse:

– Não posso senão inclinar-me: o senhor é capitão, e eu era apenas sargento.

Certo dia, o Papa foi ao Asilo Pontifício de Santa Marta, onde havia distribuído pacotes de doação aos hóspedes. Enquanto voltava para os aposentos vaticanos, Dom Mario Nasali Rocca, então camareiro, pediu-lhe que enviasse uma bênção à esposa do Professor Cesido Lolli, redator do *L'Osservatore Romano*, que estava doente fazia oito anos e morava ali perto, dentro dos muros do Vaticano.

– Por que enviar-lhe a bênção? – disse o Papa. – Vou levá-la eu mesmo.

E dirigiu-se para a casa do professor Lolli, subiu ao quarto da enferma que, entre o estupor e as lágrimas, continuava a repetir:

– Obrigada, obrigada!

Durante os primeiros dias de sua permanência no Vaticano, frequentemente chegavam ao apartamento do Papa operários para fazer mudanças ou trazer móveis novos. Tinham ordem de manter-se rigorosamente longe dos aposentos onde se encontrava o Papa. Um dia, enquanto os operários se ocupavam em pôr em ordem alguns quartos, o Papa estava tranquilamente em cima de uma caixa, lendo o breviário. Quando terminou, veio-lhe o desejo de inspecionar aqueles quartos que lhe eram ainda desconhecidos, onde os operários estavam trabalhando. Subiu um lance de escada e chegou a uma saleta onde alguns carregadores estavam transportando baús. Justamente perto da porta, um operário estava abaixado, atrás de uma caixa. O Papa parou na soleira e perguntou cortesmente:

"Somos do mesmo partido"

– Incomodo se entro, filhinhos?

O operário que estava por trás da caixa pensou ter reconhecido a voz de um de seus companheiros que havia saído alguns minutos antes.

– Caramba! – gritou. – Para de bancar o palhaço e vem me ajudar!

O Papa adiantou-se e pegou do outro lado da caixa. O operário, naquele momento, levantou os olhos e por pouco não teve um infarto; ajoelhou-se palidíssimo, balbuciando:

– Santidade, Santidade.

João XXIII abençoou-o e, com ele, todos os demais operários que prontamente se haviam ajoelhado.

Ficou conversando. O operário que antes havia repreendido o Papa, ainda estava todo confuso. João XXIII percebeu e quis deixá-lo à vontade.

– O senhor e eu – disse-lhe sorrindo – pertencemos ao mesmo partido.

– Mas eu, Santidade, não pertenço a nenhum partido – replicou o operário.

– Dê uma olhada em sua pança – disse o Papa. – Para tipos como eu e o senhor, a inscrição no partido dos homens robustos vem naturalmente.

Certa manhã, João XXIII caminhava ao longo de uma alameda deserta dos jardins vaticanos, e conversava com o secretário, Monsenhor Loris Capovilla. Chegaram junto a um canteiro onde trabalhava um jardineiro. À vista do Papa, o homem ajoelhou-se. João XXIII fez-lhe sinal para que se aproximasse. Perguntou-lhe como se chamava, onde nascera, indagou sobre sua família. Depois

307

falaram de jardinagem. A certa altura, sem mudar o tom da voz, o Papa perguntou-lhe:

— Quanto ganha por mês?

Um tanto indeciso, o operário respondeu:

— 29 mil liras.

O Papa refletiu por um instante, depois o abençoou e afastou-se.

Era uma cifra mísera. Uma hora depois, o Papa João telefonava para a administração da Santa Sé, ordenando despedir imediatamente o empreiteiro dos jardins e o da manutenção dos sacros edifícios. Pediu que lhe trouxessem a tabela de todos os salários de cada grau, do mais humilde ao mais elevado empregado. Alguns dias depois, deu-se a reavaliação de todos os salários e, ao mesmo tempo, um nivelamento que não fez exceção a nenhum.

Ao comentar aquela decisão, disse o Papa:

— É preciso respeitar sempre a dignidade de todos os que estão ao nosso lado, dos mais elevados aos mais humildes; somente assim se pode respeitar completamente a liberdade de cada pessoa: uma liberdade que é sagrada até mesmo para Deus.

Diante das novas tabelas dos salários, um prelado objetou:

— Isto certamente representará uma despesa excessiva para o erário pontifício.

No entanto, o Papa ressaltou, com um sorriso malicioso:

— Não somente aumentamos o salário dos mais humildes, mas diminuímos o dos mais importantes. Desse modo, prevejo que nosso erário poupará cerca de vinte milhões ao mês.

"Somos do mesmo partido"

Na tarde do dia 27 de novembro de 1958, aconteceu uma coisa que não ocorria em Roma desde o tempo de Pio IX. Enquanto se dirigia ao Latrão para presidir a abertura do ano acadêmico, o Papa ordenou inopinadamente ao motorista mudar o itinerário estabelecido e ir até a casa de Monsenhor Pio Paschini, reitor do Ateneu, que estava doente havia tempo. Paschini morava em um modestíssimo apartamento de três cômodos, juntamente com uma irmã. João XXIII tocou pessoalmente a campainha. À senhorita anciã, toda emocionada, disse:

– Como está seu irmão? Vim visitá-lo, é um amigo querido.

Imediatamente chegou ao quarto onde o enfermo jazia sobre o leito. O velho sacerdote apressou-se em sentar-se com ar de quem não acreditava nos próprios olhos. Foi o começo de uma série de saídas, às vezes repentinas e imprevistas, que encheram as crônicas dos jornais.

Certo dia, disse João XXIII:

– Não deve ser considerado como fato extraordinário as frequentes saídas do Papa do Vaticano, mas, antes, uma coisa absolutamente normal e lógica.

Outra vez, decidiu sair assim tão inesperadamente que não houve tempo de avisar ao motorista.

– Santo Padre – foi-lhe dito –, o automóvel não está pronto.

– Bem, arranjem outro – replicou tranquilamente o Papa. E naquele dia, João XXIII subiu em um velho automóvel que pertencera ao Papa Ratti.

Cerca de um mês depois de sua nomeação, foi ao Ateneu do Latrão, o equivalente ao antigo Seminário romano onde, havia mais de cinquenta anos, fizera seus estudos. Falando aos seminaristas, disse:

Há um mês, precisamente no dia 28 de outubro, foi-me mudado até mesmo o nome, e o cognome oficial. Agora me acontece que, quando ouço falar do Papa ao meu redor, em discurso direto ou indireto, penso sempre e ainda no Santo Padre Pio XII, a quem tanto venerava e amava, esquecendo-me de que o interlocutor em questão, em todo caso, sou eu mesmo, que quis que me chamassem assim... Ah, meus filhinhos, rezem ao Senhor para que me conceda a graça da santidade que me é atribuída. Porque uma coisa é o dizer-se ou o acreditar-se santo, e outra é sê-lo. A graça do Senhor pode transportar para o alto, e bem alto, seu servidor humilde e fiel. Mas não tem nenhuma importância, não vale nada para a história e para a vida, mesmo na plenitude dos esforços humanos, de nada vale para a santa Igreja e para as almas, se o pontífice não for santo de fato como de nome.

Na manhã do Natal de 1958, o Santo Padre celebrou a missa na Basílica de São Pedro. Era uma missa costumeira, sem bilhete de entrada e zonas reservadas. O Papa havia ordenado que na basílica entrasse quem quisesse e que as cadeiras numeradas ficassem à disposição de qualquer um. Os membros da aristocracia, os diplomatas, os altos prelados e ministros sentiam-se um tanto perdidos, misturados a uma multidão festiva.

Depois da missa, o Santo Padre foi visitar os doentes dos hospitais vizinhos. A primeira visita foi ao Menino Jesus, reservado aos pequenos enfermos de até 12 anos. No átrio do primeiro pavilhão, as Irmãs de São Vicente ofereceram-lhe um ramalhete de rosas.

As crianças estavam emocionadíssimas:

"Somos do mesmo partido"

– Papa, Papa, vem aqui! – gritou-lhe um do pequeno leito, enquanto, entre a consternação dos que estavam presentes, outro berrava do leito vizinho:

– João, João.

O Santo Padre disse forte:

– Silêncio! Já estou chegando!

A um dos pequeninos hospitalizado, disse:

– Você se chama Angelo? Também eu, antigamente, me chamava assim. Depois me fizeram mudar de nome.

O Papa chegou a um quarto onde estava hospitalizado um menino, Carmine Lemma, que ficara cego havia três meses, em decorrência de uma doença que lhe atingira as meninges.

– Você é o Papa, eu sei – murmurou o menino –, mas, sabe, eu não posso vê-lo.

No pequeno rosto havia como que um desespero. O Papa tinha os olhos cheios de lágrimas, e não se envergonhou de chorar diante de todos. Sentou-se à beira do leito e acariciou longamente a mão do menino.

À tarde, recebeu um grupo de crianças para as quais mandara preparar seu presépio pessoal, trazido de Veneza, com as estatuetas de madeira doadas pelos camponeses de Val Gardena.

As crianças eram órfãs da Vila Nazaré e os deficientes físicos do Padre Gnocchi. Sentado em um pequeno trono, o Papa convidou-os a reunir-se ao redor dele. Um orfãozinho leu uma mensagem de homenagem, depois os pequenos se rivalizaram em coros e poesias preparadas pelas Irmãs. Entre eles encontrava-se Silvio Colagrande, o deficiente físico que fora operado dos olhos graças à doação de córneas de Padre Gnocchi. Silvio disse ao Papa:

- Vejo o senhor com os olhos de Dom Gnocchi.

Havia ali, ao lado, outro menino enceguecido por um esguicho de cal viva. O pontífice, percebendo que aquela conversa podia tê-lo entristecido, voltou-se para ele e disse:

- Esperamos que alguém deixe também para você suas córneas. Os homens podem ser muito maus, mas também podem ser muito bons.

Acrescentou com doçura, quase a falar para si mesmo:

- Todos somos cegos, às vezes.

Na manhã seguinte, dia de Santo Estêvão, João XXIII foi visitar os encarcerados de Regina Coeli. As autoridades haviam sido avisadas com uma semana de antecedência, mas haviam silenciado perante os detentos. Até a véspera, os prisioneiros esperavam, como a cada ano, a visita de alguma personagem importante: havia quem falasse de Amintore Fanfani, chefe do governo, outros da Senhora Carla Gronchi, esposa do presidente da República. Finalmente, espalhou-se a notícia de que o Papa teria chegado, e os prisioneiros comoveram-se até as lágrimas.

Uma representação deles, composta de calejados ladrões, assassinos, assaltantes de bancos, foi admitida à presença do Papa. Ao beijar-lhe o anel, um deles ergueu o olhar desconsolado para o Santo Padre e perguntou devagar:

- As suas palavras de esperança valem também para mim, que pequei tanto?

O Papa inclinou-se e o abraçou.

João XXIII ainda não estava contente. A representação escolhida pela direção do presídio não lhe bastava: tinha vindo para todos. Depois do discurso, transmitido por toda a Regina Coeli pelos alto-falantes, pediu permissão para penetrar nos raios da prisão. Depois de alguma perplexidade da parte dos funcionários, os portões foram abertos, e o Papa visitou seus filhos mais infelizes.

Foi um tumulto: por trás das grades, para além das quais a sociedade os havia transferido, os detentos gritavam e estendiam a mão. Papa João passava abençoando, confiando trazer um conforto que os poderosos da terra, com seus olhares cerimoniosos, jamais poderiam ter dado.

Um detento, trabalhando toda a noite, havia preparado um quadro, um retrato do Papa: queria dá-lo ao visitante. Mas quando tentou entregá-lo, os guardas se opuseram: a direção não fora avisada, o presente era contra o regulamento. Assim, o Papa passou o primeiro raio e o detento mostrou, da cela, seu trabalho ao pontífice; este, porém, não compreendeu que era um presente. Sorriu e passou adiante.

No dia seguinte, no entanto, os jornais narraram o episódio e a tristeza do prisioneiro; então João XXIII enviou um monsenhor à Regina Coeli, para pegar o quadro. O monsenhor disse ao prisioneiro que o Papa se "desculpava".

Essas iniciativas do Papa fizeram subir vertiginosamente sua popularidade. Escreveu em seu *Diário*: "A imprensa, não somente italiana, mas também a de todo o mundo, continua a engrandecer meu gesto da visita de ontem aos cárceres. E, para mim, foi uma coisa tão simples e natural...".

As audiências que João XXIII concedia não tinham a solenidade hierática dos encontros de Pio XII com a multidão. Eram mais serenas, mais cálidas, mais rumorosas. O Papa surpreendia amiúde com gracejos espirituosos, criando uma atmosfera de familiaridade.

Em dezembro de 1958, recebeu uma delegação do Circo Orfei. O domador trazia sob controle um leãozinho de 45 dias. Quando foi apresentado ao Papa, o leãozinho começou a "bafejar". João XXIII olhou-o desconfiado, deu um passo para trás e comentou:

– Por certo estou acostumado com o leão de São Marcos, mas aquele, por sorte, é de mármore. Este aqui me parece demasiado esperto, e é melhor que o tirem de perto de mim.

Durante uma audiência, dirigiu-se aos fiéis não somente em italiano, mas também em francês, inglês e espanhol. No final disse:

– Pedimos desculpas aos que falam perfeitamente estas línguas. Esperamos falar melhor da próxima vez: de resto, na vida, todos devemos fazer um pouco de noviciado. E eu, no que diz respeito às línguas, sou mesmo um noviço.

Quando recebeu os gondoleiros de Veneza, o Papa começou a falar assim:

– Os gondoleiros de Veneza estão muito perto de nosso coração. Quando é preciso usar a balsa para a travessia, é aconselhável confiar neles: são todos competentes e a viagem é segura. Quando voltarem para suas casas, digam ter revisto seu velho patriarca que agora está em Roma, e acrescentem que o ar de Roma lhe faz bem.

Suas palavras costumavam ser sempre acolhidas com intermináveis aplausos. Um dia, lamentou-se disso:

– Agora, chega, vocês devem parar de aplaudir se quiserem que o pontífice possa continuar. Ele é velho, e mesmo que seja um "velho venerável", não é bom fazê-lo cansar-se demais.

Em outra ocasião, irritou-se gentilmente porque seu auditório tagarelava. Era constituído por 15 mil moças da Ação Católica, que faziam uma grande balbúrdia. O pontífice admoestou-as:

– Vê-se logo que hoje estão presentes muitas boas filhas de Eva, especialmente distintas pelo domínio nem sempre eficaz e vigilante da língua. Tentarei erguer a voz, mas se vocês não fizerem silêncio, serei obrigado a abençoá-las e voltar ao meu apartamento.

314

"Esta noite tive uma ideia"

No dia 25 de janeiro de 1959, João XXIII anunciou oficialmente que pretendia convocar um Concílio, o Concílio Vaticano II. A notícia pegou o mundo de surpresa. O último Concílio da Igreja fora o Vaticano I, e ficara incompleto: fora interrompido em 1870 pela tomada de Roma e pela guerra.

Já em 1923, Pio XI havia ponderado sobre um possível Concílio e, em seguida, também Pio XII, em 1948. Contudo, as dificuldades ligadas a tal empreendimento sempre findaram por prevalecer, e os projetos foram postos de lado.

Fazia menos de três meses que João XXIII se encontrava sobre o trono pontifício e já havia tomado a decisão.

No entanto, havia muito tempo pensava nisso. Certo dia, Padre Antonio Cairoli, que foi o primeiro postulador da causa de beatificação de João XXIII, disse-me:

– O Concílio foi uma consequência lógica de toda a vida do Papa João XXIII. Quase parece que foi a Providência que o preparou para o que teria feito o Papa.

Em 1908, juntamente com Dom Achille Ratti, o futuro Pio XI, Roncalli começou a estudar o Concílio Tridentino e o método adotado por São Carlos Borromeu para pôr em prática as disposições daquele Concílio na diocese de Bérgamo. Em torno desse assunto, Angelo Roncalli organizou uma edição crítica de cinco volumes, que lhe custou cinquenta anos de trabalho.

No dia de Pentecostes de 1944, fez um discurso na catedral de Istambul. O Congresso de Yalta terminara havia pouco tempo. Roncalli disse:

> A guerra ainda não terminou e os homens deste mundo já pensam no aspecto que deverá ter a sociedade internacional que nascerá das ruínas fumegantes do conflito. E nós, homens de Igreja, como imaginamos inserir-nos no novo mundo que está nascendo?

A partir de então, sentia que a Igreja devia interrogar-se para enfrentar os novos problemas.

Tão logo foi eleito Papa, começou a realizar o que considerava uma necessidade urgente e importante para a Igreja.

Monsenhor Capovilla, secretário de Roncalli, afirma que João XXIII lhe falou do Concílio pela primeira vez no dia 30 de outubro de 1958, 48 horas depois de ter sido eleito Papa.

A primeira confirmação escrita encontra-se no *Diário* do Papa, na data do dia 2 de novembro de 1958. Depois de ter recebido em audiência o Cardeal Ruffini, Roncalli anotou que haviam discutido a possibilidade de convocar um Concílio.

Ainda no início de novembro de 1958, falou de um possível Concílio com o Arcebispo Giovanni Urbani, seu sucessor no patriarcado de Veneza, e com Girolamo Bortignon, bispo de Pádua, capuchinho e secretário do episcopado do Triveneto. No dia 21 de novembro, quis passar algumas horas de descanso e de retiro em Castelgandolfo, acompanhado somente por seu secretário e por seu confessor. No carro, ao longo da estrada, tocou novamente no tema do Concílio.

316

Todas as pessoas a quem o Papa falava do Concílio estavam preocupadas. Pensavam logo nas dificuldades. Desde 1870, ou seja, do último Concílio, os bispos tinham pelo menos triplicado: fazê-los vir a Roma comportava problemas logísticos não negligenciáveis. Da convocação ao começo dos trabalhos do Vaticano I, transcorreram-se seis anos. Levando em conta que João XXIII já completara seus 77, havia quem se perguntasse se algum dia poderia ver o início do empreendimento colossal que ele queria enfrentar.

O Papa ouvia todas as objeções, mas, em seu coração, estava decidido. Era uma pessoa que amadurecia lentamente suas ações. Homem de profunda fé, pensava, repensava e esperava os "sinais" da divina Providência para "descobrir" se estava correto. Quando chegavam as confirmações, passava à ação de maneira repentina e já não havia dúvidas, arrependimentos, reconsiderações.

Ao hesitante Capovilla, respondera:

– "Enquanto alguém não colocar seu eu sob os sapatos, jamais será um homem livre", entendendo – explicou Capovilla – que é livre somente "aquele que se abandona fielmente a Deus, deixando de preocupar-se com fazer bela figura".

No dia 9 de janeiro, encontrando Dom Giovanni Rossi, da Pro Civitate Christiana, seu amigo, disse-lhe:

– Devo revelar-lhe uma coisa grande, que, no entanto, você deve prometer-me manter em segredo. Esta noite tive uma grande ideia, a de realizar o Concílio... Sabe, não é nada disso que o Espírito Santo assiste o Papa. Sou eu que sou simplesmente seu assistente. Porque ele é que faz tudo. O Concílio foi ideia dele.

Os cardeais e conselheiros continuavam a dizer-lhe que era preciso convocar o Sínodo e fazer a reforma do Código de Direito Canônico. Roncalli respondia que sim, que era correto, mas pensava acima de tudo no Concílio.

No dia 20 de janeiro, falou com Dom Domenico Tardini, secretário de Estado, a respeito do assunto e, em seguida, escreveu em seu *Diário*:

> Na conversa com Tardini, secretário de Estado, quis experimentar seu estado de ânimo acerca da ideia que me veio de propor aos membros do Sacro Colégio que se reunirão na Igreja de São Paulo, no dia 25 próximo, para a conclusão da oitava de oração, o projeto de um Concílio ecumênico, a ser reunido, *omnibus perpensis* [tudo considerado], no devido momento: com a intervenção de todos os bispos católicos de cada rito e região do mundo. Eu estava bastante indeciso e inseguro. A resposta imediata foi a surpresa mais exultante que poderia esperar: "Oh, mas que ideia, que luminosa e santa ideia! Ela vem mesmo do céu, Santo Padre! É preciso cultivá-la, elaborá-la e difundi-la. Será uma grande bênção para o mundo inteiro!". Nada mais me veio à mente. Estava feliz. Agradeci ao Senhor por este meu projeto receber o primeiro selo que poderia esperar aqui embaixo, como pregustação do selo celeste, que – confio humildemente – não haverá de faltar-me.

Neste mesmo dia, Tardini escreveu em sua agenda: "Ontem à tarde, Sua Santidade refletiu e meditou sobre o programa de seu pontificado. Arquitetou três coisas: o Sínodo romano, o Concílio ecumênico, a atualização do Código de Direito Canônico".

Guido Gusso contou-me um episódio curioso ligado àqueles dias:

– Estava completamente ocupado em rodar um filme de oito milímetros sobre o Papa João, enquanto ele passeava pelos jardins vaticanos, juntamente com seu secretário Loris Capovilla. O Papa discutia animadamente e erguia a voz. Pareceu-me que falava do Concílio, mas não pensei que fosse uma coisa importante. Aproximava-me para fazer os primeiros planos e, em seguida,

318

distanciava-me. Pedia ao Papa que olhasse para a câmera ou que se detivesse um instante. Ele me satisfazia pacientemente, mas, a certa altura, disse em tom de repreensão bondosa: "Hoje só nos faltava nosso artista com seu terém". Ele me chamava de "artista" porque, quando estava em Veneza, tocava violão e, às vezes, pintava. Uma semana depois, o filme estava pronto. Levei um projetor e, depois da ceia, mostrei ao Papa e a seu secretário o que eu havia feito. Papa João XXIII divertiu-se muitíssimo. "Não pensava que nosso 'artista' fosse tão competente", disse. Em seguida, acrescentou: "Mas você não poderia eliminar um pouco da minha pança?". Ainda conservo o filmete que se tornou um documento excepcional. Certamente, se soubesse que, naquele dia, o Papa estava tratando de um dos temas mais importantes para a história da Igreja do século XX, não o teria perturbado com aquelas minhas tomadas.

No dia 24 de janeiro de 1959, todos os cardeais presentes em Roma receberam um bilhete do Papa. Pedia-se aos que iriam participar da missa em São Paulo no dia seguinte, ou seja, no domingo, 25 de janeiro, que não saíssem imediatamente da basílica, mas subissem para a sala capitular da abadia beneditina, porque João XXIII desejava falar com eles por um momento.

O convite excepcional não dizia mais nada e suscitou, como era natural, o mais intenso interesse. Os cardeais obedeceram: o Papa, tão logo depôs os paramentos, juntou-se a eles, e Dom Dante, prefeito das cerimônias, fechou a porta, afastando os estranhos.

João XXIII falou longamente e, no fim, tratou do assunto pelo qual os havia convocado:

– Meus veneráveis irmãos do colégio cardinalício! Pronuncio diante de vocês, certamente a tremer um pouco pela comoção, mas, ao mesmo tempo, com humilde resolução de propósito, o nome e a

319

proposta da dupla celebração de um Sínodo diocesano para a cidade e de um Concílio ecumênico para a Igreja universal.

Os dezessete cardeais presentes escutaram surpresos, mas também indiferentes. Papa João XXIII ficou decepcionado. Confessou em seguida:

– Humanamente, poder-se-ia esperar que os cardeais, depois de terem ouvido a alocução, se comprimissem ao nosso redor para exprimir aprovação e votos de sucesso.

Mas não aconteceu.

Voltando de carro para o Vaticano, o Papa estava silencioso. O secretário perguntou-lhe se estava se sentindo bem, e o Papa respondeu:

– Não se trata de mim, nem de meus sentimentos pessoais. Estamos em pleno exercício da vontade do Senhor. Agora preciso do silêncio, do recolhimento. Sinto-me distanciado de tudo, de todos.

Num piscar de olhos, por toda parte difundiu-se a notícia: Papa João XXIII havia anunciado um Concílio ecumênico. O pontífice, de fato, pensava convocar a Roma os bispos de todo o mundo para uma daquelas grandes sessões universais que, em vinte séculos de Cristianismo, foram convocadas não mais do que vinte vezes. A emoção, já imensa pela notícia em si, aumentou quando se soube que um dos temas do Concílio seria "o convite às comunidades separadas para a busca da unidade". Um apelo, portanto, da Igreja de Roma para reconduzir ao redil também todos os outros cristãos. Era o sonho de Roncalli: ver a unidade de todos os que creem em Jesus Cristo.

As reações do mundo a essas notícias foram as mais disparatadas. O Papa recebeu muitas críticas, inclusive de respeitáveis expoentes da Igreja; ele, porém, parecia não ouvi-las.

"Esta noite tive uma ideia"

Certo dia, falando aos féis na Basílica de São João do Latrão, disse:

– Vocês creem que o Papa não consegue dormir à noite e se atormenta com uma infinidade de pensamentos sobre o Concílio ecumênico. Não, não, o Papa dorme, o Papa está tranquilo. Não se pergunta sequer quando o Concílio terminará e se será ele a concluí-lo; ele já chegou ao final do caminho, ao cimo da colina; prossegue, como sempre fez, conformando-se em tudo à vontade de Deus.

A preparação foi longa. Durante quase quatro anos, os organizadores trabalharam febrilmente. Parecia que tudo estivesse predisposto para que o Concílio se desenrolasse no tempo mais breve possível.

O cardeal Egidio Vagnozzi, ex-colaborador de Roncalli em Paris, foi recebido em audiência pouco antes do início do Concílio.

– O Papa disse-me – contou ele – que esperava que o Concílio se concluísse em três meses. Ao contrário, durou anos.

No dia 11 de setembro de 1962, João XXIII anunciou, em um discurso feito diante das câmeras de televisão:

– Dentro de um mês, no dia 11 de outubro, iniciaremos o Concílio.

Por volta do fim de setembro, sempre do ano 1962, decidiu ir em peregrinação ao Santuário de Nossa Senhora de Loreto, a fim de colocar sob sua proteção o que estava para começar. Na casa de Loreto, Maria havia recebido a visita do anjo e acontecera a concepção de Jesus, fundador da Igreja. O Concílio tinha como objetivo unir a Igreja dividida, e o Papa queria pedir auxílio a Maria.

321

Havia mais de cem anos que um Papa não saía de Roma; João XXIII sabia que seu desejo não era fácil de realizar.

Desde 1959, cochichava-se a respeito de uma viagem do Papa fora dos confins de seu Estado, mas, a cada vez, o Vaticano desmentira. Os jornalistas, falando com os prelados da Cúria, tiveram a impressão de que o Papa desejava, sim, deslocar-se de Roma, mas os monsenhores estavam bem dispostos a impedi-lo.

Na manhã do dia 26 de setembro de 1962, foi difundida subitamente a notícia de que, no dia 4 de outubro, o Santo Padre havia atravessado grande parte da Itália Central em devota peregrinação. Também o governo italiano veio a saber das intenções do pontífice quase no último instante. O Presidente Segni, o Presidente do Conselho Fanfani, o ministro do Interior, o comandante dos Carabineiros e o chefe da Polícia se desesperaram: as responsabilidades imprevistas que recaíam sobre eles obrigaram-nos a dias de grande agitação. Os ministros deveriam desfazer todos os compromissos já assumidos.

Concluída a viagem, o governo italiano comunicou respeitosamente à Sua Santidade que, da próxima vez, seria melhor preparar a viagem com bastante antecedência.

– Com prazer – foi a resposta do Papa – e sentimos muito se causamos tanto distúrbio aos senhores; no entanto, temíamos que colaboradores demasiado solícitos pudessem impedir-nos aquela viagem que nos era tão cara.

A viagem foi cansativa, porque o Papa João XXIII já estava doente. Às 6h40 da manhã, subiu no trem que lhe colocou à disposição o presidente da República. Em Loreto, disse:

– Não vim em busca de aplausos, filhinhos, mas rezar a Nossa Senhora pelo Concílio.

De Loreto, o Papa dirigiu-se a Assis, a fim de rezar na tumba de São Francisco.

Na manhã do dia 11 de outubro, em São Pedro, reuniram-se 2.498 padres conciliares, vindos de todo o mundo. Por toda uma noite, sobre toda a Roma caíra um chuva fina, mas quando João XXIII deu início à cerimônia de abertura do Concílio a cidade foi invadida pelo sol.

Duzentas mil pessoas haviam se reunido na Praça de São Pedro. Milhões de telespectadores acompanharam o acontecimento pela televisão.

Quando o Papa entrou em São Pedro e viu, sobre as galerias, altíssimas, o Parlamento de Deus, ficou "sem fôlego", conforme confiou a um amigo.

A cerimônia foi longa e desgastante. O Papa fez um longo discurso. Entre outras coisas, disse:

> Pessoas certamente ardorosas no zelo, mas não dotadas de grande sentido de discrição e moderação, nos tempos atuais não veem senão prevaricações e ruínas [...] Mas parece-nos que devemos discordar desses profetas da desventura [...] No presente momento histórico, a Providência está nos levando para uma nova ordem de relações humanas, que, por obra dos homens e, na maior parte das vezes, para além do que eles esperam, se dirigem para o cumprimento de desígnios superiores e inesperados [...]
> O mundo hodierno, tão ocupado com a política e as controvérsias de ordem econômica, já não encontra tempo de atentar em solicitações de ordem espiritual [...] Esse modo de proceder não é certamente justo, e com razão temos de desaprová-lo; não se pode, contudo, negar que estas novas condições da vida moderna têm, pelo menos, esta vantagem de ter suprimido aqueles inúmeros obstáculos que, em tempos

passados, impediam a ação livre da Igreja, como se evidencia da história dos próprios Concílios ecumênicos, muitas vezes celebrados com dificuldades, por causa da intromissão indevida das autoridades civis [...]

Isto diz respeito precipuamente ao Concílio ecumênico: que o sagrado depósito da doutrina cristã seja guardado e ensinado de forma mais eficaz. Tal doutrina abraça o homem inteiro, composto de alma e de corpo. Isso mostra como é preciso ordenar a nossa vida mortal, de maneira que cumpramos os nossos deveres de cidadãos da terra e do céu, e consigamos, desse modo, o fim estabelecido por Deus. Todos os homens, tanto considerados individualmente como reunidos em sociedade, têm o dever de tender sem descanso, durante toda a vida, para a consecução dos bens celestiais, e de usarem só para esse fim os bens terrenos, sem que seu uso prejudique a eterna felicidade [...]

A Igreja não deve afastar-se do sagrado patrimônio da verdade, recebido dos Pais. Ao mesmo tempo, porém, deve também olhar para o presente, para as novas condições e formas de vida introduzidas no mundo hodierno, que abriram novos caminhos ao apostolado católico. A Igreja não assistiu indiferente ao maravilhoso progresso das descobertas humanas, mas não desiste de avisar aos homens, a fim de que elevem os olhares para Deus [...]

O Concílio quer transmitir pura e íntegra a doutrina, sem atenuações nem subterfúgios. Sua intenção não é a discussão deste ou daquele tema da doutrina fundamental da Igreja. O espírito cristão espera um progresso na penetração doutrinal e na formação das consciências, em correspondência com esta doutrina certa e imutável, que deve ser fielmente respeitada, mas também exposta de forma a responder às exigências do nosso tempo. Uma coisa é a substância do *depositum fidei*, e outra é a formulação com que é revestido. Isso deve ser levado em conta, medindo tudo nas formas e proporções de um magistério de caráter prevalentemente pastoral.

A Igreja julga satisfazer melhor às necessidades de hoje mostrando antes a validez da sua doutrina do que renovando condenações. Não quer dizer que faltem doutrinas enganadoras, opiniões e conceitos perigosos, mas hoje os homens, por si mesmos, parecem inclinados a condená-los [...] A experiência ensinou-lhes que a violência, o poder das armas e o predomínio político não contribuem em nada para a feliz solução dos graves problemas que os atormentam. A Igreja, com o Concílio, deseja mostrar-se mãe amorosa de todos. Aos homens de hoje, não oferece riquezas caducas, mas comunica-lhes os bens da graça divina, que são uma ajuda para uma vida mais humana. Abre a fonte da sua doutrina que permite aos homens compreender bem aquilo que eles são na realidade. Estende a plenitude da caridade cristã para fomentar a concórdia, a paz justa e a união fraterna.

A Igreja Católica julga seu dever, portanto, empenhar-se ativamente para que se realize aquela unidade invocada por Jesus Cristo: a unidade dos católicos entre si, a unidade de orações e de desejos com os cristãos separados; unidade na estima e no respeito para com aqueles que seguem religiões não cristãs. O Concílio, reunindo as melhores energias da Igreja e se empenhando por fazer acolher pelos homens o anúncio da salvação, prepara o caminho para a unidade do gênero humano, necessária para que a cidade terrestre se conforme à semelhança da celeste.

À noite, nos quatro cantos de Roma, acendeu-se uma imensa procissão com tochas, que convergiu para a Praça de São Pedro. Na escuridão, sob as estrelas cintilantes, a praça tornou-se uma grande cruz de chamas.

O Papa encontrava-se em seu apartamento e estava cansado.

– A agenda do dia não previa outros discursos e aparições públicas do Papa – contou Monsenhor Loris Capovilla. – A certa altura, Dom Dell'Acqua veio até mim e disse: "Seria bom que o Santo Padre aparecesse para abençoar a multidão hoje à noite também. Não é preciso que faça um discurso, basta que dê a bênção. Haverá 100 mil pessoas com as tochas acesas, a cantar e a rezar. Veja se consegue convencê-lo". Eu sabia muito bem que não seria fácil convencê-lo. Papa João XXIII jamais foi um homem de mudar facilmente os programas. Por isso, esperei um pouco, e quando vi que a praça era uma tocha só, disse-lhe: "Santo Padre, não seria bom dar uma bênção a toda essa gente?". "Não", disse, "o programa não o prevê, o dia foi bonito assim. Houve a inauguração do Concílio, fiz um discurso que deu o tom à manifestação. É melhor não dizer mais nada". "Bastaria", disse-lhe, "que olhasse para essa gente através das persianas". "Bem, isso se pode fazer, por que não?". Afastou as persianas, viu a maré transbordante de pessoas, as milhares de tochas acesas. "Mas", disse, "jamais imaginei". "Não quer mesmo dar-lhes uma bela bênção?", continuei. "Não acha que a merecem? Há bispos, cardeais, diplomatas, gente pobre, o mundo inteiro está representado...". "Bem, bem", disse-me, "mas só uma bênção". Abri a janela. Quando as pessoas perceberam que o Papa estava a observá-las, o entusiasmo não teve limites. E foi diante daquele entusiasmo que o Papa improvisou aquela inesquecível saudação: "Continuemos a nos querer bem. Olhemos uns para os outros, no encontro, para colher o que une, deixando de lado o que nos possa manter desunidos. Voltando para casa, façam um carinho em seus filhos, e digam-lhes que é a carícia do Papa".

O "santinho" do Papa

Enquanto se fazia a preparação do Concílio e se dava prosseguimento a todas as iniciativas dinâmicas a que dera vida, João XXIII, no Vaticano, continuava sua existência cheia de surpresas, de reviravoltas, de atitudes revolucionárias, de rompantes, de comoventes gestos de bondade.

Guido Gusso contou-me:

– Numa tarde, algumas semanas depois da eleição, mandaram-me ir chamar o Papa em seu escritório. Fui e o Papa não se encontrava lá. Procuramos na capelinha, e não estava lá; no salão aonde ia ler o breviário, e não estava; em outra sala, onde caminhava rezando o terço, e não estava. Estávamos preocupados. As freiras, o secretário, meu irmão, eu e outros continuávamos a procurá-lo, e não conseguíamos encontrá-lo. Papa João XXIII, que ainda não conhecia bem as dependências do Palácio Apostólico, vagueava a explorá-lo. Encontrara uma escada que levava à sua biblioteca privada, e desceu para lá. Detivera-se a consultar diversos livros, sujando de pó seu belo traje branco. Os velhos livros eram sua paixão e nosso tormento, porque estragavam suas vestes. Em seguida, encontrou outra escada e desceu mais ainda: viu uma porta e entrou em um pequeno escritório, reservado aos encarregados do vestíbulo. No escritório, havia algumas pessoas que, ao verem chegar o Papa, sozinho, sem séquito, espantaram-se. Era algo que jamais acontecera no Vaticano. Um pôs-se de joelhos, outro se benzeu, não sabiam como comportar-se. "Calma, calma, fiquem tranquilos, vamos conversar um pouco", disse sorrindo o Papa. Pegou uma cadeira e sentou-se no meio deles. Perguntava--lhes como estavam, se eram casados, se tinham filhos, se estavam contentes com o trabalho, com o salário.

O Papa desapareceu uma segunda vez no verão seguinte, enquanto se achava em sua residência em Castelgandolfo, para um breve período de repouso.

De manhã cedo, o secretário, Monsenhor Capovilla, bateu à porta do pequeno apartamento privado de João XXIII. Eram seis horas e, como todas as manhãs, o secretário esperava ouvir a saudação do Papa: "Bom-dia! Entre: já estamos acordados!". Espera em vão: não ouviu nenhum ruído. Bateu novamente, mas não obteve resposta. Preocupado, depois de uma terceira tentativa, decidiu abrir. O apartamento estava vazio. Monsenhor Capovilla não se preocupou excessivamente. Pensou que o Papa tivesse ido rezar na capelinha, mas lá também não encontrou vestígio do pontífice. O monsenhor então se apavorou. Telefonou para algumas pessoas da corte pontifícia, perguntando-lhes se teriam visto o Santo Padre, mas ninguém soube dar-lhe notícia.

A esta altura, o secretário, cada vez mais alarmado, considerou seu dever informar aos cardeais presentes em Castelgandolfo, à gendarmaria e à guarda suíça. Começaram sôfregas buscas, enquanto as hipóteses mais estranhas cruzavam as mentes dos prelados.

A residência de Castelgandolfo e as alamedas do grande parque foram minuciosamente inspecionadas, e alguém propôs avisar sem demora a polícia italiana a respeito do incrível desaparecimento. Foi o Cardeal Nicola Canali que aconselhou esperar: a notícia convulsionaria o mundo.

Intensificaram-se as buscas e, finalmente, um guarda muito jovem entreviu em um canto do parque, escondido na compacta vegetação, a veste branca do Papa. João XXIII estava lendo um livro.

Quando todas as autoridades se reuniram em respeitoso silêncio em torno dele, o Papa olhou para aqueles rostos, finalmente aliviados, com um olhar no qual brilhava uma ponta de divertida malícia:

– Estava uma manhã muito bela – explicou sorrindo – e não tínhamos sono. Assim, sem perturbar ninguém, levantamo-nos e fizemos um belo passeio.

Dito isso, ergueu-se e tomou o caminho de volta, seguido pelos dignitários.

Também como Papa, Roncalli continuou a dedicar, todo dia, um pouco de seu tempo ao último tomo da grande obra em que trabalhava havia cinquenta anos: *Atti della visita di San Carlo Borromeo a Bergamo* [*Atos da visita de São Carlos Borromeu a Bérgamo*].

Escrevia à noite. Quem cruzasse a Praça de São Pedro ou fosse admirar o incomparável espetáculo noturno da basílica, com sua esplêndida colunata de Bernini na penumbra, poderia ver iluminada, no último andar dos edifícios apostólicos, a primeira janela do canto. Era o quarto do Papa, e ele estava lá, à sua escrivaninha, a trabalhar em seu livro, como qualquer escritor.

Quando o texto ficou pronto, o editor foi a Roma discutir com o autor a modalidade da publicação. Roncalli já não era um simples bispo, tornara-se Papa. Mas o editor ouviu João XXIII dizer-lhe:

– O autor deste livro é o mesmo Roncalli que escreveu os outros. Não há motivo, portanto, de uma ênfase especial, de um "lançamento" específico. Deve ser avaliado e julgado como os outros já publicados.

Perante o mundo, Roncalli agora era o pontífice máximo da Cristandade, mas, na vida privada, queria continuar a ser o homem normal e simples de sempre.

São excepcionais e comoventes, a esse respeito, as lembranças de seu camareiro, Guido Gusso, que teve a sorte de estar ao lado de João XXIII nas pequenas coisas da vida cotidiana.

– Papa João XXIII era sensibilíssimo a qualquer pequena gentileza a seu respeito – contou-me Gusso. – Queria retribuir imediatamente e, se não o pudesse, ficava consternado. Quase todos os dias, eu e meu irmão Paolo voltávamos para casa com algo que o Papa nos havia dado. Quando não tinha nada, dava-nos um maço de flores a serem levadas para nossas esposas. Não lhe escapava nenhum incidente que dissesse respeito às pessoas que trabalhavam a seu lado. Dias onomásticos, aniversários natalícios, datas comemorativas: estava sempre pronto a dar os cumprimentos e a oferecer um presentinho. Conservo ainda um envelope sobre o qual está escrito, a mão, por João XXIII: "Para os irmãos Guido e Paolo Gusso". O Papa o deu a mim no dia 19 de março de 1960. Era o dia de São José, e era o dia do seu onomástico: com efeito, também se chamava José. Por volta das 13h, acompanhei-o da sala de audiências, onde havia recebido os cardeais que tinham vindo apresentar-lhe os cumprimentos, em sua sala. O Papa havia tirado a grande faixa que lhe cingia o traje branco e eu estava a dobrá-la. Aproximou-se de mim e me disse: "Feche as portas e fique onde está". Jamais me havia falado com aquele ar misterioso, e jamais me ordenara fechar as portas. Executei a ordem e, olhando no espelho que havia acima do armário, vi que o Papa se aproximara da escrivaninha e remexia nas gavetas. Em seguida, voltou, tendo na mão um envelope. Sorriu-me e me disse: "Agora vamos almoçar".

330

Quando se aproximou de mim, ainda olhou ao redor e, furtivamente, colocou no bolso de meu paletó o envelope que trazia na mão. "Não fale disso com ninguém", disse-me. "Isto é para você e para Paolo: dividam um pouco para cada um, como bons irmãos, sem brigar. Não digam nada ao secretário e às suas freiras: esta é minha parte, depois é a vez deles. Mas se vierem a saber que o Papa já lhes deu alguma coisa, não receberão mais nada".

– Muitas vezes, durante as audiências – continua Guido Gusso –, o Papa recebia presentes. Principalmente nas audiências oficiais. Comprazia-se com receber presentes e ficava feliz em retribuir generosamente. Retornando ao seu quarto, observava-os com curiosidade, mas igualmente com ar desprendido, como se pertencessem a outra pessoa. Não guardava nada para si. Ao contrário, ficava feliz quando encontrava logo a ocasião de doá-los. A mim, a meu irmão Paolo e às outras pessoas que viviam a seu lado, o Papa deu muitas coisas. Em geral, de valor insignificante, mas que guardávamos com grande veneração, porque nos lembrávamos da bondade desse homem fantástico. Um dia, acompanhado de seus conselheiros, o prefeito de Paris veio visitar João XXIII. Durante a audiência, presenteou o Papa com um precioso relógio de ouro, e o Papa retribuiu com um objeto igualmente precioso. Terminada a audiência, acompanhei o Papa ao seu quarto. Vi que ainda mantinha o relógio na mão e continuava a observá-lo. Pouco depois me disse: "Guido, quero dar-lhe um presente. Você gosta deste relógio?". "Sim, Santo Padre, é belíssimo", respondi, "mas lhe deram de presente há apenas poucos minutos! Conserve-o por um pouco mais de tempo". "Não, não, quero dá-lo de presente a você, pode ser-lhe útil, pegue-o", disse o Papa. E eu o peguei. Depois de alguns minutos, vi que o Papa João XXIII ficara pensativo. Julguei que estivesse arrependido de ter-me dado de presente o precioso relógio, e estava a ponto de dizer-lhe que lho devolveria com prazer. Ele, porém, pensativo, pusera-se a remexer nas gavetas de sua escrivaninha. Deslocava folhas de papel, cartas, livros, objetos diversos. "Ei-lo aqui, finalmente!", disse depois de algum tempo, erguendo o rosto sorridente e segurando na mão outro relógio de ouro, igual ao que acabara de dar-me de presente. "Este é para seu irmão Paolo", disse. "Não posso dar um presente a você e esquecer-me dele. Agora estou contente porque cada um de vocês tem um relógio: assim não brigarão". O Papa falava frequentemente assim, mas o fazia gracejando, porque eu e Paolo jamais brigamos. Em outra ocasião, Papa João XXIII deu-me de presente um belo crucifixo de madeira, trabalhado a mão, que encontrara no armário. "Gosta?", perguntou-me como de costume, mostrando-me o crucifixo e perscrutando-me o rosto. "É belíssimo", respondi. "É seu", disse ele, feliz. Enquanto o entregava a mim, percebeu que, na parte posterior da cruz, havia palavras escritas. Não as havia observado antes, porque estavam quase apagadas. Ficou perplexo. Observou atentamente. Eram palavras em inglês. Tentou decifrá-las, mas nem ele nem eu sabíamos inglês. A única palavra que se compreendia era "museu". Compreendi imediatamente que o Papa tivera um escrúpulo de consciência, porque podia tratar-se de um objeto de valor, do qual ele não podia desfazer-se. Por isso, disse-lhe: "Santo Padre, é melhor que não me dê este crucifixo. Talvez pertença aos Museus Vaticanos". "Não, não", respondeu ele, "prometi e quero dá-lo a você". Quando havia prometido uma coisa, não voltava atrás por nenhum motivo. Dava saltos mortais para não faltar com a palavra. As raras vezes em que não lhe foi materialmente possível manter-se fiel a uma promessa feita, sofria por causa disso como se houvesse cometido uma falta grave e pedia desculpas, mesmo à distância de anos. Por isso, quando o Papa me disse: "Prometi e quero dá-lo a você", respondi-lhe insistindo: "Mas, Santo Padre, eu estou sempre aqui com o senhor, amanhã o senhor me dará o crucifixo; entretanto, encontraremos alguém

332

que conheça inglês e traduza o que está escrito por trás da cruz". Foi tudo inútil. O Papa pegou uma folha de papel timbrada com seu brasão e transcreveu as palavras que estavam no crucifixo; em seguida, disse-me: "Pronto, agora você pode certamente levá-lo".

É sempre Guido Gusso a contar que, certa vez:

– Vieram para uma audiência com o Papa os representantes de uma congregação bergamasca, e lhe deram de presente um quadro do século XVIII, representando o rosto de São Paulo. O quadro findou no refeitório. Enquanto servíamos à mesa, o Papa deu-se conta de que meu irmão olhava com atenção aquele quadro. "Você gosta, Paolino?", perguntou-lhe. "É muito bonito, Santo Padre", respondeu meu irmão. "É também seu protetor, se me não engano", acrescentou João XXIII. E, depois de um momento, com sua costumeira impulsiva generosidade, disse: "Diga-me a verdade, Paolino: você gostaria de levá-lo para casa?". "Imagine, Santo Padre: tudo o que recebo do senhor, para mim representa um tesouro". "Dou-lhe de presente, é seu", disse o Papa, satisfeito. "Mas, por favor", acrescentou imediatamente, "você sabe quanto bem quero aos meus caros bergamascos. Foram eles que me deram de presente, e ai de mim se vierem a saber que não o conservei! Poderiam ofender-se. Dou-o a você porque sei que o conservará bem, colocá-lo-á no melhor lugar de sua casa e o quadro terá a honra de que é digno". Tarde da noite, por volta das onze, o telefone toca na casa de meu irmão. Era Monsenhor Capovilla, que disse: "Escute, Paolo, estive há pouco com o Papa e ele me contou que hoje lhe deu de presente um quadro. Disse-me: 'Dei um quadro ao Paolino, estou contente com ter-lho dado, mas penso nos meus caros bergamascos, que mo haviam trazido para que o conservasse. Talvez não deveria ter-me desfeito dele tão rapidamente, poderia conservá-lo por uma semana pregado à parede de meu escritório;

assim, daria brilho e prestaria honra ao presente que me deram os bergamascos'. Você sabe como é o jeito do Santo Padre", continuou Capovilla. "Não conseguia conciliar o sono a pensar nos bergamascos. Então eu lhe disse que falaria com você e que você certamente consentiria em devolver-lhe o quadro por algum tempo. Ele, porém, como de costume, não queria: 'Não, não diga nada, Paolino ficará ofendido, pensará que me arrependi de ter-lhe dado um presente'. Estou certo, Paolo", concluiu Monsenhor Capovilla, "de que, se você devolver o quadro por alguns meses, dará grande alegria ao Papa". Meu irmão não se fez de rogado. No dia seguinte, voltou ao Vaticano com o quadro e o pregou à parede da salinha de visitas diante do escritório do Papa. Ao Papa, nada escapava. Com efeito, tão logo saiu do escritório, viu o quadro. Observou-o por um instante e sorriu, mas nada disse. Durante o almoço, enquanto servíamos à mesa, disse a meu irmão: "Você foi grande, Paolino: sei que foi um sacrifício para você trazer de volta aquele quadro, mas me deu grande consolação. Meus amigos bergamascos agora já não podem ofender-se. Contudo, aquele quadro é seu, ouviu? E quando eu morrer, você o levará para casa".

– Falei dos presentes que o Papa dava a mim e a meu irmão – continua Guido Gusso. – Todavia, não se deve pensar que fosse generoso somente conosco. Preocupava-se com todas as pessoas que viviam a seu lado. Por ocasião das festas de Natal, Páscoa, onomástico do Papa e qualquer outra, no Vaticano havia o costume de dar um presente aos empregados. Dava-se dinheiro. A soma, porém, era proporcional ao grau de importância que o empregado tinha. O responsável pela limpeza, por exemplo, que já recebia uma miséria de salário, recebia como presente menos que todos os demais, às vezes, até mesmo nada. Papa João XXIII estabeleceu que fosse dada uma soma igual a todos. Alguém se lamentou, considerando-se ofendido em sua dignidade, porque era tratado com a mesma medida que se usava para o último dos empregados.

O "santinho" do Papa

Papa João XXIII, no entanto, sempre disposto a escutar a todos, não queria ouvir esse tipo de queixa. Dizia-nos continuamente que tínhamos o dever de avisar se soubéssemos de alguém que estava para casar-se, ou que estivesse a enfrentar determinadas dificuldades econômicas. Conheci o motorista de um cardeal que vivia com 40 mil liras ao mês. Havia se casado, mas não pudera comprar sequer o quarto de dormir. Avisei a Monsenhor Capovilla, o qual falou com o Papa. Imediatamente foi enviada ao motorista uma discreta soma que lhe possibilitou comprar os móveis para sua casa e, em seguida, foram-lhe enviados outros auxílios.

– O Papa interessava-se pessoalmente também pelas famílias de seus empregados. Quando falava com alguém, sempre indagava sobre a mulher, os filhos, os pais e sobre a situação econômica. Desejava que nós, empregados, vivêssemos como uma grande família, que nos ajudássemos mutuamente, que nos encontrássemos eventualmente, também fora do trabalho, a fim de aprofundar entre nós um laço de amizade. Na realidade, estávamos um ao lado do outro durante todo o dia; em seguida, cada um se virava por conta própria, cada um tinha sua família, seus amigos, seus interesses. Nenhum laço nos unia fora do trabalho; ao contrário, evitávamos encontrar-nos propositadamente. As pequenas dificuldades, as incompreensões, os inevitáveis atritos em todo ambiente de trabalho, dividiam-nos. O Papa não queria isso. Para ajudar-nos a criar aquela atmosfera de coleguismo e estima recíprocos que ele desejava, recorreu a um estratagema. Mediante seu secretário, sugeriu-nos encontrar-nos, juntos, uma vez por mês, cada um com sua própria mulher, para jantar em algum restaurante da cidade. Era ele mesmo quem dava o dinheiro para o jantar. E dava-o uma vez a um, outra vez a outro, de modo que o jantar parecesse oferta de um de nós. Aqueles jantares serviram para estabelecer entre nós um profundo senso de amizade. Quando davam onze horas da noite, soava

335

─────────── O Papa bom ───────────

o telefone. Era Monsenhor Capovilla, a quem tínhamos avisado aonde iríamos jantar, que nos ligava para cumprimentar-nos. Pedia para falar com o mais velho dentre nós e se informava como estava indo a noitada. No final do telefonema, dizia: "Aqui, comigo, está aquela pessoa que vocês conhecem, que está feliz em saber que estão todos juntos na alegria. Envia-lhes muitas saudações e sua bênção". Eis até que ponto o Papa nos queria bem!

– Papa João XXIII sabia que seus empregados eram pessoas pobres, que forcejavam para chegar ao fim do mês com o salário e, por isso, procurava ajudá-los. Lembro-me de que havia inventado uma frase simpática para dizer a seu secretário que desse uma gorjeta a quem lhe tivesse prestado algum serviço especial. No Vaticano, havia o costume de dar um santinho com a imagem do Papa abençoando, como lembrança ou como agradecimento por um serviço prestado ao Santo Padre. Se alguém era chamado ao quarto do Papa a fim de arrumar os móveis, em seguida ganhava o santinho. Papa João XXIII mudara aquele uso. Dizia a seu secretário: "Por favor, dê-lhe um santinho, mas daqueles que se usam para comprar um maço de flores para a esposa". Isso significava uma nota de 5 ou de 10 mil liras, de acordo com as ocasiões.

– Papa João XXIII era generoso com o dinheiro e com as coisas que lhe pertenciam, mas escrupulosíssimo com o dinheiro dos outros. Em 1954, quando Roncalli era patriarca de Veneza e eu começara havia pouco tempo a trabalhar a seu serviço, foi enviado pelo Vaticano ao Líbano, a fim de coroar Nossa Senhora de um famoso santuário. Ele queria levar-me também ao Líbano. "Sou velho", dizia, "e você me seria de grande ajuda durante a viagem". Na realidade, desejava levar-me consigo porque sabia que eu morria de vontade de viajar de avião e de ir a um país tão

336

distante. Nasci em Caorle e jamais vira nenhuma outra cidade além de Veneza. As despesas, porém, ficavam por conta do Vaticano e ele sentia escrúpulo de consciência ao levar-me também. Naqueles dias, passou por Veneza o Cardeal Gustavo Testa, e Dom Roncalli confidenciou-lhe seu tormento: "Gostaria de levar comigo meu camareiro, mas não sei se me é permitido", disse. "Mas, sim, leve-o, então! Aliás, deve levá-lo", respondeu-lhe o Cardeal Testa. Dom Roncalli tranquilizou-se, mas ainda não estava completamente sereno. Dois dias antes da partida, telefonou ao Vaticano para os últimos ajustes. No final do telefonema, com voz quase trêmula, perguntou: "Poderia levar comigo também meu camareiro?". "Mas, certamente, Eminência, leve-o, sim; ser-lhe-á de ajuda durante a viagem", responderam-lhe do Vaticano. Finalmente, o patriarca sorriu, feliz de poder dar-me um grande presente.

— Uma semana depois da eleição a pontífice, começaram a chegar de Veneza os baús contendo os objetos pessoais. Chegaram seus livros, os documentos privados, os manuscritos e seus famosos quadros, os que ele conservava sempre no quarto. Vieram os operários para arrumar o quarto do Papa. Trouxeram os móveis, arrumaram os livros, a escrivaninha. Quando se tratou de abrir a caixa onde estavam os quadros, o Papa disse: "Bem, outro dia a gente faz este trabalho". Os trabalhadores foram-se. O Papa, então, chamou-me e disse: "Guido, cabe a mim e a você colocar os quadros em seus devidos lugares. Façamos como quando estávamos em Veneza: você sobe na escada e eu indico a posição exata". Ficamos toda a tarde fechados em seu quarto. Eu pegava um quadro, subia na escada, o Papa apoiava com os pés a escada, para que não escorregasse no piso e me dizia: "Mais alto, um pouco mais à direita, ligeiramente mais para baixo, está bem assim". Passava-me aos poucos os preguinhos e eu fixava o quadro no lugar correto. Trabalhamos até a noite. Havia uns trinta quadros a serem colocados em seu lugar. Não eram obras-primas de arte, mas todos recordações pessoais do Papa: as fotografias dos pais, do tio Zaverio, dos irmãos, dos sobrinhos, da igreja onde havia recebido o Batismo, uma vista de sua terra natal, fotografias de pessoas e de lugares que lhe eram particularmente caros. Ninguém jamais o separou dessas velhas fotografias amareladas.

– No ano de 1962, meu irmão Roberto, que então estava com 18 anos, adoeceu gravemente. Telefonaram-nos de Caorle, de nossa casa, às onze e meia da manhã. Eu e meu irmão Paolo estávamos ocupados com as audiências do Papa. Ao telefone, disseram-me: "Roberto foi hospitalizado com meningite; os médicos lhe dão poucas horas de vida: se quiserem vê-lo, venham depressa". Para mim e para Paolo, foi uma dor terrível. Somos uma família unida; nos queremos muito bem, e Roberto era um pouco o menino da família, porque sempre fora magro e enfermiço. Avisamos às irmãs e a Monsenhor Capovilla, mas não ao Papa. Sua Santidade impressionava-se facilmente: essas notícias faziam-lhe perder o apetite, como acontecera outras vezes. Às quatro da tarde, era a hora em que o Papa saía para passear. Fui buscá-lo no quarto, a fim de que descesse ao Pátio de São Dâmaso, onde meu irmão Paolo já havia preparado o carro para levá-lo aos jardins. Enquanto estávamos entrando no elevador, o Papa me disse: "Como vai, Guido?". "Santo Padre, hoje é um dia de tristeza", respondi. "Telefonaram-nos de casa, informando-nos de que nosso irmão Roberto está muito mal. Levaram-no ao hospital com meningite, mas já não há esperança de que sobreviva. Está inteiramente rígido; para tirar-lhe a roupa, foi preciso cortá-la. Santo Padre, mande uma bênção a meu irmão e aos meus pais, para que encontrem a força de superar esta desgraça". O Papa escutou-me com o rosto aflito. Em seguida me disse: "Coragem, Guido, e fique calmo. Agora rezemos juntos ao Senhor e, depois, darei uma bênção a seu irmão, aliás, não uma,

O "santinho" do Papa

mas três bênçãos, daquelas grandes, daquelas que fortificam, e você verá que o Senhor o ajudará. Telefone a sua casa e diga a seus pais que fiquem calmos, que tenham fé: é uma provação, mas passará. Diga que o Papa reza por eles". Ao anoitecer, telefonei para casa, a fim de obter notícias e para relatar as palavras consoladoras do Papa. Ao telefone, disseram-me que, mais ou menos às 16h15, a hora exata em que o Papa rezava por meu irmão, Roberto subitamente se sentiu melhor. Minha mãe saíra da sala onde meu irmão agonizava, para buscar uma enfermeira; entrando novamente no quarto, alguns minutos depois, encontrara Roberto sentado no leito, buscando as calças para ir tomar banho. Minha mãe assustou-se. Acorreram os médicos e ficaram estupefatos. Não conseguiam explicar o acontecido. Mantiveram nosso irmão sob observação por uma semana, mas o jovem mostrava-se curado.

Entre Khrushchev e Kennedy

A bondade do Papa João XXIII não era fruto somente de uma sensibilidade de espírito particularmente nobre, mas de uma mentalidade profundamente cristã.

Desde criança, Angelo Roncalli fora acostumado a acreditar de modo concreto que Deus é Pai dos homens e que, por conseguinte, todos os homens são irmãos entre si. Sem distinção de raça, de ideologia, de religião.

No começo da década de 1960, para um cristão católico o comunismo era uma heresia e os comunistas, réprobos. Não era permitido aproximar-se deles, falar com eles, conversar.

O "diálogo", compreendido como discussão educada com os adversários, não existia. Inventou-o o Papa João XXIII, e foi por isso acusado de abrir as portas ao comunismo, com gravíssimas consequências ideológicas para a Igreja.

– São acusações absolutamente injustas, que provêm de pessoas superficiais, vítimas de preconceitos – disse-me certo dia, em Roma, Padre Antonio Cairoli, o primeiro postulador da causa de beatificação do Papa João XXIII. – Quanto aos princípios, Roncalli era um superconservador. No que tange às pessoas, porém, jamais nutriu sentimentos de hostilidade por ninguém. Considerava todos os homens seus irmãos. Muito se discutiu quanto à sua atitude com relação a Nikita Khrushchev, o chefe do comunismo soviético, durante o tempo em que Roncalli foi Papa. Para João XXIII, também Khrushchev era filho de Deus. O chefe do Kremlin não ficou insensível ao fascínio da extraordinária bondade do Papa João XXIII. Foi Khrushchev quem, em 1961, deu início à troca de cortesias que muitos consideraram escandalosa, mas que talvez tenha servido para evitar a Terceira Guerra Mundial.

Guido Gusso lembra-se perfeitamente de quando começou aquele intercâmbio.

– Foi no dia 25 de novembro de 1961, dia do octogésimo aniversário natalício do pontífice – contou-me. – Enquanto o Santo Padre estava almoçando, houve um telefonema. Era Dom Iginio Cardinale, a pessoa que o Papa encarregara de manter os contatos com os países do Leste. Ele disse que tinha uma coisa bastante importante para comunicar. Fizeram-no subir imediatamente ao apartamento pontifício. Iginio Cardinale tinha um telegrama longuíssimo a ler para o Papa. Eu e meu irmão estávamos servindo à mesa. Iginio Cardinale, por deferência ao Santo Padre, esperava que saíssemos para começar a leitura. Mas o Papa disse: "Leia, leia assim mesmo; estes rapazes fazem parte da família: aqui não existem portas fechadas". Assim pude ouvir o conteúdo daquela mensagem. O telegrama provinha de Moscou e era de Khrushchev. O líder do Kremlin enviava saudações ao Papa João XXIII por ocasião de seu aniversário. Era uma mensagem cheia de expressões gentis e cordiais, e Papa João XXIII, no final da leitura, disse: "Sei que o brindar não é conveniente a um Papa, mas esta é uma ocasião especial e se pode fazer uma exceção". Mandou trazer uma garrafa e brindou ao acontecimento.

Aquele foi o primeiro telegrama que chegava de Moscou ao Vaticano, depois da Revolução de 1917. Não se sabe como é que Khrushchev tomou aquela iniciativa. Provavelmente, através de pessoas que não conhecemos, fora informado a respeito do modo de pensar e de argumentar do Papa João XXIII, e simpatizara com ele. Não se sabe quem foram essas pessoas. Havia, porém, um indivíduo um tanto singular, cidadão norte-americano, chamado Norman Cousins, que tinha a possibilidade de viajar facilmente também para a União Soviética. Oficialmente, Norman Cousins era jornalista, diretor de uma associação cultural e de uma revista cultural, mas talvez essa sua profissão fosse somente um disfarce. Era amigo de Nikita Khrushchev e de John Kennedy, então presidente dos Estados Unidos. Na prática, quiçá, desempenhava o papel de embaixador privado entre os dois, mas por sua própria conta e risco, sem nenhuma investidura formal.

Naquele período, Norman Cousins, em suas misteriosas viagens entre os Estados Unidos e a União Soviética, começara a fazer escala em Roma. Encontrava-se com monsenhores, personagens de segundo grau no sistema vaticano, sem cargos importantes, falava com eles, mas tudo de modo escondido, reservado. E, com muita probabilidade, foi ele quem falou de João XXIII a Khrushchev e deu, portanto, a deixa para aquele telegrama de cumprimentos do dia 25 de novembro de 1961, pelos 80 anos do Papa.

Oficialmente, durante quase um ano, não houve outros contatos entre Khrushchev e Papa João XXIII.

Em outubro de 1962, explodiu a crise de Cuba. No dia 15 de outubro, alguns aviões americanos de reconhecimento tiraram fotografias que colocaram em evidência a presença de mísseis soviéticos em Cuba. As principais cidades americanas estavam na mira.

No dia 20 de outubro, o Presidente Kennedy anunciou o bloqueio de todos os navios soviéticos direcionadas à ilha de Fidel Castro e deu o ultimato aos russos: se dentro de 48 horas não tirassem os mísseis, declararia guerra.

O mundo estava à beira de uma terrível crise internacional. Poderia explodir um conflito e, desta feita, seria um conflito nuclear.

Conhecendo as simpatias de Khrushchev pelo Papa João XXIII, Kennedy enviou a Roma seu amigo jornalista. Às onze horas da noite, Cousins apresentou-se na casa de Dom Iginio Cardinale e lhe contou a grave situação. Dom Cardinale correu a despertar o substituto da Secretaria de Estado, Dom Angelo Dell'Acqua, o qual informou imediatamente ao Papa. Depois de alguns momentos de reflexão, João XXIII disse:

– Preparem uma mensagem para que eu leia amanhã na rádio. Nesse ínterim, enquanto vocês trabalham, vou rezar.

Retirou-se para sua capela particular.

Guido Gusso foi testemunha ocular de quanto aconteceu naquela noite. Ele me contou:

– O que o Papa João XXIII fez para salvar a paz durante aquela noite, talvez jamais se saberá. Ouvi o Papa repetir várias vezes: "Para salvar a paz no mundo, estaria disposto a enfrentar qualquer sacrifício; estaria pronto para desafiar a opinião pública, a encontrar Khrushchev e a falar com ele sobre a paz".

– Quando a mensagem ficou pronta – contou-me Padre Antonio Cairoli –, o Papa leu-a e reescreveu-a totalmente, exceto as últimas três linhas. No final, a mensagem tinha este conteúdo: "Suplicamos a todos os governantes que não fiquem surdos a este grito da humanidade. Que eles façam tudo o que estiver em seu poder para salvar a paz. Desse modo, evitarão ao mundo os horrores de uma guerra da qual ninguém pode prever quais seriam as assustadoras consequências. Que eles continuem a negociar, porque essa atitude leal e aberta tem grande valor de testemunho para a consciência de cada um e perante a História. Promover, favorecer, aceitar os diálogos, em todos os níveis e em todo tempo, é uma regra de sabedoria e de prudência que atrai as bênçãos do céu e da terra". A mensagem foi entregue às embaixadas americana e soviética, para a aprovação. Às sete da manhã, chegou a resposta de Khrushchev, que se declarava de acordo: às onze, a de Kennedy. À tarde, a mensagem foi emitida pela Rádio Vaticana. No dia seguinte, foi parar na primeira página do *Pravda*, jornal oficial do Partido Comunista Soviético, sob o título: "Suplicamos a todos os governantes que não fiquem surdos ao grito da humanidade".

A crise de Cuba fora superada. Khrushchev respondeu a Kennedy, comprometendo-se a interromper os trabalhos nas bases mísseis em Cuba, a ordenar o retorno das armadas à União Soviética e a iniciar negociações com a ONU.

Aquela intervenção imediata do Papa João XXIII tocou muito Khrushchev. Nos meses que se seguiram, ele mostrou abertamente sua simpatia pelo pontífice. Na metade de dezembro, Khrushchev recebeu Cousins. Falaram de Cuba, mas também do Papa.

– Acredito – disse Khrushchev –, que seja verdade que o Papa e eu temos características em comum, porque ambos somos de origem humilde, trabalhamos a terra na juventude e sabemos o que é lutar para obter da terra os frutos necessários para viver.

E quis enviar ao Papa uma mensagem de cumprimentos.

Alguns dias depois, Cousins estava em Roma e teve um encontro de 45 minutos com João XXIII. Entregou-lhe a mensagem de Khrushchev, que dizia:

> Para Sua Santidade Papa João XXIII. Por ocasião dos dias santos de Natal, rogo-lhe aceitar os cumprimentos e as congratulações de um homem que lhe deseja boa saúde e força para seus constantes esforços pela paz e pela felicidade e bem-estar de toda a humanidade. Assinado: N. Khrushchev.

Era preciso responder. O Papa mandou a Secretaria de Estado preparar um texto. O momento era difícil, o interlocutor ainda mais; era preciso valorizar cada palavra. Contudo, o que seus colaboradores conseguiram compor, depois de várias tentativas, não agradou ao Papa. Tomou da pena e escreveu a mensagem pessoalmente:

Agradecemos vivamente a gentil homenagem de cumprimentos. Retribuímos de coração com as mesmas palavras vindas do alto: paz na terra aos homens de boa vontade. Levamos a seu conhecimento dois documentos natalinos deste ano que invocam a consolidação da paz justa entre os povos. Que o bom Deus escute e responda ao ardor e à sinceridade dos nossos esforços e das nossas orações. *Fiat pax in virtute tua, Domine, et abundantia in turribus tuis* ["Haja paz em teus muros e estejam tranquilos teus palácios" – Sl 122,7]. Voto feliz de prosperidade para o povo russo e para todos os povos do mundo.

Os responsáveis pela Secretaria de Estado não concordaram. Disseram que era um erro usar tons assim calorosos. O Papa, no entanto, mandou enviar de todo modo a mensagem, acrescentando também um santinho com a imagem de Nossa Senhora do Tiepolo e a oração: *"Ave, mundi spes; ave, mitis; ave pia, ave Dei amore plena, virgo dulcis et serena"* ["Salve, ó esperança do mundo; salve, ó humilde; salve, ó piedosa; salve, ó plena do amor de Deus; salve, ó doce e serena"]. E uma cópia, traduzida em russo, de sua mensagem radiofônica natalícia, que iria ler no Natal, e do discurso aos diplomatas, o qual pronunciaria no dia de Ano Novo. Era um ato de cortesia: levava antecipadamente ao conhecimento de Khrushchev o que seria dito em seguida ao mundo.

E também esse gesto atingiu o alvo. Foi muito apreciado por Khrushchev.

346

O chefe do Kremlin sabia que o Papa, naquele período, se interessara muito pela libertação de Dom Josif Slipyj, metropolita da Ucrânia, que fora preso e deportado para a Sibéria em 1943. O velho prelado estava muito doente, e o Papa queria ajudá-lo. Com esse objetivo, haviam-se feito contatos por parte do Vaticano também com Palmiro Togliatti, que era o secretário do Partido Comunista Italiano, mas Togliatti não conseguira obter nada. Khrushchev, por simpatia a João XXIII, decidiu libertar Dom Slipyj.

Em fevereiro de 1963, de repente, Dom Slipyj foi tirado do campo de trabalho onde se encontrava e levado a Moscou sob escolta, sendo ali entregue a dois representantes do Vaticano, que o reconduziram à Itália.

Falando com Norman Cousins, Khrushchev disse:

– João XXIII me é simpático, e para fazer-lhe um obséquio, libertei Dom Slipyj. Isso me angariou muitos inimigos. Mas já os tenho em tão grande quantidade... Faria questão de que o Papa soubesse por que fiz esse gesto, e gostaria de saber se lhe aprouve. Aquele Papa é um santo. Eu entendo disso. Até os 17 anos estudei em seminário e, se quisesse, ainda seria capaz de ajudar na missa.

Norman Cousins precipitou-se a Roma para contar ao Papa as palavras de Khrushchev. Solicitou também uma resposta direta. O Papa lhe respondeu:

É cedo demais. É preciso esperar o tempo de amadurecer. Arriscaria provocar mais dano do que benefício. Em todo caso, aqui estão duas medalhas de ouro do meu pontificado. Eu as dou ao senhor. Conserve uma consigo; a outra, pode dar de presente a quem quiser. Não sei a quem o senhor a dará de presente, mas o senhor sabe bem a quem deve dá-la.

Quando o jornalista americano levou a medalha a Khrushchev, este se mostrou contente como uma criança.

O Papa bom

No fim de fevereiro, chegou a Roma Alexis Adjubei, com a mulher Rada, filha de Khrushchev, e exprimiu o desejo de ser recebido pelo Papa. No Vaticano, todos eram contrários. João XXIII refletia. Khrushchev libertara Slipyj; poderia o Papa responder com uma descortesia, negando a audiência a seu genro? João XXIII aceitou encontrar-se com Adjubei, e no Vaticano quase houve uma revolução.

A crônica daquela audiência foi narrada nos mínimos detalhes por todos os jornais do mundo. Tratava-se de um acontecimento absolutamente novo. Era como colocar juntos Deus e Satanás. Alguém escreveu que Aleksej Adjubei, redator-chefe do jornal governista soviético *Izvestija*, marido de Rada Khrushchev, filha do líder soviético, "era o estafeta" do chefe do Kremlin, entendendo, porém, que o comunismo estava a ponto de contaminar até mesmo o próprio coração da Igreja.

A audiência transcorreu fora do protocolo normal. Teve dois momentos: um oficial, público, durante o qual Adjubei não foi apresentado ao Papa. Estava ali como que por acaso, como uma pessoa qualquer. Em seguida, houve outra, secreta, jamais admitida nem anunciada oficialmente pelo Vaticano, na qual os dois hóspedes soviéticos se encontraram face a face com João XXIII.

Na primeira e na segunda, o fotógrafo jamais esteve presente. Parecia que as hierarquias vaticanas tivessem concedido aquele encontro somente porque desejado explicitamente pelo Papa, mas queriam que dele não ficasse vestígio.

A seguir, a crônica oficial do encontro.

O automóvel, à cadência turística, atravessou a Praça da Sacristia, costeou a basílica vaticana, passou diante do "Palacinho do Cardeal", chegou ao Pátio de São Dâmaso, ponto obrigatório de parada de todo visitante.

348

Ali se detinham os correspondentes italianos e estrangeiros, convocados para assistir a uma breve cerimônia: a comunicação oficial da atribuição do "Prêmio Balzan pela Paz" ao Papa, e Adjubei deveria subir as escadas dos edifícios apostólicos com ele, jornalista entre os jornalistas.

Mas logo ficou claro que o protocolo vaticano procurara cuidadosamente fazer com que Adjubei ficasse longe dos colegas da imprensa internacional. Com efeito, enquanto estes esperavam na sala do Consistório que o pontífice terminasse o colóquio com os representantes do "Prêmio Balzan", os hóspedes russos aguardavam na sala dita "dos Foconi".

O genro de Khrushchev matou o tempo de espera a fumar. A Senhora Rada observava as pinturas do teto. Aleksej vestia um terno correto escuro, com camisa branca e gravata branca; Rada vestia saia e paletó claros, ou seja, um traje pouco protocolar para uma audiência com o Papa. Mas trazia sobre a cabeça um véu preto, com franjas douradas.

Alguns minutos antes das onze, Adjubei e a consorte entraram na sala do trono, onde, pouco antes, em perfeita sincronia, havia-se permitido a entrada de outros jornalistas.

Quatro poltronas vermelhas tinham sido preparadas para os hóspedes soviéticos: na primeira, tomou assento um sacerdote, Padre Koulic, com funções de intérprete; na segunda poltrona, sentou-se Adjubei; na terceira, sua mulher; na quarta, um funcionário da embaixada soviética.

A espera foi bastante longa. Às 11h20, João XXIII apareceu na sala do trono com os representantes do "Prêmio Balzan", e com um pequeno séquito de prelados.

O pontífice leu, em francês, um discurso sobre a paz. Disse a certa altura:

> A neutralidade da Igreja não deve ser compreendida no sentido puramente passivo, como se a tarefa do Papa se limitasse a observar os acontecimentos e conservar o silêncio. Ao contrário, é um neutralismo que conserva todo um vigor de presença ativa. Atenta a difundir os princípios da verdadeira paz, a Igreja não desiste de encorajar a adoção de uma linguagem, e a introdução de costumes e instituições que garantam a estabilidade da paz. Já o repetimos várias vezes: a ação da Igreja não é puramente negativa; não consiste somente em suplicar aos governos que evitem o recurso à força armada: é uma ação que quer formar os homens que tenham pensamentos, corações e mãos pacíficos. Os pacíficos que o Evangelho proclama bem-aventurados não são inertes, mas são também os artífices ativos da paz, são os que a constroem.

Adjubei e Rada escutavam as palavras do Papa que lhes eram traduzidas pelo Padre Koulic. No final, a bênção. Os hóspedes russos inclinaram-se ligeiramente. Pouco depois, o Papa João XXIII afastava-se. Os jornalistas saíram.

Adjubei, a mulher e os acompanhantes ficaram na sala do trono, ocupados em olhar teto e decorações. A essa altura, as portas foram fechadas: alguns, porém, julgaram entrever um grupinho que se dirigia para a biblioteca papal. Bastou isso para que os correspondentes das grandes agências internacionais se agarrassem aos telefones para lançar a notícia: o genro e a filha de Khrushchev estão em colóquio com o Papa.

Entretanto, na sede do Serviço de Imprensa Vaticano, tinha início uma longa série de confirmações e desmentidos. Da embaixada soviética não se sabia nada, tampouco da Secretaria de

Estado vaticana. Não era fácil vencer o quilômetro de distância que separa a sala do Serviço de Imprensa da sala da Secretaria de Estado. Depois, finalmente, foi comunicado que uma confirmação ou desmentido seriam lançados dentro em breve da parte de fonte responsável. De fato, pouco depois das 14h, o porta-voz do *L'Osservatore Romano*, Casimirri, leu a breve crônica que teria aparecido, à tarde, nos jornais. Dizia: "Durante a audiência, estavam presentes numerosos jornalistas, entre estes o Senhor Aleksej Adjubei e consorte, que haviam manifestado o desejo de encontrar o Santo Padre". Era tudo.

Daí a pouco, surgiram outros particulares, que diziam respeito ao segundo encontro, o "secreto". O colóquio, que durou dezoito minutos, desenrolou-se não na proximidade da mesa de trabalho do Papa, mas em um canto da sala onde haviam sido preparadas a poltrona pontifical e outras duas para os hóspedes. O intérprete ficara em pé.

– Assisti à audiência, ficando fora da porta da sala onde o Papa recebeu Adjubei – contou-me Guido Gusso, o fiel camareiro de João XXIII. – A porta estava aberta. Na sala, encontravam-se somente o Papa, Adjubei, a mulher e o intérprete. O encontro foi cordial e comovente, como todos os encontros que aconteciam com o Papa João XXIII. No final da audiência, o Papa me disse: "Você viu? A filha de Khrushchev se comoveu e se pôs a chorar". O Papa foi muito criticado por aquela audiência. Lembro que, com extrema calma e simplicidade, dizia: "Este senhor pediu para ver-me, o que deveria ter respondido? Que não o queria receber? Por quê?".

O que possa ter acontecido durante o encontro privado entre João XXIII e os dois hóspedes soviéticos jamais se soube. Fizeram-se muitas ilações. Sabe-se, porém, que o pontífice queria que fosse anunciado ao mundo tudo quanto aconteceu naquele encontro. Ele mesmo preparou um relato detalhado e deu-o ao secretário, Monsenhor Capovilla, para que o fizesse chegar ao *L'Osservatore Romano* e fosse publicado. Mas, não se sabe por quais razões, aquele relato jamais findou nas páginas do jornal do Vaticano. Fato gravíssimo e inacreditável. No entanto, parece que aconteceu mesmo. Também Padre Koulic redigiu uma memória pessoal e entregou-a à Secretaria de Estado do Vaticano. O Papa, então, 25 dias antes de sua morte, narrou o encontro a Dom François Marty, então arcebispo de Paris, que o referiu em um livro seu.

Levando em conta esses documentos, eis, em resumo, o que aconteceu realmente naquele encontro.

Entrando na biblioteca, Rada Khrushcheva, a mulher de Adjubei, apertou a mão do Papa, fazendo uma leve reverência. Adjubei abaixou a cabeça até tocar com a fronte a mão de João XXIII. Rada falava francês e, assim, o Papa pôde conversar com ela facilmente. João XXIII explicou aos seus hóspedes as pinturas e as tapeçarias da biblioteca. Em seguida, Adjubei disse que, como o Senhor Khrushchev é considerado um reformador no mundo comunista, assim o Papa é um inovador no mundo católico. O Papa respondeu:

– O senhor é jornalista e, como jornalista, conhece a Bíblia e o processo da criação e seu cumprimento. Diz a Bíblia que Deus criou o mundo e, no primeiro dia, deu-lhe a luz. Depois, a criação continuou durante outros seis dias. Mas os dias da Bíblia, o senhor sabe, são épocas, e essas épocas são muito longas. Nós agora estamos no primeiro dia. Estamos aqui, olhamo-nos nos olhos e vemos que existe a luz. Hoje é o primeiro dia, o dia da luz, dia do *fiat lux*. É preciso tempo. Repito-o: a luz está em meus olhos e em seus olhos. O Senhor, se quiser, nos fará ver o caminho a percorrer. Por enquanto, só podemos rezar e esperar.

Em seguida, o Papa falou da Bulgária, da beleza da música eslava, das riquezas espirituais da Rússia. E de sua vida em Sotto il Monte. Disse pertencer "a uma família numerosa, pobre e feliz, reunida ao redor do chefe de família, conservada unida por um vínculo inquebrável de amor profundo e sincero, sem demasiadas efusões exteriores". Rada Khrushcheva respondeu-lhe:

– Também nós somos oriundos de uma família de camponeses. Na Rússia, diz-se que o senhor é homem do campo, tem as mãos calejadas dos trabalhadores, como meu pai...

Na sequência, o pontífice disse:

– Às rainhas, às princesas, às nobres senhoras não católicas, o Papa costuma dar de presente outros objetos ou moedas de valor, selos, livros. Mas eu, senhora, quero dar-lhe o rosário, para que se recorde de minha mãe, que o recitava perto da pequena lareira, quando eu era criança e preparava o jantar para a família. Oh, que jantar pobre, senhora...!

Após algum tempo, voltou a falar da família de sua hóspede:

– Senhora, sei que tem três filhos, e sei também o nome de suas crianças, mas gostaria que fosse a senhora a dizer-me o nome de seus filhos, porque, pronunciados pela voz da mãe deles, tais sons têm uma ternura especial.

A Senhora Rada, então, disse o nome de seus três filhos: Nikita, Aleksej e Ivan.

– Que nomes bonitos, senhora – exclamou o Papa. – Nikita é Nicéforo, um santo que é muito caro a meu coração. Tive oportunidade, em Veneza, de venerar-lhe também o corpo. Aleksej é Aleixo, que é também um grande santo. Quando estava na Bulgária, visitei tantos santuários e tantos conventos dedicados a Santo Aleixo! E Ivan! Ivan, então, senhora, é João, e João sou eu! E João é o nome que escolhi para meu pontificado, o nome de meu pai, o nome de meu avô; é o nome da colina que paira sobre minha casa natal, é o nome da basílica da qual sou bispo, São João do Latrão. Quando voltar para casa, senhora, leve aos seus filhos minhas afetuosas saudações. Mas leve uma saudação especial a Ivan; verá que os outros não se ofenderão por isso.

Um encontro maravilhoso, extraordinário, que exalta de maneira incrível os dons de bondade de João XXIII. É realmente uma pena que não se tenha tornado público naquela época.

Por trás dos bastidores

Dom Loris Capovilla, hoje arcebispo, foi um secretário perfeito para João XXIII. Seja quando o Papa estava em vida, seja depois de sua morte: fiel, preciso, atento, discreto, diligente, prudente, organizado.

Muitas das coisas extraordinárias que dizem respeito à vida e à atividade de Papa Roncalli, que o mundo pôde conhecer e admirar, foram reveladas por ele, no momento oportuno e da maneira mais adequada. Com delicadeza, sem polêmicas, sem ofender a ninguém, como agradava ao próprio João XXIII.

A Dom Capovilla devemos muitas publicações de extrema importância para o conhecimento de Roncalli. Livros, coletâneas de escritos do Papa, o preciosíssimo *Diário da alma*, interpretações iluminadas, documentações insubstituíveis: um montante de trabalho extraordinário que ele organizou meticulosamente e entregou à História.

Capovilla sempre se declarou inimigo do anedotário. Principalmente no que diz respeito ao Papa João XXIII, e fez bem. Justamente porque, sendo abundantíssimo, mas quase sempre narrado e utilizado fora de seu contexto justo, finda por distorcer frequentemente a figura do pontífice bergamasco. Com efeito, há livros inteiros, confeccionados com episódios e gracejos atribuídos a Papa Roncalli, mas, ao lê-los atentamente, fica-se desconcertado ao constatar que daquelas páginas sai uma caricatura, e não o grande pontífice, o grandíssimo homem que foi Roncalli.

Contudo, talvez ninguém como Dom Capovilla conheça, a respeito de João XXIII, tantos gracejos e episódios interessantíssimos. Também porque, tendo exercido, quando jovem, a profissão de jornalista, tem muito vivo o senso da observação, e quando estava perto do Papa nada se lhe escapava. Ele sabe muito bem que os fatos, as anedotas, os gracejos, em sua concretitude e concisão, contêm extraordinária força demonstrativa, superior a qualquer raciocínio, mas não gosta de contá-los. Todavia, em 1971, fê-lo para mim, para o jornal onde eu trabalhava na ocasião. E aqueles relatos seus, registrados pelo gravador, tinham uma beleza e um fascínio inigualáveis. Papa João XXIII estava morto havia oito anos, mas parecia mais do que nunca vivo nas palavras de seu secretário.

Dom Capovilla, que era então arcebispo de Chieti, contou momentos de vida, expôs impressões, sentimentos, observações que trazem novos conhecimentos a respeito de Papa Roncalli, e ajudam a ter perspectivas especiais de sua existência e de sua personalidade.

Uma das primeiras perguntas que lhe fiz dizia respeito ao cotidiano do Papa. Como era um dia normal de João XXIII?

– O desejo do Papa João XXIII – disse Capovilla – teria sido o de levantar-se às quatro da manhã, e de ir dormir às vinte e duas horas. Mas era um compromisso que quase nunca podia cumprir; não quanto ao levantar-se, mas quanto ao deitar-se. Dificilmente conseguia, às vinte e duas, ter feito tudo o que se havia proposto. Muitíssimas vezes fazia serão, e por vezes não se dava conta disso. Levantava-se regularmente às quatro. Às sete, estava pronto para celebrar a missa. Em seguida, retornava por uma horinha à poltrona. Podia dormir a qualquer momento. Começava a jornada, infalivelmente, com a recitação do *Angelus Domini*, como quando era criança. Em seguida, fazia um pouco de meditação. Ato contínuo, dedicava-se ao breviário, para cuja recitação empregava uma hora e meia ou duas horas. Antes de começar a leitura de um texto de algum Padre da Igreja referido no Ofício Divino do dia, muitas vezes sentia vontade de consultar o texto original e completo. Então se levantava, buscava as obras citadas, percorria-as e saboreava-as longamente, sem pressa. Ou então, enquanto recitava um salmo, vinha-lhe em mente que, em outro texto e em outra tradução, este tinha um som diferente e melhor. Então buscava aquela tradução e saboreava-a como entendedor. Celebrada sua missa, assistia à minha. Preferia que eu a celebrasse depois, mesmo se, às vezes, eu teria preferido celebrá-la antes, para correr, em seguida, terminar meu serviço. Depois ia à sala de jantar e tomava o café da manhã. Enquanto bebia seu café com leite, já haviam chegado à Secretaria de Estado os resumos das notícias da imprensa internacional. Colados em uma grande página branca, possibilitavam ao Papa percorrê-los rapidamente e ter imediatamente uma ideia da situação no mundo. Marcava e anotava o que mais lhe interessava. Em seguida, quando encontrava um pouco de tempo, sob a guia daquelas anotações, voltava a escolher, do feixe dos jornais que recebia todos os dias, as notícias, os artigos que mais lhe interessavam. Seu desjejum consistia de um pouco de café, ou café com leite, uma maçã ou outra fruta. À tarde, voltava a passar os olhos sobre algum outro jornal, mas mui brevemente. Dedicava de bom grado alguns minutos ao *Eco di Bergamo* e ao *Gazzettino di Venezia*: também através daquelas folhas mantinha o contato com a pátria de origem e a cidade que o tivera como bispo. Quando ligávamos a TV para ele, à espera de uma notícia que lhe fora indicada e que lhe interessava, diante de determinada propaganda e de certas imagens que não queria ver, abaixava imediatamente os olhos, e só voltava a levantá-los quando ouvia que estava no ar a notícia que havia buscado. Esta não era nem uma penitência, nem uma mortificação que lhe fosse imposta por alguém; era ele que a impunha a si mesmo. Não se deve esquecer de que o que nele mais conquistou e comoveu o coração das pessoas é fruto também desse controle de si, dessas renúncias, dessas mortificações. Privava a si mesmo de muitas coisas e, na mesma medida, e mais ainda, tornava cada dia rico de dons para os outros. Seu "segredo", que muitos buscaram desvendar, estava, talvez, também nisso.

– Era muito frugal: depois do café da manhã, entretinha-se de boa vontade conosco, seus colaboradores, a narrar as impressões que tivera de uma audiência, de um encontro, daqueles com os quais havia falado. Muitas vezes, as audiências, especialmente no último ano, cansavam-no muitíssimo. Então, eu devia fazer o possível para obrigá-lo a descansar. Não que jamais tenha sido autorizado a interromper uma audiência, muito menos em nome de seu evidente cansaço. Não era homem de suportar tais coisas. Mas entre uma audiência e outra, eu tentava, e às vezes conseguia. Eu o fazia sair da sala, e ele sentava-se na costumeira poltrona. Pedia-lhe que descansasse um pouco, e ele, que, como disse, conseguia dormir a qualquer momento, tirava o usual cochilo de quinze minutos. Em seguida, retomava as audiências como se nada tivesse acontecido. As pessoas pensavam que o Papa estivesse, naquele intervalo, a consultar documentos importantes, ou dando ordens urgentes. Em vez disso, estava a repousar, em um rápido parêntese, da fadiga de cada dia. Era um asceta, mas tinha o senso da realidade, e se resignava com prazer a não pedir nada para a própria saúde além do possível.

– Por natureza, tinha um espírito convivial, mas, à mesa, como Papa, esteve quase sempre sozinho. Durante o Natal e a Páscoa, convidava Dom Rotta e Dom Testa. Em Castelgandolfo, nos primeiros tempos, convidou alguns cardeais, dois a dois. Eu mesmo comi com ele duas ou três vezes, nos últimos meses. Depois do café da manhã, quando não havia programas particulares, o consueto cochilo, de meia-hora, no máximo. Em seguida, com a bengala, um passeio nos jardins e, depois, ao trabalho. Contudo, os jardins traziam-lhe sempre um pouco de melancolia. "Vamos sair um pouco", dizia, "sempre aqui? Vamos à Villa Borghese, à Villa Pamphili, por exemplo. Não se pode?". "Não, Santo Padre, não se pode". "E por quê?". "Porque criaríamos problemas". "Problemas? Sim, compreendo. Mas aos poucos se acostumarão, não? Deverão certamente habituar-se a ver o bispo deles passear no meio deles". E eu: "Mas não lhe parece bonito tudo o que temos aqui?". E ele: "Certamente que é bonito. Mas é um espetáculo que vemos todos os dias. Seria bom mudar um pouco".

Dom Capovilla estava sempre presente às audiências, quando do Papa João XXIII devia encontrar os chefes de Estado, soberanos, protagonistas da diplomacia, da política, da cultura. Como se comportava naquelas ocasiões, quais eram seus comentários argutos depois que os poderosos da terra haviam ido embora?

A única pessoa a quem o Papa podia confiar suas impressões era o secretário, e Dom Capovilla era um guardião atentíssimo daquelas confidências.

– João XXIII sempre foi fiel à sua profunda simplicidade. As audiências começavam segundo as regras do protocolo, mas se concluíam infalivelmente em um clima de cordialidade familiar brotada do coração do Papa. Em cada ocasião, ele conseguia encontrar a deixa, o gracejo que quebrava a atmosfera fria do encontro oficial, e deixava o caminho livre para as confidências. A primeira audiência oficial a um chefe de Estado, no dia 10 de dezembro de 1958, foi a concedida a Mohammad Reza Pahlavi, xá do Irã. Papa

João XXIII havia preparado um breve discurso ritual, em francês. Chovera até de manhã, depois fez bom tempo, veio o sol. O Papa viu chegar pela janela o cortejo do soberano. Então desceu à biblioteca e se preparou à soleira para acolher o hóspede. Tudo se desenrolava, em princípio, segundo o protocolo. Recordaram, ambos, de já se terem encontrado uma vez em Paris. Mas a conversa permanecia sempre um pouco fria. A certa altura, Papa João XXIII sorriu e disse ao xá: "Majestade, vê que também o Papa é capaz de alguma coisa?". Indicou o sol que aparecera entre as nuvens. "Nosso Estado do Vaticano é pequeno, mas, em compensação, lhe preparamos um belo sol". Essas palavras descongelaram o ambiente. O xá sorriu. Então Papa João XXIII continuou: "Se soubesse, Majestade, o que me recorda sua visita. Quando o senhor chegou, vi meus dignitários que o recebiam, o senhor a entrar com tanta solenidade neste edifício. E não pude evitar de recordar a impressão que tive, quando era só um rapazinho, ao assistir à visita à Itália, parece-me, de seu avô, ou bisavô, talvez fosse de outra dinastia; em todo caso, um terceiro ancestral seu. Vinha visitar Vitório Emanuel III. Eu era seminarista. Era muito curioso e corri ao Quirinale para vê-lo ao lado de nosso jovem rei. Mas logo me entristeci. Sabe, na verdade, o que as pessoas gritavam? 'Viva o xá! Abaixo o Papa!'. Hoje, ao contrário, o senhor passou pelas ruas de Roma e ouviu gritar: 'Viva o xá! Viva o Papa! Viva a Itália!'. Passaram-se anos depois disso, não lhe parece? E tudo está bem melhor a esse respeito, não lhe parece?". Depois desses encontros, amiúde comentava comigo as palavras, as coisas, as pessoas. Mas jamais com ironia, ou com observações negativas. Seu respeito era profundo, por todos. Admirava-se, ao contrário, de que certos encontros com reis e príncipes coubessem justamente a ele. Nem sempre, especialmente nos primeiros tempos, lembrava-se de ser o Papa e, portanto, em pé de igualdade com aqueles soberanos. Lembro-me quando estava prestes a receber a Rainha Elizabeth da Inglaterra. "Pensar", dizia,

360

"que o humilde filho de lavradores, de um vilarejo bergamasco, é chamado a acolher a rainha da Inglaterra, aquela que também foi imperatriz da Índia...!". A audiência devia ser oficial, como para todos os chefes de Estado, mas nada de mais. No entanto, ele quis "algo mais caloroso". "Depois", disse-me, "levamo-los ao meu escritório". Assim, depois do discurso oficial e dos cumprimentos de praxe, descemos ao escritório, ele com Elizabeth, eu com o Príncipe Philip. Falaram durante algum tempo, afavelmente, do mais e do menos, em francês. Mostrou a Elizabeth as fotos de seus caros, perguntou pelos parentes dela, trocaram impressões e notícias. Em seguida, Papa João XXIII fez repentinamente a pergunta que sempre amava fazer às mães: "Majestade, disse-lhe, "sei os nomes de seus filhinhos, mas me daria muito prazer se os quisesse repetir para mim. O nome dos filhos nos lábios da mamãe, mesmo que sejam lábios régios, adquire sempre uma doçura especial". Elizabeth respondeu, comovida: "Anne, Charles e Andrew". E Papa João XXIII: "Ana, como minha humilde mamãe, cujo nome significa 'graça'; São Carlos Borromeu, o santo de minha vida; André, que amou o Senhor em odor de suavidade".

– Existe uma famosa foto na qual Papa João XXIII ri ao lado de Eisenhower, presidente dos Estados Unidos. Os jornais escreveram que o Papa ria das asneiras que havia dito tentando falar inglês. Não é verdade. O riso era provocado por recordações alegres do passado, quando se haviam encontrado em Paris, logo depois da guerra. "O senhor era general e tornou-se presidente", dissera Papa João XXIII. "Eu era núncio e me tornei Papa. Encontramo-nos aqui, esta manhã, depois de termos, ambos, percorrido longo caminho. Agora o senhor está prestes a viajar à Turquia: pois bem, nomeio-o meu embaixador, levará minha saudação àquele povo e àquele país, onde fui por dez anos delegado apostólico. Ademais, sei que tem um filho que se chama John, João como eu. Somos realmente próximos, em todos os sentidos". Com John Kennedy jamais se encontrou. No entanto, vieram a uma audiência [a esposa Jacqueline e] outros dois irmãos, Robert e Edward. John estimava Papa João XXIII, venerava-o, como é sabido, e, em outubro de 1962, fora também a mensagem do Papa que o ajudou a superar a crise de Cuba, evitando a guerra. Kennedy havia declarado: "A situação é já incontrolável. Dentro de seis horas poderia apertar o botão e haveria um bilhão de mortos". Em seu apelo, Papa João XXIII dissera: "Suplicamos aos chefes de Estado que não fiquem insensíveis a este grito da humanidade. Que eles façam tudo o que estiver em seu poder para salvar a paz. Desse modo, evitarão ao mundo os horrores de uma guerra da qual ninguém pode prever quais seriam as assustadoras consequências". Quando Papa João XXIII morreu, Kennedy disse: "O mundo agora está mais pobre".

Não é verdade, porém, que o Papa João XXIII tivesse destinado pessoalmente a ele uma das pouquíssimas cópias da Encíclica *Pacem in terris*, com assinatura autógrafa. Kennedy recebeu-a quando Papa João XXIII já estava morto e fui eu a pensar que lhe proporcionaria alegria aquele documento assinado pelo Papa. As demais cópias foram enviadas, uma a U Thant, outra ao Patriarca Atenágoras. Escreveu-se e falou-se muito também das relações de Papa João XXIII com Charles De Gaulle. Na realidade, porém, De Gaulle sempre foi de pouquíssimas palavras com todos, também com Roncalli. Papa João XXIII dizia: "De Gaulle tem os pensamentos aqui (e apontava a cabeça). Contudo, é preciso tempo antes que se transformem em palavra. Sai uma palavra, e somente depois de cinco minutos sai outra".

Dom Capovilla estava ao lado de João XXIII também nas grandes cerimônias públicas, quando o Papa encontrava as multidões, suscitando explosões de afeto e de entusiasmo.

Contrariamente a quanto se poderia pensar, Papa João XXIII não ficava à vontade diante das massas que o aclamavam.

– A multidão intimidava o Papa João XXIII – contou Dom Capovilla. – A explosão do entusiasmo popular sempre o confundiu. Existem fotos significativas que o retratam em uma atitude de defesa instintiva. Essa relutância dependia de duas coisas: de sua humildade, disposta a admirar-se sempre do fato de que as pessoas se entusiasmassem tanto por ele; e de seu pudor natural, que jamais pôde suportar os excessos. E certas formas de aplauso, determinados gritos, tantas palmas, não os considerava senão como excessos. Ouvi-o muitas vezes dizer: "Mas por que berram deste modo?".

Acima de tudo, aborrecia-o o fato de que, durante as audiências, muitas freiras se mostrassem as mais barulhentas: "Mas o que têm elas para gritar deste modo?". Não lhe agradavam os beija-mãos, as tentativas de tocá-lo enquanto passava, sentado na sede gestatória ou a pé, ou de carro. Não via com bons olhos nem mesmo as genuflexões; aguentava apenas aquelas previstas em relação a cerimonial, mas lhe causavam muito embaraço. Jamais conseguiu convencer-se de que fosse algo justo que, na Igreja, depois que todos estavam presentes, também ele, ajoelhados diante de Cristo presente no Sacramento, alguém pudesse, por sua vez, genuflectir diante dele: "A adoração", dizia, "é devida somente ao Senhor: como é possível supor sinais dela voltados para outra pessoa?".

Durante os encontros nas praças e nas ruas, compreendia que não se podia ditar lei ao entusiasmo do povo pobre, e terminava por ficar mais à vontade. Dava-se conta de que eram as primeiras vezes, depois de mais de um século, que as pessoas podiam, novamente, ver de perto o Papa e abraçá-lo. Contudo, também nessas ocasiões, nada o deixava mais aborrecido do que certo bairrismo ruidoso.

Era muito frequente o fato de que, à sua passagem, grupos de peregrinos bergamascos se pusessem a gritar: "Bérgamo! Bérgamo!".

Papa João XXIII ficava sempre incomodado com isso. Não humilhava a ninguém com sinais de aborrecimento, jamais o teria feito, por nada no mundo, mas dizia: "É algo um pouco demasiado bairrista".

Nessas ocasiões, era hipersensível. Recordava sempre de haver sentido aquele aborrecimento também quando jovem, quando não passava de um desconhecido seminarista. Tinha 20 anos, estava em Roma, estudando teologia, e um dia saiu para ver o Papa. Encontrava-se ao lado de um grupo de franceses que gritavam esgoelando-se: "*Vive le Pape-roi! Vive le Pape-roi! Vive le Pape-roi!* [Viva o Papa rei! Viva o Papa rei! Viva o Papa rei!]", e sentiu um mal-estar de que jamais se esqueceria.

Experimentara aquele mal-estar também em Veneza, no dia 15 de março de 1953, quando fizera o solene ingresso como patriarca. Mal apareceu na Basílica de São Marcos, a multidão explodiu em um grande aplauso. Ele ficou perdido. Mas quando chegou ao púlpito e ouviu um aplauso ainda mais fragoroso, não conseguiu conter-se. Disse:

– Caros filhinhos, devo mesmo pedir-lhes que não me aplaudam mais.

Havia cometido imediatamente a maior gafe que se pudesse cometer da parte de um bispo perante os venezianos. Mas ele não havia esquecido que Pio X mandara escrever nos ingressos de acesso às audiências: "Proibido aplaudir".

Bem outra coisa eram os encontros com os subúrbios romanos, com as paróquias da periferia. O delírio dos romanos sempre o tocou; sentia que se tratava de um impulso genuíno. Olhava aquele delírio com admiração e ternura, e não findava de admirar-se de que seu predecessor tivesse saído tão pouco pelas praças e pelas ruas: "Quem sabe por que meu predecessor não saía mais frequentemente? Estas pessoas são tão simpáticas, afetuosas, sinceras, felizes em ver o Papa", dizia.

Voltava-se, olhava os carros da polícia no cortejo, os cordões dos carabineiros e dos policiais nas praças e pelas ruas, e perguntava:

– Quem são estes aqui atrás de nós?

– São policiais, Santo Padre – dizia o secretário, e ele fazia gestos com a mão, dando a entender que a coisa não o entusiasmava.

– Um dia, devíamos visitar uma grande paróquia da periferia – contou-me Dom Capovilla. – Haviam circulado os primeiros rumores sobre a ingenuidade do "Papa bom". Desejava-se dar a entender que Papa João XXIII, com sua bondade a todo custo, não deixava de colocar em apuros diversas pessoas. Não faltou tampouco quem insinuasse que teria sido bom se o secretário o tivesse advertido com jeito, a fim de que, também naquele dia, não se deixasse levar, como de outras vezes, a envergonhar alguns somente para responder ao entusiasmo de outros. Em uma palavra, eu deveria fazê-lo compreender que determinadas afirmações de amor universal, certos impulsos de paternidade indiscriminada poderiam criar confusão também do ponto de vista político. E houve também quem continuasse a temer que se pudesse instrumentalizar a bondade do Papa para fins eleiçoeiros de modo algum inocentes. Tentei acenar-lhe o problema com extrema cautela e generalidade. Lembro-me de que ficou triste de repente. Seu rosto, se não sua voz, me dizia: "Olha só, agora este aqui vem me sugerir o que devo fazer, como se eu não tivesse já preparado o discursinho a ser feito. É este que quero fazer, e não outro, e não compreendo como possa ser aconselhado a retocar algo, a atenuar ou a mudar". Percebi que não engolia aquilo, mas não me disse nada. Fomos visitar a

Paróquia de Santa Maria Gorete, na zona de Santa Emerenciana. Percorremos um quilômetro de alameda cheio de gente em festa, que se debruçava dos bondes, dos ônibus parados, das sacadas, dos terraços, das portas. Papa João XXIII andava visivelmente comovido. "Veja só toda esta gente", disse-me. "Sabe que não consigo mesmo compreender por que se movem e se comovem tanto? O que sou? Somente uma bênção; meu afeto, um cumprimento". Mas estava feliz. Era o milagre do contato com as pessoas ao ar livre. Ele respirava com elas, respiravam juntos, compreendiam-se, mesmo sem dizer-se nada de extraordinário. Chegamos à Igreja de Santa Maria Gorete, entupida de gente. Mal ele tomou a palavra, eu desejei desaparecer. Começou assim: "Hoje, uma vozinha me disse uma palavra que eu deveria levar em conta, para ser menos expansivo. Mas eu os conheço, sei quem são vocês, estimo-os. Por que venho em meio a vocês? Venho em meio a vocês por um único motivo: tenho em uma mão as tábuas da lei, uma lei que não fui eu a promulgar, e na outra, o Evangelho de Nosso Senhor, que eu humildemente represento. Trago-lhes somente este Evangelho. Se não nos espelharmos aqui e aqui, nossa vida não serve para nada". Fez apenas um discurso desse tipo, simples, elementar, pastoral. Parecia querer dizer: "Não pretendam que, a cada vez que lhes falo, faça uma proclamação dogmática". Em seguida, houve a costumeira procissão, as saudações, as coisas usuais naquelas visitas. Voltando, de carro, disse-me: "Então, como foi o discursinho?". "Parece-me beníssimo", respondi, "e jamais pedi que o senhor, Santo Padre, dissesse algo a mais". "Veja", retomou, "creio que nesta noite importa sobretudo uma coisa. Observe estas casas iluminadas, todas estas pessoas que voltam para casa em festa: bem, o importante é que, depois de tudo isto, fique a impressão de que o Papa é realmente um pai, e não rejeita ninguém, e espera não ser rejeitado por ninguém". Foi um retorno triunfal e simples, ao mesmo tempo. Seus olhos iluminavam-se diante de

366

grupos de pessoas que se demoravam para aplaudi-lo ainda. Era como se buscasse falar de forma pessoal com cada uma daquelas criaturas, como se quisesse entrar em cada uma daquelas casas e viver com elas uma hora de paz. "Sei o que há por trás daquelas janelas e daquelas portas, em todas aquelas casas: há a dor, a luta, a esperança, a alegria, existe a vida paga dia a dia com sacrifício e boa vontade". Eram aqueles os momentos em que já não tinha medo, em que não o impediam nem mesmo as vozes altíssimas de quem aclamava como podia e sabia.

João XXIII tinha uma atitude particular também em relação às crianças. Atitude que provinha da educação recebida, de determinadas convicções pessoais e de um modo de pensar.

– Papa João XXIII sempre venerou as crianças – contou-me Dom Capovilla. – Mas poucos sabem que ele jamais lhes fez uma carícia. Não teve carícias, não as fazia aos outros. Ele próprio me disse várias vezes que jamais beijou uma criança, nunca acariciou alguma. No máximo, colocava sua mão sobre a cabeça das crianças, por um instante, e as marcava na fronte com o sinal da cruz. Lembro-me de que, certa noite, quando ainda cardeal, de férias em Sotto il Monte, retornando para casa, foi-lhe ao encontro sua irmã Maria, de 70 anos, com uma criança nos braços, e procurou aproximá-la do rosto dele. Ele, porém, breve e seco: "Quem seria este? Ah, bom, demos-lhe uma bela bênção. Até mais, até mais!". Depois, enquanto subia a escada de seu quarto: "Minha irmã Maria deve ter enlouquecido", disse. "Onde é que jamais se viram estas coisas na casa dos Roncalli? Em nossa casa, funcionavam apenas estas perninhas, para dar no pé e ir embora!". Durante todo o tempo em que estive perto dele, jamais o vi dar um beijo em alguém. Também sua famosa "carícia às crianças", do discurso do dia 11 de outubro de 1962, passada com justiça para a História, não foi feita pessoalmente, mas enviada através de seus pais. Não disse "faço uma carícia", mas "façam um carinho em seus filhos". Repito, no entanto, que todo esse recato nascia do respeito, não da ausência de sensibilidade. Ao contrário, a infância era uma das coisas que mais o comoviam. Vi, com meus próprios olhos, escolher, entre os cartões-postais que recebia, aqueles com figuras de crianças, que depois conservava diligentemente. Mais do que mitificar a própria infância e a dos outros, Papa João XXIII tomava-a como medida espiritual, como referência evangélica. Recordo que, durante uma audiência, no dia 21 de novembro, festa da Apresentação de Nossa Senhora, lembrava aos fiéis sua primeira visita a um santuário de Nossa Senhora. Tinha apenas quatro anos, e a mãe o levara ao santuário das Caneve, ou seja, das adegas, onde se venera um painel de altar do século XVI, com uma bela imagem de Maria. Era a festa de ação de graças no fim da colheita, e Angelino dela participava pela primeira vez. Papa João XXIII disse aos fiéis: "Como vocês sabem, venho de Veneza, onde hoje, no célebre santuário de Nossa Senhora da Saúde, faz-se grande festa. Mas não posso deixar de lembrar um humilde santuário que me tocou desde criança, o de Nossa Senhora das Caneve, em meu povoado natal. Visto que o santuário estava cheio de gente e não se podia entrar, e eu nada podia ver, mamãe me colocou sobre os ombros, aproximou-me de uma janelinha e me disse: 'Angelino, olhe como Nossa Senhora é bonita!'. Eu tinha apenas 4 anos, mas me lembro muito bem".

– Papa João XXIII nunca brincou como criança. Ele próprio confessava: "Não sei jogar nenhum jogo. E como poderia? Quando criança, logo que pude fazer alguma coisa, tive de levar água aos trabalhadores nos campos e aos animais no estábulo; não houve tempo para brinquedos de nenhum tipo. No seminário, talvez, tentei jogar um pouco, mas, também ali, falar de jogo é um modo de dizer. Tratava-se de alguma corrida, talvez em disputa com outros seminaristas. Nada mais". Jamais ouvi-o dizer, diante de uma criança que tenha feito bem o seu dever, aquilo que todos somos levados a dizer:

"Muito bem! Como você é esperto!" – contou Capovilla. – Sempre fugiu do complexo dos premiados. Lembro-me que, certa vez, teve de presidir uma cerimônia de premiação no Colégio Cavanis. Com os premiados, desembaraçou-se bem depressa, sem mais delongas. Entregou os prêmios, mas fez o discurso para os que não foram premiados. Ao mesmo tempo, esquivava-se das confidências sobre a vocação religiosa e sacerdotal. Sentia-se quase irritado quando se lhe apresentavam jovens, e alguém dizia: "Este quer tornar-se padre, esse tem vocação, aquele conseguirá certamente". Lembrava como sua mãe era comedida nesses assuntos. Dizia: "Minha mãe jamais teria dito a alguém uma única palavra de complacência pelo fato de que eu queria tornar-me padre". E dela, como disse, tive apenas um beijo quando parti para o seminário. Quando, já bispo, despediu-se da velha Marianna Roncalli, quase certo de que já não tornaria a vê-la porque partia para a Bulgária como visitador apostólico; não houve entre eles nem um abraço ou um beijo.

No anedotário miúdo atinente a João XXIII, há muitos episódios e incontáveis gracejos espirituosos a respeito das mulheres. Parece que Angelo Roncalli, principalmente durante sua permanência na França, na qualidade de núncio apostólico, fosse famoso por suas expressões coloridas em relação ao sexo feminino. No entanto, Dom Capovilla nega-o categoricamente.

– Que eu saiba – disse-me –, nada corresponde à verdade. Mesmo à custa de parecer misógino, ele jamais quis saber senão o mínimo sobre a mulher. Isso, porém, não porque não fosse sensível ou não compreendesse a dignidade da mulher. Ao contrário: era somente por um grandíssimo respeito e por uma exigência de pudor pessoal. No *Diário da alma* escreve: "À mesa de Dom Radini jamais se falou de mulheres; era como se não existisse o outro sexo". A exemplo do grande bispo de quem fora secretário durante tantos anos, impusera-se a mesma linha de conduta. No entanto, isto não empobreceu sua sensibilidade. Ao contrário, certamente enriqueceu-a. Basta ler as cartas aos familiares para compreender quanta ternura tinha no coração, quão afetuoso respeito tinha pelas mulheres. Em relação a sua mãe, seu afeto, mesmo se em formas tanto austeras, era sem limites; o mesmo para com suas irmãs, pela cunhada, das quais sempre pediu notícias nas cartas.

– Você viu alguma vez Papa João XXIII chorar? – perguntei a Dom Capovilla.

– Papa João XXIII jamais posou de herói ou de mártir – respondeu-me –, não estava em seu caráter, muito menos em sua educação para o sacrifício, que teve tanto em casa, quando criança, quanto no seminário, quando jovem. Se devia falar de seus sofrimentos físicos, não o fazia jamais sem uma pitada de ironia, sobretudo nos momentos críticos. Um dia, vendo-o mais pálido do que de costume, perguntei: "Como se sente hoje, Santo Padre?". E ele: "Como São Lourenço na grelha". Sei, porém, que ele também derramou suas lágrimas. Todavia, de sua dor, sempre teve grande pudor. Entre nós havia um pacto: eu devia comunicar-lhe rapidamente as notícias dolorosas e retirar-me. Naqueles momentos, ia imediatamente à capela e chorava: mas somente diante de Deus.

– E como era a alegria, a alegria do Papa?

– Jamais vi nem ouvi uma verdadeira risada do Papa João XXIII. Sorria com muita frequência, com grande espontaneidade e ternura. Mas praticamente não ria. Certamente ele também se divertia. Por exemplo, gostava de acompanhar, pela televisão, as comédias interpretadas pelo grande comediante genovês Gilberto Gavi, e pelo incomparável artista da comédia veneziana Cesco Baseggio. Que me lembre, foram apenas esses atores que entretiveram Papa João XXIII diante da telinha. Mas às vezes me lembro de ter conseguido, também eu, fazê-lo divertir-se. Lia para ele alguns velhos livros em dialeto veneziano que conseguiam sempre fazê-lo sorrir. Conservo diligentemente aqueles livros desconhecidos.

– E com o senhor, seu secretário, como se portava Papa João XXIII?

– Em relação a mim, Papa João XXIII teve grandíssimo respeito. Se, por acaso, por motivo de força maior, devia anular o pouco de trabalho que havia feito para ele, seus escrúpulos não acabavam mais. Em determinadas noites, dizia-lhe: "Santo Padre, se o senhor não estiver demasiado cansado, poderia ditar-me algo do que pretende dizer amanhã ao público? Assim, organizo o esboço e o senhor terá menos trabalho para deixá-lo no ponto!". Ele sempre aceitava, com grande gratidão. Transcrevia, como podia, o que me ditava; depois procurava colocar a matéria em ordem e, finalmente, algumas horas depois, ia entregar-lhe os resultados. Tínhamos um acordo: se, pelo buraco da fechadura, visse a luz acesa, podia bater; se, ao contrário, a luz estivesse apagada, teria de esperar até a manhã seguinte. Quase sempre, porém, estava ali, pronto para atender-me. Pegava as folhas, dava uma olhada e exclamava: "Olha só, e assim o senhor fez tudo isso para mim. Pobrezinho, quanto esforço lhe deve ter custado tudo isso. Vou ver, procurarei não mexer em nada, porque certamente está bom". De fato, em vez de retocar, sem motivo, o que fora escrito por outra pessoa, Papa João XXIII teria renunciado a dizer coisas que lhe eram prementes. No entanto, queria sempre dizer as coisas que se propusera dizer. Não era fácil, a ninguém, fazê-lo mudar de ideia. Destarte, quando me demonstrava seu escrúpulo por aquilo que havia eliminado, apressava-me a insistir: "Mas o que está dizendo, Santo Padre! O senhor sabe bem que, quanto mais corta do que foi meu, mais bonito fica!". E ele: "Mas não lhe desagrada, de forma alguma, depois de todo o esforço que fez?". E eu: "Faço-o com prazer, Santo Padre, pode crer!". E ele: "Ah, realmente lhe dá prazer? Então fico contente". Pouco antes de entrar em agonia, disse-me: "Trabalhamos juntos e servimos à Igreja sem deter-nos a apanhar e lançar de volta os pedregulhos que às vezes obstruíam o caminho. Você suportou os meus defeitos, e eu, os seus. Seremos sempre amigos". E depois de alguns instantes, acrescentou: "Meu caro Padre Loris, sinto muito pelo fato de que, para estar junto de mim, você tenha sido obrigado a negligenciar sua velha mamãe. Agora você poderá correr até ela quando quiser".

"Minhas malas estão prontas"

Durante toda a sua longa existência, Papa João XXIII gozou de boa saúde. A forte fibra de agricultor lhe permitiu enfrentar sempre com bravura desconfortos, fadigas, sacrifícios, demonstrando uma resistência excepcional. Suas jornadas, que começavam às quatro da manhã e terminavam por volta de meia-noite, teriam desmontado alguém com 20 anos de idade. Papa João XXIII, ao contrário, mantinha esse ritmo também aos 80. Mas também para ele, chegou o momento da rendição, e foi um momento duro.

A morte causada por câncer é terrível. Era-o muito mais nos anos de 1960, porque então a medicina não estava em condições de oferecer analgésicos adequados, como, ao contrário, pôde fazer depois. Papa João XXIII, portanto, deve ter sofrido tremendamente. Contudo, daqueles sofrimentos, somente poucas pessoas foram testemunhas.

Entre estas, os dois fiéis camareiros privados, os irmãos Guido e Paolo Gusso, que, por uma série de circunstâncias, nos últimos meses de vida do Papa, ficaram junto dele também durante a noite, quando as dores eram realmente insuportáveis.

E os irmãos Gusso me contaram detalhadamente aquele calvário. Fizeram-no com simplicidade, narrando apenas os fatos e as frases do Papa, sem comentários, mas "fotografando", desse modo, a situação com uma dramaticidade desconcertante.

O Papa bom

– Percebemos que o Papa estava doente em setembro de 1962 – contou-me Guido Gusso. – Começou a acusar distúrbios de estômago. Uma dor que, às vezes, fazia-se insistente a ponto de cortar-lhe o fôlego, oprimia-o sempre mais, e, no último domingo de setembro, decidiu submeter-se a uma cuidadosa visita médica.

Com a desculpa de ir abençoar as novas instalações da guarda médica do Vaticano, João XXIII submeteu-se a radiografias e a vários exames. Descobriu-se, assim, seu terrível mal: um tumor maligno no estômago.

Os médicos disseram a seu secretário que o Santo Padre estava condenado, sem esperança. Capovilla, atingido por aquela tremenda notícia, confidenciou com outras pessoas que formavam a família do Papa. Para todos, aquele domingo foi um dia tristíssimo.

Nada foi dito ao Papa, mas ele se apercebeu de que alguma coisa de terrível havia acontecido, porque via todos silenciosos e angustiados. Ao meio-dia, comeu um pouquinho, mas estava inquieto; percebia que Monsenhor Capovilla ia constantemente ao telefone, que falava com alguém, que não dizia nada. Chamou o fiel camareiro e, dando uma piscadela, lhe disse:

– Guido, nosso secretário não está bem, não é?

– Não, não, Santidade, está bem, está bem.

– Não – insistiu o Papa –, aqui há alguma coisa que eu não sei; aquele ali tem algo.

Quando Dom Capovilla chegou, perguntou-lhe:

– O senhor não está se sentindo bem?

– Sim, estou bem, obrigado, Santo Padre – respondeu Capovilla. – Estou apenas um pouco cansado, tenho um pouco de dor de cabeça, nada grave.

374

– Pudera! Com tantos cuidados assumidos pelos outros, enquanto para o senhor mesmo... – disse o Papa, e depois acrescentou: – Está preocupado com alguma coisa? O senhor não está com o mesmo estado de ânimo de outros dias.

– Talvez esteja um pouco preocupado, Santo Padre, pela sua saúde – disse Capovilla.

– Preocupado, o senhor? Quem deveria estar preocupado sou eu, já que se trata de mim.

Não continuou a insistir. Tirou seu cochilo de quinze minutos na poltrona de sempre.

À noite, retirou-se à Torre de São João, onde, havia pouco tempo, fora instalar-se para repousar melhor. Guido Gusso pensou em levar para cima seu filho, Giovanni, que então estava com 2 anos e meio, a quem o Papa se afeiçoara.

Depois do jantar, por volta das 20h30, o Papa pegou o menino nos braços. Colocou-o sobre os joelhos e durante toda a noite continuou a rir e a brincar, conseguindo erguer o moral de quem estava a seu redor.

Uma semana depois, precisamente no dia 2 de outubro, houve a famosa viagem a Loreto e a Assis. Foi uma viagem muito cansativa, principalmente para o Papa, que se encontrava naquele estado de saúde.

Durante toda a viagem, as pessoas ficavam comprimidas pelas vias por onde passava o trem, e o Papa ficava sempre em pé, na janela, com as mãos erguidas para saudar. Nos momentos de pausa, quando se atravessavam os campos e não havia gente, o Papa aproveitava para falar com as pessoas do séquito, com o presidente do Conselho, honorável Fanfani, ao maquinista do trem, ao pessoal do serviço. Em Loreto e em Assis, quis ver, visitar, falar com todos.

– Durante o retorno, estava exausto – contou-me Guido Gusso. – Estávamos a seu redor, atentos a buscar aliviá-lo um pouco. Observou que também nós estávamos muito cansados. Viu que tínhamos os pés inchados por termos estado sempre de pé, e disse: "Tirem, então, os sapatos, rapazes, mesmo se estão na presença do Papa. Vocês também trabalharam muito hoje". De volta ao Vaticano, eu e meu irmão Paolo, acompanhamo-lo até seu apartamento e, por volta da meia-noite, fomos saudá-lo e pedir-lhe a bênção, antes de voltarmos para casa. O Papa ainda estava sentado à escrivaninha. Abençoou-nos e, em seguida, nos disse: "Caros filhinhos, entre nós, gente pobre, gente do povo, existe o costume de levar para casa uma lembrança de quando se vai visitar um santuário. Agora vocês voltam para casa, o que estão levando para suas esposas?". Eu e meu irmão ficamos surpresos com aquelas palavras. Respondi: "Santo Padre, a jornada foi cansativa, não tivemos sequer tempo para comer; como poderíamos pensar em comprar um presente para nossas mulheres? Contaremos a elas tudo o que vimos: isso também é um belo presente". "Sim, é verdade", respondeu o Papa, "mas não é um presente concreto. Bem. Então eu pensei nas mulheres de vocês". Pegou uma caixa que lhe fora presenteada pelo Colegiado da Cátedra de Loreto. Dentro havia cinco rosários maravilhosos, com pérolas japonesas. Pegou dois deles: "Este é para sua Ausilia", disse a meu irmão Paolo. "E este é para sua Antonia", disse-me.

Apesar de estar tão doente, João XXIII continuou a manter o ritmo habitual de atividade até os últimos meses de vida, quando os sofrimentos se tornaram atrozes. A doença agravou-se em pouco tempo. Os remédios não faziam nenhum efeito. As dores eram contínuas. O Papa já não conseguia mais comer, nem dormir. Seu aspecto piorara dia após dia, mas ele jamais se lamentava.

– Demo-nos conta de que sofria muitíssimo – contou-me Guido Gusso –, notando em seu rosto uma expressão contínua de tensão. Seu sorriso, sempre pronto e espontâneo, tornara-se penoso. Parecia que o Papa se impunha a vontade de sorrir. Naquele período, rezava continuamente.

O contato com as pessoas proporcionava-lhe grande alívio. Durante as horas das audiências, de manhã, conseguia esquecer-se das dores, chegava a distrair-se. As audiências eram um espetáculo inesquecível.

A partir do momento em que a doença o acometeu, cada encontro com as pessoas tornava-se mais intenso de emoções. Parecia que devia despedir-se de cada um que vinha encontrá-lo. Parecia não querer separar-se das pessoas. Tinha expressões comoventes para todos.

Quando as audiências terminavam e voltava para o elevador a fim de chegar a seu apartamento, uma nuvem escura descia sobre seu rosto. De repente, recaíam sobre ele todo o sofrimento e o cansaço do dia. Certa feita, enquanto entrava no elevador, disse a seu camareiro que lhe estava ao lado:

– Pronto, Guido, agora começa meu tormento. Até amanhã, será uma pena atroz.

Talvez o Papa não soubesse com certeza de que natureza fosse o mal que o havia atingido, mas o suspeitava. Com efeito, certa vez segredou a seu camareiro:

– Duas de minhas irmãs morreram de doença feia, e também meu irmão. Acho que agora é minha vez.

Os sofrimentos tornavam-se cada vez mais intensos. O tumor no estômago mordia. O Papa precisava tomar alguma coisa durante as horas noturnas: um remédio, um copo d'água, um comprimido. Mas tinha, sobretudo, necessidade de distrair-se, de falar para tentar não sentir a dor.

Os dois fiéis camareiros, Guido e Paolo Gusso, começaram a revezar-se para assisti-lo também à noite.

– Dormíamos em um quarto ao lado do do Papa – contou--me Guido Gusso. – As noites passadas ao lado de seu leito são uma recordação inesquecível. Durante o dia, desempenhávamos nosso trabalho habitual, que era exigente. Quando chegava a noite, caíamos de sono. O Papa percebia-o e continuava a perguntar-nos: "Está com sono, não é? Leia ainda uma página para mim e, depois, poderá ir dormir".

No entanto, continuava, até não mais poder, esperando ador-mecer. O sono, porém, não vinha jamais. Devem ter sido pavorosas as noites insones do Papa, se ele, sempre tão reservado e temeroso de incomodar, buscava ter perto de si os dois camareiros, mesmo quando via que já não resistiam ao sono.

Quando percebia que não estavam cansados, ficava todo feliz. "Sentem-se aqui, façamos um pouco companhia uns aos outros", dizia.

Ele no leito e os dois camareiros sentados em uma pol-trona, ao lado. Começava a narrar, falando quase sempre de sua infância. Lembrava-se da mãe, do pai, dos irmãos, dos pequenos aborrecimentos familiares. Falava principalmente do tio Zaverio. Descrevia-o como uma figura extraordinária de velho sábio. Dizia que tivera muita influência em sua primeira educação.

Contou que sua primeira lembrança estava ligada justamente ao velho tio, e remontava a quando tinha 3 anos. Lembrava-se de que o tio Zaverio carregava-o escanchado sobre os ombros e o levava a uma festa em um povoado vizinho.

Certa noite, contou que havia recebido a carta de um jovem prelado que se encontrava havia dois anos na América do Sul. O prelado escrevia-lhe porque já não queria ficar por lá. A vida era incômoda, havia dificuldades, muitos sacrifícios para suportar. O prelado dizia que tinha ainda a mãe e que sofria vivendo longe dela. Queria voltar para casa.

"Este jovem desanima depressa", dizia Papa João XXIII. "Ele tem um carrinho, uma bela casa e muita comodidade. Quando estava em Sófia, na Bulgária, vivia em um apartamento pobremente mobiliado, sem aquecimento. Não tinha carro, aliás, muitas vezes não tinha nem mesmo dinheiro para comer. Quantas vezes eu e meu velho secretário, que morreu faz muitos anos, ficávamos embrulhados para defender-nos do frio, por horas e horas por trás dos vidros da janela, espiando se chegava o carteiro que nos trazia o cheque da Santa Sé. Se o carteiro chegasse, podíamos ir comprar o que comer. No entanto, quantas vezes esperamos em vão!"

Ao lado de seu leito, Papa João XXIII tinha uma sineta para as chamadas urgentes, em caso de necessidade. Ele a tocou apenas umas duas vezes, no início da doença. Aquele sininho acordava as freiras, o médico e o camareiro que estava de guarda. Vendo chegar tanta gente ao seu quarto, Papa João XXIII ficava desgostoso. Ficou com escrúpulo de tanto incômodo, e não o tocou mais.

O quarto onde os camareiros Gusso dormiam revezando-se tinha uma porta que dava acesso ao banheiro do Papa. Assim, o Santo Padre, quando tinha necessidade de algo, em vez de tocar a sineta, preferia levantar-se, ir até a porta do quarto e bater.

Paolo contou que, durante uma das primeiras noites que passou naquele quarto, por volta das duas horas da manhã, escutou bater. Meio sonolento, não se perguntou quem poderia ser àquela hora, mas apenas disse:

– Entre!

Por trás da porta, ouviu a voz do Papa que perguntava:

– Posso entrar? Posso entrar?

– Virgem Santa, é o Papa! – exclamou Paolo.

Tratou de pular da cama, acender a luz e correr para abrir a porta. Mas não tivera tempo de recompor-se do estupor, pois o Papa já estava no quarto.

– Fique parado, fique parado, acalme-se, filhinho! – disse o pontífice.

– Oh, peço perdão, Santo Padre, se me vê de pijama – desculpou-se Paolo Gusso.

– E como deveria estar, filhinho? – disse o Papa.

Em seguida, acrescentou:

– Visto que você está acordado, posso sentar-me aqui e ficar conversando um pouco com você? Façamos companhia um ao outro. Olhe que existe aqui uma cadeira que veio bem a calhar: se não lhe desagrada, me sento aqui, perto de você.

– Mas Santo Padre – disse Paolo –, vamos para seu quarto, assim o senhor pode ficar à vontade em sua cama e eu me sento na poltrona.

– Não, não, filhinho, você já está deitado e deve repousar, porque é jovem. Eu estou contente se você me permite ficar um pouco aqui, até que me passem estas dores.

O Papa sentou-se na pequena e desconfortável cadeira e ficou a conversar, enquanto Paolo Gusso ficava sob os cobertores.

Outra noite, Paolo estava terminando seu serviço. O turno da noite caberia a Guido. O Papa já estava deitado. Paolo lhe havia dado o chá e ajeitado os cobertores.

– Está precisando de algo mais, Santo Padre? – perguntou Paolo, antes de afastar-se.

– Não, Paolino, agora estou mesmo bem acomodado, estou bem, como um Papa – respondeu, brincando, o pontífice. Em seguida, disse: – Paolino, me passa o rosário?

Paolo deu-lhe o rosário e se ajoelhou para pedir a bênção e desejar-lhe boa noite. O Papa não sabia como agradecer-lhe pelos pequenos serviços domésticos recebidos. Olhava ao redor, buscando um objeto para dar-lhe de presente. Não tinha nada ao alcance da mão. Então disse:

– Escute, Paolino, os pais de sua esposa ainda vivem?

– Sim, Santo Padre, ambos, pai e mãe – respondeu Paolo.

– E os irmãos?

– Tem dois irmãos e uma irmã.

– Muito bem. Agora recito a última parte do rosário. As primeiras dez Ave-Marias dedico aos pais de sua esposa. Quando você for para casa, diga à sua pequenina, diga-lhe que o Papa, esta noite, rezou pelos pais dela.

Doutra feita, o Papa não conseguia conciliar o sono, devido às dores. Naquela noite, também era o turno de Paolo. Conversaram longamente, mas a dor não passava. Por volta de meia-noite, o Santo

Padre pediu que lhe fosse lida uma página do *Evangelho meditado*, um livro escrito por Dom De Luca, que era grande amigo do Papa.

Visto que as dores ainda não aliviavam, disse a Paolo:

– Se você não se incomoda, Paolino, esta noite você deveria ficar aqui, perto de mim. Façamos companhia um ao outro. Pode deitar-se naquela poltrona. Será desconfortável, mas preciso tanto ter alguém ao meu lado...!

– Não se preocupe, Santo Padre, estarei muito bem – respondeu Paolo.

Aproximou a poltrona do leito e deitou-se. O Papa continuou a falar. Discorria, como sempre, sobre sua infância. De vez em quando, perguntava:

– Está dormindo, Paolino? Não está demasiado desconfortável nessa poltrona, não é verdade?

– Não, Santo Padre, estou muito bem e não durmo – respondia Paolo.

– Muito bem, muito bem! – dizia o Papa.

Finalmente, vencido pelo cansaço, Paolo adormeceu. Por volta das quatro da manhã, ouviu um ruído estranho. Abriu os olhos. O Papa já não estava na cama. Estava no banheiro e fazia a barba com o barbeador elétrico. Saíra do quarto com grande delicadeza. Conseguira passar entre a poltrona e a parede sem acordar Paolo, ainda que o espaço fosse mínimo. Para não fazer barulho, nem mesmo havia fechado bem a porta do banheiro, e, por isso, Paolo foi despertado pelo rumor do barbeador elétrico.

Paolo levantou-se e foi dormir em seu quarto.

Ao meio-dia, enquanto estavam servindo à mesa, o Papa, tão logo viu Paolo, disse:

– Ah, Paolino, estou tão envergonhado, devo pedir-lhe desculpas.

– Por que, Santo Padre?

– Esta manhã, quando acordei, você dormia tão profundamente que dava gosto de ver. Fui ao banheiro na ponta dos pés para não acordá-lo, mas quando voltei, você já não estava. Tive todo o cuidado, mas acordei-o do mesmo jeito. Ah, senti muito!

Na noite entre quinta-feira, 30, e sexta-feira, 31 de maio de 1963, desencadeou-se a crise que se mostrou fatal para o Papa João XXIII.

– Eram por volta das onze da noite – contou-me Guido Gusso. – O Papa acabara de entrar no banheiro. Ouvimos um grito medonho de dor. Acorremos imediatamente. Conosco estava também o médico, o Doutor Mazzoni. O Papa tivera uma hemorragia interna que lhe provocava sofrimentos indizíveis. Papa João XXIII era um homem forte, capaz de suportar em silêncio grandes sofrimentos. Naquele momento, porém, não conseguia refrear os gemidos e os gritos de dor. O Papa tinha um grupo de santos dos quais era particularmente devoto desde a juventude. Quando recitava o rosário, costumava acrescentar, no final das "Ladainhas", o nome destes dez, doze santos. Tendo-se tornado patriarca de Veneza, acrescentara ao número dos santos amigos seus os nomes de alguns santos venezianos: São Marcos, São Jerônimo Emiliano, São Lourenço Justiniano. Naquela noite, continuava a invocar todos esses santos: invocava-os um por um, suplicava-lhes ajudá-lo a suportar as dores que lhe dilaceravam o estômago. O médico ministrou ao Papa alguns remédios e, ao amanhecer, os sofrimentos acalmaram-se um pouco, mas foi uma noite terrível.

A triste missão de avisar ao Papa que já era chegada sua última hora foi confiada a seu secretário, Monsenhor Loris Capovilla. – Havia muito tempo que existia entre nós este pacto – contou-me Dom Capovilla. – Eu havia assumido aquele compromisso, e cumpri meu dever. Fi-lo serenamente, ainda que com o coração angustiado. Foi na tarde do dia 31 de maio, sexta-feira, três dias antes do fim. Durante a noite, acontecera a hemorragia interna. Em seguida, o Papa fora visitado pelo Doutor Valdoni e pelo Doutor Mazzoni, que me haviam dito que já não havia esperanças. No fim da tarde, o Papa escutou a missa que eu próprio celebrara perto dele. Depois, rezou durante uma hora. Quando percebi que terminara, aproximei-me e ajoelhei-me à sua cabeceira. Não conseguia impedir que minha voz se entrecortasse pela emoção, mas logo me refiz. "Santo Padre", disse-lhe, "mantenho a palavra. Cumpro agora a mesma missão que o senhor cumpriu junto a Dom Radini Tedeschi nos dias extremos de sua vida. Chegou a hora: o Senhor o chama". Papa João XXIII não se perturbou. Olhou-me um instante. Em seguida, fechou os olhos, refletiu. Depois os abriu. "Será bom ouvir o diagnóstico dos médicos", disse. "Esse é o diagnóstico, Santo Padre", insisti. "É o fim. O tumor consumou seu trabalho". Olhou para mim outra vez, e não havia pesar em seus olhos. "Portanto", disse, "justamente como Dom Radini!". Depois de uma pausa, perguntou: "E... haverá também a operação?". "Não, não é preciso", disse. "A peritonite venceu a longa resistência que o senhor lhe opôs". Rompeu-se-me de novo a voz, não conseguia dizer mais nada. Foi ele a tranquilizar-me. Já havia aceitado a morte. Olhou para todos nós, e pediu nossa última ajuda: "Ajudem-me a morrer como convém a um bispo, a um Papa". Deu-se conta de que havia dinheiro sobre a mesa. Pediu-me para entregá-lo à Secretaria de Estado. "Desejo que o Senhor me encontre pobre e sem propriedade, como o sou, na realidade". Disse-lhe que, lá fora, a praça

384

estava cheia de gente a rezar. "É natural", respondeu-me, "eu os amo e eles me amam".

Os irmãos de João XXIII foram avisados em Sotto il Monte.

– Era sexta-feira de manhã – contou-me Zaverio Roncalli, trazendo à memória as últimas horas do irmão Papa – e eu trabalhava nos campos, quando um sobrinho subiu até minha vinha. Disse que o Papa estava nas últimas. A viagem foi terrível. Perdemos o avião e tivemos de esperar durante horas a fio em um canto da enorme sala do aeroporto, em meio às pessoas, ensurdecidos pelos alto-falantes. Quando chegamos a Roma, juntamente com o Cardeal Montini, arcebispo de Milão, já estava escuro. A Praça de São Pedro fora invadida por uma multidão em oração. Nos corredores do Vaticano, reinava um silêncio doloroso. Meu irmão perdera os sentidos. Respirava com dificuldade, ajudado por uma máscara de oxigênio que lhe cobria o rosto. Tive vontade de chorar e me escondi em um canto, em uma poltrona, para acompanhar, em voz baixa, o rosário que Dom Capovilla estava recitando. Em seguida, parei de rezar e pensei nas poucas palavras que havíamos trocado em todos aqueles anos que passamos separados, nós nos campos, ele pelo mundo. Pensei na última vez que o havia encontrado, pouco tempo antes. Estava muito pálido e dizia que sentia queimações no estômago. Três de nossos irmãos haviam morrido de câncer, depois de se terem queixado de dor no estômago. Enquanto explicava suas dores, eu havia baixado os olhos para ocultar minha emoção. "Pobre Angelo", pensara eu. Mas me enchera de coragem e procurara consolá-lo. "Que vida você leva", dizia-lhe. "Sempre gente ao redor, sempre compromissos. Nós damos duro, mas quando estamos cansados, sentamo-nos sob uma árvore para descansar um pouco. Você, ao contrário, jamais repousa sequer um minuto. Quanto às dores, não deve preocupar-se. Também eu,

―――――― O Papa bom ――――――

quando tenho coisas demais para fazer, volto para casa com um peso no peito e a espinha quebrada. Mas são coisas que passam". Ele havia meneado a cabeça e murmurava: "Esperemos que seja como você está dizendo...". Enquanto recordava dentro de mim o passado, o cansaço da viagem, o peso das emoções e o silêncio do quarto dobraram minha vontade e adormeci. Por volta das três horas da madrugada, alguém me tocou o braço. Era Giuseppe, meu irmão. "Está acordando. Tiraram-lhe a máscara", murmurou. O Papa havia aberto os olhos. Um monsenhor inclinou-se sobre seu travesseiro e lhe disse que tínhamos chegado de Bérgamo. "Onde estão vocês? Onde estão vocês?", indagou com voz debilíssima. Então eu, que sou o mais velho, adiantei-me e lhe peguei a mão. "É você, Zaverio?", continuou enquanto tentava sentar-se na cama com a ajuda do enfermeiro. "Não me olhem como se eu fosse um fantasma. O Senhor concedeu-me revê-los e quis que eu recuperasse os sentidos, a fim de que pudesse gozar esta longa agonia. Ontem eu estava morto, hoje estou vivo, mas, como disse ao confessor, as malas estão prontas. Posso partir com ânimo tranquilo a qualquer momento. Dentro em breve estarei no céu: esperam-me nossos pais. Será uma festa quando encontrar Battista e Marianna!". Vi que as lágrimas banhavam-lhe o rosto e já não consegui conter minha emoção. Refugiei-me em um canto para chorar.

O Papa intercalava momentos de lucidez com breves entorpecimentos. Não perdera o gosto pelos gracejos. Vendo o sobrinho sacerdote, Padre Battista, disse:

– Eis o literato da família. Naturalmente, não o primeiro, porque esse sou eu!

O Papa quis confessar-se. Veio Dom Cavagna e esteve com ele meia hora. Em seguida, o Papa João XXIII recebeu o viático. Ato contínuo, quis saudar todos os presentes, um a um. Chamou

"Minhas malas estão prontas"

primeiramente o secretário, depois os irmãos e, finalmente, seus fiéis camareiros, Guido e Paolo Gusso.

– O Papa – disse-me Guido Gusso – fez-me algumas recomendações, perguntou-me como estava meu filho e, a seguir, me disse: "Antes de deixar esta terra, quero dar-lhe um derradeiro presente. Existe algo que você quer ser? Existe algum cargo que você gostaria de assumir? Vamos, diga!". Estava muito emocionado com essa pergunta do Papa, pois era a última coisa que eu teria esperado naquele momento. "Não, Santo Padre, não desejo nada", respondi confuso. "O senhor já fez até mesmo demais por mim. Há dois anos me nomeou subdecano da Sala Pontifícia e, com esse título, garantiu-me um trabalho. Gostaria somente que, do céu, o senhor continuasse a proteger-me e à minha família". "Está bem, eu o farei", respondeu o Papa, "mas quero deixar-lhe algo que lhe sirva aqui, agora; quero dar-lhe uma promoção que seja útil para viver". Insisti em recusar. Não sabia o que dizer. O Santo Padre talvez tenha interpretado mal minha recusa: pensou que eu, vendo-o moribundo, considerasse que já não poderia fazer nada por mim. Fixou-me enrugando a fronte. "Olhe que ainda sou Papa, mesmo que esteja morrendo", disse. "O que digo ainda é válido, sabe?". "Eu sei, Santo Padre", respondi, "mas sinceramente estou contente com o posto que ocupo e não desejo outro. Apenas, como lhe disse, desejo que o senhor continue a proteger-me e à minha família quando estiver no céu". O Papa ficou contente. Sorriu. Ficou alguns instantes em silêncio, com os olhos fechados, depois me disse: "Quero dar-lhe um conselho, Guido, que deve lembrar sempre quando eu já não existir: jamais se apegue ao dinheiro. Você vem, como eu, de uma família modesta de trabalhadores dependentes. Seu pai exerce a profissão de padeiro, seu tio é pescador. Meu pai era agricultor. São títulos de autêntica e incontestável nobreza. Aconselho-o a jamais cobiçar o dinheiro: o apego ao dinheiro é a raiz de todos os males. A riqueza do cristão é a fé, com a tradição e a devoção".

Durante o sábado, 1º de junho, Papa João XXIII entrou em estado de coma e, durante sete horas, ficou inconsciente.

O fim parecia iminente. No apartamento do pontífice, haviam-se reunido cardeais, monsenhores, diplomatas. Todos esperavam ansiosos os desdobramentos da doença. No começo da tarde, o Santo Padre voltou a si, em meio à emoção de todos. Reconheceu as pessoas presentes. Quis abraçar, um por um, os irmãos e sobrinhos.

– Quis que o ajudassem a sentar-se na cama e pediu café – contou-me Guido Gusso. – Estávamos todos comovidos por essa extraordinária recuperação. Pensávamos em um milagre. Doutor Mazzoni disse-nos que se tratava de um momentâneo estado de lucidez que não poderia, no entanto, modificar o quadro clínico.

O Papa falava. Continuava a recitar frases do Evangelho. Dizia:

– Eu sou a Ressurreição e a Vida: quem crê em mim não morrerá para sempre.

Em seguida, acrescentava:

– Ainda há pouco, estava morto; agora, estou ressuscitado. Com a morte começa uma nova vida.

Nas últimas 24 horas, as forças haviam-no abandonado. Quando retomava a consciência, já não conseguia falar, mas seus lábios moviam-se continuamente: o Papa rezava em silêncio, conservando o olhar em direção de um grande crucifixo de mármore que mantinha em seu escritório.

– Algumas horas antes de morrer, abriu os olhos – contou-me Guido Gusso. – Estávamos todos comprimidos ao redor de seu leito. Olhava-nos ansioso, como a pedir-nos algo. Parecia inquieto, e não sabíamos por quê. Finalmente, Monsenhor Capovilla compreendeu. O sobrinho do Papa, Padre Battista Roncalli, estava perto do tio e lhe impedia a visão do crucifixo. Quando Padre Battista se afastou, o Papa repentinamente voltou a ficar tranquilo e sereno. Morreu na segunda-feira, dia 3 de junho, às 19h49, depois de setenta horas de agonia. Na Praça de São Pedro havia uma grande multidão que acompanhava a missa e rezava. No final da missa, o Papa deu um forte suspiro. Precipitamo-nos para junto dele. Monsenhor Capovilla estava perto da cabeça do Papa e lhe sugeria orações. Tomei-lhe o pulso esquerdo. O Papa deu cinco ou seis suspiros ofegantes, profundos, e morreu.

– Mal o Papa expirou – disse-me Dom Capovilla –, retirei-me à parte para rezar. Minha tarefa estava terminada. Não quis sequer assistir à vestição do defunto. Coube aos seus fiéis camareiros, Guido e Paolo Gusso, lavar-lhe o rosto, vesti-lo, colocar-lhe as insígnias pontificais. Era uma tarefa que eu sabia não me caber. Ninguém pode imaginar como Papa João XXIII era recatado com seu corpo, mesmo nas nuanças. Durante nosso trabalho em comum, lembro-me como certas noites em que precisava ir até ele em alguma hora incomum, quando batia à ponta, sua bela voz sonora logo respondia: "Um momento!". Apresentava-se sempre irrepreensível em seu roupão. Jamais permitiu a ninguém, nem mesmo a mim, ter acesso à sua ciosa privacidade. Por esse senso de respeito que ele mesmo me havia ensinado, não quis assistir ao relevo da máscara mortuária que Giacomo Manzù modelou sobre seu rosto ainda quente, poucos instantes depois de haver expirado. Não me preocupei tampouco em inteirar-me dos comentários da imprensa internacional sobre o fim de João XXIII. Por outro lado, que importância tinham, naquele momento, principalmente para mim? Conhecia profundamente o homem que morrera. Agora ele pertencia realmente a todos, e cada um o aceitava de acordo

389

com seu próprio espírito e com seu próprio coração. O caso é que jamais teria imaginado o que teria acontecido em pouco tempo: as peregrinações de todo o mundo para sua tumba em Roma e para sua casa natal em Sotto il Monte. Ele próprio não teria acreditado. No dia 22 de maio, depois de haver dito: "Poderia partir amanhã", nossa conversa recaíra sobre Sotto il Monte. Disse-me: "Depois de minha morte, você poderá ocupar meu quarto na residência Ca' Maitino". Eu sorri e respondi-lhe: "Santo Padre, não será possível; haverá multidões de visitantes todos os dias". E ele, sinceramente admirado: "Mas o que está dizendo! Depois de minha morte, quem é que vai a Sotto il Monte? Vão agora para contentar-me". Mas talvez tenha tido um pressentimento. Calou-se, depois ainda disse: "Mas, mas... Nunca se sabe. Basta: contento-me com que meus parentes vivam como bons cristãos e que, em nome de Papa João XXIII, se faça alguma boa obra por lá".

Papa João XXIII e o "caso Padre Pio"

Padre Pio e Papa João XXIII são duas grandes personalidades da Igreja Católica, duas altíssimas figuras carismáticas que, juntamente com Madre Teresa de Calcutá, foram as guias espirituais de milhões de fiéis no século XX, e continuam a sê-lo.

Como sempre acontece nesta nossa aventura terrena, onde a luta entre o bem e o mal, entre Deus e Satanás, é uma realidade "cotidiana", também os santos são envolvidos nela. E no caso específico de Padre Pio e de João XXIII, as forças do mal urdiram campanhas difamatórias meticulosamente sorrateiras e refinadas, cujas consequências deletérias ainda se fazem presentes.

A santidade de João XXIII era conclamada desde quando ainda estava em vida. A tal ponto que, logo depois de sua morte, algumas personalidades eclesiásticas eminentes, presentes no Concílio Vaticano II, desejado e iniciado pelo Papa Roncalli, advogaram uma proclamação imediata, por aclamação, no decorrer da última sessão conciliar.

Era uma inovação sem precedentes, aliás, um retorno à Igreja dos começos, quando a voz coral do povo de Deus era considerada vontade de Deus: *Vox Populi vox Dei*. Papa Paulo VI, a quem cabia a última decisão, preferiu que se seguisse o procedimento normal, e imediatamente depois do Concílio Vaticano, em 1965, ordenou a abertura da causa. Era opinião comum que o processo atinente seria concluído em pouco tempo. No entanto, prolongou-se por meio século.

De acordo com alguns estudiosos, um dos obstáculos que contribuíram para retardar o procedimento para a beatificação de Roncalli foi o "caso Padre Pio", ou seja, aquela dolorosa e complicada vicissitude que, em 1960, viu o frade com os estigmas sob investigação, com acusações gravíssimas, em uma "Visita apostólica" ordenada pelo Santo Ofício, Tribunal Supremo da Igreja. Visita que se concluiu com medidas disciplinares muito rigorosas em relação ao religioso, na prática, portanto, com uma condenação de Padre Pio, atribuída naturalmente a Papa João XXIII, de quem o Santo Ofício dependia diretamente. Tratou-se de uma colossal armadilha maligna, que aos olhos do mundo colocou dois santos um contra o outro. E quando, em seguida, todas as gravíssimas acusações feitas contra Padre Pio mostraram-se totalmente falsas, inventadas, para o frade capuchinho começou uma corrida veloz para a proclamação de sua santidade, enquanto sobre João XXIII começou a pesar a sombra daquela investigação equivocada.

Em geral, em casos semelhantes, quanto maior é a fama de santidade, com forte e ampla influência sobre as consciências das pessoas, tanto mais refinada e meticulosa se torna a luta destrutiva.

Hoje, são inúmeras as pessoas no mundo que amam São Pio de Pietrelcina e se dirigem a ele com confiança e esperança. E milhões e milhões são os fiéis que se alegram porque, finalmente, também Papa João XXIII, o "Papa bom", recebe da Igreja o reconhecimento oficial e definitivo de sua santidade. Mas são muitas também as pessoas que, ao contrário, sorriem ironicamente,

Papa João XXIII e o "caso Padre Pio"

afirmando: "Eis outra grande trapalhada da Igreja. Angelo Roncalli, quando Papa, como chefe da Igreja, portanto, desprezava Padre Pio, julgava-o um impostor; agora, porém, a Igreja, por vários interesses, esquece-se desses seus julgamentos e coloca-o sobre os altares ao lado do frade que ele definira como 'ídolo de estopa'".

Essas opiniões provêm principalmente de intelectuais leigos, que se proclamam ateus. Contudo, serpenteiam também entre a grande multidão dos crentes "laicizados". Disso se encontram amplos resquícios em livros, em artigos e nas intervenções dos vários fóruns na internet.

"Por que também Papa João XXIII perseguiu Padre Pio?", ouve-se perguntar frequentemente quando se discute o assunto. "Como se explica esta incompreensão entre santos? Por que Papa João XXIII, que era também um homem santo, não intuiu que Padre Pio era um grande santo e, em vez de ajudá-lo e defendê-lo, contribuiu para aumentar-lhe os sofrimentos?"

Com efeito, são muitos os que recordam, por ouvirem dizer ou por terem lido em livros, que foi João XXIII quem ordenou, em 1960, aquela "investigação disciplinar" em San Giovanni Rotondo, que passou à história como a "segunda cruel perseguição contra Padre Pio".

O frade estava então com 73 anos. Foi submetido a inter-rogatórios humilhantes, teve que defender-se de acusações igno-miniosas, que o levaram às lágrimas. No final da investigação, tomaram-se contra ele medidas disciplinares muito severas, que faziam supor que tivesse sido considerado culpado.

Aquela visita apostólica constitui uma questão histórica muito delicada. Escreveu-se muito a respeito dela. É um caso complexo. Contudo, se examinado atentamente, com todos os do-cumentos em mãos, chega-se à conclusão clara de que, sem sombra

393

de dúvida, Papa João XXIII jamais foi contra Padre Pio. Entre Papa João XXIII e Padre Pio, jamais houve uma contraposição. Nenhum dos dois teve sentimentos hostis em relação ao outro. Em 1960, encontraram-se envolvidos em um "equívoco colossal" por causa da maldade de outras pessoas.

Papa João XXIII e Padre Pio foram contemporâneos. Papa João XXIII nasceu em 1881 e morreu em 1963; Padre Pio nasceu em 1887 e morreu em 1968. Em vida, jamais se encontraram, tanto mais porque Roncalli, de 1925 a 1945, sempre viveu longe da Itália. Roncalli começou a interessar-se por Padre Pio em 1947.

Era, na época, núncio apostólico na França. Recebeu uma carta de Emanuele Brunatto, um dos filhos espirituais de Padre Pio, que vivia naquela mesma cidade. Brunatto pedia um encontro ao Núncio Roncalli para falar-lhe de Padre Pio, de sua santidade e das obras que estava realizando em San Giovanni Rotondo. Roncalli, prudente, levou tempo para obter informações exatas. E dirigiu-se ao bispo de Manfredonia, Dom Andrea Cesarano, de quem dependia o território de San Giovanni Rotondo, o povoado onde Padre Pio vivia.

Dom Cesarano e Angelo Roncalli eram coetâneos. Conheceram-se e começaram a trabalhar juntos desde os anos da Primeira Guerra Mundial. Continuaram a trabalhar conjuntamente também depois de 1925, quando Roncalli foi enviado à Bulgária como visitador apostólico e Cesarano era secretário da delegação apostólica na Turquia e na Grécia. Entre os dois havia estima e amizade tão profundas que, em 1931, quando Cesarano foi ordenado bispo para ir administrar a diocese de Manfredonia, na Puglia, Roncalli foi um dos bispos ordenantes.

Os detalhes desse acontecimento estão narrados no livro de Marco Roncalli, sobrinho-neto de João XXIII, e um dos maiores peritos da história da Igreja contemporânea, publicado pela Editora San Paolo em 1994, com o título *Giovanni XXIII*. O livro é baseado em uma longa entrevista com Dom Loris Capovilla, o secretário pessoal de João XXIII, fornido de cartas e documentos raros, até então inéditos.

Na entrevista, Marco Roncalli enfrenta também o "caso Padre Pio", e narra dois trechos de cartas, uma de João XXIII e a segunda do bispo Cesarano, que demonstram como Roncalli, antes de 1947, não sabia nada de preciso sobre Padre Pio, mas, naquela ocasião, recebeu informações exatas que levou em grande consideração, tornando-se, ele próprio, um sincero admirador do religioso com os estigmas.

Na data de 6 de fevereiro de 1947, Angelo Roncalli, núncio apostólico em Paris, escreveu a Dom Cesarano: "Ficar-lhe-ia muito grato se se dignasse escrever-me algo a respeito de Padre Pio, seu diocesano. Aqui há gente que o tem em estima e veneração. Não tenho preconceitos a seu respeito. No entanto, agrada-me ouvir o que pensa disso seu bispo".

Dom Cesarano respondeu um mês mais tarde, no dia 6 de março de 1947. Escreveu uma carta muito longa e detalhada, com fatos, nomes e datas, o que demonstra que pensara no assunto e quisera dar ao núncio de Paris informações acuradas, documenta-das. Principalmente quanto ao passado, quando Padre Pio estivera sob a mira do Santo Ofício, atingido por severíssimas medidas disciplinares, as quais supunham grave falta de sua parte. Cesara-no condena o fanatismo que se criara em torno de Padre Pio, mas defende o religioso. Demonstra estima sincera e firme por ele e pelos fenômenos carismáticos que se manifestam nele, e oferece a Roncalli um retrato completamente positivo do religioso.

Conheço muito bem Padre Pio, capuchinho, residente no Convento de San Giovanni Rotondo, desta arquidiocese. Antes de minha vinda para Manfredonia, o fanatismo popular exaltara-se de tal maneira que provocou severas medidas da parte do Santo Ofício. Era necessário. Vi-o pela primeira vez em 1933 e vivia em seu convento como verdadeiro recluso. Era-lhe proibido todo contato externo, até mesmo epistolar. Minha impressão foi ótima: encontrei-o calmo, sereno, jovial, plenamente submisso às ordens recebidas; fora-lhe proibido até mesmo celebrar na igreja, devendo fazê-lo somente no oratório privado do convento. Dizem que tem os estigmas e, com efeito, está sempre usando luvas. Não me cabe julgar sua santidade, milagres, profecias etc., mas não se pode excluir que é um homem de oração, de profunda piedade e de sólidas virtudes. Solicitado diversas vezes em minhas audiências pelo Santo Padre Pio XI e por Sua Eminência o Cardeal Bisleti, então secretário do Santo Ofício, submeti minha convicção, que depois de tantos anos, em consciência, não me resta senão reconfirmar, como já tive ocasião de fazê-lo com Sua Santidade Pio XII. Desde meu primeiro relatório, em 1933, Padre Pio foi novamente autorizado a confessar, primeiramente os homens, depois, somente de manhã, também as mulheres, e de celebrar na igreja. Certamente, também agora, é considerado santo por todos, e o bem espiritual que daí se obtém é imenso. Pecadores obstinados convertem-se, personagens eminentes dali retornam edificados e comovidos, todos se despedem dele confortados e reconciliados com o Senhor. Disso sou testemunha ocular, e dados os contínuos contatos naquele convento, posso atestar, colocando à parte toda virtude sobrenatural, que é um homem de excepcional virtude, e que seu apostolado oculto é uma verdadeira fonte de fecunda vida espiritual para as almas. No entanto, o que mais importa é que tudo, agora, ali se proceda com ordem, regularidade e edificação de muitíssimos fiéis, sem fanatismo nem exageros.

Uma carta ponderada. Expressa com sobriedade, mas com a força do conhecimento direto, pessoal, baseado em sua convicção tão segura, a ponto de corroborar abertamente ter dito as mesmas coisas também ao Papa Pio XI, ao prefeito do Santo Ofício, Cardeal Bisleti, e ao Papa Pio XII. Dom Cesarano alude, posto que, com frases humildes, ao fato de que ele foi muitas vezes consultado a respeito de Padre Pio pelo Papa Ratti e que, em 1933, quando, na prática, o frade estava em prisão domiciliar, ou seja, não podia ter contato com as pessoas, em seu relatório ao Papa contribuiu para devolver liberdade de ação pastoral ao religioso.

Dom Cesarano era homem de profunda vida espiritual, de grande fé; por isso, gozava da amizade e da estima de Angelo Roncalli. Sua carta causou muita impressão ao núncio, que se tornou apoiador de Padre Pio.

Roncalli recebeu Brunatto e o tratou com grande cordialidade. Tendo-se tornado, em seguida, patriarca de Veneza, recebeu ainda Brunatto, a quem, ao saudá-lo, disse:

– Se escrever a Padre Pio, diga-lhe que o abençoo e que me recomendo às suas orações.

Também imediatamente depois de ter subido ao trono de Pedro, Roncalli continuou a manifestar estima por Padre Pio. No dia 18 de novembro de 1958, enviou uma bênção ao frade, através de Dom Andrea Cesarano. E o mesmo Dom Cesarano testemunhou que, em diversas ocasiões, em momentos particularmente difíceis, João XXIII telefonava-lhe dizendo:

– Diga a Padre Pio que reze por mim.

No dia 29 de janeiro de 1959, Papa João XXIII fez chegar a Padre Pio, através de uma longa carta escrita pelo Cardeal

Domenico Tardini, Secretário de Estado, uma bênção especial para sua obra, a "Casa Alívio do Sofrimento". E em julho de 1959, por meio do Cardeal Federico Tedeschini, que se dirigia a San Giovanni Rotondo para a inauguração da nova igreja de Santa Maria das Graças, desejada por Padre Pio, João XXIII mandou uma bênção pessoal ao frade. Em uma audiência de julho de 1960, ao sacerdote Michele Di Ruberto, que lhe havia informado que provinha da província de Foggia, erguendo os braços, com um sorriso de complacência, o Papa disse:

– Vocês têm o grande Padre Pio.

A estima e a confiança que Papa Roncalli demonstrava por Padre Pio desmoronaram de repente, no verão de 1960. Chegara ao Santo Ofício um dossiê terrível, no qual Padre Pio era acusado de continuada desobediência aos próprios superiores, de violação do voto de pobreza, de discordância em relação à Igreja e a seus representantes (os bispos e o próprio Papa), de fomentação do fanatismo e, sobretudo, de ter conduta escandalosa e pecaminosa: o documento acusa o Padre de ter relações sexuais com algumas de suas penitentes.

Eram acusações gravíssimas. Caso se tornassem de domínio público, devido à notoriedade mundial de Padre Pio, teriam tido, para a Igreja, um eco negativo de incalculável gravidade. Dom Pietro Parente, que era então assessor do Santo Ofício, informou ao Papa. João XXIII ficou desconcertado. O dossiê não provinha de pessoas anônimas, mas fora preparado pelos responsáveis máximos da Ordem Capuchinha e enviado ao Santo Ofício e ao Papa pelo próprio superior-geral da Ordem, Padre Clemente de Milwaukee. Este, em uma carta de acompanhamento, suplica ao Papa "dignar--se a enviar a San Giovanni Rotondo, o mais rápido possível, uma visita apostólica".

Em termos eclesiásticos, a visita apostólica é uma "investigação" sobre a vida de uma comunidade ou de uma congregação religiosa por parte de inspetores vaticanos. Em geral, é ordenada pelo Papa por suspeita de graves e contínuos abusos doutrinais, morais ou de outro tipo. É uma medida muito grave. Em sua vida, Padre Pio fora submetido várias vezes a medidas semelhantes. Esta última mostrava-se rigorosíssima. As circunstâncias que a motivavam eram absolutamente extraordinárias. Não era a Igreja que impunha a visita, mas os próprios superiores da Ordem religiosa a que Padre Pio pertencia que a solicitavam. O dossiê que motivava o pedido, compilado pelos próprios responsáveis pela Ordem, continha acusações gravíssimas, documentadas não somente com testemunhos, mas também com fotografias, *slides*, gravações de conversas privadíssimas, feitas com escutas secretas, inseridas traiçoeiramente na cela onde Padre Pio vivia e na sala de hóspedes onde recebia as pessoas que pediam para falar com ele.

Diz-se que os microfones teriam sido escondidos até mesmo no confessionário de Padre Pio. A circunstância, sendo gravíssima porque dizia respeito à violação do segredo confessional, sempre foi desmentida pelo Vaticano, e também pela Ordem dos Frades Capuchinhos. Mas é certo que o segredo confessional foi violado do mesmo jeito. Muitas vezes, Padre Pio confessava as pessoas que iam ao seu encontro em sua cela e também as que conversavam com ele na sala de hóspedes. Portanto, aquelas confissões foram gravadas e, depois, ouvidas pelos membros do Santo Ofício.

Aquele dossiê, portanto, era uma coisa de gravidade inaudita. Papa João XXIII deu-se conta de que, se aquelas informações chegassem às redações dos jornais, teriam suscitado um escândalo mundial para a Ordem religiosa e para a Igreja, com consequências irreparáveis. Essa perspectiva desconcertou literalmente o Papa, que estava preparando o Concílio Vaticano II. Como se extrai de algumas anotações que fez naqueles dias em seu *Diário*, sua dor e sua desorientação eram realmente grandes.

Papa João XXIII era homem de grande prudência. Depois de acusar o golpe no primeiro impacto, retomou sua calma proverbial, apoiado pela oração. Como era seu costume, não emitiu juízos, não tomou providências imediatas. Na qualidade de pastor da Igreja, responsável pelo bem das almas, decidiu investigar. Recorreu ao que está previsto no Código de Direito Canônico, ou seja, o envio de um "visitador apostólico", com a missão de observar, interrogar, verificar e obter um quadro exato, concreto da situação.

Sua decisão, portanto, foi justa e equilibrada. Do que aconteceu em seguida, não teve nenhuma culpa, nem responsabilidade alguma.

O visitador escolhido pelo Papa, por sugestão do Santo Ofício, foi Dom Carlo Maccari, um bispo que tinha então 47 anos, desde sempre incrédulo a respeito dos carismas de Padre Pio. Provavelmente foi escolhido pelo Santo Ofício justamente por esse seu ceticismo, de modo a ter uma visão o mais distanciada possível da situação denunciada.

Maccari dirigiu-se a San Giovanni Rotondo no dia 29 de julho de 1960 e demonstrou logo a própria "frieza" em relação ao frade.

No Convento de San Giovanni Rotondo e, particularmente, na Casa Alívio do Sofrimento, estavam em andamento os preparativos para a festa dos cinquenta anos de sacerdócio do padre, que caía no dia 10 de agosto. Dom Maccari, como primeira providência, ordenou a anulação de todos os festejos. Não se devia fazer nada. Justamente como se Padre Pio tivesse sido um sacerdote indigno.

Contudo, o maquinário organizativo já estava em movimento havia tempo. Para aquele dia, estava prevista a chegada em

400

massa de devotos e afeiçoados, e não era possível parar tudo. Então Dom Maccari permitiu que Padre Pio celebrasse a missa para os peregrinos que chegassem, mas ordenou que nenhuma autoridade eclesiástica participasse da manifestação. Ele mesmo deixou San Giovanni Rotondo, voltando somente dois dias depois da festa.

A visita apostólica durou cerca de dois meses. Como em seguida foi amplamente documentado, Dom Maccari interrogou somente as pessoas que eram "contra" Padre Pio, mas nenhum dos seus defensores. No retorno a Roma, fez um relatório completamente negativo, endossando plenamente as acusações recolhidas no dossiê. Propôs ao Santo Ofício uma série de intervenções disciplinares que foram todas acolhidas. O documento do Santo Ofício, que notificava os superiores de Padre Pio das medidas a serem tomadas contra ele, concluía-se com um tom duro e ameaçador, reservado geralmente aos religiosos réprobos e rebeldes: "Padre Pio seja convidado a obedecer a estas regras, em virtude da obediência religiosa e, no caso de vergonhosa inadimplência, não seja excluído o uso das penas canônicas".

Papa João XXIII acompanhou o caso pessoalmente. Quis encontrar-se com Dom Maccari antes da partida deste para San Giovanni Rotondo e lhe revelou discretamente a própria preocupação e a própria dor. O mesmo fez o Cardeal Ottaviani, prefeito do Santo Ofício. Provavelmente, Dom Maccari foi influenciado por esses cuidados. Antes mesmo de começar sua investigação, convenceu-se da gravidade da situação e pensou que a meta principal a ser alcançada fosse a de impedir que a situação continuasse e piorasse. Por essa razão, preocupou-se principalmente em escutar as pessoas que acusavam Padre Pio, deixando de lado testemunhos de quem o defendia, considerando-os tendenciosos, ou seja, feitos por pessoas que eram "vítimas" do religioso.

401

Desse modo, não avaliou bem as provas das acusações. Assustado também pela "novidade" em que estavam baseadas, ou seja, a tralha técnica moderna – gravadores, microfones-espiões, fotografias com raios infravermelhos e coisas do gênero. Fez um relatório no qual Padre Pio revelava-se culpado. O Santo Ofício tomou decisões muito drásticas, que foram, naturalmente, aprovadas pelo Papa. Padre Pio era, na prática, considerado culpado e condenado.

Aquela visita apostólica passou para a História como "a segunda grande perseguição a Padre Pio por parte da Igreja". Os "filhos espirituais" de Padre Pio reagiram com decisão. Alguns com veemência. Fizeram uma vasta campanha na imprensa internacional. Desencadearam uma autêntica guerra a Dom Maccari.

Aos poucos, conseguiram demonstrar que as acusações feitas eram totalmente falsas, inventadas, até mesmo construídas com montagens grosseiras de gravações e de fotografias. Montagens que haviam enganado os responsáveis pelo Santo Ofício, mas não os peritos, os técnicos daqueles meios modernos. O mecanismo acusatório desmoronou pouco a pouco.

Mas não era fácil voltar atrás. Principalmente para as autoridades eclesiásticas. Em sua longa história secular, o Santo Ofício jamais se havia retratado de alguma de suas decisões. E não o fez tampouco nessa ocasião.

A verdade a respeito de Padre Pio, porém, foi documentada e, na prática, aceita. Paulo VI, tão logo eleito Papa, ordenou que se deixasse Padre Pio em paz. Ele sempre fora defensor do religioso. Em agosto de 1960, quando estava em andamento a visita apostólica de Maccari, havia escrito de próprio punho uma carta afetuosa, transbordante de estima, ao Padre que celebrava cinquenta anos de sacerdócio. Era um sinal, que não foi levado em consideração por Maccari.

As novas resoluções de Paulo VI em relação a Padre Pio foram aplicadas lentamente, para evitar o escândalo da "marcha a ré". Alguns obedeceram, outros nem tanto. Contudo, a opinião pública mundial já estava poluída e dividida a respeito do frade com os estigmas. Como sempre, a grande massa dos fiéis estava com Padre Pio, indiferente às discussões dos "eruditos". Olhava os fatos, seu carisma e o que de prodigioso e inexplicável acontecia ao redor dele. Os "cultos", os intelectuais, crentes e ateus, discutiam.

Dom Maccari era atacado por todos os lados. Depois da morte de Padre Pio, foi abandonado também por quem o havia apoiado no tempo da "visita apostólica". Em 1990, já se sentindo velho, vendo-se sempre associado à visita apostólica de 1960, com tons acusatórios em relação à sua pessoa, decidiu fazer uma tentativa para defender a si próprio e ao seu agir. Escreveu um longo memorial e o enviou ao prefeito da Congregação para a Doutrina da Fé, sucessora do Santo Ofício, que era o Cardeal Ratzinger. Naquele "memorial", mesmo que indiretamente, põe a culpa de tudo em Papa Roncalli e nos responsáveis do Santo Ofício, afirmando ter agido de acordo com as instruções deles.

Trata-se de um documento de uma centena de páginas datilografadas, plenas de informações importantíssimas, onde, entre outras coisas, é confirmada oficialmente a história dos microfones ocultos na cela do Padre, que, segundo os acusadores, continham as provas de suas relações pecaminosas com as "mulheres piedosas". Escreveu Maccari:

> Uma coisa posso dizer com absoluta tranquilidade, aquelas gravações, não as escutei. Apesar das solicitações recebidas,

403

não quis escutá-las. Ao contrário, uma de minhas primeiras intervenções, logo que cheguei a Santa Maria das Graças, foi ordenar a imediata remoção do gravador da saleta interna do convento, onde normalmente Padre Pio conversava com os fiéis que recorriam a ele (e se eram mulheres, fazia-o através de uma pequena abertura na parede).

Contudo, também são fornecidas informações sobre a "dor" e sobre as preocupações de João XXIII por causa daquele acontecimento gravíssimo. No que diz respeito às escutas secretas, Maccari escreve:

> Posso acrescentar que o "Papa bom", quando do fim da visita, me perguntou se eu teria escutado as gravações, e lhe respondi que me havia recusado a fazê-lo; aprovando, confiou-me que tampouco ele o tinha feito.

Essa afirmação é muito significativa. Demonstra a sensibilidade humana e religiosa do espírito de Papa João XXIII. Não quis "espionar" dentro de um documento que teria acusado a intimidade de um religioso, ainda que tal documento fosse atinente a uma penosíssima situação que ele devia julgar.

No entanto, todo o aparato montado pelos "inimigos" de Padre Pio havia alcançado seu objetivo. O relatório de Maccari confirmava as acusações e o Santo Ofício cuidou de emanar sanções e proibições a Padre Pio.

Todavia, no âmbito das altas hierarquias eclesiásticas, nem todos compartilhavam aquela conclusão, como, por exemplo, o Cardeal Giuseppe Siri, um dos purpurados mais eminentes, que ainda era arcebispo de Gênova e presidente da CEI (Conferência Episcopal Italiana). Durante o Conclave que havia eleito Papa Roncalli, Siri era um dos cardeais papáveis. João XXIII sempre demonstrou grande estima por ele, recorrendo amiúde a seus conselhos. Em uma entrevista que deu em 1983, o Cardeal Siri contou-me que, no tempo da famosa "visita apostólica" a Padre Pio, o Papa estava muito preocupado e muito aflito por causa das acusações que haviam sido feitas ao religioso.

– Durante meses, defendi Padre Pio junto a João XXIII – disse-me Siri. – Falávamos do assunto a cada encontro. Naquele período, eu tinha muitos encargos e era recebido frequentemente pelo Papa. Todas as vezes a conversa terminava em Padre Pio. O Papa, homem boníssimo, um verdadeiro santo, estava preocupado e perplexo por tudo que era contado. No final, convenceu-se de que o pobre frade era inocente de todas aquelas acusações.

Também o Arcebispo Andrea Cesarano foi testemunha das preocupações e das perplexidades de João XXIII, e também de sua "tomada de consciência" de ter sido enganado.

Cesarano, como arcebispo de Manfredonia, diocese que incluía também San Giovanni Rotondo, estava a par de toda a atividade de Padre Pio e de todas as intrigas e das tramas perversas de seus inimigos. De outras vezes, já havia dado sua opinião a respeito de Padre Pio a Angelo Roncalli, e sempre fora um juízo totalmente positivo. As vicissitudes da visita apostólica de 1960 não o fizeram mudar de opinião, quando muito, confirmaram suas convicções sobre os inimigos do religioso e sobre a falsidade das acusações deles. Naquele período, como ele próprio disse, pediu diversas vezes audiência ao Papa, a fim de intervir nas acusações contra o frade com os estigmas. Mas João XXIII estava sempre ocupado. Provavelmente sabia que Cesarano teria defendido Padre Pio, e pensava que sua defesa fosse movida pelo afeto que o bispo tinha pelo religioso. Ou talvez aquelas solicitações de Dom Cesarano jamais lhe tenham sido apresentadas. Mas quando nele começaram a surgir as suspeitas de ter sido enganado, recorreu ao amigo bispo, provavelmente para buscar reparar os danos, dado que a investigação sobre Padre Pio já estava concluída e o Santo Ofício já havia tomado sérias medidas disciplinares. Durante aquela audiência, como contou o próprio Dom Cesarano, o Papa foi o primeiro a tocar imediatamente no assunto Padre Pio.

– É um religioso santo – disse-lhe Dom Cesarano. – Todo o mal que se diz dele são calúnias.

– Mas são seus confrades que o acusam – retorquiu o Papa.

– Por inveja, Santo Padre – respondeu Dom Cesarano. – Para muitos deles, Padre Pio é uma reprimenda viva. Por esse motivo, são-lhe contrários e o perseguem, e são seus piores inimigos.

A conversa foi longa. Papa João XXIII fez perguntas, pediu detalhes e escutou atentamente tudo o que aquele bispo amigo de tantos anos lhe dizia. E eram as mesmas coisas afirmadas pelo Cardeal Siri e por outros colaboradores importantes. Papa João XXIII, evidentemente já convencido da inocência de Padre Pio, concluiu aquele encontro pedindo que o Bispo Cesarano fosse até o religioso e "encorajasse-o a continuar em sua vida exemplar e em seu apostolado".

Frase emblemática. "Encorajá-lo a continuar em sua vida exemplar e em seu apostolado". "Continuar". Não havia, portanto, nada a mudar. Nada de errado. Nada que não fosse exemplar. Papa João XXIII não interveio com declarações públicas, porque ele diretamente, publicamente, jamais pronunciara palavras contra Padre Pio. Certamente, porém, tinha intenção de retomar nas mãos o caso e fazer justiça. Com calma, para não criar mais um escândalo. No entanto, a intenção era essa. Infelizmente, não teve tempo: adoeceu e morreu.

❖

406

Em seguida, depois da morte de Padre Pio, no decurso dos vários processos para a beatificação e canonização, as acusações daquele famigerado dossiê foram desmontadas e demonstrou-se que eram fruto de uma autêntica conspiração, tramada por confrades fanáticos e ex-amigos de Padre Pio. Portanto, caso fechado, resolvido, sem deixar a menor das sombras. Todavia, visto que envolvia duas das personalidades religiosas mais populares do século XX, Padre Pio e Papa João XXIII, aparentemente um contra o outro, isso era demasiado "apetitoso" para que escapasse aos detratores a todo custo. Destarte, em 2007, foi retomado e relançado com grande alarido internacional, não tanto contra Padre Pio, que já havia sido proclamando bem-aventurado e santo, mas contra a própria Igreja, acusada, nesse caso, ainda que indiretamente, de ter, por interesses de diversos tipos, mudado de opinião sobre uma pessoa que o próprio João XXIII, o Papa bom, havia julgado impostor, embusteiro, um "ídolo de estopa".

A questão foi, efetivamente, relançada por um livro publicado pela Einaudi, que se titulava *Padre Pio: Miracoli e politica nell'Italia del Novecento [Padre Pio: Milagres e política na Itália do século XX]*, escrito por Sergio Luzzatto, genovês, nascido em 1963, professor de história moderna na Universidade de Turim. Quatrocentas páginas, repletas de inúmeras notas, demonstrando que se trata de um ensaio de grande empenho científico, fruto de anos de pesquisa e de avaliações históricas.

Deve-se logo dizer que Sergio Luzzatto admitiu expressamente não ser crente e é abertamente anticlerical. Traçou, portanto, uma biografia e escreveu um ensaio sobre Padre Pio segundo sua própria medida. Valores como Deus, paraíso, inferno, sobrevivência à morte física, vida eterna e outros, menos usuais, mas não menos importantes, "Corpo místico de Cristo", "presença verdadeira, real, substancial, na Eucaristia, de Jesus em corpo, alma e divindade", Maria Mãe de Jesus, homem e Deus, corredentora de Cristo na salvação da humanidade etc., ou seja, todos esses valores, verdades fundamentais para o cristão, que foram vividos com a máxima participação por Padre Pio e que, portanto, iluminaram, nutriram, inspiraram toda sua ação, todo seu pensamento, toda sua aspiração, são nada, não existem para Luzzatto, para suas convicções e para sua visão do mundo e da vida. Por conseguinte, era-lhe impossível entrar no mundo espiritual de Padre Pio e narrá-lo com o mínimo de objetividade. Não possuía as coordenadas para poder fazê-lo. Por isso, de Padre Pio entregou um retrato, um perfil completamente subjetivo. Uma leitura míope dos fatos, quando não absolutamente cega. Em todo caso, destacado das realidades espirituais desse grande santo.

É preciso também dizer que, para Luzzatto, os santos são uma categoria ambígua, fora da realidade. Afirma-o explicitamente. Em seu livro, quando fala de santos, usa uma frase significativa e iluminadora: "Seres anfíbios entre o humano e o sobre-humano". Para ele, portanto, os santos não são pessoas como as demais. São seres fora de série. E não se deve esquecer, ademais, que, para ele, para suas convicções ateias, as pessoas não têm aquela característica de valor infinito, como ensina a religião cristã. Ou seja, que todas as pessoas são "filhos de Deus". "Filhos" no sentido próprio do termo. De fato, como ensina o *Catecismo da Igreja Católica*, "a alma espiritual do homem não provém dos genitores, mas é criada diretamente por Deus, e é imortal". Na concepção de uma nova vida, trabalham juntos os pais e Deus. Deus intervém diretamente para criar a alma daquela vida que está nascendo, e a cria "à sua imagem e semelhança". Por conseguinte, dá àquela pessoa uma centelha de si mesmo, que a torna eterna, viva para sempre, também depois do fim da existência física, terrena, existência que, um dia, voltará a ser completa com a ressurreição do corpo.

Essa é a realidade cristã que Padre Pio viveu com uma plenitude absoluta. Reuniu milhões de pessoas, "influenciadas", por assim dizer, por essas suas ideias e convicções, e suportou com amor as dores físicas e tremendos sofrimentos morais no espírito dessa ótica cristã, tornando-se um exemplo altíssimo de vida mística e ascética, exatamente um santo.

Fora dessa dimensão, não há nada de Padre Pio. O livro de Luzzatto, no qual não há vestígio desses valores, é alheio ao mundo de Padre Pio e ao mundo cristão. Do ponto de vista político e histórico, dando a esses termos o significado que Luzzatto lhes atribui, seu livro fala de um Padre Pio que existe somente em sua mente, e absolutamente ausente da mente de milhões e milhões de pessoas, que não compartilham com o autor os parâmetros de interpretação do mundo.

Um livro, porém, de um profissional hábil em seu trabalho, competente, meticuloso, que suscitou grande interesse, fascinando muitos leitores, sobretudo intelectuais. Por esse motivo, teve na imprensa uma repercussão que raramente acontece a um livro.

Todos os jornais falaram dele. Particularmente o *Corriere della Sera*, que é o jornal de maior prestígio da Itália. Em geral, mesmo para os livros mais extraordinários, dos autores mais famosos, as resenhas e os anúncios se limitam a duas, três colunas, uma página, no máximo. Naquele caso, o artigo começava na primeira página e, em seguida, continuava no interior do jornal, ocupando outras duas páginas. O artigo, que ocupava nove colunas, trazia um título constituído destas palavras: "O livro do historiador Sergio Luzzatto abre novas dúvidas sobre o frade de Pietrelcina. – Padre Pio e os misteriosos estigmas – Um farmacêutico: 'Em 1919, mandou comprar ácido fênico, substância apta a provocar-lhe chagas nas mãos'". Frase de inequívoca condenação para Padre Pio. E o artigo que se seguia, assinado pelo próprio autor do livro, era uma longa coletânea de documentos para demonstrar que Padre Pio provocava os estigmas usando ácido fênico e, portanto, era um insigne embusteiro.

No dia seguinte, o *Corriere* cedia outro enorme espaço ao livro, com título que, recorrendo às palavras de Papa João XXIII, corroborava e ampliava a condenação: "No livro de Sergio Luzzatto, reconstruídas também as desconfiadas avaliações do Pontífice – 'Padre Pio, um imenso engano' – João XXIII observava: 'Suas relações inadequadas com as fiéis provocam um desastre nas almas'". Nesse segundo artigo, o jornal retomava as acusações gravíssimas contra Padre Pio, citando trechos escritos por João XXIII. E, depois, seguiram-se outros artigos, sempre com espaço vistoso, seja nos grandes jornais nacionais, seja nos regionais. Contudo, todos enfatizavam apenas dois assuntos: a falsidade dos estigmas e as opiniões de João XXIII.

É evidente que o espaço usado, a série de artigos, os dois assuntos escolhidos demonstravam, sem nenhuma sombra de dúvida, que se tratava não de indicar a presença de um novo livro em livrarias, mas de conduzir uma campanha, organizada, a favor daquele livro, contra Padre Pio e, ainda que indiretamente, contra a Igreja que o havia proclamado santo.

Em 2007, fazia nove anos que Padre Pio havia sido proclamado bem-aventurado, e cinco que havia sido canonizado. A Igreja expressara por bem duas vezes seu juízo definitivo. O segundo, o da canonização, tem até mesmo um valor de infalibilidade dogmática. Portanto, qualquer pessoa de cultura sabe o que isso significa, e quão dificilmente a Igreja pronuncia juízos dessa natureza. Há bem-aventurados, mesmo famosíssimos, cujo culto é grande, difuso, celebrado, que há séculos esperam a canonização.

Se a Igreja, no que tange a Padre Pio, chegou àquelas conclusões, significa que as investigações, as documentações propostas, examinadas e reexaminadas por comissões de médicos, por comissões de historiadores e de teólogos, tinham solidez absoluta. Buscando demonstrar que Padre Pio era um insigne embusteiro, que provocava em si mesmo os estigmas com ácido fênico, que também João XXIII não acreditava nele, implicitamente chegava-se a dizer que a Igreja errou ao tê-lo proclamado santo.

No âmbito das massas, entre os crentes superficiais, o caso teve efeito devastador. Ainda hoje, quando se navega na internet, encontram-se numerosíssimos sites onde a santidade de Padre Pio é ridicularizada e se fazem ironias a respeito de seus "estigmas feitos com ácido fênico". E ainda hoje saem artigos que retomam tais notícias.

No entanto, com todo o respeito ao profissionalismo do Professor Luzzatto, deve-se dizer que as provas que ele apresentou em seu livro contra Padre Pio são falsas.

Ele afirma que Padre Pio provocou em si os estigmas com ácido fênico, e cita os testemunhos sob juramento de um farmacêutico e de uma sobrinha sua. Contudo, aqueles dois testemunhos diziam respeito a uma "requisição" da parte de Padre Pio para ter ácido fênico, que ele usava diluído em água, como desinfetante. Nenhuma prova de que o Padre usasse aquele ácido para provocar em si os estigmas. O farmacêutico em questão e sua sobrinha jamais viram os estigmas de Padre Pio. Portanto, pensar e dizer que Padre Pio provocava em si os estigmas com o ácido fênico é somente uma ilação, não uma prova.

Tal ilação foi "destruída", ainda naqueles anos, pelas perícias feitas nos estigmas de Padre Pio por médicos qualificados (não um farmacêutico), encarregados oficialmente pelo Santo Ofício. De modo particular, o Doutor Giorgio Festa, de Roma, que pôde estudar os estigmas do Padre em diversas ocasiões, à distância até mesmo de anos, e sobre os quais, além dos relatórios enviados ao Santo Ofício, escreve um livro, *Misteri di scienza e luci di fede* [*Mistérios da ciência e luzes da fé*], publicado nos anos de 1930. Daquelas perícias, revela-se que os estigmas não eram provocados nem por ácidos, nem muito menos por lâminas cortantes. Ademais, eram feridas que nenhum estratagema médico conseguia cicatrizar. Não cicatrizando, as chagas deveriam transformar-se em gangrena, algo que, ao contrário, não se verificou no decurso de cinquenta anos, um fenômeno completamente inexplicável pela ciência médica.

Quando da morte de Padre Pio, os estigmas desapareceram, fato de que se deram conta os confrades e os médicos que visitaram o cadáver e o recompuseram no féretro. Os frades estavam tão assustados que deixaram nas mãos do morto as meias-luvas que ele usava para esconder os estigmas, mesmo que já não houvesse nada a esconder. No entanto, foram feitas numerosas e detalhadas fotografias para documentar o fato. Durante meio século, nas mãos, nos pés e no lado de Padre Pio havia chagas vivas, abertas e sanguinolentas; agora, já não havia nada. Nem mesmo os sinais de uma cicatriz. A pele era viçosa e intacta, como a de uma criança. E as fotos o testemunham de modo desconcertante.

De acordo com as perícias dos médicos que, por sua vez, haviam examinado aquelas chagas, e conforme o testemunho dos confrades de Padre Pio que o ajudavam a enfaixar-se, as feridas eram tão profundas que se podia ver a luz de um lado a outro da mão. Portanto, tratava-se de feridas impressionantes, que tinham destruído o tecido da mão. Entretanto, à morte do Padre, tudo isso desaparecera.

Como se explica? Não existe nenhuma explicação científica. A perfeita e repentina reconstrução dos tecidos ausentes no organismo de uma pessoa é cientificamente impossível. Tanto mais sem

412

deixar sinais de cicatrização. Somente um fato prodigioso, uma intervenção sobrenatural, ou seja, um milagre, pode provocar semelhante fato. Por conseguinte, também aquele "sinal" testemunha a autenticidade dos estigmas de Padre Pio. Luzzatto sabia de tudo isso, mas no livro não menciona absolutamente nada.

Também as citações que ele faz das palavras de João XXIII, na prática, são uma falsidade.

É verdade que o Papa escreveu as frases que Luzzatto cita, e são frases tremendas, juízos terríveis.

Como lembramos, Papa Roncalli, informado pelo prefeito do Santo Ofício sobre o conteúdo do famoso dossiê com as acusações contra Padre Pio, ficou transtornado. E até mesmo assustado, porque, se aquelas informações fossem parar nos jornais, teria estourado um escândalo de pavorosas proporções para a Igreja. Sob a emoção daquele pesadelo, João XXIII confiou às páginas de seu próprio *Diário* a amargura, a preocupação, a dor que experimentava.

> Esta manhã, da parte de Dom Parente, informações gravíssimas a respeito de Padre Pio, e de quanto lhe diz respeito em San Giovanni Rotondo. O informante tinha o rosto e o coração destruídos [...] Com a graça do Senhor, sinto-me calmo e quase indiferente, como que diante de uma dolorosa e vastíssima empolgação religiosa cujo fenômeno preocupante caminha para uma solução providencial. Sinto muito por Padre Pio, que tem igualmente uma alma para ser salva, e pela qual rezo intensamente [...] O ocorrido, ou seja, a descoberta por meio de slides, *si vera sunt quae referentur* ["se forem verdadeiras as coisas que se dizem"] a respeito de seus relacionamentos íntimos e inadequados com as mulheres que constituem a guarda pretoriana até aqui

inquebrável ao redor de sua pessoa, leva a pensar em um vastíssimo desastre de almas, diabolicamente preparado, para descrédito da Santa Igreja no mundo, e especialmente aqui, na Itália. Na alma do meu espírito, humildemente persisto em considerar que o Senhor *faciat cum tentatione provandum* ["está pondo (a fé) à prova com a tentação"], e do imenso engano, sairá um ensinamento para esclarecimento e saúde de muitos.

Neste relatório há uma frase-chave: "*Si vera sunt...*", "se são verdadeiras as coisas que se dizem". Com efeito, em seguida, os fatos incriminados mostraram-se falsos.

Esses são os fatos históricos. As reflexões escritas pelo Papa João XXIII e referidas por Luzzatto como prova de que Papa Roncalli considerava Padre Pio um embusteiro e um pecador, não têm, portanto, nenhum fundamento. Aquelas impressões foram escritas antes que se descobrisse que as acusações contra o religioso eram inventadas.

João XXIII escrevera-as no próprio *Diário*, eram reservadas, pertencentes à mais íntima privacidade e, ademais, tinham uma condição: "*Si vera sunt*". De fato, posteriormente se mostraram falsas. Relatá-las 47 anos depois, e desfraldá-las como opiniões exatas de João XXIII sobre Padre Pio, significa não fornecer informação histórica, mas falsear propositadamente a verdade.

Graças e milagres

Imediatamente depois da morte, Papa João XXIII começa a ser considerado santo. À distância de 37 anos, a Igreja o proclama bem-aventurado, e depois de 51 anos, canoniza-o.

No decurso de sua longa existência, havia brilhado pela bondade, pela fé concreta, pelo grande amor por todos. Contudo, jamais lhe foram atribuídos aqueles carismas particulares e extraordinários que se observam em geral na vida dos santos: visões celestes, êxtases, curas, bilocações, profecias etc. Seu viver cotidiano sempre pareceu normal, perfeitamente igual ao das pessoas comuns, governado apenas por uma profunda inclinação para Deus.

Depois da morte, no entanto, Papa João XXIII tornou-se uma autêntica fonte de graça e de milagres. As pessoas começaram a acorrer em massa ao seu túmulo, nas grutas vaticanas, e à sua casa natal, em Sotto il Monte. Todos iam movidos por uma instintiva simpatia para com ele, mas principalmente para pedir-lhe ajuda. E Papa João XXIII, que nesta vida aparecera totalmente afastado da esfera do mágico, do miraculoso, tornou-se, após a morte, um autêntico "taumaturgo", ou seja, um "fazedor de milagres".

Atribuíram-se a Papa João XXIII milhares e milhares de curas prodigiosas. Já desde o início dos anos de 1970, Padre Antonio Cairoli, que era então o postulador da causa de beatificação, não sabia como gerir a maré de graças extraordinárias atribuídas à intercessão de João XXIII. Todos os dias sua mesa ficava repleta de cartas, dossiês, documentos, indicações de prodígios, que chegavam de toda parte do mundo.

De acordo com as regras dos processos de beatificação, uma vez estabelecido que o candidato à santidade viveu deveras observando de forma heroica as virtudes evangélicas, é necessário também demonstrar que Deus, depois de sua morte, realizou, por sua intercessão, pelo menos um milagre. E Padre Cairoli, diante da documentação imponente dos milagres atribuídos à intercessão do Papa João XXIII, não sabia qual escolher.

No final, decidiu-se por duas curas portentosas, que diziam respeito a duas mulheres: uma jovem religiosa, Irmã Caterina Capitani, e uma senhora siciliana, Giovanna La Terra Majore. Duas pessoas protagonistas de duas histórias dramáticas e de duas curas incrivelmente extraordinárias.

O processo de beatificação, que se pensava concluir em pouco tempo, em vez disso foi sendo adiado. Mas a meticulosa documentação recolhida para aquelas duas curas nos primeiros anos da década de 1970 serviu também à distância de trinta anos. Principalmente aquela que diz respeito à religiosa, na medida em que a cura de Irmã Caterina Capitani continua a ser, no tempo, um fato absolutamente inexplicável pelos médicos. Irmã Caterina, devido às condições em que continuou a viver, é considerada um "milagre vivo". Com efeito, faltam-lhe o estômago, o pâncreas, o baço. Deveria levar uma existência prudentíssima, descansada, ordenada, e observar um rigoroso controle alimentar. Ao contrário, Irmã Caterina é o símbolo da dinamicidade. Desenvolve seu apostolado a serviço de milhares de enfermos nos hospitais, com dedicação total, trabalhando até quinze, dezoito horas por dia.

416

Graças e milagres

– No entanto, sinto-me sempre em perfeita forma – diz a irmã com um deslumbrante sorriso, que é indicador de eficiência e de satisfação. – Afora alguns resfriados – conta Irmã Caterina, – não sofro de nenhuma outra doença. Os médicos de vários hospitais nos quais tenho trabalhado nestes últimos anos depois do milagre, conhecendo bem as minhas condições físicas, ficam sempre à espera do colapso. Mas nunca aconteceu. E devo dizer que não me poupo. Nós, irmãs da Congregação das Filhas de Caridade, devemos estar à disposição dos doentes a qualquer momento, e creio muito em minha vocação.

Caterina Capitani começou a acusar distúrbios na saúde alguns meses depois de ter vestido o hábito religioso. Era o ano de 1962. Trabalhava como enfermeira no Hospital para Crianças "Lina Ravaschieri", de Nápoles. Estava com dezoito anos. Até aquele momento, sua saúde tinha sido muito boa.

No princípio, sentiu uma dor incômoda, intercostal, entre o estômago e o coração, mas não ligou para isso. Pensava que tinha recebido uma pancada. Depois de alguns meses, porém, teve uma hemorragia e, desta vez, assustou-se. Estava em seu quarto. Teve uma ânsia de vômito, correu até a pia com a boca cheia de sangue. Era muito vermelho. Visto que lhe haviam ensinado que o sangue muito vermelho provém do tórax, aterrorizada pensou na tuberculose. Com semelhante doença, estava acabada sua vida no convento.

– A regra de nossa congregação – contou-me Irmã Caterina – exige que as aspirantes religiosas sejam saudáveis para poder enfrentar os sacrifícios que o trabalho hospitalar requer. Se alguma se mostra enferma, é mandada embora antes de emitir os votos. Eu havia feito o aspirantado, o postulantado e havia poucos meses vestira o hábito religioso, mas não tinha ainda feito os votos. Portanto, se meus superiores descobrissem que eu estava com tuberculose, seriam forçados a mandar-me embora. Decidi não dizer a ninguém.

417

"É preciso esperar e ver como as coisas ficarão", pensei. Durante algumas noites, não consegui dormir; em seguida, porém, vendo que a hemorragia não se repetia e que a aborrecida dor intercostal havia desaparecido, tranquilizei-me e retomei a vida normal.

Durante sete meses não aconteceu nada mais. Depois, de repente, sem algum sintoma antecipado, eis outra terrível hemorragia, seguida, a poucas horas de distância, de outra ainda mais abundante, que deixou a freira literalmente esgotada.

Começaram as visitas, as avaliações, os exames clínicos. Interessaram-se pelo caso os mais célebres especialistas napolitanos de então: os Professores Piroli, Capozzi, Ruggero, Grassi, os médicos Caracciolo, Cannata, Maisano. Foram feitas radiografias do tórax, do estômago, tomografias. Ninguém conseguia encontrar o porquê daquelas hemorragias.

Em 1964, os médicos dos Hospitais Reunidos declararam-se vencidos, e Irmã Caterina passou ao Hospital Ascalesi, sob os cuidados do Doutor Alfonso D'Avino, diretor do setor de otorrinolaringologia. Uma esofagoscopia revelou uma zona hemorrágica no segmento toráxico: parecia que todos os males provinham dali. Então Irmã Caterina foi levada ao Hospital Pellegrini, do hematologista Doutor Giovanni Bile, mas este também não conseguiu melhorar a situação.

– Disseram-me que, em Nápoles, havia ainda uma pessoa a quem poderia dirigir-me – contou-me Irmã Caterina Capitani –, o Doutor Giuseppe Zannini, diretor do Instituto de Semiologia Cirúrgica da Universidade de Nápoles, especialista em cirurgia dos vasos sanguíneos: uma personalidade de destaque no campo da medicina internacional. Chegar até ele não era fácil, mas quando soube do que se tratava, quis ver-me. Dedicou-se imediatamente ao meu caso com um interesse realmente comovente. Depois de longa visita e de exame minucioso de todos os relatórios de seus colegas, o Doutor Zannini iniciou novo tratamento, que durou cinco meses. Também desta vez, porém, a situação não mudou. O doutor, então, decidiu submeter-me a uma intervenção cirúrgica. Fui hospitalizada na Clínica Mediterrânea no dia 27 de outubro de 1964, e três dias depois fui operada. A intervenção durou cinco horas. Meu estômago, no interior, estava coberto de varizes, uma forma ulcerosa estranha e rara, talvez provocada por um mau funcionamento do baço e do pâncreas, que se mostravam em péssimas condições. O doutor foi obrigado a extrair-me completamente o estômago, o baço e o pâncreas. Meu esôfago foi ligado diretamente àquela parte do intestino chamado "jejuno". Foi necessário também cortar a veia aorta e ligá-la à veia cava, desviando a circulação do sangue. Tratou-se de uma intervenção delicada e as probabilidades de que saísse viva da sala de cirurgia eram mínimas. Antes da intervenção, tinha rezado a Nossa Senhora de Pompeia, de quem sou muito devota. No dia seguinte à operação, enquanto agradecia à Virgem pelo perigo superado, uma coirmã me disse: "Foi Papa João XXIII que a salvou. Tinha colocado uma imagem dele sob o leito da sala de cirurgia e continuei a rezar durante toda a cirurgia". Entregando-me a imagem do Papa, pediu que me recomendasse a ele. Eu tinha uma grande admiração por João XXIII, mas não havia jamais pensado em rezar a ele, e respondi: "Agradeço-lhe pelo que você fez por mim, mas estou convencida de que foi Nossa Senhora de Pompeia que me protegeu e continuarei a rezar a ela". Coloquei a imagem do Papa João XXIII sobre o criado-mudo, como se não devesse servir-me dela para nada. Daquele dia em diante, eu e minha coirmã continuamos a brigar de brincadeira: ela afirmava que eu devia rezar a Papa João XXIII e eu continuava a dizer que queria dirigir-me a Nossa Senhora de Pompeia. Nos dias que se seguiram, meu estado de saúde foi piorando. Durante a primeira noite, tive um colapso, depois uma obstrução intestinal que me deixou inchada como um tonel. O médico estava muito preocupado e pensava que fosse necessária outra intervenção. As Irmãs continuavam a rezar a Papa João XXIII, e eu, a Nossa Senhora. Depois de nove dias, as minhas condições melhoraram repentinamente. "Foi Papa João XXIII", diziam as Irmãs. "Não, foi Nossa Senhora", sussurrava eu com um fio de voz. O melhoramento foi ilusório. Três dias depois, enquanto estava bebericando um pouco de líquido, fiquei cianótica e perdi os sentidos. Acorreram os médicos com o oxigênio. Examinaram-me e diagnosticaram uma pleurite. Desanimei. "Deve rezar a Papa João XXIII", repetiam minhas coirmãs. Deixei-me convencer e comecei também a rezar ao Papa bom. Depois de uns dez dias estava em condições de sair da clínica. Mais uma vez, porém, a melhora foi brevíssima. Depois de algumas semanas, comecei a piorar. Vomitava sucos gástricos em grande quantidade. Eram tão fortes que me queimavam a pele. Depois de alguns dias, estava com a parte inferior do rosto reduzida a uma chaga. Dado que não conseguia ingerir nada, era alimentada com flebóclise [perfusão endovenosa]. O Doutor Zannini, sempre mais preocupado, decidiu mandar-me para casa, em Potenza, para ver se o ar da terra natal poderia ajudar-me. Contudo, depois de dois meses, voltei para Nápoles em estado pior do que quando partira. Parecia um cadáver. Continuei naquelas condições durante muito tempo, sem jamais melhorar. Estava quase sempre hospitalizada. De vez em quando, parecia que tinha chegado a hora, mas depois me recuperava um pouco, permanecendo, contudo, sempre em graves condições. No dia 14 de maio de 1966, depois de grave crise de vômito, senti que tinha o abdome todo molhado. Chamei uma coirmã para que verificasse o que havia acontecido: em meu estômago se abrira um buraco do qual saíam sucos gástricos, sangue e aquele pouco suco de laranja que havia bebido antes. O médico foi chamado. Disse que se formara uma perfuração que causara uma fístula externa e estava em ação uma peritonite difusa. A febre, de fato, subira a quarenta. A situação, desta vez, era desesperadora. Chamou-se o Doutor Zannini, que me mandou levar imediatamente ao Hospital da Marinha. Prescreveu-me remédios e decidiu esperar o desdobrar-se da crise, porque uma intervenção cirúrgica naquelas condições era impensável. Mas depois de alguns dias, mandou-me de volta ao convento, porque, para mim, não havia mais jeito, e a ciência médica já não podia fazer nada. Nós, Filhas de Caridade, fazemos os votos cinco anos depois de ter vestido o hábito. A Regra, porém, prevê que se possa fazer uma exceção quando uma jovem freira estiver à beira da morte. Era o meu caso. Faltava um ano para o período estabelecido, mas fui dispensada *in articulo mortis*, ou seja, por causa da morte que parecia iminente para mim. E assim, no dia 19 de maio de 1966, emiti os votos e, imediatamente depois, foi-me conferida a unção dos enfermos. No dia 22 de maio, uma coirmã me trouxe de Roma uma relíquia de Papa João XXIII: um pedacinho do lençol sobre o qual o pontífice morrera. Coloquei-o sobre a perfuração que se abrira em meu estômago, e rezava ao Papa que me levasse com ele para o paraíso. Ia-me apagando lentamente. Sentia que as forças me deixavam. A febre estava sempre muito alta. Uma Irmã ficava de guarda, dia e noite. No dia 25 de maio, por volta das 14h30, pedi à coirmã de guarda para entrecerrar a janela, porque a luz me incomodava. A Irmã atendeu ao meu pedido, depois saiu por alguns minutos. Cochilei. A certa altura, senti que uma mão me comprimia a ferida no estômago e uma voz de homem que dizia: "Irmã Caterina, Irmã Caterina". Pensei que fosse o Doutor Zannini, que de vez em quando vinha verificar minhas condições. Olhei para o lado de onde vinha a voz, e vi, ao lado de meu leito, Papa João XXIII: no rosto, tinha o mesmo sorriso da imagenzinha que me fora dada de presente. Era ele que mantinha a mão sobre minha ferida no estômago. "Você rezou muito a mim", disse com voz tranquila. "Muitas pessoas o fizeram, mas sobretudo uma. Vocês arrancaram de meu coração este milagre. Agora, porém, não tenha medo, você não tem mais nada. Toque a sineta, chame as Irmãs que estão na capela, peça que meçam a febre e verá que a temperatura não chegará nem mesmo a 37 graus. Coma tudo o que quiser, como antes da doença: minha mão está sobre sua ferida, você não terá mais nada. Vá ao doutor, deixe-se visitar, faça radiografias e peça que se registre tudo por escrito, porque um dia estas coisas serão úteis". A visão desapareceu, e somente então comecei a me dar conta do que havia acontecido. Perguntava-me se não seria um sonho. Tremia de emoção e de medo. Sentia-me bem. Não sentia dor alguma, mas não ousava chamar as Irmãs, para não ser tida como louca. Depois de alguns minutos, tive que decidir-me. Fiz aquilo que o Papa me dissera: toquei a sineta. As Irmãs acorreram. Encontraram-me sentada na metade do leito. Olharam-me como se estivessem sonhando. Já não consegui conter minha alegria e, quase a gritar, disse: "Estou curada! Foi Papa João XXIII. Meçam-me a febre e verão que não tenho mais nada!". A madre superiora pensou que estivesse sendo vítima do delírio que precede a morte. Mediram-me a febre: 36,8. "Viram?", disse com ar desafiador. "E agora, me deem comida, pois estou com fome". Havia meses que já não conseguia segurar nada no estômago. A madre superiora, quase hipnotizada com minha excitação, ordenou que me atendessem. Uma Irmã trouxe-me semolina, que eu, perante os olhos estupefatos de minhas coirmãs, engoli vorazmente. Então me trouxeram um sorvete, e tomei-o igualmente. "Ainda estou com fome", disse. A Irmã trouxe-me almôndegas, e comi-as; depois, uma sopinha, e esta também foi devorada. A essa altura, a madre superiora, que ainda não estava convencida do que estava acontecendo diante de seus olhos, disse: "Agora precisamos trocar sua roupa", pensando que tudo o que tinha comido tivesse saído pela fístula aberta em meu estômago, como acontecia sempre. Estenderam-me sobre a maca. Uma enfermeira trouxe gazes e roupas limpas. Descobriram-me. A enfermeira gritou: "Mas aqui não existe mais nada!". As irmãs caíram de joelhos, chorando de emoção. Até pouco tempo antes, a pele de meu estômago era uma chaga só: os sucos gástricos que escorriam continuamente haviam-na corroído. Agora, já não havia nada. Da fístula, nenhum vestígio: a pele era lisa, limpa e branca. Então contei o que acontecera.

– A partir daquele dia – concluiu Irmã Caterina –, não tive mais nada. Os médicos examinaram-me, submeteram-me a dezenas de radiografias. De minhas enfermidades, não encontraram nenhum rastro. No dia seguinte ao milagre, retomei uma vida normal. Meu primeiro almoço foi à base de batatas fritas, cabrito ao forno, tomate e sorvete. Voltei a comer de tudo. Passaram-se 34 anos: estou bem, não tenho dificuldades de digestão, trabalho com entusiasmo.

Umas das testemunhas principais no processo para o exame desse fato prodigioso operado pelo Papa João XXIII foi justamente o Doutor Giuseppe Zannini. Foram interrogados todos os médicos que examinaram e trataram de Irmã Caterina Capitani, durante e depois da doença, mas o Doutor Zannini ocupou um lugar especial. Ele acompanhou, mais do que os outros, o decorrer da doença da freira; realizou a intervenção cirúrgica, visitou a enferma no dia anterior, e no dia seguinte à cura repentina. Ademais, devido à sua fama, era uma testemunha preciosíssima.

Encontrei Doutor Zannini na Clínica Mediterrânea de Nápoles no período em que o tribunal eclesiástico estava examinando o caso de Irmã Caterina Capitani.

– A cura desta freira – disse-me – é um caso para o qual não encontro explicações plausíveis na ciência médica. Operei a doente, nesta clínica, e extraí-lhe quase todo o estômago, porque estava atingido por uma gastrite ulcerosa hemorrágica gravíssima.

Deixei-lhe pouco mais de um centímetro de estômago. Tirei-lhe também o baço. Foi uma convalescença difícil, a doente não podia alimentar-se. Em seguida, apareceu a fístula, houve vazamento de líquido, peritonite, febre altíssima, grave estado de ansiedade, condições desesperadoras. Não era possível intervir com nova operação. Fiz testes: tudo o que a enferma bebia, saía pela fístula. Prescrevi transfusões, plasma, antibióticos, muito mais como medidas paliativas. Não tive bom êxito: a fístula aumentou e as condições da enferma pioraram. Havia pensado em mandar transferir Irmã Caterina para a seção de reanimação dos Hospitais Reunidos de Nápoles, para fazer uma derradeira tentativa. Ao contrário, recebi um telefonema no qual me era dito que a irmã havia melhorado. Fui vê-la e, para minha máxima surpresa, encontrei-a perfeitamente curada. Não fui logo informado do que realmente acontecera, e que o senhor conhece. Continuei meu trabalho de médico, submetendo a enferma a exames radiográficos, visitas etc. Nenhum traço da doença. Somente vinte dias depois, a superiora de Irmã Caterina me informou da aparição de Papa João XXIII. Sou médico e não tenho conhecimentos teológicos. Não quero, portanto, dizer que nos encontramos diante de um milagre. Cabe à Igreja estabelecer isso. Eu afirmo somente que jamais vi algo dessa natureza, nem posso imaginar como pôde acontecer. Não encontro mesmo maneira de explicar cientificamente o que sucedeu. Amiúde, quando se fala de milagres, entre médicos, diz-se que são fruto de sugestão, de autossugestão. Pois bem, eu digo que, se a autossugestão dessa mulher conseguiu provocar uma mudança tão radical, tão inopinada, brusca, em sua situação física, então essa autossugestão é um fato prodigioso, que não encontra nenhuma explicação em nenhum setor da ciência e da medicina. Sou médico e acompanhei o caso com a frieza de médico. Tornei-me ainda mais detalhista e escrupuloso depois que me falaram da aparição de Papa João XXIII. Estou plenamente convencido de que se trata de uma cura

Graças e milagres

absolutamente fora das leis fisiológicas e da experiência humana, e o fato de que resista há tantos anos, sem recaídas, torna-a ainda mais inexplicável e ao mesmo tempo importante.

Cronologia biográfica

1881 25 de novembro: Angelo Giuseppe Roncalli, filho de Battista e de Marianna Mazzola, nasce em Sotto il Monte (Bérgamo), na localidade de Brusicco, e é batizado no mesmo dia pelo pároco, Padre Francesco Rebuzzini, na Igreja de Santa Maria Assunta. O padrinho é Zaverio Roncalli, chefe da família, irmão do avô Angelo.

1885 21 de novembro: é levado pela mãe, pela primeira vez, ao Santuário de Nossa Senhora de Caneve.

1887 Começa a frequentar a escola primária.

1889 13 de fevereiro: recebe a Crisma em Carvico, do bispo de Bérgamo, Gaetano Camillo Guindani.

31 de março: é aprovado para a primeira Comunhão.

1890 Durante um ano, frequenta aulas de gramática e sintaxe italiana e latina do pároco de Carvico, Padre Pietro Bolis.

1891 Durante alguns meses, frequenta, como aluno externo, o Colégio Episcopal de Celana.

1892 Entra no seminário menor de Bérgamo.

1893 Passa para o seminário maior de Bérgamo.

21 de novembro: a família Roncalli transfere-se para a propriedade chamada Colombera.

1895   24 de junho: recebe a batina.

1896   Começa a redação do *Diário da alma*.

      28 de junho: é admitido à tonsura.

1898   3 de julho: é ordenado ostiário e leitor.

1899   25 de junho: é ordenado exorcista e acólito.

1900   12-19 de setembro: vai em peregrinação a Roma por ocasião do Ano Santo.

1901   4 de janeiro: vai para Roma e se torna aluno do Seminário de Roma.

      25 de junho: obtém o bacharelado em Teologia e o prêmio de língua hebraica.

      30 de novembro: começa o serviço militar obrigatório no 73º batalhão de infantaria, brigada da Lombardia, alojamento Umberto I, em Bérgamo.

1902   30 de novembro: termina o serviço militar com o grau de sargento.

      10 de dezembro: regressa ao Seminário de Roma para frequentar o terceiro ano de Teologia.

1903   11 de abril: é ordenado subdiácono em São João do Latrão, pelo Cardeal Respighi, vigário do Papa.

      19 de dezembro: é ordenado diácono.

1904   13 de julho: torna-se doutor em Sagrada Teologia.

      10 de agosto: é ordenado sacerdote em Roma, na Igreja de Santa Maria em Monte Santo, Praça do Povo, por Dom Giuseppe Ceppetelli, patriarca titular de Constantinopla.

      15 de agosto: celebra sua primeira missa em Sotto il Monte, sua terra natal.

Cronologia biográfica

Novembro: volta para Roma a fim de começar os estudos universitários de Jurisprudência.

1905 29 de janeiro: é nomeado secretário de Dom Giacomo Maria Radini Tedeschi, eleito bispo de Bérgamo.

1906 Novembro: começa a atividade de professor no Seminário de Bérgamo.

1909 Janeiro: começa a publicação de *A vida diocesana*, jornal oficial do bispo e da Cúria de Bérgamo.

1911 6 de novembro: é acolhido como membro externo da Congregação dos Sacerdotes do Sagrado Coração.

1912 21 de setembro: é publicada a carta coletiva do episcopado lombardo, que se intitula *O XVI Centenário do Edito de Milão e a liberdade da religião nas escolas*, do qual Padre Angelo Roncalli redigiu o texto, a convite de seu bispo, com o consenso do Cardeal Ferrari, arcebispo de Milão.

1914 22 de agosto: assiste seu bispo, Dom Radini Tedeschi, que morre em seus braços.

1915 23 de maio: é reconvocado ao serviço militar como sargento do serviço de saúde.

24 de maio: apresenta-se ao centro de recolhimento de Santo Ambrósio, em Milão, e é destinado a Bérgamo.

1916 28 de março: é nomeado capelão militar.

Organiza em Bérgamo a "Missa do soldado" e coordena a obra de assistência aos militares.

22 de agosto: é publicado seu livro *Em memória de Dom Giacomo Maria Radini Tedeschi, bispo de Bérgamo*.

1918 25 de novembro: inauguração oficial da "Casa do Estudante", fundada por ele em Bérgamo.

10 de dezembro: conclui o serviço militar.

429

O Papa bom

1919 17 de setembro: é nomeado diretor espiritual do Seminário de Bérgamo.

23 de novembro: último encontro com o Cardeal Andrea Carlo Ferrari, arcebispo de Milão.

1920 10 de dezembro: recebe o primeiro anúncio para o chamado a Roma, a serviço da Sagrada Congregação *Propaganda Fide*.

1921 18 de janeiro: chega a Roma e começa, na Sagrada Congregação *Propaganda Fide*, seu serviço de presidente do conselho central para a Itália das Pontifícias Obras Missionárias.

1924 Novembro: é nomeado professor de patrística no Pontifício Ateneu Lateranense.

1925 3 de março: é nomeado visitador apostólico na Bulgária e elevado ao episcopado com o título de arcebispo de Aeropoli.

21 de abril: obtém, alugados, do Barão Gian Maria Scotti, alguns quartos na antiga residência de Ca' Maitino, em Sotto il Monte. Torna-se sua residência de verão e o será até 1958, quando é eleito Papa.

25 de abril: chega a Sófia e começa sua atividade de visitador apostólico.

1928 14 de abril: dirige-se aos lugares mais atingidos pelo terremoto que devastou a Bulgária.

1929 22-24 de agosto: em Berlim, encontra o Núncio Apostólico Dom Eugenio Pacelli, futuro Pio XII.

1931 26 de setembro: é nomeado primeiro delegado apostólico da Bulgária.

1934 24 de novembro: seu título de arcebispo de Aeropoli é mudado para o de arcebispo de Mesembria.

430

Cronologia biográfica

1935 5 de janeiro: chega à delegação apostólica de Istambul.

2-12 de maio: faz sua primeira visita à Grécia.

28 de julho: em Sotto il Monte, morre seu pai, Giovanni Battista.

1939 20 de fevereiro: em Sotto il Monte, morre sua mãe, Marianna.

1943 22 de março: dirige-se à embaixada da URSS de Istambul para solicitar notícias sobre os prisioneiros de guerra.

22 de maio: com visto de trânsito da delegação apostólica, consegue pôr a salvo, como já havia feito outras vezes, numerosos judeus que estavam destinados aos campos de extermínio.

1944 6 de dezembro: recebe de Roma uma comunicação reservada em que se lhe pede a aceitação da nomeação de núncio apostólico em Paris.

22 de dezembro: chega a nomeação oficial de núncio na França.

1945 1º de janeiro: chega a Paris na qualidade de núncio apostólico e apresenta as credenciais. Em nome do corpo diplomático, expressa os cumprimentos de Ano Novo ao general Charles De Gaulle, chefe do governo provisório da República.

1947 16 de janeiro: assiste, em Versalhes, como decano do corpo diplomático, à proclamação de Vincent Auriol como presidente da República.

1951 11 de julho: primeiro discurso na UNESCO no papel de observador da Santa Sé.

1952 29 de novembro: é dado o anúncio de sua elevação ao cardinalato.

1953 12 de janeiro: é nomeado cardeal.

431

15 de janeiro: recebe o "barrete" no Palácio do Eliseu, das mãos de Auriol, presidente da República francesa. No mesmo dia, Pio XII anuncia no consistório a nomeação do neocardeal para patriarca de Veneza.

15 de março: entrada solene em Veneza.

29 de outubro: em Castelgandolfo, recebe o "chapéu" cardinalício.

1954 28 de fevereiro: começa a visita pastoral às paróquias da diocese de Veneza.

10 de agosto: em Sotto il Monte, celebra na intimidade familiar as bodas de ouro de ordenação sacerdotal.

2 de setembro: na catedral de Milão, participa dos funerais do Cardeal Alfredo Schuster, e profere o discurso fúnebre.

20-31 de outubro: vai ao Líbano como legado pontifício no Congresso Nacional Mariano.

1958 9 de outubro: morre Pio XII.

12 de outubro: Roncalli parte de Veneza para o Conclave no Vaticano.

25 de outubro: é eleito Papa e assume o nome de João XXIII.

4 de novembro: solene coroação.

23 de novembro: tomada de posse da arquibasílica Lateranense.

25 de dezembro: vai visitar os doentes dos Hospitais Santo Espírito e Menino Jesus.

26 de dezembro: visita aos encarcerados de Regina Coeli.

Cronologia biográfica

1959 25 de janeiro: no mosteiro beneditino de São Paulo, anuncia a celebração do primeiro Sínodo para a diocese de Roma e do XXI Concílio para a Igreja universal.

29 de junho: é publicada sua primeira Carta Encíclica *Ad Petri cathedram*.

1º de agosto: é publicada a Carta Encíclica *Sacerdotii nostri primordia*, no primeiro centenário da morte do Santo Cura d'Ars.

26 de setembro: é publicada a Carta Encíclica *Grata recordatio*, sobre a devoção ao Santo Rosário.

28 de novembro: Carta Encíclica *Princeps pastorum*, no quadragésimo ano da *Maximum illud*, de Bento XV.

1960 24-31 de janeiro: preside à celebração do primeiro Sínodo diocesano de Roma.

10 de julho: Carta Apostólica *Inde a primis*, sobre a devoção ao Preciosíssimo Sangue.

25 de julho: Moto Próprio *Rubricarum instructum*, sobre as novas rubricas do breviário e do missal romano.

7 de agosto: com uma mensagem radiofônica, conclui o XXXII Congresso Eucarístico Internacional, realizado em Munique, na Baviera.

29 de setembro: Carta Apostólica *Il religioso convegno* [*O encontro religioso*] sobre a reza do Santo Rosário, e o apêndice Pequeno ensaio de pensamentos devotos distribuídos para cada dezena do Rosário, com referência à tríplice ênfase: contemplação mística, reflexão íntima e intenção piedosa.

1961 15 de maio: Carta Encíclica *Mater et Magistra*, por ocasião do septuagésimo aniversário da *Rerum novarum*, de Leão XIII.

10 de julho: Carta *Diarum quod*, durante o centenário do *L'Osservatore Romano*.

10 de setembro: de Castelgandolfo, mensagem radiofônica implorando a paz às nações.

7 de outubro: mensagem radiofônica aos fiéis das Ilhas Filipinas, durante a inauguração do Colégio Nacional de Roma.

5 de novembro: mensagem radiofônica às nações da África.

11 de novembro: Carta Encíclica *Aeterna Dei*, no décimo quinto centenário da morte de São Leão Magno.

25 de dezembro: à meia-noite, na Sala Clementina, celebra a Missa para o corpo diplomático. Mais tarde, às onze horas, promulga a Carta Apostólica *Humanae salutis*, com a qual convoca, para 1962, o Concílio Vaticano II.

1962 6 de janeiro: Exortação Apostólica *Sacrae Laudis*, ao clero, para a recitação do Ofício Divino na intenção do Concílio.

2 de fevereiro: com o Moto Próprio *Consilium*, anuncia para o dia 11 de outubro o início do Concílio.

22 de fevereiro: Constituição Apostólica *Veterum sapientia*, sobre o estudo do latim.

11 de abril: Carta Apostólica *Suburbicariis sedibus*.

15 de abril: Carta Apostólica *Cum gravissima*, que anuncia a elevação dos cardeais diáconos ao episcopado.

28 de abril: Carta Apostólica *Oecumenicum Concilium*, sobre o mês mariano e o Concílio.

Cronologia biográfica

3 de maio: Carta Pontifícia *Amantissimo Patris consilio*, ao Cardeal Agagianian, no quadragésimo aniversário do Moto Próprio *Romanorum Pontificum*.

20 de junho: conclusão da fase preparatória do Concílio.

10 de julho: Carta Encíclica *Poenitentiam agere*, para oração fervorosa e mortificação com vistas ao Concílio.

2 de julho: publica *Carta aos religiosos*, convidando-os a orações especiais pelo Concílio.

6 de setembro: com o Moto Próprio *Appropinquante Concilio*, promulga o regulamento do Concílio ecumênico.

9 de setembro: em oração com os romanos na Basílica de Santa Maria dos Anjos.

11 de setembro: mensagem radiofônica ao mundo, um mês antes do início do Concílio.

23 de setembro: de manhã, nas grutas vaticanas, recolhe-se a orar sobre as tumbas de seus predecessores imediatos. À noite, na Igreja de Cristo Rei, fala aos romanos na iminência do Concílio.

4 de outubro: peregrinação a Loreto e a Assis.

7 de outubro: no Latrão, conclui a procissão penitencial do povo romano, propiciatória para o Concílio.

11 de outubro: com imponência de ritos e com sua palavra, o Sumo Pontífice dá início ao Concílio Vaticano II. À noite, discurso ao povo reunido na Praça de São Pedro para uma festiva procissão com tochas acesas.

12 de outubro: recebe, na Capela Sistina, as Missões extraordinárias que presenciaram a abertura do Concílio.

435

O Papa bom

13 de outubro: ainda na Capela Sistina, recebe, durante a manhã, os jornalistas de todo o mundo, reunidos em Roma. À tarde, na sala do Consistório, recebe os observadores do Concílio das comunidades não católicas e os hóspedes do Secretariado para a União dos Cristãos.

14 de outubro: na Igreja de Santo Agostinho, venera Nossa Senhora ali invocada sob o título de sua Divina Maternidade.

25 de outubro: endereça aos governantes uma mensagem implorante, por exercício e serviço de sabedoria e de prudência pela paz do mundo, durante a crise do Caribe.

27 de novembro: mensagem radiofônica às populações da Austrália, inaugurando um novo transmissor da Rádio Vaticana, destinado às emissões para aquele continente.

8 de dezembro: em São Pedro, conclui o discurso da primeira sessão do Concílio Ecumênico Vaticano II.

1963   1º de março: a Fundação Eugenio Balzan confere-lhe o Prêmio Internacional pela Paz.

7 de março: recebe os representantes da imprensa mundial, entre os quais se encontram os cônjuges Aleksej Adjubei e Rada Khrushcheva, filha de Nikita Khrushchev.

9 de abril: durante uma cerimônia especial, assina a Carta Encíclica *Pacem in terris*, e com mensagem radiofônica, explica-lhe o conteúdo e as intenções.

9-10 de abril: é publicada e difundida a Encíclica *Pacem in terris*, que traz a data de 11 de abril, Quinta-feira Santa.

20 de maio: exortação apostólica ao episcopado do mundo católico para implorar as divinas assistências sobre o Concílio.

Cronologia biográfica

26 de maio: mensagem radiofônica aos trabalhadores da Polônia em peregrinação ao Santuário Mariano de Piekary. É o último ato oficial de seu pontificado.

3 de junho: morre às 19h49.

Impresso na gráfica da
Pia Sociedade Filhas de São Paulo
Via Raposo Tavares, km 19,145
05577-300 - São Paulo, SP - Brasil - 2014